本书系国家社科基金一般项目"冷战对美国民权改革的影响研究"（15BSS025）的最终成果和国家社科基金重大项目"美国民权运动史"（22&ZD252）的阶段性成果，并得到首都师范大学历史学院出版基金的资助。

冷战早期
美国的种族歧视、国际批评与民权改革

于展 著

中国社会科学出版社

图书在版编目（CIP）数据

冷战早期美国的种族歧视、国际批评与民权改革 /
于展著. -- 北京 ： 中国社会科学出版社， 2025. 8.
ISBN 978-7-5227-4807-8

Ⅰ. K712. 507

中国国家版本馆 CIP 数据核字第 202575CE56 号

出 版 人　季为民
责任编辑　耿晓明
责任校对　夏慧萍
责任印制　李寡寡

出　　版　中国社会科学出版社
社　　址　北京鼓楼西大街甲 158 号
邮　　编　100720
网　　址　http://www.csspw.cn
发 行 部　010-84083685
门 市 部　010-84029450
经　　销　新华书店及其他书店

印　　刷　北京君升印刷有限公司
装　　订　廊坊市广阳区广增装订厂
版　　次　2025 年 8 月第 1 版
印　　次　2025 年 8 月第 1 次印刷

开　　本　710×1000　1/16
印　　张　23.75
字　　数　380 千字
定　　价　128.00 元

目　　录

绪　　论

冷战与美国民权改革分属国际和国内两个领域，但冷战对美国民权改革的影响巨大而复杂。美国冷战外交的内容和目标一是充当所谓自由世界的领导人；二是与苏联等社会主义国家竞争；三是交好第三世界国家，争取中间盟友；最终夺取世界霸权。除了巩固军事、经济等领域的优势外，美国主要在意识形态领域（包括文化上）宣扬美国的生活方式、价值观念、政治制度等优于共产主义，并向全世界推销，实质上是一场兜售美式民主、争夺人心的竞争。但美国国内种族歧视和隔离的现状阻碍了美国冷战外交目标的实现。因为美国种族主义和民主信条的矛盾导致了国内的种族危机和国际上的激烈批评。对美国黑人实施私刑、阻止黑人学生入学、殴打非暴力抗议的民众和歧视来美非洲黑人外交官和游客的暴行和丑行不断被报道，苏联和中国等社会主义的媒体首先不遗余力地对此进行抨击，第三世界尤其是非洲新独立的国家也秉承泛非主义的理念激烈谴责美国的种族主义，甚至美国的西方盟友也嘲讽或不信任美国，美国的国家形象和国家声誉严重受损，国家安全和国家利益也无法保障。在巨大的国际压力下，美国不得不进行民权改革，如杜鲁门政府开启民权改革的努力；1954年最高法院的布朗判决；1957年艾森豪威尔政府干涉小石城危机；肯尼迪政府对自由乘车运动、学校融合危机、伯明翰运动和向华盛顿进军等事件的积极反应；约翰逊政府通过三个民权法案等。民权改革给黑人以民权和自由，扩展了公民权利的范围，促进了黑人对国家的认同，大大增强了国家的凝聚力，反而有助于美国冷战外交目标的实现。美国政府也积极利用民权改革的成功进行公共外交，大大提升了国家形象和声誉，维护了国家利益。但冷战外交对民权改革也有很大的消极影响。美国联邦政府利用冷战反共的环境对部分利用国际舞台批评美国种族问题的民权积极分子进行压制，例如扣留他们的护照，不允许他们在国际上发声；南方隔离分子更是用扣"赤色分子"帽子的方式对民权积极分子进行迫害。一些改革只是象征性的胜利，虽然废除隔离，但经济和贫穷问题远未得到解决。冷战有助于推动民权改革，但它也限制了平等和机会大门的开放，避免了对美国经济政治体系的广泛批评。冷战对民权改革的积极影响和消极影响贯穿改革的始终，而国际舆论又在其中起了重要的作用，在很大程度上影响着改革的兴衰，这就是本书要研究的主要内容。

一　研究综述

美国早期的民权运动和民权改革研究集中于论述全国性的民权领袖、组织和政府制度。近 20 年来，新的研究成果扩展到地方史、民众史、社会史、妇女史等领域，取得很大成就。但也由此出现了所谓碎片化的问题，促使民权运动研究在新成果基础上开始进行新的综合研究。[①] 与此同时，美国史学界也出现了"美国史全球化运动"的浪潮，[②] 也可称之为"从全球视野考察美国历史"，具体表现为："在思想趋向上主张超越美国例外论或美国中心论，注重美国同外部世界的联系，强调国际环境和外来因素对美国历史的影响，并将眼光从欧洲转向非欧洲地区。研究的地域趋于扩大，不再局限于美国本土，而包括与美国发生联系的广大地区。"[③] 美国的民权运动史研究顺应这一潮流，出现了很多从国际视野考察民权运动和改革的论著。其中冷战和民权之间关系的研究成为热点问题。关于二者的关系，主要有两种进路，分别是从消极和积极角度来论述冷战对民权运动和民权改革的影响。同时，第三世界的民族解放运动和非殖民化运动与冷战交织在一起，对民权运动和改革也产生了重大影响，因此相关研究就成为第

---

① 参见于展《美国民权运动研究的新趋势》，《历史教学》2006 年第 9 期。
② 见孙岳《"美国史全球化运动"评述》，《首都师范大学学报》（社会科学版）2007 年第 3 期。
③ 李剑鸣：《历史学家的修养和技艺》，上海三联书店 2007 年版，第 126—127 页。

三种进路。这三种进路彼此竞争，又互相补充，促进了美国冷战与民权关系研究的繁荣。①

1. 冷战对民权运动和改革的消极影响研究

多数学者认为冷战对早期民权运动和改革产生了不良影响。很多关于冷战与国内种族问题之间关系的论著集中于探讨 20 世纪四五十年代的反共主义如何阻碍了进步组织和民权斗争。他们指出，当时的反共主义狂热地消除了南方更激进的种族和经济变革的可能。通过镇压共产党、独立的左翼人士和工会组织者，南方的麦卡锡分子延误了改革的时机。一些代表性的论著如下。

罗伯特·科斯塔德和纳尔逊·利希滕斯坦在《机会得而复失：劳工、激进分子和早期民权运动》② 中认为冷战初期公共话语空间的缩小导致了民权运动的失败与分散。20 世纪 40 年代末黑人运动的解体导致 20 世纪 60 年代出现的民权斗争呈现不同的社会特点和政治议程，最终无法解决迫在眉睫的经济和社会问题。亚当·费尔克劳夫在《种族与民主：路易斯安那的民权斗争（1915—1972）》③ 一书的部分章节中也讨论了冷战早年的民权斗争，他指出那时的积极分子远离左派尤其远离劳工运动，最终影响了运动的形态，反映了后来运动以法律斗争而非经济权利为中心的合法需求倾向。这两部论著都强调早期的民权运动脱离了劳工运动，放弃了社会经济斗争的要求，从而导致低潮。罗比·利伯曼和克拉伦斯·朗主编的论文集《反共产主义和美国黑人自由运动：故事的另一面》是从经济、社会等角度论述冷战对

---

① 本部分内容参见于展《国际视野下的美国民权运动史研究新进展》，《世界历史》2014 年第 1 期；《美国冷战外交史研究中的"种族取向"》，《近现代国际关系史研究》第 16 辑，世界知识出版社 2019 年版。

② Robert Korstad and Nelson Lichtenstein, "Opportunities Found and Lost: Labor, Radicals, and the Early Civil Rights Movement", *The Journal of American History*, Vol. 75, No. 3 (Dec., 1988), pp. 786 – 811. 科斯塔德后来在其专著中讲述了一个工人阶级领导的、以工会为基础的民权运动的故事，对其观点又进行了进一步的阐述，参见 Robert Rodgers Korstad, *Civil Rights Unionism: Tobacco Workers and the Struggle for Democracy in the Mid-Twentieth-Century South*, the University of North Carolina Press, 2003。

③ Adam Fairclough, *Race and Democracy: The Civil Rights Struggle in Louisiana, 1915 – 1972*, Athens: University of Georgia Press, 1995.

民权运动产生了很大消极作用的代表之作。他们重新讲述了鲜为人知的黑人激进主义故事，挑战了冷战总体上有利于该运动的观点。该书论述了麦卡锡主义对美国黑人自由运动的破坏性影响，强调了反共产主义运动迫使经济正义、劳工权利、女权主义及和平等更广泛的问题被淹没的严重危害，阐述了红色恐慌经常以被忽视或低估的人为代价，重点关注地方和个人的故事，这些故事能够洞察更大的、全国和国际趋势。①

一些著作论述了南方隔离分子如何利用冷战中的反共主义来抵制民权运动。乔治·刘易斯在《白人南方与红色威胁：隔离主义者、反共主义与大规模抵制（1945—1965）》② 中阐述了南方的白人种族主义者如何用反共主义来支持自己的事业，作者指出，大量的隔离主义者把民权"煽动者"看作苏联赞助的导致本地区社会、经济和政治发生巨变的计划的一部分。结果反共主义提供了一种攻击民权运动的更合理的方法，新政自由主义让位于冷战保守主义，民权斗争陷入低潮。与此相似的论著还有杰夫·伍德斯的《黑人斗争，红色恐慌：南方的隔离与反共主义（1948—1968）》，③ 它论述了隔离分子如何利用反共主义竭力破坏民权运动：他们日益把共产主义和民权激进主义的问题混在一起。通过国家发起的调查、政治谍报活动和付酬的线人寻找证据，把民权激进主义和布尔什维克的威胁联系在一起，从而打击了民权运动。曼宁·马拉布尔也认为 1945 年到 1954 年期间民权运动陷于低潮主要是因为冷战和麦卡锡主义，反共主义成为影响民权运动的重要因素。④

有些论著论述了一些致力于反对种族主义的民权积极分子和组织（主要是左派）在冷战的环境里惨遭迫害或控制的故事。凯瑟琳·福

---

① Robbie Lieberman, Clarence Lang, *Anticommunism and the African American Freedom Movement：Another Side of the Story*, Palgrave Macmillan, 2009.

② George Lewis, *The White South and The Red Menace：Segregationists, Anticommunism, and Massive Resistance, 1945 – 1965*, Gainesville：University Press of Florida, 2004.

③ Jeff Woods, *Black Struggle, Red Scare：Segregation and Anti-Communism in the South, 1948 -1968*, Baton Rouge：Louisiana State University 2004.

④ Manning Marable, *Race, Reform and Rebellion：The Second Reconstruction in Black American, 1945 – 1982*, The Macmillan Press, 1984.

斯的《受压迫的南方人：安妮·布莱登在冷战南方为种族正义而斗争》① 讲述了民权积极分子安妮·布莱登如何被冠以"共产主义分子"的名号而受到南方隔离分子迫害的故事。玛丽·杜齐亚克的《约瑟芬·贝克，种族抗议和冷战》② 论述了 20 世纪 50 年代早期，美国联邦调查局和国务院如何想方设法阻止住在法国的国际巨星贝克到其他国家演出和活动，认为美国运用一切国际力量使冷战批评者闭嘴，这说明美国冷战外交中一个严重的文化与意识形态弱点，也阻碍了国内民权运动的发展。卡罗尔·安德森的《远离奖杯：联合国与美国黑人为人权而斗争》③ 和查尔斯·马丁的《国际化美国的困境》④ 论述了全国有色人种协进会等黑人民权和左翼组织在冷战初期先后三次发起向联合国请愿的活动，控诉美国的种族主义，以引起国际关注，迫使美国政府采取措施改变美国黑人的困境，但由于冷战反共主义的压制，请愿活动最终都以失败告终的过程。

杰拉尔德·霍恩的《黑与红：杜波依斯与美国黑人对冷战的反应（1944—1963）》论述了著名左派黑人活动家杜波依斯因信奉共产主义思想而在冷战期间备受迫害和排斥，不得不出走非洲最后客死他乡的经历。他的《共产主义前沿？民权大会，1946—1956》认为民权大会并不是共产主义组织，而是真正关心美国黑人的民权问题的组织，但却遭到种族主义者和保守派的攻击，最终销声匿迹。他的《黑人革命：威廉·帕特森和美国黑人自由斗争的全球化》论述了律师和黑人共产党员帕特森争取国际支持来促进美国黑人获得平等的事迹，通过帕特森的故事，霍恩考察了冷战如何影响黑人自由运动，其中最重要的影响是一些民权领导人通过排斥黑人左派来向美国政府妥协。

---

① Catherine Fosl, *Subversive Southerner: Anne Braden and the Struggle for Racial Justice in the Cold War South*, New York: Palgrave Macmillan, 2002.

② Mary L. Dudziak, "Josephine Baker, Racial Protest, and the Cold War", *The Journal of American History*, Vol. 81, No. 2 (Sep., 1994), pp. 543 – 570.

③ Carol Anderson, *Eyes Off the Prize: The United Nations and the African American Struggle for Human Rights, 1944 – 1955*, New York: Cambridge University Press, 2003.

④ Charles H. Martin, "Internationalizing 'The American Dilemma': The Civil Rights Congress and the 1951 Genocide Petition to the United Nations", *Journal of American Ethnic History*, Vol. 16, No. 4 (Summer, 1997).

他也阐释了共产党与美国黑人社会之间复杂而矛盾的关系，包括联邦调查局对共产党渗透的影响等。① 黑人共产党在冷战早期遭受的迫害最为严重。霍恩除了对帕特森的研究外，还详细论述了哈莱姆的黑人共产党员本·戴维斯被判入狱仍不屈斗争的经历。② 卡罗尔·博伊斯·戴维斯的著作则论述了黑人女共产党员克劳迪娅·琼斯遭迫害并被驱逐出境的经历。③

---

① Gerald Horne, *Black and Red: W. E. B. Du Bois and the Afro-American Response to the Cold War, 1944 - 1963*, Albany, N. Y.: State University of New York Press, 1986; *Communist Front? The Civil Rights Congress, 1946 - 1956*, Fairleigh Dickinson University Press, 1988; *Black Revolutionary: William Patterson & the Globalization of the African American Freedom Struggle*, University of Illinois Press, 2013. 杰拉尔德·霍恩是研究种族问题的著名美国黑人左派学者，现为休斯敦大学历史学教授。作者提出了著名的"霍恩命题"，认为白人至上主义和反共主义是塑造二战后美国社会与政治的主要力量，对全球的非洲后裔和殖民地人民有重要的影响。美国的冷战斗士在与苏联争夺全球霸权的斗争过程中，意识到种族隔离制是美国开展的争取第三世界人民人心的对外宣传运动的致命缺陷。结果美国政府当局严厉压制了杜波依斯等美国黑人左派，因为他们都在国际领域开展了反种族主义和反帝国主义的斗争。战后对左派的压制在美国黑人社会中创造了一个意识形态真空。美国黑人民族主义者所支持的各种形式的狭隘的民族主义和反共自由主义填满了这个真空，而反共自由主义逐渐于20世纪50年代在美国黑人社会中取得政治霸权地位。反共主义和白人至上主义深深塑造了整个离散的非洲人世界中自由运动的轨迹，对其产生了很大的消极影响（参见于展《杰拉尔德·霍恩的非洲裔美国人历史研究》，《中国社会科学报》2017年7月4日）。霍恩的大量关于冷战时期种族问题的著作都围绕着这一命题展开，这三本书和霍恩的其他论著一起对"黑人左派的消亡有益于20世纪60年代的黑人自由运动"的新冷战派观点提出了强有力的挑战。其他相关论著还有：*Race Woman: The Lives of Shirley Graham Du Bois*, NYU Press, 2002; *Red Seas: Ferdinand Smith and Radical Black Sailors in the United States and Jamaica*, NYU Press, 2009; *Paul Robeson: The Artist as Revolutionary*, Pluto Press, 2016 等。需要强调的是，杜波依斯和保罗·罗伯逊是在冷战早期因其左派主张受到美国政府压制和迫害最著名的两位人物，霍恩对此都有论述，美国学界的研究成果也很多，其他相关代表性论著有：Bill V. Mullen, *W. E. B. Du Bois: Revolutionary Across the Color Line*, Pluto Press, 2016; Joshua Dougherty, *Left Out in the Cold: The Arrest of W. E. B. Du Bois and the Reaction of the African American Community to the Red Scare*, B. A., Simon Fraser University, 2003; David Levering Lewis, *W. E. B. Du Bois: The Fight for Equality and the American Century, 1919 - 1963*, Henry Holt & Company, 2000; Lindsey R. Swindall, *Paul Robeson: A Life of Activism and Art*, Rowman & Littlefield Publishers, 2013; Jordan Goodman, *Paul Robeson: A Watched Man*, Verso, 2013; Tony Perucci, *Paul Robeson and the Cold War Performance Complex: Race, Madness, Activism*, University of Michigan Press, 2012; Barbara J. Beeching, "Paul Robeson and the Black Press: the 1950 Passport Controversy", *The Journal of African American History*, Vol. 87 (Summer, 2002) 等。

② Gerald Horne, *Black Liberation/Red Scare: Ben Davis and the Communist Party*, University of Delaware Press, 1994.

③ Carole Boyce Davies, *Left of Karl Marx: The Political Life of Black Communist Claudia Jones*, Duke University Press Books, 2007.

也有学者为冷战早期民权运动的低潮辩护。曼弗雷德·贝尔格的《黑人民权与自由主义的反共主义：冷战早期的全国有色人种协进会》① 针对很多历史学家提出的全国有色人种协进会因为在冷战期间容忍反共主义而丧失了大规模种族和社会变革的机会的论点提出不同的看法。通过查阅组织的档案，他驳斥了全国有色人种协进会在冷战期间清除了成百上千的共产主义分子的神话。与许多历史学家的悲观的观点相反，作者认为民权运动这场 20 世纪美国最重要的社会运动并没有成为冷战及伴随而来的反共狂热的牺牲品。

此外，关于越战对后期民权运动和改革的消极影响，丹尼尔·拉克斯的著作《从塞尔玛到西贡：民权运动和越南战争》是相关研究的代表之作。作者认为，越战之前，民权组织和美国政府之间在民权运动和民权立法方面达成了共识，结成了联盟，但是越南战争的爆发加剧了之前存在的代际和意识形态上的紧张，破坏了联盟。一些激进的民权组织和民权领袖对越战的反对，激化了他们与政府和民权温和派之间的矛盾，民权改革的共识丧失，国内外的焦点也转向了越战，民权运动逐渐消亡了。②

总之，冷战对民权消极影响的研究在民权运动早期和晚期提出了经济、阶级、反战等后来影响民权运动成败的重大范畴和问题，改变了民权运动只是一个种族问题的传统看法，同时对种族主义和反共主义紧密结合起来反对民权斗争的论述，增加了国际维度，比单纯论述南方白人种族主义更有说服力。而且可以清晰地看到，通过反共主义，美国政府和种族主义者有效地化解了国际舆论带来的压力，阻止了民权改革的深入发展。

2. 冷战对民权运动和改革的积极影响研究

有很多论著论述了冷战对民权运动和改革尤其是 20 世纪 60 年代高潮期的民权运动和改革的积极影响。

---

① Manfred Berg, "Black Civil Rights and Liberal Anticommunism: The NAACP in the Early Cold War", *Journal of American History*; Jun 2007, Vol. 94, Issue 1, pp. 75–96.

② Daniel S. Lucks, *Selma to Saigon*: *The Civil Rights Movement and the Vietnam War*, University Press of Kentucky, 2014.

　　玛丽·杜齐亚克是冷战民权问题研究的杰出学者，她的一些论著成为此领域的经典著作。她的长篇论文《冷战使废除隔离势在必行》① 阐释了战后在外交和国内政策上的反共主义以及杜鲁门政府在民权上的立场，搭建了外交政策、民权和反共主义之间互动的舞台。作者得出结论，认为 20 世纪 50 年代反对种族隔离的舆论来自部分白人和有色人种利益的交汇。至少对杜鲁门政府而言，冷战成为民权改革的重要动因。她的论文《作为冷战案例的布朗判决》② 从冷战的视角对布朗案进行了新的阐释。她分析了为什么在反共主义甚嚣尘上的麦卡锡主义时期，会有支持黑人民权的布朗判决的出现。作者认为联邦政府之所以支持布朗判决，是因为隔离伤害了美国的外交关系。她的论文《伯明翰、亚的斯亚贝巴与美国的形象：国际环境对肯尼迪民权政治的影响》论述了在亚的斯亚贝巴开会的非洲领导人对伯明翰运动中美国黑人遭受的种族暴力的严厉谴责，认为这种国际舆论是肯尼迪政府进行民权改革的重要原因，因为肯尼迪总统担心种族歧视对美国与非洲关系产生不良影响，损害其冷战战略，因此才提出了新的民权法案。③ 她的《1963 年国内外的向华盛顿进军运动》论述了 1963 年美国民权积极分子组织向华盛顿进军的同时，巴黎和世界其他地区的人民也组织起来，通过进军本国的美国外交场所来支持美国的民权运动。该文考察了这些事件的连锁反应和肯尼迪政府对此的应对，认为美国政府不仅控制运动，也控制对运动的宣传。因为美国政府对进军的描述不是一种对民主制度的批评而是作为民主自身的表达。④ 她的专著《冷战民权：种族与美国民主的形象》是这方面研究的集大

---

　　① Mary L. Dudziak, "Desegregation as a Cold War Imperative", *Stanford Law Review*, Vol. 41, No. 1 (Nov., 1988), pp. 61 – 120.

　　② Mary L. Dudziak, "Brown as a Cold War Case", *The Journal of American History*, Vol. 91, No. 1 (Jun., 2004), pp. 32 – 42.

　　③ Mary L. Dudziak, "Birmingham, Addis Ababa and the Image of America: Internatioanal Influence on U. S. Civil Rights Politics in the Kennedy Administration", In Brenda Gayle Plummer, ed, *Window on Freedom: Race, Civil Rights, and Foreign Affairs, 1945 – 1988*, Chapel Hill: University of North Carolina Press, 2003, pp. 181 – 200.

　　④ Mary L. Dudziak, "The 1963 March on Washington: At Home and Abroad", *Revue française d'études américaines*, No. 107, (MARS 2006), pp. 61 – 76.

成之作，阐述了从二战到 20 世纪 60 年代中期，冷战的外交关系如何影响美国的民权政策。她认为国际背景影响了社会变革的时机、特性和程度，冷战在提高美国黑人地位方面发挥了积极作用。作者最有力的观点是，美国政府通过构建一个国家过去争取民权的故事努力守卫美国的形象和反对苏联的宣传，它承认种族歧视，但把美国民主本身当作唯一可行的进步之路。[①]

　　除了杜齐亚克，还有很多论述冷战民权问题的综合性论著。约翰·斯科瑞特尼的长篇论文《冷战对美国黑人民权的影响：美国与全球观众（1945—1968）》[②] 指出美国因国内种族现实而难堪和羞愧，美国和苏联之间为影响正在出现的第三世界国家而产生的激烈的意识形态斗争加强了美国黑人在美国的地位。托马斯·博斯特曼的《冷战与肤色界限：全球领域的美国种族关系》[③] 阐述了美国领导人在二战后的几十年间如何在国内外回应日益增长的种族正义的压力。指出当时非洲和美国黑人的自由运动彼此激励和加强，亚洲和非洲民族自决运动的开展培育了美国争取平等的斗争。强调白人至上主义的铲除在世界历史意义上是比战胜苏联共产主义更重大的成就，种族问题证明 20 世纪后半期的美国历史也是国际史。布伦达·普拉姆编的《自由的窗口：种族、民权与外交事务（1945—1988）》[④] 是一部论文集，从不同时期各种角度对民权与外交的关系进行了梳理和分析，认为二战后的民权只有放在国际关系和外交史的背景下才能得到最深刻的理解。阿兹·莱顿的《国际政治与美国的民权政策（1941—1960）》[⑤] 认为二战中的大屠杀、殖民帝国的崩溃、冷战与联合国的建立全都有

[①]　Mary L. Dudziak, *Cold War Civil Rights: Race and the Image of American Democracy*, Princeton, N. J.: Princeton University Press, 2000.

[②]　John David Skrentny, "The Effect of the Cold War on African-American Civil Rights: America and the World Audience, 1945 – 1968", *Theory and Society*, Vol. 27, No. 2 (Apr., 1998), pp. 237 – 285.

[③]　Thomas Borstelmann, *The Cold War and the Cold Line: American Race Relations in the Global Arena*, Cambridge: Harvard University Press, 2002.

[④]　Brenda Gayle Plummer ed., *Window on Freedom: Race, Civil Rights, and Foreign Affairs, 1945 – 1988*, Chapel Hill: University of North Carolina Press, 2003.

[⑤]　Azza Salama Layton, *International Politics and Civil Rights Policies in the United States, 1941 – 1960*, Cambridge; New York: Cambridge University Press, 2000.

助于联邦政府的行政与司法机关实施民权改革。民权领导人立刻抓住国际环境提供的新机会，并利用它们施加压力来推动国内政策改革。乔纳森·罗森贝格的《希望的土地有多远？从一战到越战期间的世界事务与美国民权运动》① 考察了自由派民权积极分子对国际事务的看法，阐释了他们如何把世界事务与国内运动结合起来。

也有一些论著论述了冷战民权中的一些具体问题。关于二战后杜鲁门政府时期的私刑危机和政府反应，托马斯·博斯特曼的《吉姆·克劳体制的公开：杜鲁门时期的种族关系和美国外交政策》② 做了深入考察。它认为杜鲁门最初并不希望种族问题上升为国家议程中的首要问题。但二战后因私刑所带来的种族危机不断发生，国际批评迫使杜鲁门不得不关心国内的种族歧视对美国国际声誉的损害，他最初的反应是在 1946 年底建立了总统民权委员会以回应批评。委员会 1947 年的最终报告重点强调了结束种族隔离制度的国际原因。

关于冷战与布朗案的关系研究，除了上述杜齐亚克的研究外，迈克尔·科拉曼的《布朗判决，种族变革与民权运动》认为布朗判决虽然因为遭到白人抵制没有取得理想的效果，但在冷战的全球背景下，布朗判决引起的国际影响和导致的国际批评促使后来大规模非暴力直接行动的兴起和民权立法的制定，最终废除了教育领域的种族隔离。③

关于小石城危机和政府应对，有很多论著。阿兹·莱顿的《国际压力与美国政府对小石城危机的反应》认为艾森豪威尔总统最初不愿意废除隔离，因为他尊重州权，拒绝实施布朗判决。但是对小石城危机的国际批评令艾森豪威尔总统最终很不情愿地命令联邦军队到小石城保护 9 个在中央高中的黑人学生，他通过强调危机的国际影响来向

---

① Jonathan Rosenberg, *How Far the Promised Land?*: *World Affairs and the American Civil Rights Movement from the First World War to Vietnam*, Princeton: Princeton University Press, 2006.

② Thomas Borstelmann, "Jim Crow's Coming Out: Race Relations and American Foreign Policy in the Truman Years", *Presidential Studies Quarterly*, Vol. 29, No. 3 (Sep., 1999), pp. 549 – 569.

③ Michael J. Klarman, "Brown, Racial Change, and the Civil Rights Movement", *Virginia Law Review*, Vol. 80, No. 1.

美国人解释自己的行动。① 卡里·弗雷泽的《穿越小石城种族的界限：艾森豪威尔政府与美国外交政策中种族的困境》也论述了小石城危机的国际影响。例如作者指出，国务卿杜勒斯担心小石城正在毁坏美国的外交政策，并预言这一事件在亚非的影响比苏联入侵匈牙利更为恶劣。艾森豪威尔十分警惕赫鲁晓夫和纳赛尔对小石城事件的利用。国际上对危机的反应成为政府处理危机考虑的重要因素。②

关于非洲外交官受歧视事件，很多美国学者进行了研究。加尔文·霍尔德的文章考察了这一政策如何导致对非洲外交官的优待，而对美国黑人不公。③ 雷内·罗曼妮的论文主要集中于特殊礼仪服务处主任圣胡安的个人努力，认为冷战暴露并聚焦了美国的种族主义，冷战的外交政策目标激发了政府内部关于民权的更强的激进主义，并导致联邦政府主动进行国内种族改革。④ 迈克尔·克伦的文章强调美国黑人媒体在努力促使肯尼迪政府减少对非洲外交官的种族歧视事件中的作用。⑤ 菲利普·米伦贝克的著作主要关注肯尼迪对非洲外交官受歧视事件的处理如何影响他和非洲民族主义领导人之间的关系。⑥ 历史学家对于这些努力背后的动机以及它们是否成功等问题并未达成一致。大部分历史学家认为，肯尼迪努力减少对非洲外交官的种族歧视事件主要是冷战外交政策的考虑。但罗曼妮主张政府利用非洲外交官问题来推动更多重要的民权改革。这表明肯尼迪的主要动机是国内考

---

① Azza Salama Layton, International Pressure and the U. S. Government's Response to Little Rock, *The Arkansas Historical Quarterly*, Vol. 66, No. 2 (Summer, 2007), pp. 243 – 257.

② Cary Fraser, "Crossing the Color Line in Little Rock: The Eisenhower Administration and the Dilemma of Race", *Diplomatic History*, Spring 2000, Vol. 24 Issue 2.

③ Calvin B. Holder, "Racism Toward Black African Diplomats During the Kennedy Administration", *Journal of Black Studies*, Vol. 14, No. 1 (Sep., 1983), pp. 31 – 48.

④ Renee Romano, "No Diplomatic Immunity: African Diplomats, the State Department, and Civil Rights, 1961 – 1964", *The Journal of American History*, Vol. 87, No. 2 (Sep., 2000), pp. 546 – 579.

⑤ Michael L. Krenn, "The Unwelcome Mat: African Diplomats in Washington, D. C. during the Kennedy Years", In Brenda Gayle Plummer, ed, *Window on Freedom: Race, Civil Rights, and Foreign Affairs, 1945 – 1988*, Chapel Hill: University of North Carolina Press, 2003, pp. 163 – 180.

⑥ Philip Emil Muehlenbeck, *Betting on the Africans: John F. Kennedy's Courting of African Nationalist Leaders*, Oxford; New York: Oxford University Press, 2012.

虑，外交政策只是作为一个理由让南方的议员更易于接受。克伦认为政策大部分是象征性的，基本都失败了。自艾森豪威尔总统以来，非洲外交官和美国黑人的境况都没有多少改善，特殊礼仪服务处的努力也没什么结果。相反，其他三个学者认为肯尼迪政府努力减少对非洲外交官的歧视显著地不同于艾森豪威尔政府的努力，非洲很多国家的政府对此产生了积极的善意，同时美国黑人的民权也得以扩展。①

关于和平队与民权运动关系的研究也有相关成果。朱利叶斯·阿明的《和平队与为美国黑人的平等而斗争》② 与乔纳森·齐默曼的《超越双重意识：非洲的黑人和平队志愿者》③ 考察了和平队在促进美国的种族平等中的作用，指出志愿者们利用他们在非洲学到的东西来解决美国的种族问题，有助于丰富美国的特性，有助于美国黑人争取平等的斗争。

由于冷战期间对外宣传的重要性，很多研究也集中于冷战民权中的公共外交。尼古拉斯·卡尔的《发现真相的人》论述了肯尼迪政府时期，在署长爱德华·R. 默罗的领导下，美国新闻署的公共外交活动，重点论述了新闻署应对伯明翰危机和向华盛顿进军运动时的宣传活动。它认为新闻署不过多关注暴力，而是强调联邦政府保护黑人市民民权的行动。新闻署的宣传画面给人以这样的印象：民权时期的英雄是美国制度和联邦政府，它们对无助的黑人市民提供了最大的帮助。他的《意识形态的主宰者》论述了美国新闻署在肯尼迪政府时期制作"小石城九英雄"和"向华盛顿进军"两部纪录片的过程，肯定了它们发行海外所起到的良好宣传作用。④ 哈劳斯·斯特科鲍劳

---

① Philip Emil Muehlenbeck, "Africa", in Marc Selverstone Hoboken, *A companion to John F. Kennedy*, John Wiley & Sons Inc., 2014, p. 360.

② Julius A. Amin, "The Peace Corps and the Struggle for African American Equality", *Journal of Black Studies*, Vol. 29, No. 6 (Jul., 1999), pp. 809 – 826.

③ Jonathan Zimmerman, "Beyond Double Consciousness: Black Peace Corps Volunteers in Africa, 1961 – 1971", *The Journal of American History*, Vol. 82, No. 3 (Dec., 1995), pp. 999 – 1028.

④ Nicholas Cull, "The Man Who Invented Truth: The Tenure of Edward R. Murrow As Director of Unite States Information Agency During the Kennedy Years", *Cold War History*, Vol. 4, No. 1, October 2003, pp. 23 – 48; "Auteurs of Ideology: USIA Documentary Film Propaganda in the Kennedy Era as Seen in BruceHerschensohn's 'The Five Cities of June' (1963) and James Blue's 'The March' (1964)", *Film History*, Vol. 10, No. 3, (1998), pp. 295 – 310.

斯的博士学位论文《别处的世界：美国宣传与种族、民族的文化政治（1945—1968）》①集中分析了战后的种族主义、民权运动和美国文化宣传。乔治·汤姆林的硕士学位论文《艰难的贩卖：民权与爱德华·R.默罗领导的美国新闻署（1961—1963）》②考察了美国新闻署及其领导人爱德华·R.默罗在肯尼迪政府期间如何一直努力为联邦政府对民权运动的反应辩护。梅林达·布莱尔的博士学位论文《兜售民主：美国新闻署对美国种族关系的描述（1953—1976）》③考察了美国新闻署如何应对种族主义和民权运动，反映了艾森豪威尔、肯尼迪、约翰逊和尼克松总统不断改变的国外和国内政策需要。这些论文都反映了美国政府为了冷战中对外宣传的需要，不得不对国内种族问题进行改革。

一些论著主要以爵士乐外交为中心论述了美国政府冷战时期的文化外交。彭尼·埃申的《书包嘴吹起世界》是这方面研究的经典著作。它论述了从1956年到20世纪70年代末，美国派遣了他最好的爵士音乐家从伊拉克到印度、从刚果到苏联的世界各地进行表演，以赢得第三世界的心灵过程。④莉萨·达文波特的著作《爵士乐外交》考察了冷战背景下美国与非洲、苏联和世界其他地区的文化外交，探讨了国际种族关系、国内民权和美国爵士音乐家的文化交流之间的相互交织关系。⑤大卫·卡洛塔的论文《那些白人为我工作》论述了艾森豪威尔政府发起的由美国主要的爵士音乐家开展的海外"善意访问之旅"活动。作者认为这些旅行有助于美国政府开展其反对苏联及其

① Harilaos Stecopoulos, *The World Elsewhere: United States Propaganda and the Cultural Politics of Race and Nation*, *1945 - 1968*, University of Virginia, 1999.

② Gregory Michael Tomlin, *Hard Sell: Civil Rights and Edward R. Murrow's U. S. Information Agency*, *1961 - 1963*, The George Washington University, 2010.

③ Melinda M. Schwenk-Borrell, *Selling Democracy: The United States Information Agency's Portrayal of American Race Relations*, *1953 - 1976*, University of Pennsylvania, 2004.

④ Penny M. Von Eschen, *Satchmo Blows up the World: Jazz Ambassadors Play the Cold War*, Cambridge, Mass.: Harvard University Press, 2004.

⑤ Lisa E. Davenport, *Jazz Diplomacy: Promoting America in the Cold War Era*, Jackson: University Press of Mississippi, 2009.

共产主义盟友的全球宣传运动。① 安德里亚·弗朗西斯的博士学位论文《灵魂的召唤：音乐、种族与美国文化政策的塑造》考察了音乐尤其是爵士乐如何被塑造成了美国的一种政治工具。②

总之，美国的种族歧视在战后对国际关系的影响是美国联邦政府政策制定的一个重要因素，不注意废除隔离对外交利益重要的程度，联邦政府在战后对民权问题的态度就不能得到充分理解，尤其是冷战早期的国际批评产生的压力和利益对美国政府的民权改革起了重要的作用。这一论点与二战对民权运动起源的影响的论述一起补充了以往黑人社会的内部组织与制度在民权运动的起源和发展过程中发挥了重要作用的观点，③ 使对民权运动起源的解释更加完整，也使得对美国政府民权改革的原因的阐释更加全面。

3. 第三世界民族解放运动对美国民权运动和改革的影响研究

一些论著主要论述了非洲的民族解放运动对美国民权运动和改革的影响。如詹姆斯·梅里韦瑟在《我们以成为非洲人而自豪：美国黑人与非洲（1935—1961）》④ 中认为美国国内政治和国际事务建立了一个现实的框架，局限了美国黑人积极主义的活力。她考察了非洲主要的政治事件对美国黑人追求正义和平等斗争的影响。她认为有时候非洲大陆上一些重要发展在美国民权运动中产生了严重的哲学与组织

---

① David Carletta, "Those White Guys are Working for Me: Dizzy Gillespie, Jazz, and the Cultural Politics of the Cold War During the Eisenhower Administration", *International Social Science Review*, Vol. 82, No. 3/4 (2007), pp. 115 – 134.

② Andrea Georgia Marina Franzius, *Soul Call: Music, Race and the Creation of American Cultural Policy*, Duke University, Ph. D. 2006.

③ Doug McAdam, *Political Process and the Development of Black Insurgency, 1930 – 1970*, Chicago: University of Chicago Press, 1982; Aldon D. Morris, *The Origins of the Civil Rights Movement: Black Communities Organizing for Change*, New York: Free Press; London: Collier Macmillan, 1984. 迈克亚当集中分析了孕育抗议运动的三种制度——黑人教会、黑人大学与全国有色人种协进会在南方的地方分支的重要作用，莫里斯集中于黑人抗议的传统、地方组织和运动及普通黑人大众的作用等内容，详细考察了黑人社会组织的重要作用，认为它们是隐藏在民权运动之后的真正的力量。

④ James Hunter Meriwether, *Proudly We Can be Africans: Black Americans and Africa, 1935 – 1961*, Chapel Hill: University of North Carolina Press, 2002.

分歧，但有时也推动了具体运动的开展。他的《黑人选民、非洲与1960 年总统选举》① 考察了 1960 年美国总统选举活动，认为肯尼迪利用美国黑人与正在进行自由斗争的非洲大陆日益增长的跨国联系来争取黑人选票，非洲成为肯尼迪新的边疆，在那里他能显现自己的冷战特征，与美国黑人选民找到共同的基础，并增强赢得总统选举的机会，从而也推动了后来民权运动和改革的发展。

　　一些著作论述了整体的民族解放运动对美国国内种族问题和民权运动及改革的影响。彭尼·埃申在《反对帝国的种族：美国黑人与反殖民主义（1937—1957）》② 中指出，二战后，美国黑人不仅关注国际问题，而且对美国外交提出尖锐批评。受到二战、联合国的建立和亚非反殖民主义的民族主义发展的鼓舞，黑人知识分子、工联的官员和美国黑人媒体呼吁"全球力量关系的真正改变"。布伦达·普拉姆在《升腾的风：美国黑人与美国外交事务（1935—1960）》中通过阐述美国黑人组织、媒体、领导人和大众对国际问题的持续兴趣，推翻了美国黑人主要关心国内问题而非全球事务，对美国的外交几乎没有影响这样的论断，认为这种积极主义产生了效果，最终迫使美国承认了种族作为全球问题的重要性，并接受了国内种族主义和外交政策之间的联系。她的《寻找权力》是一部论述民权、非殖民化和黑人权力时期历史的论著。1956—1974 年，世界范围内新独立国家的出现与美国的民权运动暴露了种族融合和政治自由的局限。作者探讨了在美国黑人卷入国际事务与他们如何塑造美国的外交政策之间的具体联

---

① 　James H. Meriwether, "Worth a Lot of Negro Votes: Black Voters, Africa, and the 1960 Presidential Campaign", *The Journal of American History*, Dec. 2008, Vol. 95, No. 3.

② 　Penny Von Eschen, *Race against Empire: Black Americans and Anticolonialism*, Ithaca, NY: Cornell University Press, 1997. 作者后来在书中也论述了冷战的消极影响，认为这种激进的观点是短命的。到 1947 年，大部分黑人领导人接受了冷战反共主义，切断了与非洲、亚洲现存的联系，集中于国内种族关系。詹姆斯·罗克的《美国的黑人领导人：对殖民主义和冷战的反应（1943—1953）》中的观点与此基本相似，认为从 1943—1947 年美国黑人发起了生机勃勃的反对欧洲殖民主义和支持殖民主义的美国外交政策的抗议活动，然而由于冷战，他们强烈的种族国际主义很快就迅速衰落了。见 James L. Roark, "American Black Leaders: The Response to Colonialism and the Cold War, 1943 – 1953", *African Historical Studies*, Vol. 4, No. 2 (1971), pp. 253 – 270。

系，把美国黑人史、非洲人离散史和美国外交关系史整合起来。①

一些论著论述了民族解放运动对民权运动日益激进化和转向黑人权力运动的影响，阐释了一些民权领袖联合亚非拉国家开展国际斗争的思想。如关于黑人领袖马尔科姆后期思想的研究，很多学者认为非洲之行和麦加朝圣成为马尔科姆思想转变的重要原因，到马尔科姆死时，他的思想已经超越了黑人民族主义，转向国际主义和革命社会主义了。乔治·布瑞特曼在《马尔科姆临终之年》中认为，马尔科姆在离开黑人穆斯林之后，尤其是非洲之行和麦加朝圣后变得革命了——不仅反对帝国主义，而且日益反对资本主义，还具有社会主义的思想。② 卢贝·乌当与 E. U. 艾森—乌当的观点与此相似。他们在《一个国际人》③ 一文中认为，马尔科姆死时，他从黑人民族主义转向国际主义，成了国际资本主义体系的敌人和坚定的泛非主义者。④ 詹姆斯·科恩的《马丁·路德·金与第三世界》⑤ 则论述了第三世界的民族解放运动对金后期思想转向激进和革命的重要影响，阐释了金的国际斗争思想。凯文·盖恩斯的《加纳的美国黑人》解释了独立后的加纳吸引马丁·路德·金、马尔科姆·X 等众多美国黑人来此的原因，也分析了加纳这个新国家和社会如何被冷战、美国民权运动和

① Brenda Gayle Plummer, *Rising Wind: Black Americans and U. S. Foreign Affairs*, *1935 – 1960*, Chapel Hill: University of North Carolina Press, 1996; *In Search of Power: African Americans in the Era of Decolonization*, *1956 – 1974*, New York: Cambridge University Press, 2013.

② George Breitman, ed. , *Last Year of Malcolm X: the Evolution of a Revolutionary*, New York: Schocken Press, 1969, p. 27.

③ Ruby M. and E. U. Essien-Udom, "An International Man", in John Clarke, *Malcolm X: The Man and His Times*, New York: Macmillan, 1969, pp. 235 – 267.

④ 关于马尔科姆国际史研究的成果参见 Marika Sherwood, *Malcolm X: Visits Abroad*, Tsehai Publishers, 2011; A. B. Assensoh and Yvette M. Alex-Assensoh, *Malcolm X and Africa*, Cambria Press, 2016; Azaria Mbughuni, "Malcolm X, the OAU Resolution of 1964, and Tanzania: Pan-African Connections in the Struggle Against Racial Discrimination", *The Journal of Pan African Studies*, Vol. 7, No. 3, September 2014; Seth M. Markle, "Brother Malcolm, Comrade Babu: Black Internationalism and the Politics of Friendship", *Biography*, Vol. 36, No. 3, Summer 2013; Stephen Tuck, *The Night Malcolm X Spoke at the Oxford Union A Transatlantic Story of Antiracist Protest*, University of California Press, 2014; Saladin Ambar, *Malcolm X at Oxford Union Racial Politics in a Global Era*, Oxford University Press, 2014 等。

⑤ James H. Cone, "Martin Luther King, Jr. , and the Third World", *The Journal of American History*, Vol. 74, No. 2 (Sep. , 1987), pp. 455 – 467.

非洲非殖民化运动所塑造。加纳总统恩克鲁玛对美国的霸权发出了直接的挑战，提出了非洲解放、大陆统一等观点。虽然在加纳的美国黑人的数量很少，但这些积极分子与他们美国国内的民权运动盟友一起，与加纳等非洲人民紧密团结起来，努力争取自己的自由和权利，成为美国黑人和非洲黑人团结斗争的典范。[①]

　　一些学者论述了激进的黑人领袖罗伯特·威廉等人的国际斗争。蒂莫西·泰森的《自由南方电台：罗伯特·威廉与黑人权力的根源》等论著论述了威廉到古巴、越南和中国的国际经历和斗争，认为他激进的国际自由斗争是美国黑人权力的根源。[②] 罗伯逊·费雷泽的《东方是黑的》等论著论述了冷战时期，好几位杰出的美国黑人激进分子和知识分子，包括杜波依斯夫妇、记者威廉·沃斯，信奉马克思主义的女性主义者加尔文和自由战士威廉夫妇等先后访华并住在中国的经历，认为他们通过各种媒介表达了对中国共产主义的支持，重新定义了亚洲反对帝国主义的斗争与美国黑人反对社会、种族与经济不正义的运动之间的关系。作者考察了这些人物如何与中国政府共同支持反对美国国内外政策的思想，分析了他们多元的文化作品，论证了他们如何在一个反种族主义和帝国主义的、世界范围的反资本主义联盟的广阔视野中想象共产主义中国的作用。[③]

　　在民权组织受到民族解放运动影响而日益激进研究方面，范尼·威尔金斯的《黑人国际主义者的塑造：黑人权力兴起前的学生非暴力协调委员会与非洲（1960—1965）》[④] 论述了学生非暴力协调委员会

---

① Kevin K. Gaines, *American Africans in Ghana： Black Expatriates and the Civil Rights Era*, Chapel Hill： University of North Carolina Press, 2006.

② Timothy B. Tyson, *Radio Free Dixie： Robert F. Williams and the Roots of Black Power*, Chapel Hill： University of North Carolina Press, 1999；"Robert F. Williams, Black Power, and the Roots of the African American Freedom Struggle", *The Journal of American History*, Vol. 85, No. 2（September 1998）.

③ Robeson Taj Frazier, *The East is Black： Cold War China in the Black Radical Imagination*, Durham： Duke University Press, 2015；"Thunder in the East： China, Exiled Crusaders, and the Unevenness of Black Internationalism", *American Quarterly*, Vol. 63, No. 4, December 2011.

④ Fanon Che Wilkins, "The Making of Black Internationalists： SNCC and Africa Before the Launching of Black Power, 1960 – 1965", *Journal of African American History*, Fall 2007, Vol. 92 Issue 4.

与非洲的反殖民化运动紧密联系，并亲自去非洲新独立的国家考察访问，密切了关系，从而日益激进，最终转向了国际斗争和黑人权力运动的过程。朱莉娅·艾琳·伍德的博士学位论文《自由是不可分割的》考察了学生非暴力协调委员会的黑人国际主义，阐述了它与非洲独立运动以及亚非拉革命运动之间的关系，把美国黑人民权运动与国际自由斗争紧密联系在一起。① 鲁斯·雷天的《古巴，黑豹党与20世纪60年代的美国黑人运动》② 则分析了古巴的革命斗争对黑豹党的暴力革命思想的深刻影响，认为其促进了60年代的美国黑人运动日益走向激进。

也有一些论文考察了民权运动与民族解放运动的相互影响。如克沃·尼莫克的《恩克鲁玛，非洲觉醒与新殖民主义：美国黑人如何唤醒加纳以及加纳如何唤醒美国黑人》③，以加纳总理恩克鲁玛为中心，考察了美国黑人权力运动和非洲黑人之间相互激荡的国际影响。论述了20世纪五六十年代的美国黑人政治活动如何与非洲的政治活动联系在一起，这些非洲的政治运动又是如何进一步影响美国的黑人民族主义文化的。詹森·帕克的《美国制造的革命？黑人大学与美国在大西洋黑人世界非殖民化中的作用》④ 考察了美国黑人大学在整个20世纪对大西洋世界中的种族团结和非殖民化运动的贡献。作者认为美国的黑人自由斗争与第三世界的独立运动不是相互分离的，这些斗争同样与全球种族革命的国内外网络紧密相连，它们重新定义了美国的公民权利，并重塑了世界地图。

可见，第三世界民族解放运动对民权运动的起因、发展和转向激

① Julia Erin Wood, *Freedom is Indivisible*: *The Student Nonviolent Coordinating Committee* (*SNCC*), *Cold War Politics*, *and International Liberation Movements*, Yale University, 2011.

② Ruth Reitan, "Cuba, the Black Panther Party and the US Black Movement in the 1960s: Issues of Security", *New Political Science*; Jun. 99, Vol. 21 Issue 2.

③ Kwame Nimako, "Nkrumah, African Awakening and Neo-colonialism: How Black America Awakened Nkrumah and Nkrumah Awakened Black America", *The Black Scholar*, Vol. 40, No. 2.

④ Jason C. Parker, "Made-in-America Revolutions? The Black University and the American Role in the Decolonization of the Black Atlantic", *The Journal of American History*, December 2009 (Vol. 96, No. 3).

进化起了重要作用，但传统的观点认为民权运动的发生和后来的转变主要是国内因素引起的。如对民权运动后来转向黑人权力运动，原有的研究认为主要原因是后期民权运动斗争目标从追求政治平等转向经济平等，斗争地域从南方农村转向北方城市，贫民窟中的年轻黑人因此越来越成为运动参与的主体，原来强有力的盟友——联邦政府与白人自由派也逐渐放弃了对运动的支持。另外学生非暴力协调委员会等民权组织的基层组织传统也不断衰落等。① 而上述研究表明，很多民权组织和领袖深受第三世界的民族解放运动的影响，从而才不断走向激进化的。非洲和中国对美国政府的批评和对民权运动的支持是美国政府不得不进行民权改革的重要原因。因此只有两者结合起来才能全面解释其原因、过程和结果。

此外，与民族解放运动密切相关的美国政府对非洲等第三世界国家的外交研究也有很多成果。大部分学者认为，杜鲁门和艾森豪威尔总统为了冷战反共的需要，仍然支持英法等老牌殖民强国，视他们为反苏反共的坚强盟友，对非洲等第三世界的反殖民主义斗争并不热心。这种情况直到肯尼迪总统时期才发生改变。如马查里亚·穆尼尼、肯尼斯·艾伦·克雷斯和莫妮卡·洛林·贝尔蒙特三人的博士学位论文论述了杜鲁门政府和艾森豪威尔政府传统的对非政策。② 米伦贝克的著作《把宝押在非洲》深入考察了肯尼迪总统交好非洲民族主义领导人的努力。他认为，肯尼迪一上台就发起了一项交好非洲民族主义领导人的个人政策，这一政策期望改善美非关系，大幅度改变了美国外交关系的方向。肯尼迪政府相信冷战的输赢依赖于华盛顿或莫斯科能否赢得第三世界的心灵。非洲尤其是重要的，华盛顿和莫斯科都想把它们拉入自己的投票阵营。肯尼迪政府担心美国忽视新独立

① Charles Payne, *I've Got the Light of Freedom*, Berkeley: University of California Press, 1995.

② G. Macharia Munene, *The Truman Administration and the Decolonization of Sub-Saharan Africa*, *1945 - 1952*, Ohio University, Ph. D., 1985; Kenneth Alan Kresse, *Containing Nationalism and Communism on the "Dark Continent": Eisenhower's Policy toward Africa*, *1953 - 1961*, State University of New York at Albany, Ph. D., 2003; Monica Lorine Belmonte, *Reining in Revolution: The United States Response to British Decolonization in Nigeria in an Era of Civil Rights*, *1953 - 1960*, Georgetown University, Ph. D., 2003.

的非殖民化国家将导致反美主义的增长。肯尼迪因此在美非关系上花费了比其他美国总统更多的时间和精力。他通过个人外交，重新改变了美国对非洲的政策，在很大程度上赢得非洲人民的理解，但同时却疏远了传统的盟友。① 克伦的著作《黑人外交：美国黑人与国务院（1945—1969）》则综合论述了 1945 年后国务院的种族融合以及随后很多美国黑人大使被任命到第三世界和非洲国家去的过程。作者认为艾森豪威尔政府有意拖延这一过程，但到肯尼迪和约翰逊时期，政府取得了很多成果，增加了很多美国黑人外交官，促进了美国对非洲等第三世界的外交成效显著。② 但有个别左派学者坚持认为美国一直对第三世界的反殖民主义斗争持反对和抵制态度。如杰拉尔德·霍恩的《来自枪杆子：美国与反对津巴布韦的战争（1965—1980）》详细论证了美国在拖延津巴布韦非殖民化斗争中的核心作用。③

二　研究思路和观点

虽然美国学界有关冷战时期民权运动和改革的新研究已成绩斐然，但也有一些不足。首先，三种研究进路各有侧重，甚至彼此竞争，厚此薄彼，但如果把三者整合起来就会更加全面；其次，这些研究大多从政府和精英的角度论述，没有吸收民权运动基层研究和地方研究的新成果，很少涉及基层民众。而且，大部分论著对国际冷战因素与国内因素之间的互动注意不够，只是强调冷战环境和国际压力是政府进行民权改革的重要动因，没有与国内的民权积极分子制造的国内压力相结合。但如果没有内外压力的比较和结合，一些问题就可能解释不清楚或不全面。例如，这些相关论著论述冷战对民权运动和改革的影响时，较少论及非暴力直接行动等民权策略和民众思想观念的

① Philip Emil Muehlenbeck, *Betting on the Africans：John F. Kennedy's Courting of African Nationalist Leaders*, Oxford；New York：Oxford University Press, 2012.

② Michael L. Krenn, *Black Diplomacy：African Americans and the State Department*, 1945 - 1969, Armonk, N. Y.：M. E. Sharpe, 1999.

③ Gerald Horne, *From the Barrel of a Gun：The United States and the War against Zimbabwe, 1965 - 1980*, University of North Carolina Press, 2000.

变化，论述越战对民权运动和改革的影响时，较少论及国内种族骚乱和黑人权力运动的情况等。而实际上，美国国内的黑人民权积极分子很善于利用国际舆论来向美国政府施加压力。因此需要把冷战与政府的民权改革和基层的民权运动紧密联系起来，并以国际批评为中介，形成"三位一体"，进行综合研究。

国内有关冷战民权关系的研究还比较薄弱①，本书希望在继承国内外学者原有研究的基础上，充分利用原始文献，借鉴微观的新社会史（强调地方研究和基层研究等）和宏观的国际史（强调国际视野和内外互动等）的新方法，弥补以往的不足，促进相关研究的深入发展。

本书认为，冷战是把双刃剑，对民权运动和改革有消极和积极双重影响，它既促进了民权改革的产生和发展，又限制了改革的时机、特点和程度。冷战在民权运动早期和晚期对民权改革消极作用大些，在民权运动中期，积极作用大些，但两种作用始终共存。冷战通过国际批评产生的压力和利益是推动民权改革的主要动因，也是改革受到局限的主要因素。内外压力和部分白人与黑人利益的结合推动了民权改革的深入，而它们的分离则导致了改革的衰落。

具体来说，首先，冷战促进了民权改革。美国冷战外交的本质是争夺人心，获取霸权，但美国国内种族歧视和隔离的现状和民主信条的矛盾阻碍了美国冷战外交目标的实现。美国种族主义导致了国内的种族危机和国际上的激烈批评。各种种族危机引发的种族暴行不断在全世界的媒体上被报道，苏联、西欧和亚非拉（尤其非洲）国家都因此嘲讽或不信任美国，这严重损害了美国的国家形象和国家声誉，导致美国的国家安全和国家利益也无法保障。在巨大的国际压力下，美国不得不进行民权改革。但冷战又制约了民权改革的特点和程度。冷战把民权改革的目标局限为废除隔离和争取选举权，而非经济平等

---

① 除了笔者的一些研究，武汉大学谢国荣教授也发表了一些重要论著，为笔者提供了重要的借鉴。参见谢国荣《冷战与黑人民权改革：国际史视野下的布朗案判决》，《历史研究》2018 年第 1 期；《跨国史视野下的美国民权运动研究》，《社会科学战线》2019 年第 3 期；《种族问题与冷战初期美国的对外宣传》，《世界历史》2021 年第 3 期；《小石城事件国际影响下的美国民权运动》，《历史研究》2021 年第 4 期等。

和人权，并使一些改革只是成为象征性的胜利。

　　为什么冷战对国内的民权改革产生如此大的影响？因为联邦政府受制于国内根深蒂固的种族主义和联邦主义的政治文化，无法干预地方黑人民权。只有强大的压力才能迫使联邦进行干预。冷战通过国际批评产生的国际压力就是这样一种强大的压力。同时国内的民权积极分子利用国际压力采取各种斗争策略又产生了巨大的国内压力，国内普通民众的觉醒和呼吁也形成了强大的舆论压力，这些国内外压力的结合是促使联邦打破束缚进行干预的主要原因。另外，共同的利益追求成为联邦政府主动进行民权改革的原因。因为只有进行国内的民权改革，才能保障美国冷战的战略利益。国内黑人的民权利益与冷战的战略利益一致了，联邦政府才能切实推进民权改革。因此虽然冷战促使杜鲁门政府开启了民权改革，但冷战初期产生的内外压力和共同利益不足以与极端保守的麦卡锡反共主义相抗衡，使民权运动和改革陷入低潮；20世纪60年代上半期民权改革之所以达到高潮则是因为内外压力足够强大和美国政府冷战外交的利益与黑人民权的利益趋于一致；而民权运动后期随着《民权法案》的通过和越战的爆发，内外压力减小并转移了，共同利益丧失，民权改革就衰落了。在这一过程中，作为中介的国际批评的强烈程度是美国政府是否推进民权改革的重要动因。①

　　在民权改革关键的时间节点上，本书认为，全面的实质性的民权改革始于肯尼迪总统执政后期。杜鲁门总统启动了民权改革，但改革有很大的局限性，只取得了象征性的成果，原来劳工、左派和黑人民权相结合的早期民权运动消亡了，杜波依斯和罗伯逊等很多激进的黑人遭到压制甚至迫害。艾森豪威尔总统仍维持消极的民权改革，对黑

---

　　①　本书在研究过程中借鉴吸收了著名美国黑人学者小德里克·贝尔（Derrick A. Bell, Jr.）的相关理论。贝尔认为，由于种族主义的根深蒂固，黑人如果要实现种族平等方面的利益，只有在与白人的利益融合时才能得到满足。这一命题被称为贝尔的"利益趋同"（Interest-Convergence）命题，贝尔用这一命题来说明民权的进步只有在对白人整体有利的情况下才会发生。参见 Derrick Bell, *Silent Covenants: Brown v. Board of Education and the Unfulfilled Hopes for Racial Reform*, Oxford University Press, 2004; Kenneth B. Nunn, "The R-Word: A Tribute to Derrick Bell", *University of Florida Journal of Law and Public Policy*, Vol. 22, 2011, pp. 434 – 436。

人民权问题并不关心，派军队解决小石城危机只是应对国际形象危机的无奈之举，他把重点集中于改善国际形象的公共外交和文化外交。可以说黑人民权对美国联邦政府来说就是个烫手山芋，政府在民权运动压力下只是想管控运动，实行小打小闹、缝缝补补式的改革，满足黑人一点要求，但又不想惹怒南方白人。同时战后历届总统都对冷战外交非常感兴趣，基本举国一致反共反苏，形成了以反共产主义、爱国主义为核心的冷战文化，在这一点上大部分美国白人和黑人的利益基本一致，能达成共识。但因为根深蒂固的种族主义的抵制，自由民主的美国信条不能解决民权问题，只有利益才是解决问题的核心。大部分美国白人和黑人利益一致了，民权改革才能成功，必须找到两者的共同利益。肯尼迪执政之初，与之前的总统一样不想处理黑人民权问题，因为涉及南方白人的利益，但他又想得到美国黑人的选票和支持。肯尼迪敏锐地看到美国黑人支持非洲等第三世界的非殖民化运动和民族解放运动，因此关注非洲，支持非洲解放运动，既可以争取新独立的非洲国家跟随美国走资本主义道路，充当美国的盟友，又能争取国内黑人的支持，同时不用损害南方白人的利益，可谓一举多得。因此对非外交政策成为肯尼迪政府优先关注的问题。但是新独立的非洲国家都奉行泛非主义思想，对美国国内的黑人问题非常关注。美国国内的种族歧视和隔离遭到非洲国家的强烈批评，来美的非洲外交官遭歧视问题又使得批评进一步升级。伯明翰运动成为关键的事件，国内压力和国际批评都达到顶点。因此不解决国内黑人的问题，就不能赢得非洲国家的人心和支持。只有实行民权改革才能解决外交问题。此时冷战外交的利益超过了南方白人的利益，同时美国政府和美国黑人的利益在冷战外交尤其对非外交上趋于一致。所以改革才能冲破阻力进行并取得实质性的成果。约翰逊政府时期，随着 1964 年《民权法案》和 1965 年《选举权法案》的制定，民权改革达到顶峰和高潮。但很快国内的黑人权力运动和城市骚乱以及国外的越南战争的发生使国际批评的重心转移，好不容易达成的利益共识又消亡了。

在论述冷战对民权运动和改革影响时，本书加入了第三世界民族解放运动和非殖民化运动因素。20 世纪 60 年代前，第三世界刚兴起时，力量还不是特别强大，美国仍然支持西方盟友实行殖民主义的方针，对殖民地的解放运动不感兴趣，主要是反共反苏，美国黑人的反殖民主义斗争也受到压制，国内的民权运动和改革处于低潮。20世纪60年代后，非洲等第三世界的力量兴起并壮大，成为美苏争夺的盟友，并且苏联（包括中国）加大了对第三世界的支持力度，所以美国改变了对非洲等第三世界国家的外交政策，但是美国国内的种族歧视和隔离状况不改变的话，无法吸引第三世界国家走资本主义道路，所以国内的民权改革成为必须要实行的政策。越南战争爆发后，国内民权运动走向激进化和国际化，国内外焦点转向越战，美国政府的民权改革基本终止了。

第一章 冷战爆发与杜鲁门时期
民权改革的启动与局限

杜鲁门执政时期，冷战爆发。与此同时，私刑等引发的种族危机不断发生，苏联、第三世界和欧洲盟友的媒体都对此展开了激烈的批评。杜鲁门被迫启动了民权改革，建立了总统民权委员会，废除了军队中的种族隔离，支持最高法院废除隔离的法律诉讼。但是改革有很大局限性，主要是被动性的应急措施，民权立法因受到南方隔离主义者反对不能通过。一些比较激进的黑人把目光转向联合国，发起向联合国请愿的活动，以引起国际社会关注，解决美国的种族问题，但受到美国政府的压制而失败。在冷战反共的气氛下，美国政府和种族主义者对民权积极分子进行了压制和迫害，原来蓬勃发展的民权工会联盟主义渐趋衰落，民权运动处于低潮。冷战既促进了民权改革的发生，又限制了改革的程度。当时国家的主要目标是反共反苏，极端的反共主义和爱国主义形成了特点鲜明的冷战文化，民权运动和改革完全受制于这个目标和环境，政府与白人种族主义者的利益更趋一致，黑人民权的利益很大程度上变成了冷战的牺牲品。

一 种族危机、国际批评与民权
改革的启动

除了南非，世界上可能没有一个国家在二战结束时像美国那样因其残酷的种族政策而臭名昭著。历史悠久的《吉姆·克劳法》及普遍建立在种族基础上的歧视是众所周知的。在美国孤立主义时代，许多人认为这些做法会永远持续下去。但是，第二次世界大战的经历和冷战的开始戏剧性地变成了打破这种幻想的力量。罗斯福公开声明反对纳粹邪恶的种族优越论，杜鲁门强烈支持《联合国宪章》中非歧视原则的声明，美国积极参与联合国人权委员会，非白人国家决心在国际关系中提出种族问题，苏联急于利用美国的所有可能的缺陷，这一切结合起来，形成了强大而意外的促进改变的外部压力。在这种背景下，美国认为自己应该承担在冷战期间保护国际安全与西方价值观的全球领导责任，这吸引了极大的关注，从而把美国国内的种族政策暴露给全世界，这是前所未有的。世界人民不仅看到了美国民主的成就，也发现了它烂疮的种族歧视。事实上，美国很快就发现自己被指责为"国际事务中的伪君子"，因为它一方面要求在东欧进行自由民主选举；另一方面又容忍剥夺了成千上万的黑人公民在本国投票权的法律和惯例。黑人士兵在战争中浴血奋战，取得胜利，回到家乡却面临着南方持续的种族隔离，甚至是私刑，这给全世界的观察家留下了特别深刻的印象。①苏联率先利用美国的种族问题对美国进行了猛烈的抨击，第三世界国家的批评也毫不逊色，即使美国的欧洲盟友对此也颇有微词。在冷战批评的强大舆论压力下，杜鲁门政府被迫开启了民权改革之路。

1. 种族危机

私刑首先成为二战后美国暴露给国际社会的最大恶疾。随着美国黑人老兵回到家乡，种族暴力开始席卷南方。白人种族主义者本想让回国的黑人老兵像以前一样安于现状，但参加了反法西斯斗争的黑人老兵已不再逆来顺受，他们奋起反抗争取自己的平等权利。1945 年后期和 1946 年，将近 100 万黑皮肤的退伍军人重返美国社会，引发了杜鲁门政府早期美国生活中激烈的种族冲突。对大多数南方白人来说，重建种族隔离制度远远超过了促进民主等其他冷战优先事项。黑人投票的努力激怒了许多白人邻居。南方白人对美国黑人发动了一波恐吓和暴力的浪潮。私刑的一般过程是：某个"不听话"的美国黑

---

① Paul Gordon Lauren, *Power and Prejudice*: *The Politics and Diplomacy of Racial Discrimination*, Westview Press, 1996, p. 199.

人被警察拘留，然后被释放，接着就被白人暴徒残忍杀害。①

残忍的暴力行为激起了国际社会的愤怒，这样的事例不胜枚举。1946 年 2 月，在田纳西州哥伦比亚市发生了大规模的，针对黑人家庭和企业的白人骚乱。6 个月后，路易斯安那州明登市附近，竟然有人用喷灯和切肉刀肢解退伍军人约翰·琼斯，令人毛骨悚然。1946 年 7 月，在军队中服役 5 年、刚回到家乡佐治亚的退伍黑人老兵乔治·多尔西和妻子以及他们的朋友罗杰·马尔科姆夫妇被枪杀。事情是这样的：罗杰·马尔科姆在一场斗殴中刺伤一名白人男子后被捕，他得到了富有的白人农场主罗伊·哈里森的救助，被保释出来。哈里森开车带着乔治·多尔西夫妇和罗杰·马尔科姆夫妇四个黑人去自己的田里，想让他们帮自己干活。结果哈里森的车在一座桥上被一群白人拦住了，另一辆车从后面开过来。这两对黑人夫妇被绑起来杀害，身体被子弹打得千疮百孔，无法辨认。有人问哈里森是否认识其中一些人时，他说不认识，当被问及他能否认出参与犯罪的人时，他给出了同样的答案。在同一个夏天，还有两起野蛮行为引起了国际社会的注意：艾萨克·伍达德中士服完了三年兵役，回家时经过南卡罗来纳州艾肯市，被该市警察局长用警棍殴打，双目失明。警察局长被起诉，到了法庭上，却在人群的欢呼声中被无罪释放。另一起事件是，黑人马西奥·斯奈普斯在家中被四名白人杀害，就因为他是佐治亚州所在地区唯一一位在州选举中投票的黑人。1947 年 7 月在佐治亚州布伦瑞克郊外的一个州立监狱，一名喝醉酒的监狱长和其他狱警枪杀了 8 名美国黑人。②

统计表明，在 1945 年夏末到 1946 年底之间，南方黑人死于白人之手的暴力事件至少有 60 起，而且警察和暴徒之间有大量的勾结。尽管国际上的抗议越来越多，但最值得注意的是，没有任何肇事者受到惩罚。杜鲁门助理司法部长所说的"无法无天的潮流"显然为南方白人所承认。即使是保守的加州共和党参议员威廉·诺兰德也从他

---

① Mary L. Dudziak, *Cold War Civil Rights*: *Race and the Image of American Democracy*, Princeton, N. J.: Princeton University Press, 2000, p. 20.

② Derrick Bell, *Silent Covenants*: *Brown v. Board of Education and the Unfulfilled Hopes for Racial Reform*, Oxford University Press, 2004, p. 61.

在东亚的冷战优先事务中抽身出来，要求参议院的议员们"阻止这种事情在美国继续下去"。他的同事理查德·罗素主张隔离主义，对此很是恼火。① 1946 年这股浪潮在战后的美国南部达到了顶峰，此后迁延了一段时间，并突破了南方。在杜鲁门担任总统的两届任期内，国际社会一直关注着南方各州发生的事件，特别是 1951 年密西西比州的威利·麦基和弗吉尼亚州的马丁斯维尔七名黑人因强奸罪被判死刑的事件。美国西部和北部也发生了很多暴行。1947 年春天，堪萨斯州莱文沃斯的军事监狱爆发了种族骚乱。更具戏剧性的是，1951 年 7 月 12 日，在伊利诺伊州的西塞罗，有 3000 名白人受警察怂恿而聚集起来，要保护他们的社区不受来自非裔美国老兵哈维·克拉克的家人的"入侵"。而克拉克只是在一幢以前全是白人的公寓楼里租了一个单元。随后事件升级发生了骚乱，在国民警卫队的干预下才得以平息。一封写给《纽约时报》的信提醒读者，伊利诺伊州发生的事件将支持许多亚洲人的信念，即美国白人经常虐待美国黑人，从而破坏了美国的安全，因此，"西塞罗事件中的每一个暴动参与者都等同于听从了斯大林的命令"。战后初期，许多北方白人要求更多而不是更少的种族隔离，他们特别提到南方的种族隔离制度是成功的种族关系的典范。②

总统民权委员会 1947 年的报告说："白人对黑人施加威胁和暴力，很少或根本没有受到法律惩罚的恐惧。对数百万美国黑人来说，警察不是安全的来源，法院也不能为他们提供躲避不公的避难所。"即使是联邦调查局局长埃德加·胡佛，这位激烈的反共主义者和著名的持种族偏见的隔离主义者，也认识到了这种相似之处。他的探员去调查南方私刑案件时，基本得不到当地政府或白人社区的合作。他承认，"在这些调查中，我们通常会面临所谓的铁幕"。胡佛发现许多南方白人有着令人难以置信的傲慢。数百万南方黑人生活的特点就是贫困和缺乏法治。在南方任何地方黑人反对当局的不同意见都得到了

---

① Thomas Borstelmann, *The Cold War and the Cold Line: American Race Relations in the Global Arena*, Cambridge: Harvard University Press, 2002, p. 54.

② Thomas Borstelmann, *The Cold War and the Cold Line: American Race Relations in the Global Arena*, Cambridge: Harvard University Press, 2002, p. 55.

迅速而残酷的处理。彼时，南方各州的美国黑人几乎不可能注意到杜鲁门在冷战时期对"自由"和"奴役"的区分。①

二战后，大量第三世界的深肤色外交官和游客来到首都华盛顿和联合国总部所在地纽约，对这部分人群的歧视又成了美国政府必须面对的重大的危机事件。

首都华盛顿哥伦比亚特区由国会委员会管辖，通常由白人至上主义者、南方人西奥多·比尔博等人控制。比尔博发誓要把首都华盛顿作为种族隔离的典范。美国政府很难与当地普遍存在的种族隔离做法区分开来。尽管国务院对改善国内种族关系有着明确的兴趣，但它仍然是种族隔离最严重的联邦机构之一。外国游客来到这个被认为是民主堡垒的地方，很快会注意到美国普遍存在的种族歧视，而皮肤黝黑的游客常常会感受到许多美国白人发自内心的厌恶。由于种族歧视在华盛顿特区无处不在，非白人外国人也难免遭受歧视和隔离，民权领袖毫不犹豫地在首都批评了制度化的种族歧视。美国人权委员会主任埃尔默·汉德森向国会作证说："全世界都知道，我们不能掩盖这样一个事实，华盛顿是除了南非外唯一实施强制隔离的国家首都。"全国有色人种协进会发言人斯蒂芬·吉尔·斯伯茨伍德牧师问国会："我们不能废除首都各种形式的种族隔离制度，那么我们怎么能期待亚洲和非洲人民去接受民主，而不是共产主义，从而向全世界发出新的自由之声？"民权立法的支持者援引了外国政要和外国学生遭遇种族歧视的事件。虽然对美国黑人的种族隔离可能为某些国会议员所接受，但对外国要人的种族隔离肯定不会被接受。在一次事件中，辛辛那提的一位理发师拒绝为一位来自锡兰的高级政府官员提供服务。这位官员离开美国后在伦敦发表了"全世界都听到了"的指责美国种族歧视的言论。全国有色人种协进会领导人沃尔特·怀特在证词中说："这种经历彻底否定了我们在美国之音上发表的所有精彩演讲或精彩的广播节目。"怀特向参议院总结说，在海外旅行期间，与外国领导人交谈令人沮

---

① Thomas Borstelmann, *The Cold War and the Cold Line*: *American Race Relations in the Global Arena*, Cambridge: Harvard University Press, 2002, p. 56.

丧。许多国家认为美国发明原子弹主要是为了加强白人至上主义和继续殖民统治。他们的担心在某种程度上是基于这样一个事实："我们在日本使用了原子弹，但没有在欧洲使用……种族歧视的持续做法向世界上肤色较深的人民发出了警告信号，即原子弹对他们的自由构成了威胁。"①

了解美国民主实践的第二个主要窗口是纽约，它是美国最大的城市，也是新成立的联合国的所在地。和华盛顿一样，战后纽约也接待了越来越多的有色人种外交官。纽约市并不是由国会中的种族隔离主义者统治的，相反，它是美国最自由的州之一，也是世界主义美国的中心。但是这些差异也还是没能阻止有尊严的非白人外国人在公共设施和房地产领域遭受种族歧视的羞辱。联合国所有会员国对种族平等的明确承诺，体现在 1945 年的《联合国宪章》和 1948 年的《世界人权宣言》中，美国种族歧视的现状进一步凸显了其在言辞和实践上令人尴尬的差距。美国官员从一开始就担心联合国可能会介入美国国内的人权问题。南方人和国会中的其他保守派人士拒绝批准该机构的《防止及惩治灭绝种族罪公约》，因为他们担心美国的种族关系可能会被置于国际显微镜之下。欧洲以外的外交官对美国社会和美国外交政策的总体看法各不相同，但他们对美国的种族现状的反对态度则是几乎一致的。②

联合国中的许多工作人员都是成就非凡的，在自己国家都是被精挑细选出来的，但他们一到美国就突然发现，自己仅仅因为肤色的原因连租房子买房子都受到了阻碍。来自非洲、亚洲和拉丁美洲的官方代表，同样仅仅因为种族原因而不能在餐馆就餐，不能住旅馆，这让他们非常震惊。这些被种族主义行径伤害的外交官对美国提出了严厉的、正式的控诉。③

---

① Azza Salama Layton, *International Politics and Civil Rights Policies in the United States, 1941 – 1960*, Cambridge; New York: Cambridge University Press, 2000, p. 93.

② Borstelmann, *The Cold War and the Cold Line: American Race Relations in the Global Arena*, p. 79.

③ Lauren, *Power and Prejudice: The Politics and Diplomacy of Racial Discrimination*, p. 204.

针对外交官和外国游客的歧视事件，政府虽然可以忽略，但却承受不起由此带来的负面影响。此外，美国国务院必须对外国驻美国大使馆提出的正式控诉做出回应。有一起事件，海地农业部长弗朗索瓦·乔治于 1947 年 11 月前往密西西比州的比洛克西，受全国农业主任协会之邀参加一次会议。当地的比洛克西布埃纳维斯塔酒店不知道乔治是黑人，已经确认为部长预订了房间。乔治抵达后，他却被告知，由于"肤色原因"，他将不能与其他参会人员一起住在酒店为开会准备的房间里，而是必须住在其他房间里。他还被告知，他在会议期间的餐食将在他的房间里提供，而不是与其他客人一起在酒店餐厅用餐。乔治没有参加会议就走了。海地驻美国大使就这一事件向美国国务卿提出了申诉。同时海地国内的媒体对此事件进行了很多报道，对美国的种族主义行径进行了批评。[①] 美国大使告诉国务院："我们以这种方式失去了一位诚实而有影响力的朋友，这是不幸的。"在华盛顿，助理国务卿会见了海地大使，海地大使告诉他，弗朗索瓦·乔治的待遇"与美国在世界各地宣扬的政策不太一致"。他告知美国国务院，他的政府决定拒绝所有美国活动的邀请，因为"我们的代表将受到一个友好的主权国家的代表所不能容忍的蔑视"[②]。

有些美国公司与亚洲国家做生意，会有一些亚洲人因生意来到美国，他们在美国却受到了不公待遇，这也让美国公司感到愤怒。特别是印度人，因此而有了许多难堪的经历。纽约知名高管莫里斯·罗森塔尔在给美国副国务卿迪安·艾奇逊的一封信中写道，一名印度商业伙伴在华盛顿国家机场的自助餐厅就餐时被拒绝服务，他向印度大使馆提出了正式投诉。罗森塔尔问艾奇逊，"在一个各民族都被邀请参加会议的国家里，怎么会发生这样的事情？我国首都这样对待人家，那么整个世界将很快失去对我们民主的尊重"。美国国务院通知机场当局，它已收到印度大使馆的正式投诉。国务院官员说，当外国人在首都机场受到虐待时，"会对我们产生严重的不满情绪，从而影响我

---

① Mary L. Dudziak, "Desegregation as a Cold War Imperative", *Stanford Law Review*, Vol. 41, No. 1 (Nov., 1988), p. 91.

② Layton, *International Politics and Civil Rights Policies in the United States*, *1941 - 1960*, p. 132.

国与一些重要国家之间的友好关系"。该部门承认该机场正在实施弗吉尼亚州的种族隔离法律，但认为必须做出让步，以避免类似的事件发生。驻印度的美国公司将员工派往美国接受培训的情况并不少见。这些访问结果是灾难性的，因为这些代表在美国被当作黑人对待，回来时往往带着根深蒂固的反美情绪。为了避免此类尴尬事件的发生，美国公司建议他们的印度员工在美国旅行时一定要戴头巾。印度经过艰苦的斗争，才从英国独立出来，成为联合国的积极成员。因此，印度人在美国遭遇歧视是一个悲哀的讽刺。对他们的歧视就像往他们的伤口撒盐。①

1948 年，美国宪法大厅发生了一件事，当时埃塞俄比亚驻美大使拉斯·艾姆鲁被要求离开他的座位，挪到"黑人专区"。印度媒体利用了这一事件发泄了他们对美国民主虚伪的看法。这件事很特别，因为杜鲁门总统当时也在场，总统正在对美国科学促进会发表演讲，而艾姆鲁则是应邀出席的。印度媒体的社论抨击美国在国外谈论民主，却在国内实行最恶劣的种族法西斯主义。一位印度官员批评杜鲁门默许了这种歧视，同意对按种族隔离法就座的听众发表演讲。埃塞俄比亚政府提出正式抗议，声称这一行为造成了严重影响，尤其因为该事件发生时美国总统也在场。美国国务院不得不正式道歉。此外，使馆要求美国政府采取适当措施，确保此类事件不再发生。非洲事务委员会主席保罗·罗伯逊指责美国政府侮辱埃塞俄比亚。他说，如果不是政府在其首都允许种族歧视和种族隔离的做法，这种"可耻的事件"就永远不会发生。罗伯逊指出，埃塞俄比亚大使并不是唯一一位在美国做客时受到歧视的外国外交官，他还警告说，"这样的事件在美国以外的全世界都会被重视"。他认为，"只要 1500 万美国黑人受到歧视，来美的游客就会继续受到歧视，而美国人就没有必要向世界谈论自己的民主"②。

国务院面临的另一件事是，一群马来西亚劳工代表在国务院资助

---

① Layton, *International Politics and Civil Rights Policies in the United States*, *1941 – 1960*, pp. 133 – 134.

② Layton, *International Politics and Civil Rights Policies in the United States*, *1941 – 1960*, pp. 135 – 136.

下，来到美国进行考察。华盛顿特区的一家药店拒绝为该团体提供服务。美国驻吉隆坡大使馆对这一事件向马来西亚联邦表达了美国政府最大的关切和深切的遗憾。美国大使馆官员对国务院说，这一事件在当地媒体和劳工领袖中引起了反响，损害了美国的声誉，也损害了国务院的交流项目。大使馆的结论是，虽然这一事件的影响会慢慢消失，但劳工领袖们仍会感到忧虑和怀疑。毫不奇怪，马来西亚工会委员会利用这一事件发泄了反美情绪。该委员会随后拒绝为美国国务院未来的项目提名候选人。[①]

　　虽然在美国大学资助非洲人是国务院向非洲学生灌输民主、政治和经济发展计划的组成部分，但非洲学生也不能幸免于歧视。他们不仅对南方的种族隔离感到恐惧，而且对北方的种族隔离也感到震惊。一项对美国 43 所学院和大学的 400 名非洲学生的调查显示，种族隔离被认为是他们面临的最大问题。访问美国的非洲学生的另一个种族隔离的地方是基督教青年会。一位乌干达的报纸编辑受美国国务院资助来美学习，在美期间，他在使用基督教青年会的娱乐设施时遭到拒绝。美国国务院进行了干预，警告基督教青年会官员说，种族隔离政策损害了美国在乌干达和非洲其他地区的外交政策，基督教青年会在非洲各地的活动也会受到这类事件的影响。非洲学生并不是美国种族隔离的唯一受害者。1951 年，两名黑皮肤的巴拿马籍人在入住诺克斯维尔的一家酒店时遭到拒绝；53 名外国交换学生在参观田纳西河谷管理局时也被拒绝，而这一参观活动本是他们美国新生计划的一部分。《危机》杂志的一篇社论评论说，"向外国人传授民主的方式真是奇怪"[②]。

　　针对外国政要和外国学生的种族歧视事件给杜鲁门政府施加了额外的压力，促使其推行种族改革。国务院在被迫解决这些问题时，提出：对海外访客的种族歧视导致了人们的敌意和误解，并且给人留下了破坏外交关系的印象，这一印象是可怕的、持久的，这样的种族歧

---

　　① Layton, *International Politics and Civil Rights Policies in the United States*, *1941 – 1960*, p. 136.

　　② Layton, *International Politics and Civil Rights Policies in the United States*, *1941 – 1960*, p. 137.

视也暴露了美国民主的虚伪和白人至上主义，为共产党国家在进行损害美国利益的宣传时提供了把柄。①

2. 国际批评

苏联媒体首先对美国的种族暴行和种族歧视进行了猛烈的批评，其中最具代表性的两家报纸是苏联共产党中央委员会的机关报《真理报》和全国总工会的机关报《劳动报》。例如，一个门罗老兵遭受私刑的故事得到海外的广泛报道。它在苏联的《真理报》上以"黑人在美国的地位"为题作为头条新闻报道了这件事，认为这仅仅是美国经常施加于黑人身上的恐怖主义暴行之一。② 除了批评私刑，《真理报》还将帝国主义及其剥削其他种族之间建立了联系，将资本主义和种族歧视之间也建立了联系，并对此展开了攻击。它宣称："种族和民族不平等思想在资本主义政府对殖民地和附属国人民以及母国的少数民族政策中都有具体体现。"《真理报》指出："美国宪法保障所有黑人在法律面前享有平等的权利，然而，有 1300 万的黑人却没有这些权利。种族歧视继续以各种形式存在于该国经济和文化的所有部门。"为了支持这一论点，报纸引用了一些州的数据，这些州中黑人被剥夺了言论自由，被迫上种族隔离学校，不能与白人平等地使用公共设施，禁止与白人通婚，甚至有时候还会被以私刑处死。《真理报》还与美国作对比，声称统治俄罗斯的白种人对苏联内部的种族少数派就没有歧视。并且毫不掩饰地宣称："只有苏联社会主义政府一直在为所有人真正的自由、独立和平等而斗争。只有在苏联，才有自由人民的真正平等和人民之间的真正友谊，才没有任何形式的剥削、民族压迫和种族歧视。"③

《劳动报》批评的火力也很猛烈，这家报纸是苏联媒体对美国黑

---

① Lauren, *Power and Prejudice*: *The Politics and Diplomacy of Racial Discrimination*, p. 204.

② Mary L. Dudziak, *Cold War Civil Rights*: *Race and the Image of American Democracy*, Princeton, N. J. : Princeton University Press, 2000, p. 20.

③ Paul Gordon Lauren, *Power and Prejudice*: *The Politics and Diplomacy of Racial Discrimination*, Westview Press, 1996, p. 200.

人歧视问题频繁发表评论的代表之一。1946 年 8 月，美国驻莫斯科大使馆寄给美国国务院一份《劳动报》社论的译文。这篇文章是苏联从进步的美国媒体收集来的信息写成的，内容是关于南方的私刑和黑人劳工等。该文指出，美国期刊曾报道，"对黑人的恐怖主义行为越来越频繁。1946 年 7 月佐治亚州门罗市有 4 名黑人遭到 20—25 名白人野蛮围攻"。路易斯安那州林登附近还发生了一起事件，"一群白人拷打了一名黑人老兵约翰·琼斯，撕下了他的手臂，并点燃了他的尸体"。这些报道都重点强调了一点，即凶手虽然已经被指认，但仍然逍遥法外。[1]

苏联政府及其盟友之所以积极公布美国种族歧视和迫害的消息，其中一个因素是种族事件提供了一个极好的机会，可以用来回应美国对苏联集团压制个人自由的宣传。1946 年国务卿贝尔纳斯抗议苏联，称其拒绝在巴尔干半岛给当地人投票权，苏联反驳说："贝尔纳斯先生所在的南卡罗来纳州的黑人是否拥有相同的权利？"他无言以答。[2]因此，除了《真理报》和《劳动报》，在其他面向国内外的无线电和媒体信息中，苏联继续大肆宣扬美国种族主义的邪恶。例如，1947年 1 月，苏联杂志《环球报告》说："南方的黑人从来不能做陪审员，南方的法院从来不会判黑人无罪。因此如果对黑人施加私刑的人偶尔被带到法院审判，每个人都知道凶手将会被无罪释放。在南方的私刑就是一场野餐会和娱乐活动，人们会带着三明治和威士忌参加私刑。南方的黑人都不能安心睡觉，因为可能不久他将被吊死在一棵树上。"[3]苏联其他的出版物和电台广播也列举了美国黑人中存在的就业、投票歧视等。1947 年，美国中央情报局报告称："莫斯科的大部分批评似乎都集中在美国对黑人的歧视上。"[4]另外，根据美国驻莫

① Mary L. Dudziak, "Desegregation as a Cold War Imperative", *Stanford Law Review*, Vol. 41, No. 1 (Nov., 1988), p. 88.

② Thomas Borstelmann, *The Cold War and the Cold Line: American Race Relations in the Global Arena*, Cambridge: Harvard University Press, 2002, p. 75.

③ Laura A. Belmonte, *Selling the American Way: U. S. Propaganda and the Cold War*, University of Pennsylvania Press, 2010, p. 160.

④ Borstelmann, *The Cold War and the Cold Line: American Race Relations in the Global Arena*, p. 75.

斯科大使馆的说法，到1949年，"'黑人问题'是苏联对美国的主要宣传主题之一。苏联新闻媒体一直在报道私刑、种族隔离、种族歧视和剥夺政治权利等问题，试图呈现一幅画面：在现存政府体制下，美国黑人没有希望改善他们被残酷压迫的现状"①。

所有这些批评让美国在联合国里非常尴尬，有时候苏联及其渴望在冷战中取胜的盟国会蓄意夸大这些批评，美国就更为尴尬了。例如，在一场关于美洲土著民族的早期讨论中，来自苏联集团的成员发起了一场攻击。波兰代表争辩，美国不应该引领世界，"因为他几乎消灭了印第安人，把他们放在被称为保留地的动物园里供人观看"，还制造了黑人问题，"每天都在违背宪法给予他们的权利"②。

对美国的种族主义，亚非拉第三世界新独立的国家也很失望，也对此进行了同样的批评。例如据美国驻斐济领事报告说，《斐济时报》在美国发生一起私刑事件后立即刊登了一篇题为"美国对黑人的迫害仍很严重"的文章，认为美国如今在世界上仍存在着最受压迫和迫害的少数族裔。在南方各州，成百上千的黑人仍然生活条件恶劣，甚至比一个世纪前奴隶制种植园的条件更为恶劣。虐待黑人不仅是一个种族歧视的问题，它常常是一种最可怕的种族迫害的问题。文章详细描述了1946年佐治亚四名黑人遭受私刑的事件以及当地黑人被剥夺选举权的经历。在锡兰，美国大使馆的官员担心亚洲人过多关注美国的种族歧视问题。锡兰的报纸刊登了很多美国种族问题的故事，一些报纸和记者尤其关注美国首都华盛顿的种族隔离问题，认为这是给予苏联最好的宣传礼物。③

---

① Dudziak，"Desegregation as a Cold War Imperative"，*Stanford Law Review*，Vol. 41，No. 1（Nov.，1988），p. 89. 另外，1948年12月18日，《人民日报》报道美国当年大选中美国黑人因参加选举而惨遭私刑迫害的事件，报道尤其引用苏联《真理报》总编辑萨斯拉夫斯基的"林肯的美国正在私刑法庭上受审"的报道对此暴行进行抨击。见《人民日报》1948年12月18日，第3版。

② Paul Gordon Lauren，*Power and Prejudice：The Politics and Diplomacy of Racial Discrimination*，p. 205.

③ Dudziak，*Cold War Civil Rights：Race and the Image of American Democracy*，p. 29；Dudziak，"Desegregation as a Cold War Imperative"，*Stanford Law Review*，Vol. 41，No. 1（Nov.，1988），pp. 81 – 83.

印度报纸对美国的种族歧视问题尤为关注。美国驻孟买总领事说："肤色问题在印度引起了极大的兴趣。"许多文章的标题都是"美国对黑人的歧视"等。印度的《孟买纪事报》注意到了美国人在战争期间反对纳粹的种族主义，但自己在国内仍然保持着同样的信仰，认为这一行径很讽刺。孟买《哨兵报》将这一切视为一个全球网络的一部分，认为"如果非洲、美洲和世界其他地方的白人不抛弃他们的肤色偏见，如果不把所有人——不论其肤色——都当作同一人类大家庭的成员，那么自由就永远不会实现"。该报称，印度应该把美国黑人的事业与非洲和世界上所有其他有色人种的事业紧密联系起来，认为"世界上的少数白人不应该控制和统治有色人种，有色人种是世界人口的主要构成部分"①。

印度媒体的报道文章很多是由加拿大人乔治·普拉德·霍姆撰写的。其中一篇文章中提到了一次美国南方之旅。霍姆说，"越往南走，黑人地位就越不像人，直到在佐治亚州和佛罗里达州，黑人的地位退化到跟田野里的野兽差不多的程度"。作者认为，通过征收人头税和歧视性的选民登记测试剥夺选民的投票权，美国对待黑人的方式"与印度在英国统治下的情况出奇地相似"②。

海地农业部长到美国访问被歧视对待的比洛克西事件发生后，海地的媒体也对此进行了报道，主要是控诉美国的民主，批评南方的种族主义是一个"可怕的令人厌恶的事实，它是美国这样的文明国家的耻辱"。比洛克西事件"强化了全世界对愚蠢的种族偏见的不满，这种偏见正在腐蚀美国南部的一些州"。美洲其他地区如墨西哥城、布宜诺斯艾利斯等地的一些报纸都表达了类似的观点。美国大使馆为此向海地人道歉，并建议他们在今后接受非政府组织的邀请之前与国务院联系。③

---

① Paul Gordon Lauren, *Power and Prejudice：The Politics and Diplomacy of Racial Discrimination*, p. 200.

② Dudziak, "Desegregation as a Cold War Imperative", *Stanford Law Review*, Vol. 41, No. 1 (Nov., 1988), p. 85.

③ Dudziak, "Desegregation as a Cold War Imperative", *Stanford Law Review*, Vol. 41, No. 1 (Nov., 1988), p. 92.

全球媒体的报道对美国来说是雪上加霜。例如，一位驻锡兰的外交官报告说，种族隔离比其他任何话题都更吸引人的注意，报纸"不失时机地抓住宣扬美国种族歧视的所有事件、陈述、司法判决或其他来自美国的新闻"。阿克拉的美国使馆发给国务院的一项报告指出，当地报纸对国际新闻都不感兴趣，只对美国的种族歧视和偏见津津乐道。①

总统的民权委员会总结道，"在整个太平洋地区、拉丁美洲、非洲、近东、中东和远东地区，我们对待黑人的态度反映了我们对所有深色皮肤的人的态度"。杜鲁门和他的外交政策顾问很清楚国际社会对美国种族关系的关注。1946 年，一些外国报纸和发言人一遍又一遍地提醒艾奇逊，美国对待各种少数民族的方式还有许多不足之处，艾奇逊对此感到有些懊恼。到 1950 年，共和党参议员亨利·卡伯特·洛奇把种族关系称为"我们在全世界面前的'阿喀琉斯之踵'"，而美国国务院指出，"在美国，没有任何问题比我们对待少数民族，特别是黑人的问题更受到广泛关注，尤其是在殖民地和新独立的国家"②。

批评甚至来自美国最亲密的盟友。英国媒体报道了战后南方的种族紧张局势和三 K 党活动。英格兰的《曼彻斯特卫报》头条报道了关于三 K 党的事件。③ 一些媒体特别注意了对黑人的私刑处决。例如，1946 年，在密西西比州的杰克逊，14 岁的查尔斯·特鲁戴尔和小詹姆斯·刘易斯被控谋杀了他们的白人雇主，因而被判处死刑。到 1947 年 1 月 16 日，美国驻伦敦大使馆陆续收到了 320 封抗议死刑判决的信函，其中 48 份请愿书上有几百个签名。三名下议院议员给杜鲁门总统发了一封电报，敦促他采取措施来保护基本人权，停止处决黑人人犯。密西西比州最高法院维持了对这些人的定罪和判决，而美

---

① Paul Gordon Lauren, *Power and Prejudice：The Politics and Diplomacy of Racial Discrimination*, p. 204.

② Borstelmann, *The Cold War and the Cold Line：American Race Relations in the Global Arena*, p. 76.

③ Paul Gordon Lauren, *Power and Prejudice：The Politics and Diplomacy of Racial Discrimination*, p. 200.

国最高法院驳回了判决。尽管社会对这些案件给予了极大关注，密西西比州州长菲尔丁·赖特仍不赦免人犯。① 意大利罗马的《团结报》报道，"在提出四大自由的土地上，1300万黑人正在为反对美国种族歧视而斗争"②。德国一家报纸说："美国在国内继续拒绝黑人平等的同时，也不能再向国外兜售民主……黑人问题的解决很可能决定美国在人类历史上的地位。"③ 著名的"保守"派希腊报纸的作家海伦·弗拉霍斯指出，"美国有它的'阿喀琉斯之踵'，那就是黑人"。美国驻雅典大使馆临时代办兰金注意到弗拉霍斯的观点"被受过教育的雅典人广泛阅读和讨论，他们中的绝大多数人都和她有着同样的感受"④。

美国国内的种族歧视、其他国家的反美或亲共产主义倾向及对美国种族问题的宣传，都让美国大使馆官员感到很担忧。美国驻海牙大使馆的罗伯特·科向国务院提交了一份有关"荷兰人对美国种族主义的态度"的机密备忘录，其中报道了一名不愿透露姓名的使馆官员与一名荷兰外交部官员之间的"非正式谈话"。根据罗伯特·科的说法，这位荷兰官员曾表示，荷兰非常不接受反美宣传，无论是来自共产主义国家，还是来自右翼殖民顽固派。然而，他补充说，反对美国政策的人有一个宣传主题，在整个欧洲非常有效，在亚洲甚至更有效，那就是批评美国的种族主义。这位荷兰官员对美国的了解使他相信，美国在消除种族主义最糟糕的方面已经取得了真正的改善，他也同意，美国种族主义的性质和程度被共产党严重夸大了。但是，他说，在他看来，实际情况确实不太好，"所以才为共产党人所建构的神话般的谎言结构提供了非常坚实的基础"。然而，这个问题有一个解决方案。这位荷兰官员建议，"美国宣传项目应该把大部分设施和精力投入到一场运动中，目的是消除许多人对美国种族压

---

① Dudziak，"Desegregation as a Cold War Imperative"，*Stanford Law Review*，Vol. 41，No. 1 (Nov. ，1988)，p. 86.

② Paul Gordon Lauren，*Power and Prejudice: The Politics and Diplomacy of Racial Discrimination*，p. 200.

③ Azza Salama Layton，*International Politics and Civil Rights Policies in the United States，1941 – 1960*，Cambridge；New York：Cambridge University Press，2000，p. 59.

④ Dudziak，"Desegregation as a Cold War Imperative"，*Stanford Law Review*，Vol. 41，No. 1 (Nov. ，1988)，p. 87.

迫的印象”①。

3. 民权改革的启动

杜鲁门最初并不希望种族问题上升为国家议程中的首要问题。但二战后因私刑所带来的种族危机不断发生，国际社会的批评迫使杜鲁门不得不关心国内的种族歧视对美国国际声誉的损害。冷战的外部压力促使美国的种族平等发挥重要作用，苏联的宣传很有效地举起一个放大镜，邀请世界其他国家来看美国最糟糕的情况。美国的决策者们发现这不仅是一个极大的尴尬，而且在国际竞争中是极其危险的。他们开始越来越能理解种族政策不再完全是国内事务。② 杜鲁门政府最初的反应是在 1946 年底建立了总统民权委员会以回应批评。十五人组成的民权委员会由通用电气总裁查尔斯·威尔逊任主席，著名美国黑人律师赛迪·亚历山大和慈善机构斯托克斯基金会主任查宁·托拜厄斯，是其中的两位黑人成员。③ 它迅速要求国务院提供关于国内种族歧视如何影响美国对外政策的具体资料。

国务院对国际批评也迅速应对。美国驻世界各地的大使馆和领事馆配合国务院率先开展了公关活动。例如公共事务官弗雷德里克·乔姆写了一篇文章给缅甸仰光的报纸，题为“黑人问题”，礼貌地建议缅甸关注美国种族问题的所有事实。他写道，缅甸人不知道的事实是，“现在有五十多名黑人在美国著名大学担任主要的教学职位，这些机构的学生和几乎所有的教员都是黑人”，他认为这是黑人能够接受高等教育的证据。乔姆没有否认美国仍然存在黑人问题，尤其是在南方。然而，他提出种族偏见是一种可以理解的现象，因为它是奴隶社会的遗产。他总结说，美国一些最优秀的人正在不断努力提高黑人在美国各地的地位，现在的目标是不折不扣地在 48 个州中的每一个

---

① Dudziak, "Desegregation as a Cold War Imperative", *Stanford Law Review*, Vol. 41, No. 1 (Nov., 1988), p. 93.

② Paul Gordon Lauren, *Power and Prejudice: The Politics and Diplomacy of Racial Discrimination*, Westview Press, 1996, p. 201.

③ Penny Von Eschen, *Race against Empire: Black Americans and Anticolonialism*, Ithaca, NY: Cornell University Press, 1997, p. 110.

州实现第十四修正案和第十五修正案的各项规定。①

美国国务院和美国大使馆官员认识到，美国黑人自己是对抗负面国际媒体最有效的手段。因此，国务院赞助美国黑人前往非洲，就"黑人问题"发表演讲。关注非洲反殖民主义的黑人积极分子马克斯·耶根是国务院挑选的重要人物。当他踏上非洲之旅时，美国驻尼日利亚拉各斯的领事给他提供了重要的保障。美国新闻局向拉各斯新闻和广播电台发送了一篇有关耶根来访的预告。应一位美国新闻官员的要求，当地所有的报纸都登载了演讲的通知。1952 年 7 月 17 日，耶根发表演讲后，美国新闻局发布了一份特别新闻稿，标题是："耶根说，美国种族关系的趋势是为黑人争取全面的公民权利。"作为国务院资助的发言人，耶根的价值不仅仅在于他可以根据个人经验发言，声称他的家庭享有不断扩大的权利，他还反对共产主义，在耶根看来，这证明了美国种族关系的进步方向。② 国务院还支持美国黑人女律师伊迪丝·桑普森开展了全球旅行、开会和演讲活动，她作为反共自由派的代表极力反对苏联和国内黑人左派对美国种族主义的批评，捍卫美国的民主制度和生活方式。③

分散在世界各地的美国大使馆试图尽自己的一份力来改变美国的不良形象。与此同时，在华盛顿，国务院官员采取了更积极的措施。他们寻求改变激起国际公愤的国内政策和做法。国务院为总统民权委员会提供了明确的答复。法律顾问查尔斯·法希注意到战后国际社会对人权的关注，并讨论了《联合国宪章》规定的各种有关废除歧视的责任。除了法律方面，他把问题放在更大的政治和外交背景中写道："美国必须意识到，作为国际社会的领袖，全世界的目光都盯着我们。"国务院的报告承认种族偏见的危险，宣称"我们在民权和种族歧视领域的记录阻碍了我们的外交政策"。国务卿乔治·马歇尔同

---

① Mary L. Dudziak, Desegregation as a Cold War Imperative, *Stanford Law Review*, Vol. 41, No. 1 (Nov., 1988), p. 99.

② Dudziak, "Desegregation as a Cold War Imperative", *Stanford Law Review*, Vol. 41, No. 1 (Nov., 1988), p. 100.

③ Helen Laville, Scott Lucas, The American way: Edith Sampson, the NAACP, and African American identity in the Cold War, *Diplomatic History*, Fall 96, Vol. 20 Issue 4.

样注意到外国媒体报道种族偏见以及导致的美国无法有效回应共产党宣传所带来的后果。他得出这样的结论："一个国家的外交政策不能主要依赖于军事扩张，而是取决于这个国家在全世界施加的道德影响。美国的道德影响正大大弱化，因为我们宪法所主张的公民权利在实践中没有得到充分的体现。"①

在杜鲁门总统的国务卿中，除了马歇尔，迪安·艾奇逊也在国务院促进国内民权的努力中发挥了重要作用。1946 年，时任代理国务卿的艾奇逊就致信公平就业实施委员会主席，详细阐述了美国种族歧视对外交政策的影响。政府中的其他人认为这封信非常重要，他们后来在总统的民权委员会报告和司法部谢利诉克雷默案中提交的《法庭之友》摘要中使用了这封信。艾奇逊写道："这个国家存在着对少数民族的歧视，这对我们同其他国家的关系产生了不利的影响。一些外国报纸和发言人一遍又一遍地提醒我们，我们对待少数民族的态度不尽如人意。我们常常发现，要对其他国家的批评做出令人满意的答复几乎是不可能的。一个国家对美国对待少数民族的方式产生怀疑和怨恨的气氛，这是两国之间发展相互理解和信任的巨大障碍。当这些引起怀疑和怨恨的原因被消除后，我们的外交关系才会变好。"因为他觉得种族歧视对外交关系的影响是相当明显的，艾奇逊写道，美国国务院"有充分的理由希望，公共和私人部门继续努力，提高效率，消除这些歧视"②。

总统民权委员会与国务院密切合作，准备给总统提交民权报告。为了回应委员会的调查，国务院官员会见了美国驻联合国代表团成员，讨论了美国种族关系对其外交利益的国际影响。国务院官员和美国代表一致认为，"我们在民权和种族歧视方面的不良记录妨碍了我们外交政策的实施"。该组织还建议民权委员会不要公开美国的民权记录，"以免被共产党的宣传所利用"。根据国务院官员和美国驻联合国代表团得出的结论，国务卿马歇尔写信给委员会说，"黑人未能充分和平等

---

① Paul Gordon Lauren, *Power and Prejudice*: *The Politics and Diplomacy of Racial Discrimination*, p. 201.

② Dudziak, "Desegregation as a Cold War Imperative", *Stanford Law Review*, Vol. 41, No. 1 (Nov. , 1988), p. 101.

地享有公民权利影响了我们的外交关系……促进全世界对民权的尊重和遵守是美国外交政策的一个主要目标，但我们未能在这一领域保持最高标准，造成了与实际情况不相符的尴尬"。委员会对美国民权记录的国际影响的立场是明确的，委员会成员相信，"结束外国对我们民权记录的批评的方法是采取措施改善民权，而不是与我们的批评者争论他们报道的动机或真实性"。此外，委员会成员认为，如果美国能够证明深色皮肤的美国公民确实与白人平等，那将在全世界有色人种中建立起对美国的同情，从而赢得更多朋友，加强美国的国际地位。[1]

可见总统的民权委员会充分相信美国种族问题的国际影响，并在最终报告中集中讨论了这个问题。他们著名的报告《确保这些权利》被描述为"有史以来在支持人权方面最直言不讳、最令人印象深刻的文件之一"。他们首先描述了美国国内种族歧视的悲惨历史，法律平等保护的宪法保障，以及《联合国宪章》规定的新义务。[2] 该委员会认为，有三个原因可以解释为什么美国应该纠正侵犯公民权利的行为：一个是道德原因，另一个是经济原因，还有一个是国际原因。关于最后一个原因，委员会指出："我国的外交政策旨在使美国对全世界的和平与进步产生巨大的积极影响。我们努力不让任何东西，甚至是我们和外国之间的极端政治分歧，成为实现这一目标的障碍。但我国国内公民权利的缺陷是一个严重的障碍。"委员会强调，"我们不能回避这样一个事实，即我们的民权记录一直是世界政治中的一个问题。全世界的报纸和电台都充斥着它。一些和我们竞争的国家强调并歪曲了美国的问题。他们试图证明我们的民主是一场空洞的骗局，我们的国家是对贫困人民的一贯压迫者"。然而，委员会指出，"现在采取行动保障我们的公民权利的国际理由不是为了赢得我们极权主义批评家的批准……对他们来说，我们的民权记录只是用来攻击我们的方便武器，而是因为我们更关心世界各国人民的良好意见。我们在国家建设方面致力于贯彻自由民主的原则，成就斐然。很多国家正从混

---

[1] Azza Salama Layton, *International Politics and Civil Rights Policies in the United States*, *1941 - 1960*, Cambridge; New York: Cambridge University Press, 2000, p. 82.

[2] Paul Gordon Lauren, *Power and Prejudice: The Politics and Diplomacy of Racial Discrimination*, p. 202.

乱的秩序中寻找走向自由和繁荣的最佳道路，我们的经验成为他们的指南。但并不是说民主一定会覆盖全世界。我们相信，我们的生活方式——自由的生活方式——给所有人带来了希望。我们肩负的责任也许是有史以来赋予一个民族的最大责任，要使这一承诺继续存在，我们只有取得更伟大的成就才能做到这一点"。委员会在向总统提交的报告中强调，"美国不是那么强大，民主理想的最终胜利不是那么不可避免，以至于我们可以忽视世界对我们的看法"①。为纠正这些严重的问题，委员会成员强烈呼吁禁止各州限制给予黑人权利，开展联邦反私刑立法，废除在住房和教育方面的种族隔离、制定禁止歧视的公平就业法案，停止给那些拒绝服从联邦法令的州拨款。他们宣称，所有这些措施都应指向一个最终目标："消除基于种族、肤色、信仰或国籍的种族歧视。"②

可见委员会 1947 年的最终报告重点强调了结束种族隔离制的国际原因，它得出结论说："我们国内的民权缺陷是美国领导世界的严重障碍。"③ 杜鲁门总统也完全赞同委员会的意见认为："我们必须考虑到为世界上其他国家树立榜样。我们目前的世界领导地位，使我们有一种神圣的责任，要把美国人追求自由和幸福的承诺落到实处。我们在这个承诺中失败的每一个例子，都会被我们的敌人所利用……除非我们的美国原则是真实的，否则我们不能强有力地鼓舞自由世界捍卫自己，反对专制。"④ 因此，杜鲁门总统决心在处理种族暴力等民权问题上采取与前任不同的政策，开始干预南部的种族事务，并一再强调公民权利对美国外交事务的重要性。正如历史学家理查德·达尔

---

① Dudziak, "Desegregation as a Cold War Imperative", *Stanford Law Review*, Vol. 41, No. 1 (Nov. , 1988), p. 102.

② Paul Gordon Lauren, *Power and Prejudice: The Politics and Diplomacy of Racial Discrimination*, p. 202. 总统民权委员会《确保这些权利》全文参见 Papers of Harry S. Truman: Book Collection, Document 103, 来自 ProQuest History Vault 数据库中的 "冷战早期的美国政治：杜鲁门与艾森豪威尔政府" (History Vault: American Politics in the Early Cold War—Truman and Eisenhower Administrations, 1945 – 1961), 网址: https: //hv. proquest. com。

③ Thomas Borstelmann, "Jim Crow's Coming Out: Race Relations and American Foreign Policy in the Truman Years", *Presidential Studies Quarterly*, Vol. 29, No. 3 (Sep. , 1999), p. 558.

④ 谢国荣：《民权运动的前奏：杜鲁门当政时期美国黑人民权问题研究》，人民出版社 2010 年版，第 126 页。

弗姆所言，杜鲁门的民权改革背后的动因无疑是冷战："如果你读过杜鲁门的演讲，他在民权问题上总是提出这一点：全世界都在看着我们，所以我们必须把自己的家打扫干净。"①

1947 年 6 月，杜鲁门成为第一位向全国有色人种协进会发表演讲的总统，他对一万名听众和国际广播听众强调，必须先整顿好自己的家，才能有利于美国的民主事业。② 其中全国有色人种协进会领导人沃尔特·怀特成为影响杜鲁门推动民权改革的重要人物。在 1947 年 3 月杜鲁门主义发表后不久，怀特就告诉总统，"对少数民族的歧视行为在国外被用来败坏美国的名声，使世界人民认为美国人不可救药地沉溺于偏执之中"，怀特敦促杜鲁门"让全世界的人民知道，虽然美国人常常不能兑现他们的民主宣言，但我们却一直在努力缩小我们的自由宣言和自由实践之间的距离"③。1948 年 2 月 2 日，杜鲁门总统向国会发表了一份特别声明，概述了几项民权倡议。杜鲁门告诉国会，"美国在当今世界的地位使得民权问题尤为紧迫，世界各国人民面临着自由或奴役的选择。美国以维护世界和平、促进人权为目标。国家必须保护国内的公民权利，以有效地巩固国家的力量"。他最后强调："我们知道我们的民主并不完美，但与极权主义相比，民主提供了更充实、更自由、更幸福的生活。如果我们希望激励那些自由已岌岌可危的世界人民，如果我们希望恢复那些已经失去了公民自由的人民的信心，如果我们希望实现我们的承诺，我们必须纠正我们并不完美的民主实践。"④

杜鲁门敦促国会颁布《民权法案》，设立一个永久性的民权委员

---

① Azza Salama Layton, *International Politics and Civil Rights Policies in the United States, 1941 - 1960*, Cambridge; New York：Cambridge University Press, 2000, p. 77.

② Thomas Borstelmann, *The Cold War and the Cold Line：American Race Relations in the Global Arena*, Cambridge：Harvard University Press, 2002, p. 59.

③ Penny Von Eschen, *Race against Empire：Black Americans and Anticolonialism*, Ithaca, NY：Cornell University Press, 1997, p. 112.

④ Mary L. Dudziak, *Cold War Civil Rights：Race and the Image of American Democracy*, Princeton, N. J.：Princeton University Press, 2000, p. 82. 杜鲁门对国会的民权建议全文参见美国历史文档系列数据库中的美国国会文献集（*US Congressional Serial Set*, 简称 *USCSS*），网址：http：//infoweb. newsbank. com/? db = AOFA。

会，禁止私刑，保护投票权，以及提出其他建议等。然而，在杜鲁门执政期间，国会没有通过《民权法案》。杜鲁门与国会的关系非常紧张，以至于他的国内立法提案都没有取得很大的成功。在民权问题上，他的前景尤其暗淡，因为南方的民主党人把持着参议院委员会的关键职位。只有杜鲁门可以单独行动时，他在民权问题上才有更大的自由。因此，他最大的民权成就是在行政权力范围内的事情：发布行政命令和司法部参与具有里程碑意义的废除种族隔离的诉讼。

杜鲁门总统最重要的民权成就之一就是废除了军队中的种族隔离。对美国黑人来说，宣扬民主和实行民主之间的矛盾最突出地表现在军队中，那里的种族隔离是最明显的。美国黑人在武装部队中被严格限制，他们不能参加海军，也被排除在空军之外。在军队中，全美国只有四个黑人在部队中服役。[1] 军队中的歧视和隔离尤其令有色人种感到难堪，他们冒着生命危险保护国家，但即使在服兵役期间也没有得到平等对待。全国有色人种协进会执行秘书沃尔特·怀特认为，在战争期间把美国种族主义带到海外是危险的，因为种族主义给了敌人一个有效的宣传武器，日本确实积极利用了这一点。为了在战争期间团结一致，怀特等美国黑人领袖与罗斯福总统达成协议，他们不会在军队中推行废除种族隔离的活动，也不会在战争期间抵制种族隔离的征兵制度。但战争结束后，这些协议被取消，民权领袖再次对种族隔离的军队发动攻击。在杜鲁门总统的民权委员会的报告中，军队中的种族隔离受到了抨击。委员会强烈认为，应尽快消除武装部队中的种族隔离现象。委员会成员詹姆斯·凯里谈道："在第二次世界大战期间美国集结军队为四大自由而战，但在为自由而战的过程中却对黑人士兵实施种族隔离。"查宁·托拜厄斯坚持委员会应立即废除种族隔离，而不是实行渐进主义。[2]

菲利普·伦道夫是反对军队种族隔离委员会的领头人，该委员会还举行了自己的听证会。委员会的调查结果和证词广为宣传，其会议

---

① Layton, *International Politics and Civil Rights Policies in the United States*, *1941 – 1960*, p. 61.

② Mary L. Dudziak, *Cold War Civil Rights*: *Race and the Image of American Democracy*, p. 84.

记录也已出版和广为散发。① 伦道夫同时领导了一场运动，威胁如果国家采用和平时期的隔离军事法，就要公开进行抵抗。他担心美国政府提议的普遍军事训练法案将继续使军队的隔离模式永久化。1947年12月28日，他写信给杜鲁门总统，抗议这项提案是"对黑人青年和我们国家内部稳定的一大威胁"，并指出当美国应该在世界上承担起道义上的领导作用时，废除种族隔离就变得尤为重要。伦道夫威胁说，美国黑人将拒绝加入歧视黑人的军队。他认为："只要美国政府试图赞助任何吉姆·克劳计划，它在世界上发挥的道德领导作用就会受到严重损害。黑人青年将别无选择，只能抵制这项法律。"② 他呼吁将种族融合修正案列入正在审议的普遍军事训练立法中，否则威胁将要进行甘地式的非暴力反抗。伦道夫还招募了一些国际知名的美国黑人，比如拳击手乔·路易斯，来宣传他的活动，吸引国际关注。③

1948年2月2日，杜鲁门总统在给国会的民权特别报告中宣布，他已"指示国防部长采取措施，尽快消除军队中尚存的歧视"。杜鲁门在1948年3月呼吁重新制定该法案，但是国会通过的法案并没有解决军队中的种族隔离问题。伦道夫组织了反对种族隔离委员会，向杜鲁门总统施压，要求他采取行动。该委员会决定，如果杜鲁门没有废除军队中的种族隔离制度，将"在东海岸的大城市开展一场非暴力反抗运动"。1948年3月22日，在白宫与总统的一次会议上，伦道夫警告杜鲁门，"只要黑人在国内得不到民主，他们就没有心情在国外扛起民主的枪"。当月晚些时候，他在参议院军事委员会作证时重申了非暴力反抗的呼吁。④ 虽然伦道夫并没有直接威胁政府，但他对未来的预测是明确无误的。他告诉委员会，美国黑人如果通过"呼吁人类的尊严"不能赢得争取自由的斗争，那么就只能开展非暴力反

---

① Layton, *International Politics and Civil Rights Policies in the United States, 1941–1960*, p. 61.

② Mary L. Dudziak, *Cold War Civil Rights: Race and the Image of American Democracy*, p. 85.

③ Layton, *International Politics and Civil Rights Policies in the United States, 1941–1960*, p. 62.

④ Mary L. Dudziak, *Cold War Civil Rights: Race and the Image of American Democracy*, p. 86.

抗。为了增强自己的吸引力，伦道夫强调反击反美宣传的必要性。而且意识到美国海外形象的重要性，伦道夫还经常会见杜鲁门政府官员，向他们传达外国人——尤其是劳工组织——由于美国黑人遭受的虐待而对美国的糟糕印象。①

1948 年 7 月 26 日，杜鲁门在重压之下发布了第 9981 号行政命令。该命令指出，"美国的武装部队必须保持最高的民主标准，不论种族、肤色、宗教或国籍，为所有为我国国防服务的人提供平等的待遇和机会"。但是，该命令并没有具体提到废除种族隔离，也没有规定实现"平等"的最后期限。杜鲁门在 1948 年大选期间下达这一命令，是迫不得已也是慎重考虑的。这一命令是在民主党大会开会后不久下达的。民主党采纳了一个强有力的民权纲领，导致南方的民主党人退出并成立了他们自己的南方民主党。南方民主党人的离去意味着杜鲁门将不得不从别处寻求选举支持，这加强了黑人选票对他竞选的重要性。为了维持尽可能广泛的政治基础，杜鲁门在竞选的大部分时间里对民权问题保持沉默，以免导致一些人对他民权立场的批评。但 10 月 29 日，杜鲁门出现在黑人哈莱姆区发表演讲，他是第一位如此表现的总统候选人，强调了他的民权成就并告诉人们，当国会没有制定《民权法案》时，他转向了行政命令。他的行动满足了平等的需要，也捍卫了民主。他强调："今天，民主的生活方式正在全世界受到挑战。民主对极权主义挑战的回应是它对全人类平等权利和平等机会的承诺。"因为保持了对黑人选票和其他关键选区的控制，杜鲁门以微弱的优势赢得了 1948 年的选举。②

在公开和私下里，总统一直强调民权改革对美国冷战时期外交关系的重要性。虽然国内政治肯定在杜鲁门决定废除军队种族隔离的过

---

① Layton, *International Politics and Civil Rights Policies in the United States*, *1941 – 1960*, pp. 62 – 63.

② Mary L. Dudziak, *Cold War Civil Rights*: *Race and the Image of American Democracy*, p. 87. 另参见 Dennis Aaron Chandler, *The Truman Presidential Campaign of 1948*: *Money*, *Race*, *and the Role of Labor Unions*, Southern Illinois University at Carbondale, Ph. D. , 2002; Harvard Sitkoff, "Harry Truman and the Election of 1948: The Coming of Age of Civil Rights in American Politics", *The Journal of Southern History*, Vol. 37, No. 4 (Nov. , 1971) .

程中发挥了作用，但保护国家的海外形象和国家安全是杜鲁门总统任期内的一个重要主题，也是一个关键因素。

武装部队中的隔离通过行政命令废除后，民权积极分子又督促杜鲁门总统开展民权立法。全国有色人种协进会的沃尔特·怀特、克拉伦斯·米切尔和罗伊·威尔金斯，卧车搬运工兄弟会的菲利普·伦道夫，以及参议员雅各布·贾维茨、约瑟夫·克拉克、休伯特·汉弗莱和国会议员亚当·克莱顿·鲍威尔和威廉·道森常在国会作证，后两位是美国国会中仅有的两名黑人。这些民权倡导者认为，在美国和苏联陷入冷战、争夺非洲和亚洲人民的"心灵和思想"的时候，美国的种族关系正在损害国家利益和国家安全。由于冷战和政府的反共产主义外交政策，民权倡导者能够辩称，民权立法是对抗共产主义的必要壁垒，是美国国家安全的组成部分。民权运动的支持者试图超越过去阻碍民权改革的党派问题。赢得冷战，遏制共产主义，扩大美国在世界各地的经济、政治和意识形态影响力，被视为两党共同努力的结果。为了实现这些目标，种族改革变得至关重要。在司法委员会举行的参议院听证会上，民权支持者将国家安全和遵守《联合国宪章》与通过民权立法联系起来。毫无疑问，他们看到了一个政治机会，那就是唤起这样一种信念："不仅美国的国内实力，而且美国在海外的影响力，在很大程度上取决于我们自由制度的活力，它不允许我们对公民权利采取放任的态度。"①

民权领袖们认为，对美国虚伪的指控大大削弱了美国在国际社会中的地位，随着越来越多的非洲人和亚洲人赢得自由，这个问题将变得越来越严重。他们认为，只有通过《民权法案》，才能对抗反美冷战宣传。此外，民权活动人士指出，没有人能够预测哪些新兴国家可能发展成为新的世界强国。因此，美国别无选择，只能与发展中国家建立尽可能友好的关系。民权倡导者声称，每一次私刑、每一次暴动、每一次种族骚乱都被传播给世界，被用来"喂养"在国内外活动的共产主义宣传机器。为了保护自己免受共产主义渗透的指控，全

---

① Layton, *International Politics and Civil Rights Policies in the United States*, *1941 – 1960*, p. 88.

国有色人种协进会使用反共产主义的言辞来呼吁种族改革。罗伊·威尔金斯在国会作证时表示，美国正在进行一场说服世界各国人民遵循美国民主生活方式而不是共产主义道路的竞赛中。他说，美国联邦政府承担了战后世界秩序的领导权，"为什么人们要选择民主作为一种生活方式？"威尔金斯直截了当地告诉国会，"世界上 2/3 的人口是非白人。我们与这些人要达成军事和政治协议；我们要和他们做生意。当虚伪的指控针对我们时，我们在国际圆桌会议上的地位就大大削弱了。为了缩小美国理想和她的实践之间的差距，我们必须在人权问题上采取行动，来限制共产主义者可以利用的最好的宣传武器"①。

纽约的国会代表亚当·鲍威尔认为，美国国会通过《民权法案》是打击共产主义最好的方法。虽然之前民权方面的进展是通过法院和行政命令取得的，但民权领袖呼吁国会尽其所能。在推动反私刑立法的过程中，民权活动人士作证说，全世界的人都把美国政府视为典范。因此，美国不能看到"它的权威被无法无天的暴民藐视。这个国家的声望，它的政府形式，以及它所倡导的法律下的公平正义，因在反私刑立法方面存在争议而受到损害"。他们认为，建立针对暴民暴力行为的合适的刑事和民事程序，将有助于恢复和提高这个国家的声誉。民权支持者认为民权立法将有助于国家制定的反对共产主义的策略。②

尽管国际压力增强了美国公民权利的重要性，但国会行动迟缓。反对者利用冷战来反对民权立法。他们常常把民权立法提案描绘成共产主义的阴谋。南卡罗来纳州参议员斯特罗姆·瑟蒙德表示："宣传人员试图让美国人民相信，这些法案的失败将为俄国提供反对我们的新理由。这不是支持法案的正当理由，因为俄国对我们的批评无足轻重。如果我们的国内政策受到俄国评价的控制，那么我们就会屈服于共产主义的命令。"他建议国会坚持美国人民赋予它的使命，将宪法确定为国家的基本法，而不是在意俄国人说了什么。来自得克萨斯州

---

① Layton, *International Politics and Civil Rights Policies in the United States*, *1941 – 1960*, p. 89.

② Layton, *International Politics and Civil Rights Policies in the United States*, *1941 – 1960*, p. 91.

的国会议员约翰·道迪进一步批评了司法部和国务院。他说，拟议中的民权立法"将在司法部长办公室里养成一个暴君以及由他领导的一大群执法者；他的意志和他的镇压行动将对美国公民产生影响，就像希特勒的爪牙强迫和征服德国人民一样。我认为大多数人都会同意这一点：如果希特勒在美国，他首先想要的就是这样一个法案"①。

由于议员们意见不一，国会虽然讨论了歧视对美国外交关系的影响，但收效甚微。1950 年 5 月，当一项建立一个永久性的公平就业实施委员会，以打击就业领域的种族歧视的法案提交参议院审议时，康涅狄格州的民主党参议员威廉·本顿指出，该法案对国家安全至关重要。由于本顿之前曾担任负责公共事务的助理国务卿，所以他的讲话很有权威。本顿认为，民权问题具有"巨大但鲜为人知的全球影响"。他警告说："如果我们低估了我们在这个高度危险的世界上的弱点，这对我们来说可能是一个巨大和悲剧性的错误。"他强调，公平就业实施委员会法案的通过对共产党的宣传将是一个巨大的打击，如果法案不能通过，共产党会利用它作为美国种族偏见的证据。②

佐治亚州参议员理查德·罗素回应说，他对本顿的观点感到困惑。他不明白为什么参议院要通过这个法案，因为共产党在宣传一种不存在于这个国家的问题。随后，罗素反驳说，共产党的报纸"声称是共产党首创了公平就业实施委员会立法的整个构想，而且从这个构想提出的第一天起就一直支持它"。当本顿试图把注意力集中在苏联的宣传及其有效性上时，罗素仍然不相信。他的立场是"我们不能相信任何来自俄国的信息，我们中任何相信来自俄国的任何信息的人都是非常愚蠢的"。罗素的逻辑是：在反共产主义的政治和文化氛围中，民权改革将是对共产主义者的投降，而共产主义者本身显然是在暗地里破坏美国社会，这被证明是一个非常有效的策略。对国会来说，反共产主义比民权更重要。基于这个原因，在《民权法案》上加上一

---

①　Layton, *International Politics and Civil Rights Policies in the United States, 1941 - 1960*, p. 94.

②　Mary L. Dudziak, *Cold War Civil Rights: Race and the Image of American Democracy*, p. 87.

缕红色是使其无法通过的有效方法。①

　　本顿的论点显然与参议院的其他很多成员不太一致。只有22名成员，听到了他的发言。公平就业实施委员会法案最终未能通过。该法案在众议院的主要发起人、众议员维托·马肯托尼奥抨击了民主党、共和党和总统，称"每个人都想把民权作为一个问题，而不是法律"。《纽约时报》专栏作家亚瑟·克罗克把这次失败归咎于杜鲁门总统。他说，由于没有推动众议院的民主党领导层就《民权法案》进行表决，杜鲁门把民权问题保留为1950年的竞选议题，而没有完成民权改革。② 因此，杜鲁门1948年提出的民权倡议的重要性被夸大了，正如历史学家罗伯特·赞兰多所说，1948年的竞选承诺未能转化为立法，"第81届国会变成了民权立法尤其反私刑立法的墓地"③。

　　杜鲁门支持民权的演讲和纲领将帮助他在民权领域获得他所需要的政治议程。然而，鉴于国会对他的民权倡议的敌对态度，杜鲁门的立法提案不太可能成功，也就无法缓和国际上的批评。美国需要在种族政策上做出一些切实的改变来平息国外的批评。在20世纪40年代末和50年代初，这种改变不会来自国会，它可能来自法庭。废除军队的种族隔离通常被认为是杜鲁门在民权方面的主要成就。然而，同样具有重大意义的是，杜鲁门政府参与了具有里程碑意义的废除种族隔离案件，最终导致了布朗诉教育委员会案的成功。尽管1954年德怀特·艾森豪威尔担任总统时，布朗案才判决，但正是杜鲁门的司法部发起了政府参与的反对种族歧视的法律战。司法部对布朗案最重要的陈述是在1952年12月，也就是杜鲁门总统任期的最后几周提出的。参与这些案件的决定是由杜鲁门政府的最高层做出的，总统本人有时也包括在内。通过在民权案件中提交《法庭之友》的简报，杜鲁门政府向最高法院强调了美国种族歧视的国际影响，有时还把重点

---

① Mary L. Dudziak, *Cold War Civil Rights: Race and the Image of American Democracy*, p. 89.

② Mary L. Dudziak, *Cold War Civil Rights: Race and the Image of American Democracy*, p. 90.

③ Eschen, *Race against Empire: Black Americans and Anticolonialism*, p. 113.

放在支持种族隔离的判决可能对美国外交政策产生的负面影响上。杜鲁门政府介入备受瞩目的种族隔离案件是一种新的做法。在这些案件中，美国政府不是原告或被告。司法部提交了《法庭之友》简报，通知法院在案件当事人提出的重要利害关系之外，还有其他利害关系。在一份又一份简报中，司法部辩称，美国的国家利益也牵涉其中。种族隔离在这些事件中损害了美国在海外的声誉，威胁到美国的外交关系。在冷战紧张局势加剧的情况下，这些案件的利害关系非常重大。①

杜鲁门政府的司法部第一次作为《法庭之友》参与了涉及限制性契约的民权案件"谢利诉克雷默案"。在这一案件中，白人将住宅出售给美国黑人，违反了禁止土地所有者出售土地给非白人的契约。密苏里州和密歇根州的州最高法院裁定这些契约是可执行的。谢利案的问题是，对契约的司法执行是否构成"国家行为"，违反了购买财产的美国黑人的第十四条修正案权利。司法部认为，当州法院强制执行具有种族限制性的契约时，他们就违反了第十四条修正案。在以前的民权案件中，当诉讼涉及联邦机构时，或当案件涉及联邦法律的最高权威时，总检察长也会参与。因为在限制性契约的案例中，一种不同的联邦利益会包含在内。据美国副检察长菲利普·帕尔曼称，种族限制条款阻碍了联邦政府"在公共卫生、住房、国内财务和外交事务方面履行其职责"。谢利诉克雷默案中美国政府方面的陈述依据的是国务院的观点，即"美国在处理外交关系时因国内发生的歧视行为而感到尴尬"。为了支持这一论点，司法部引用了代理国务卿艾奇逊在1946年写的一封信中的一段很长的摘要。虽然最高法院没有理会该案的国际影响，但它同意司法部寻求的结果。法院裁定，在州法院执行种族限制条款构成州行为，侵犯了黑人受法律平等保护的权利。②谢利案的判决受到了美国国内外民权支持者的赞扬。一家印度报纸称

---

① Mary L. Dudziak, *Cold War Civil Rights: Race and the Image of American Democracy*, p. 91.

② Mary L. Dudziak, "Desegregation as a Cold War Imperative", *Stanford Law Review*, Vol. 41, No. 1 (Nov., 1988), pp. 103 – 105.

这一判决是"美国正在进行的民权斗争的又一次胜利"①。

总检察长办公室在 1949 年继续处理民权案件。在亨德森诉美国案中，司法部在《州际贸易法》中关于铁路餐车隔离的有效性问题上采取了与州际商务委员会相反的立场。和谢利案一样，政府反种族隔离立场背后的一个重要动机是种族隔离的国际影响。亨德森案的简报更详细地阐述了这个问题。国际社会对美国的批评在联合国表现得最为明显。这一简报引用了其他国家政府的代表最近在联合国小组委员会会议上的发言。例如，苏联的代表说："在《联合国宪章》的原则指引下，联合国大会必须谴责在美国和其他国家的种族歧视的政策和实践。"同样，波兰代表认为，"美国政府根本无意遵守联合国提出的关于改善该国有色人种生活条件的各项建议"。和谢利案一样，司法部也提到了外国媒体对美国种族歧视的报道，指出"在不友好的外国媒体中，关于这个话题的报道频繁而刻薄"。这一次，简报用苏联出版物中的例子来支持这一说法。例如，《布尔什维克党报》发表了一篇文章，声称"全世界都知道美国对黑人推行种族歧视的法律和实践。在战后的美国，种族仇恨变得如此之深，以致事态发展到了令人难以置信的地步。例如，一个'黑鬼'在一次交通事故中受伤，不能被带到附近的医院，因为这家医院只是为白人服务的"②。苏联《文学公报》上刊登了一篇题为《美国有色人种的悲剧》的文章，文中称："美国是一个国中之国。有色人种在美国是不允许与其他白人混居的，它就像蛋清中的蛋黄一样存在于其中。或者，更确切地说，像一个巨大的贫民窟。黑人区的墙是看不见的，但却是坚不可摧的。"通过引用联合国声明和苏联媒体的报道，亨德森案的简报有力地表明，种族隔离阻碍了美国政府与世界共产主义的斗争。③

---

① Mary L. Dudziak, *Cold War Civil Rights: Race and the Image of American Democracy*, p. 92; Layton, *International Politics and Civil Rights Policies in the United States, 1941 – 1960*, p. 113.

② Dudziak, "Desegregation as a Cold War Imperative", *Stanford Law Review*, Vol. 41, No. 1 (Nov., 1988), p. 106.

③ Mary L. Dudziak, *Cold War Civil Rights: Race and the Image of American Democracy*, p. 93; Layton, *International Politics and Civil Rights Policies in the United States, 1941 – 1960*, p. 114.

亨德森的简报还指出了美国黑人激进主义产生的原因，它指出："一个社会表面上虚伪地宣称平等，实际上却实行种族隔离和其他形式的种族歧视，这常导致黑人对美国信条和政府制度产生持久的怨恨或彻底的拒绝。"然而，该简报同时指出，美国的黑人抗议活动与共产党无关。它引用了棒球运动员杰基·罗宾逊的证词，罗宾逊曾在众议院非美（Un-American）活动委员会作证。根据罗宾逊的说法，仅仅因为共产主义者在种族歧视问题上大张旗鼓，很多人就试图假装整个问题是共产主义者想象的产物。但是他们所说的"共产党人煽动黑人抗议"只会使目前的误解更加严重。黑人早在共产党成立之前就被煽动起来了，而在共产党消失后，黑人也会一直被煽动起来——除非那时种族隔离制度消失了。虽然黑人的抗议与共产主义没有直接联系，但种族不平等加剧了美国黑人的不满情绪，如果不加以纠正，黑人可能会拒绝美国的民主制度。因此，种族隔离威胁到美国政府保持其作为自由世界领袖的作用，以及在国内和平治理的能力。最高法院做出了有利于司法部立场的裁决，但并未触及州际旅行中种族隔离的合宪性问题。①

同样在1949年，司法部第一次参与撼动学校种族隔离。与亨德森案一样，国务院认为，麦克劳林诉俄克拉荷马州高等教育委员会和斯威特诉佩因特案对国家"非常重要"，因为"它们检验了美国献身于其中的民主理想的活力和力量"。在这两个案件中，两个非裔美国学生麦克劳林和斯威特分别挑战了俄克拉荷马大学和得克萨斯大学的种族隔离制度。这些案件再次提到废除美国种族歧视是"伟大的美国民主尚未解决的任务"。最高法院的意见充分考虑到案件的外交政策影响，他们指出，"如果对宪法的认可是建立在对平等的否定之上，那么民主的敌人就会利用这种行为来达到他们自己的目的。我们的《权利法案》中所体现的理想将会被嘲笑为空话"。这样一项裁决的后果将是深远的，远远超出案件本身，并影响美国人的生活方式。在斯威特案和麦克劳林案中，最高法院再次站在了司法部一边。它发

---

① Dudziak, "Desegregation as a Cold War Imperative", *Stanford Law Review*, Vol. 41, No. 1 (Nov., 1988), p. 107.

现，得克萨斯大学法学院和俄克拉荷马大学教育学院的种族隔离制度，否认了黑人原告的平等待遇。原告与白人学生的隔离意味着他们所受的教育是不平等的。把他们与白人同学隔离开来，使斯威特和麦克劳林无法享有第十四条修正案所保证的平等权利。然而，法院拒绝重新考虑种族隔离是否符合宪法。①

虽然南方各州和全国各地的种族歧视一直是外国批评的对象，但哥伦比亚特区的种族隔离尤其令人尴尬，而且往往是国际关注的特别焦点。如果种族隔离只存在于国家的特定地区，联邦政府就更容易把它描述为一种地区现象，一种与美国普遍接受的做法不一致的现象。然而，只要联邦政府的所在地仍然实行种族隔离，任何声称种族隔离不是全国普遍做法的说法都是站不住脚的。如果美国要改善其国际形象，华盛顿是它需要着手的地方。哥伦比亚特区的种族隔离问题在博林诉夏普案中得到体现，这是与布朗诉教育委员会案相似的案件。后来一共有 5 个类似的废除学校种族隔离的案件得到了合并，以布朗案的名义上诉到了最高法院。全国有色人种协进会认为，公立学校的种族隔离违反了平等保护条款，即使学校的其他条件是平等的。因为联邦政府对哥伦比亚特区的学校负有责任，对于博林案，全国有色人种协进会认为该地区的学校隔离违反了适用于联邦政府的第五修正案中的正当程序条款。司法部在其关于学校废除种族隔离案件的《法庭之友》摘要中强调了种族歧视在国家首都的尴尬处境。根据简报，"外国官员和访客自然根据他们在首都的经验和观察来评价这个国家和我们的人民。在这里，有色人种的待遇通常被用来衡量我们对待少数民族的态度"。正如杜鲁门总统所说："哥伦比亚特区应该成为美国人民和全世界人民自由和民主的真正象征。"然而，简报继续写道，总统的民权委员会发现哥伦比亚特区是"民主失败的生动例证"②。该委员会的报告中有一段简短的文字，描述了华盛顿对美国黑人的种族隔离。华盛顿对待美国黑人的可耻和荒谬之处，在许多肤色黝黑的外

① Dudziak, "Desegregation as a Cold War Imperative", *Stanford Law Review*, Vol. 41, No. 1 (Nov., 1988), p. 108.

② Dudziak, "Desegregation as a Cold War Imperative", *Stanford Law Review*, Vol. 41, No. 1 (Nov., 1988), p. 109.

国游客面前得到了凸显。首都的习俗不仅使有色公民蒙羞，而且使来访者感到相当尴尬。外国官员经常被误认为是美国黑人而拒绝向他们提供食宿和娱乐。然而，一旦确定他们不是美国人，他们就会被接纳。①

司法部的简报认为，有关公立学校系统中存在违宪歧视的指控，提出了"我们社会中最重要的问题"。因为"法律强加的种族歧视，或得到政府的批准或支持，不可避免地会破坏一个致力于自由、公正和平等的社会的基础"。根据美国宪法所体现的"法治"，政府的每一个部门"必须把我们的每一个人都当作美国人来对待，而不是根据种族或其他与宪法无关的因素来划分某个特定群体的成员。种族隔离妨碍了冷战时期民主向世界的扩展，因为对美国少数群体的歧视对我们同其他国家的关系产生了不利的影响"。种族歧视为共产党的宣传机器提供了有利条件，甚至在友好国家中也引起了对我们是否忠于民主信仰的怀疑。为了证明这一点，美国国务院在简报中花了近两页篇幅，引用了美国国务卿艾奇逊的话。根据艾奇逊的观点："在过去的六年里，种族歧视对我们的外交关系造成的损害越来越大。由于美国国内对少数群体的各种歧视行为，美国不断受到外国新闻界、外国电台和联合国等国际机构的攻击。正如所预料的那样，苏联发言人经常利用这一情况，并通过无线电广播和传播到世界各地的新闻媒介对美国进行批评。有些针对我们的攻击是基于谎言或歪曲事实，但不可否认的种族歧视的存在，为不友好的政府的宣传战提供了最有效的弹药。世界对美国歧视的关注引起了美国国务院越来越多的注意，因为通常友好的国家的敌对反应正以惊人的比例增长，他们中的许多人对自己的种族在世界中的地位特别敏感。在这些国家里，越来越多的人公开表示这样一种观点，即美国一方面声称自己是民主的捍卫者，另一方面却允许在这个国家存在种族歧视的做法，这是虚伪的。特别是学校的种族隔离，在联合国和其他地方被挑出来进行怀有敌意的评论。其他国家无法理解，在一个自称是自由、正义和民主的坚定支持

---

① Mary L. Dudziak, *Cold War Civil Rights*: *Race and the Image of American Democracy*, p. 99.

者的国家，怎么会存在这种做法。"国务卿的结论是："美国的种族歧视仍然是这个政府在处理日常外交关系时经常感到尴尬的一个根源，它危及我们对世界上自由和民主国家的道德领导的有效维持。"①

在法院对这些案件所涉国家安全问题做出明确声明后，司法部结束了对美国利益的讨论。摘要的结论再次强调了冷战对政府废除种族隔离立场的必要性。国务院最后重申："种族歧视是美国民主尚未解决的问题，是对我们是否真诚拥护民主信仰的不可逃避的挑战。"外国对美国种族主义的批评人士也注意到了布朗案悬而未决的重大意义。1952年12月，阿姆斯特丹一家著名的报纸在一篇文章中提到了冈纳·缪尔达尔将"美国困境"定义为"美国信条和美国实践之间的分歧"，并乐观地认为"华盛顿法院处理这个问题的事实表明，信条和现实之间的桥梁已经接近完成"②。

总之，二战后，美国的种族歧视日益受到其他国家的注意，不断发生的私刑等种族暴行引发国际愤怒，全世界的报纸都在报道种族私刑和来美的外国外交官及旅客受歧视的事件。苏联频繁地利用美国的种族问题在战后进行反美宣传，第三世界国家和欧洲盟友也对美国的种族主义进行严厉的批评。由于这种国际影响，杜鲁门政府确信国内的种族歧视对国际关系有严重的不利影响。国务院的官员们意识到，如果美国民主与种族隔离和歧视联系在一起，那么他们无法鼓励正在出现的第三世界的国家采纳民主政府的形式。因此，他们认为国内的民权改革对反对共产主义的冷战斗争是关键的，回应国际批评的需要推动了联邦政府开始加快国内的社会变革。冷战外交关系成为推动杜鲁门民权改革的重要因素。杜鲁门政府建立了总统民权委员会来应对危机，废除军队中的隔离成为杜鲁门时期最重要的民权成就，并且司法部参与了一系列废除种族隔离的案件，为后来布朗案的成功奠定了基础。但是杜鲁门政府的民权改革还是有很大的局限性，民权立法因为南方议员的反对而没有任何进展，同时由于冷战反共主义的肆虐，麦卡锡主义的兴起，

---

① Dudziak, "Desegregation as a Cold War Imperative", *Stanford Law Review*, Vol. 41, No. 1 (Nov., 1988), p. 111.

② Dudziak, "Desegregation as a Cold War Imperative", *Stanford Law Review*, Vol. 41, No. 1 (Nov., 1988), p. 112.

很多激进的美国黑人受到压制。

二战后，杜波依斯热烈欢迎苏联及其盟友的支持。他公开宣称："俄国并没有像密西西比那样给美国带来那么多威胁，我们的敌人不是斯大林和莫洛托夫而是比尔博和兰金。"很多人认为这种行为无异于叛国，认为通过"为苏联提供对付我们的新弹药"的宣传只会符合敌人的利益。[①] 1946 年末，保罗·罗伯逊领导的美国人发起了一场废除私刑的运动，罗伯逊对杜鲁门声称联邦政府对私刑采取行动是不可取的做法感到愤怒，他认为联邦政府拒绝反对私刑与它在纽伦堡提出的原则不一致。作为对杜鲁门提醒美国和英国代表"世界上最后的自由避难所"的回应，罗伯逊回答说，大英帝国是"人类最伟大的奴役者之一"。对罗伯逊来说，新一波针对返乡黑人士兵的暴行和恐怖行动，凸显了美国种族隔离制度下的反黑人暴力与殖民主义的暴力之间的关系。罗伯逊警告杜鲁门，如果暴民暴力不被制止，外国干涉将要到来。由于担心自己的地位会被削弱，沃尔特·怀特指责罗伯逊的活动"在公众心中制造混乱"，并将"无关的问题"引入反私刑运动。怀特放弃了对美国外交政策的指责，转而支持美国在世界上享有道义上的领导地位的权力。当怀特等非裔美国自由主义者支持杜鲁门时，包括罗伯逊和杜波依斯在内的左派成员支持了 1948 年亨利·华莱士的竞选活动，与杜鲁门分道扬镳。[②] 他们热烈欢迎国际社会的批评，认为杜鲁门不能代表黑人的利益，把目光转向了联合国，希望这个致力于保护人权的国际论坛可以迫使美国政府保护美国黑人的权利，由此发起了一系列向联合国请愿活动。

二　冷战初期美国黑人的联合国请愿斗争

二战是美国黑人民权运动的一个重要的转折点。很多美国黑人士兵参加了二战，为世界反法西斯战争做出了重要的贡献。他们在战争

---

① Paul Gordon Lauren, *Power and Prejudice: The Politics and Diplomacy of Racial Discrimination*, p. 203.

② Eschen, *Race against Empire: Black Americans and Anticolonialism*, pp. 111–112.

中经历了反对法西斯种族主义的斗争洗礼，思想发生了很多的变化，不再甘于接受原有的被隔离和歧视的地位，战争结束回国后他们积极参加争取自由和权利的斗争。但白人种族主义者不能容忍黑人的反抗，采取各种方式，甚至利用私刑等残忍的手段进行抵制。联邦政府却对此漠然处之、无所作为。因为在国内的斗争受阻，很多激进的美国黑人把希望的目光转向了国际，热烈欢迎国际社会的批评与干预，尤其是把希望寄托于新成立的联合国身上。① 从 1946 年到 1951 年，全国黑人大会、全国有色人种协进会和民权大会等黑人民权和左翼组织先后三次发起向联合国请愿的活动，向世界控诉美国黑人遭受的歧视和压迫，以引起国际关注，迫使美国政府采取措施改变美国黑人的困境。但在当时冷战反共的气氛下，美国政府采取了各种方式进行压制，这些活动无一例外都遭到失败。②

1. 全国黑人大会的请愿活动

全国黑人大会是第一个直接向联合国呼吁抗议美国的种族隔离的组织。它建于 20 世纪 30 年代中期，二战期间急剧衰落。二战后，全国黑人大会的官员努力想复兴组织，他们希望请愿运动将在组织复兴过程中起关键的作用。因为战后美国本国的司法体系一直在针对黑人的私刑、迫害和警察暴行等问题上保持沉默，全国黑人大会就把唯一的希望放在联合国身上。从一开始，全国黑人大会就清楚地表明，计划的主要目的就是国际化美国的种族主义问题。

1946 年 6 月 6 日，由马克斯·耶根领导的全国黑人大会代表团正式向联合国人权委员会的秘书提交请愿书。为了让请愿书以小册子的

---

① 实际上，在 1945 年召开的旧金山联合国制宪会议上，美国黑人（以杜波依斯为代表）就竭力促使联合国能领导反对殖民主义和争取人权的斗争，并在《联合国宪章》上予以确认。但是美国政府仍想方设法排除了《联合国宪章》中关于强烈支持人权和非殖民化的条款。宪章虽然提出"确保享有免遭任何建立在种族、语言、宗教或性别上的歧视的自由"，但又宣称"宪章不授权干预国家主权范围内的任何事务"，这事实上就堵死了非政府组织和个人要求联合国干预一国内政的道路，但美国黑人仍想通过自己的请愿活动来挑战这一原则。参见于展《美国黑人参与联合国制宪会议》，《中国社会科学报》2016 年 6 月 2 日，第 4 版。

② 本部分内容参见于展《冷战初期美国黑人的联合国请愿活动》，《首都师范大学学报》（社会科学版）2019 年第 4 期。

形式得到广泛传播，文件的作者特意让其篇幅短小一些。正式的文件
还被送至联合国秘书长，他被要求把文件交给经济和社会理事会以开
展行动。请愿书表明，全国黑人大会是代表 1300 万美国黑人讲话的，
现在呼吁联合国来帮助废除美国的种族歧视。请愿书尤其请求联合国
具体研究美国黑人遭受的政治、经济和社会歧视，并提出如何消除这
样违反人权情况的建议。而且，文件敦促联合国采取正义和合适的额
外措施来废除美国黑人遭受的压迫。和请愿书一起的是 8 页纸的附
录，由马克思主义历史学家、美国共产党员赫伯特·阿普特克撰写，
提供了一些美国种族主义歧视的证据。在和记者的会见中，耶根驳斥
了请愿书是不合适和不爱国的言论。他坚持认为，既然杜鲁门政府不
能铲除美国的种族歧视和为美国黑人提供宪法保护，向国际组织表达
美国黑人的悲哀就是全国黑人大会的责任。①

　　收到请愿书后，联合国非常为难。联合国官员清楚地告知全国黑
人大会的代表，根据宪章，联合国几乎没有任何权力接受来自非政府
组织的请愿书，也没有权力干预任何国家的国内事务和调查侵犯人权
的情况。但是他们如果愿意，可以提供进一步的证据。②

　　冷战的出现和极端反共狂热的增长使全国黑人大会逐渐陷入困
境。全国黑人大会 10 年前作为一个致力于改善美国黑人生活质量的
联合组织而成立。成立之初，它积极领导各地方分支在当地组织和参
加劳工运动，为黑人劳工争取权益，取得很大成就。例如大会成立的
1936 年之前，只有 10 万美国黑人加入工会组织，到 1940 年，这个数
字达到 50 万。全国黑人大会在其中起了很重要的作用。它还为黑人
劳工争取到更高的收入、更好的工作条件和地位等。因此它获得了工
会组织和共产党的大力支持。③ 这就促进了以劳工为基础的民权运动

---

　　① Charles H. Martin, "Internationalizing 'The American Dilemma': The Civil Rights Congress and the 1951 Genocide Petition to the United Nations", *Journal of American Ethnic History*, Vol. 16, No. 4 (Summer, 1997), p. 37.

　　② Carol Anderson, *Eyes Off the Prize: The United Nations and the African American Struggle for Human Rights, 1944 – 1955*, New York: Cambridge University Press, 2003, p. 82.

　　③ Lawrence S. Wittner, "The National Negro Congress: A Reassessment", *American Quarterly*, Vol. 22, No. 4 (Winter, 1970), pp. 883 – 901.

的蓬勃发展。①

　　但不是所有的黑人组织都加入大会。全国有色人种协进会就拒绝参加，一方面是为了维护它的自治；另一方面是因为共产党在全国黑人大会中日益扩大影响。那种影响使协进会的领导人沃特·怀特断定，全国黑人大会最终会被"染红"②。全国黑人大会确实也有失误。从1936—1939年，它跟随着共产国际的政策，积极寻求与所有的自由派群体建立一个联合阵线。但是当纳粹与苏联签订了《互不侵犯条约》后，全国黑人大会就驱逐了组织内很多非共产党成员，包括它的主席伦道夫。战争因此严重削弱了全国黑人大会。雪上加霜的是战后大会集权的错误政策又使其地方分支失去活力。因为联合国要求提交破坏人权的证据，全国黑人大会不得不依靠其地方分支提供材料。但失去活力的地方分支不可能做到。③全国黑人大会又转向其他黑人组织包括教会寻求支持。然而，黑人教会拒绝帮助全国黑人大会收集证据和发起请愿，其原来的资助者工会联盟也收回了经济支持，因为担心与共产主义联系在一起。④日益增加的冷战的紧张氛围让许多组织与全国黑人大会保持了距离。

　　但困境中又出现了一丝曙光。1946年6月22日，由于南非歧视印度在南非的劳工，印度政府发起了到联合国的控告。南非代表团转向美国寻求支持。美国担心联合国调查美国的种族歧视问题，于是想把印度的控告排除在联合国的管辖权之外，认为联合国国际法庭只是处理条约的性质问题，不能干涉人权等问题。第三世界和

---

① Robert Korstad and Nelson Lichtenstein, "Opportunities Found and Lost: Labor, Radicals, and the Early Civil Rights Movement", *The Journal of American History*, Vol. 75, No. 3 (Dec. , 1988), pp. 786 – 811.

② Carol Anderson, *Eyes Off the Prize: The United Nations and the African American Struggle for Human Rights*, *1944 – 1955*, p. 20.

③ Carol Anderson, "From Hope to Disillusion: African American, The United Nations and the Struggle for Human Rights, 1944 – 1947", *Diplomatic History*, Vol. 20, No. 4 (Fall 1996), pp. 546 – 547; Carol Anderson, *Eyes Off the Prize: The United Nations and the African American Struggle for Human Rights*, *1944 – 1955*, pp. 82 – 84.

④ Mark Newman, "Reviewing *Eyes off the Prize: The United Nations and the African American Struggle for Human Rights*, *1944 – 1955*", *Reviews in American History*, Vol. 32, No. 2 (Jun. , 2004), p. 249.

苏联集团联合在一起拒绝了美国的提议，谴责了南非的种族歧视政策。耶根把这件事看作全国黑人大会获得国内和国际支持的最后机会。他立即邀请 200 多个组织的代表来商讨迫使联合国调查"美国黑人遭受的压迫"事宜。1947 年 2 月 8 日，来自劳工、民权等组织的 75 位代表开会，决定为全国黑人大会最初起草的请愿书增加附录，把焦点从美国黑人扩展到美国治下的所有有色人种。附录首先罗列了波多黎各人、弗吉尼亚海岛居民、巴拿马运河区人和太平洋诸岛居民受压迫的法律基础；其次它描述了美国的《吉姆·克劳法》如何歧视第三世界的驻联合国代表；再次，它强调了美国移民法的种族主义特性；最后，得出结论：这些模式的歧视都类似于并直接来自于美国歧视黑人的基本模式。①

最终全国黑人大会发放了大约 10 万份请愿书，但是它的努力并未获得黑人媒体以外的媒体注意。大会很快解体。缺少足够的钱使全国黑人大会无法实施它的计划，到 1947 年它的全国办公室基本已无任何经费了，几乎不能开展任何工作，甚至不能印刷自己的海报②；同时日益增长的极端反共情绪使潜在的支持者都离开了。美国共产党在全国黑人大会中的支配地位尤其加速了组织的衰落。到 1947 年 11 月，全国黑人大会的剩余力量被新成立的民权大会所吸收，它完全消亡了。因此除了外部因素，全国黑人大会自身脆弱的组织结构及严重的经济问题也最终导致其向联合国请愿活动的失败。③

但我们也应看到，外部因素即冷战因素是更为重要的原因。到 20 世纪 40 年代中期，民权问题成为一个全国性的政治热点问题。美国黑人抗议群体、左派牧师、共产党领导的工会和前线组织、民权积极

---

① Carol Anderson, "From Hope to Disillusion: African American, The United Nations and the Struggle for Human Rights, 1944 – 1947", *Diplomatic History*, Vol. 20, No. 4 (Fall 1996), pp. 548 – 551; Carol Anderson, *Eyes Off the Prize: The United Nations and the African American Struggle for Human Rights*, *1944 – 1955*, pp. 86 – 89.

② Eric Arnesen, "Civil Rights and the Cold War at Home: Postwar Activism, Anticommunism, and the Decline of the Left", *American Communist History*, Vol. 11, No. 1, 2012, p. 19.

③ Carol Anderson, *Eyes Off the Prize: The United Nations and the African American Struggle for Human Rights*, *1944 – 1955*, p. 92.

分子都变成了城市自由主义的特色。全国黑人大会是其中重要的力量。然而机会不久就丧失了。此后因为冷战反共主义的压制,黑人劳工激进主义的衰落破坏了以劳工为基础的民权运动的组织团结和意识形态热忱。保守主义者利用共产党问题攻击自由主义改革,孤立了与共产党关系密切的黑人领导人,破坏了人民阵线。① 全国黑人大会首当其冲,最终不能避免失败的命运。

2. 全国有色人种协进会的请愿活动

全国有色人种协进会是第二个向联合国提交请愿书的民权组织。协进会认为全国黑人大会向联合国请愿的想法很好,其领导人怀特和杜波依斯想继续开展这一活动。埃莉诺·罗斯福夫人最初是黑人的朋友,她是全国有色人种协进会领导委员会的成员,也是联合国人权委员会的主席。怀特把她作为美国黑人在国际机构中强有力的盟友。杜波依斯也认为美国会因为冷战而担心暴露国内的种族问题,这会迫使美国回应 1300 万美国黑人的需要。1946 年,杜波依斯给怀特写信说早期全国黑人大会的请愿书多少有点用,但篇幅太短,资料不充分,不足以促使联合国和美国开展行动。杜波依斯建议写一个 100—200 页的词句考究、论证充分的请愿书,具体描述美国的种族压迫,并罗列联合国可能会采取的行动。协进会领导层非常赞同这一计划。杜波依斯于是咨询了很多专家学者和官员,并请他们中的一些人参与撰写的请愿书。到 1947 年年初,计划的草稿已经完成。文件的最终内容包括杜波依斯的引言和五篇学术性很强的论文,论文描述了带有偏见的州法、目前的种族歧视现状和联合国在保护人权和少数族裔群体权利方面的作用。杜波依斯希望得到美国代表团成员罗斯福夫人的帮助,为请愿书在联合国赢得一个开听证会的机会,② 但罗斯福夫人告

① Robert Korstad and Nelson Lichtenstein, "Opportunities Found and Lost: Labor, Radicals, and the Early Civil Rights Movement", *The Journal of American History*, Vol. 75, No. 3 (Dec. , 1988), p. 800.

② Charles H. Martin, "Internationalizing 'The American Dilemma': The Civil Rights Congress and the 1951 Genocide Petition to the United Nations", *Journal of American Ethnic History*, Vol. 16, No. 4 (Summer, 1997), p. 38.

知他，这件事情让国务院很尴尬，美国不会从这样的讨论中获益。罗斯福夫人的反对并未阻止杜波依斯。1947 年 10 月 23 日，杜波依斯正式向联合国人权委员会的主任提交了请愿书。但人权委员会的官员坦率承认目前他们无权开展针对请愿书的任何行动。而且强调请愿书是保密的，不能公开。

杜波依斯联系了很多联合国的官员，请求他们支持把全国有色人种协进会的请愿书带到联合国大会。秘书长表示他不能接收这一请愿书，请杜波依斯和人权委员会的官员联系。杜波依斯等人希望获得印度、苏联和一两个南美国家的支持，迫使联合国接收请愿书，并公开讨论。因为怀特错误地认为罗斯福夫人将是全国有色人种协进会请求联合国干预的强有力盟友，因此他让杜波依斯咨询她。但是在这之前，杜波依斯已经发现这位前第一夫人并不支持他们。国务院的官员强调只有成员国才能在联合国提交请愿书，因此全国有色人种协进会的请愿书不能带到联合国。①

全国有色人种协进会的律师警告杜波依斯，个人未经政府允许与外国政府、国际组织接触和谈判是违法犯罪行为。因此他敦促杜波依斯在提交请愿书之前获得国务院的批准。杜波依斯置之不理，甚至很高兴为捍卫向联合国请愿的权利而去坐牢。杜波依斯决定公开向联合国施加压力以迫使其采取行动。没有经过怀特的同意，杜波依斯就把请愿书给了《纽约时报》等一些有影响的报纸。很快周日的《纽约时报》刊登了请愿书的相关内容，主要是谴责美国南方的种族主义及其对民主进程的系统腐化比苏联对美国的威胁还大。计划取得成功，联合国人权委员会很快在 1947 年 10 月 23 日接收了全国有色人种协进会的请愿书。提交请愿书时，怀特和杜波依斯请求人权委员会的官员为请愿书准备一场充分的听证会以说服美国公平地对待自己的人民。但这不可能实现。人权委员会的领导向他们详细阐述了联合国的政策，宣称请愿书只能被秘密地处理，人权委员会没有权力采取关于

①　Carol Anderson, "From Hope to Disillusion: African American, the United Nations and the Struggle for Human Rights, 1944 – 1947", *Diplomatic History*, Vol. 20, No. 4 (Fall 1996), p. 558; Carol Anderson, *Eyes Off the Prize: The United Nations and the African American Struggle for Human Rights, 1944 – 1955*, p. 102.

人权的任何行动。①

杜波依斯非常不满，继续努力开展一场宣传美国黑人困境的公关运动。美国国务院的官员充分意识到美国的隔离制带来的问题。因为他们正在处理很多这样棘手的问题，如白人种族隔离主义者对长期驻纽约的来自第三世界的联合国代表的住房歧视和对在华盛顿的印度商人的种族主义行径已经让他们疲于应付，他们还需要不断向外解释最近在美国南方发生的私刑等。美国的种族隔离阻碍了其作为自由世界的领导人推行自己的外交政策。但是美国政府的官员不去纠正这些不好的行为，却只是想方设法阻挠全国有色人种协进会的指控。他们对全国有色人种协进会施加压力，让罗斯福夫人找怀特商谈，希望不要向联合国提交请愿书。杜波依斯不得已又转向媒体求助。② 国内的黑人媒体对此进行了广泛的报道，欢迎向世界暴露美国的种族问题。《芝加哥卫报》把请愿书起名为"向世界的呼吁"，谴责美国不能实践它宣扬的理想。一些媒体和记者把杜鲁门主义、美国对东欧违反人权情况的关注与美国南方的种族隔离和歧视相比较，认为这是对美国民主的嘲讽。美国的主流媒体通常也报道了请愿书的递交，但对此表达了复杂的情感：既同情美国黑人的境遇，又担心被苏联利用。请愿书还受到外国媒体的关注。印度、法国、意大利、中国等国的报纸报道了关于请愿书的情况，对美国的种族问题大多持批判的态度。③

南方的很多白人记者则强烈反对请愿运动，认为共产主义的宣传会利用这一请愿书。事实上，苏联的官员确实利用请愿书在联合国羞

① Carol Anderson, "From Hope to Disillusion: African American, the United Nations and the Struggle for Human Rights, 1944 – 1947", *Diplomatic History*, Vol. 20, No. 4 (Fall 1996), p. 559; Carol Anderson, *Eyes Off the Prize: The United Nations and the African American Struggle for Human Rights, 1944 – 1955*, pp. 102 – 105.

② Carol Anderson, "From Hope to Disillusion: African American, the United Nations and the Struggle for Human Rights, 1944 – 1947", *Diplomatic History*, Vol. 20, No. 4 (Fall 1996), p. 560; Carol Anderson, *Eyes Off the Prize: The United Nations and the African American Struggle for Human Rights, 1944 – 1955*, pp. 105 – 107.

③ Charles H. Martin, "Internationalizing 'The American Dilemma': The Civil Rights Congress and the 1951 Genocide Petition to the United Nations", *Journal of American Ethnic History*, Vol. 16, No. 4 (Summer, 1997), p. 39.

辱了美国。早在 1945 年的旧金山会议上，共产党代表就猛烈谴责殖民主义。苏联的出版物早在 1946 年秋就批评美国的种族主义，到 1947 年，美国的种族歧视变成了苏联关于美国的重要宣传主题之一。① 1947 年 12 月，苏联代表在联合国同时提出了殖民主义和美国种族主义两个问题。12 月 2 日，苏联代表努力想在人权委员会发起一场有关殖民主义问题的争论，但没有成功。同一天，苏联代表指出美国黑人组织两次提交请愿书，要求联合国人权委员会调查请愿书中罗列的美国黑人遭受歧视的情况。美国代表指出，苏联代表只是挑出美国黑人而忽视其他少数群体是不合适的，而且认为请愿书不过是没有得到证明的谣言。罗斯福夫人也为美国的立场辩护，指出只要苏联拒绝关于其内部事务的指控，美国也不能接受对自己国内政策的指控。② 美国代表还坚持认为联合国没有出台国际人权法，因此不可能决定黑人是否有权提出一项合法的指控，联合国也无权接收宣称违反人权问题的请愿书并发起调查。经过几天的较量，苏联代表的努力在美国代表的阻挠下失败了。罗斯福夫人告诉怀特，她坚决支持美国代表的立场，美国代表团不允许苏联攻击美国。怀特完全同意罗斯福夫人的意见，认为支持苏联在世界舆论面前羞辱美国不符合协进会的最大利益。③ 怀特因此向罗斯福夫人保证协进会不会成为苏联攻击美国的工具。④

但杜波依斯不顾怀特和罗斯福夫人的反对，仍竭力使请愿书获得更多的关注。在他的努力下，1948 年 1 月，文件以一本 94 页小书的形式出版，并广泛散发。全国有色人种协进会甚至为每一位联合国的

---

① Laura A. Belmonte, *Selling the American Way: U. S. Propaganda and the Cold War*, University of Pennsylvania Press, 2010, p. 160；另参见于展《冷战早期美国应对种族危机的公共外交》，《首都师范大学学报》（社会科学版）2015 年第 4 期。

② Charles H. Martin, "Internationalizing 'The American Dilemma': The Civil Rights Congress and the 1951 Genocide Petition to the United Nations", *Journal of American Ethnic History*, Vol. 16, No. 4 (Summer, 1997), p. 40.

③ Manfred Berg, "Black Civil Rights and Liberal Anticommunism: The NAACP in the Early Cold War", *Journal of American History*; Jun2007, Vol. 94 Issue 1, p. 83.

④ Carol Anderson, "From Hope to Disillusion: African American, the United Nations and the Struggle for Human Rights, 1944 – 1947", *Diplomatic History*, Vol. 20, No. 4 (Fall 1996), p. 562; Carol Anderson, *Eyes Off the Prize: The United Nations and the African American Struggle for Human Rights, 1944 – 1955*, p. 112.

大使提供一本，并要求它被送到联合国大会上去。但是几个月过去了，没有任何联合国的委员会采取行动。杜波依斯非常沮丧，他向怀特痛苦地抱怨，国务院正阻碍美国黑人在世界面前表达冤屈，他由此对杜鲁门政府非常失望，逐渐成为批评国内种族关系、殖民主义和美国外交政策的代言人。杜波依斯对美国外交政策的日益敌对最终导致他与亲政府的怀特的矛盾尖锐，并因此被迫退出全国有色人种协进会。此后协进会逐渐放弃把联合国作为攻击美国种族歧视的舞台，① 开始增加与国务院的合作，避免给苏联的宣传以口实。协进会日益支持美国的外交政策，反共主义成为其国际事务议程的中心。结果全国有色人种协进会发起的联合国请愿活动最终不了了之。

杜波依斯为何会与自己创立的组织全国有色人种协进会及美国政府分道扬镳？主要因为杜波依斯的思想当时已经发生很大变化，他开始接受马克思主义，把美国黑人运动同美国无产阶级反对资本主义剥削，同非洲人民争取独立运动及世界人民反殖民主义运动联系起来，因此他才坚持不懈地要把向联合国请愿运动进行到底，即使得罪美国政府也在所不惜。1948 年他离开全国有色人种协进会后，逐渐进入了共产党的新朋友圈子，他在非洲事务委员会、进步党、和平信息中心和美国劳工党发现了新家，并常公开赞美苏联和社会主义。② 在狂热反共的冷战气氛下，他的亲共立场注定了其后来被美国政府压制甚至迫害的命运。

3. 民权大会的请愿活动

民权大会是第三个向联合国发起请愿运动的民权组织，它愿意继承全国有色人种协进会放弃的事业。它 1951 年的请愿运动最雄心勃勃，也最有争议。因为它利用了新召开的联合国反对种族灭绝大会，特别指控美国联邦、州和地方政府犯有种族灭绝黑人的罪行。如此令

---

① Charles H. Martin, "Internationalizing 'The American Dilemma': The Civil Rights Congress and the 1951 Genocide Petition to the United Nations", *Journal of American Ethnic History*, Vol. 16, No. 4 (Summer, 1997), p. 41.

② Eric Arnesen, Civil Rights and the Cold War at Home: Postwar Activism, Anticommunism, and the Decline of the Left, *American Communist History*, Vol. 11, No. 1, 2012, p. 26.

人震惊的指控很可能将吸引一些国际关注。国际共产主义运动也很快就给予请愿以很大支持，这样冷战的国际环境加剧了美国对国内种族问题的担心。美国政府一方面指责请愿书是共产主义的宣传，批评发起请愿运动的人是不爱国的，对相关黑人进行压制；另一方面开始寻找忠诚爱国的美国黑人来驳斥这些指控。[1] 在冷战反共的气氛和政府的压制下，请愿运动最终失败。

民权大会并非纯粹的黑人民权组织，它是老的国际劳工辩护会的继承者，共产党在其中发挥了关键作用。劳工辩护会在20世纪30年代因为帮一些有争议的犯人（尤其是黑人犯人）开展诉讼而赢得很大的名声，其中最有名的就是斯考兹博罗男孩案。1946年4月，包括黑人积极分子、劳联成员、共产党、独立的左派人士和自由改革者等在内的400多名代表在底特律开会，成立了民权大会。在成立大会上，老的国际劳工辩护会和宪政自由全国联盟被并入这一新的组织。从一开始，民权大会的全国领导层中就包括许多共产党的成员及其同情者。[2] 组织建立者许诺捍卫少数种族、族裔、宗教和政治群体及劳工的权利。组织非常怀疑美国的司法体系，认为很多人因种族和阶级因素不可能得到正义的对待。组织在全国的很多分部都特别关注了美国黑人遭受的歧视。20世纪40年代末，民权大会在全国范围内开展了广泛的活动，尤其是参与了很多保护黑人犯罪嫌疑人利益的法律诉讼活动。[3] 后来，民权大会开始考虑就美国黑人歧视问题向联合国请愿。请愿书参考了很多权利宣言，尤其是借鉴了联合国《防止及惩治灭绝种族罪公约》中的部分阐述。[4]

①　Charles H. Martin, "Internationalizing 'The American Dilemma': The Civil Rights Congress and the 1951 Genocide Petition to the United Nations", *Journal of American Ethnic History*, Vol. 16, No. 4 (Summer, 1997), p. 36.

②　Charles H. Martin, "The Civil Rights Congress and Southern Black Defendants", *The Georgia Historical Quarterly*, Vol. 71, No. 1 (Spring, 1987), p. 26.

③　民权大会的法律诉讼活动参见 Leandra Zarnow, "Braving Jim Crow to Save Willie McGee: Bella Abzug, the Legal Left, and Civil Rights Innovation, 1948 – 1951", *Law & Social Inquiry*, Vol. 33, No. 4 (Fall, 2008), pp. 1003 – 1041。

④　Charles H. Martin, "Internationalizing 'The American Dilemma': The Civil Rights Congress and the 1951 Genocide Petition to the United Nations", *Journal of American Ethnic History*, Vol. 16, No. 4 (Summer, 1997), p. 42.

防止及惩治灭绝种族罪大会最初由联合国于 1946 年发起召开，当时世界舆论仍然在反思纳粹大屠杀的教训。代表们在 1946 年和 1947 年反复讨论了公约草案，联合国大会最终于 1948 年批准了公约。公约把种族灭绝定义为有意破坏全部和部分民族、族裔、种族和宗教群体的敌对行动，以及谋杀群体中的个人，包括对他们施加严重的身体和精神上的伤害和提供非人道的生活条件等。到 1951 年，20 多个国家签署了公约。种族灭绝会议最初得到杜鲁门政府的支持，但在国会中遭到强烈抵制。美国代表在 1948 年签署了文件，然后杜鲁门总统把它提交参议院批准。种族灭绝会议和人权宣言让美国保守派很警惕，他们担心这些提议会损害美国的主权。一些南方议员尤其担心公约将"为实施联邦反私刑立法打开后门"[1]。1950 年外交委员会为此召开了公众听证会。关心苏联和东欧关系的人士赞同条约，但持新孤立主义立场的保守派则反对。一些人从种族角度表达了支持，南方的隔离主义者却强烈反对，认为条约将破坏美国的制度和剥夺州的权利。一些人则反对把私刑和对个人的歧视看作种族灭绝。[2] 参议院最终拒绝批准条约。

对于种族灭绝会议的争论引起威廉·帕特森的关注，他是一名黑人共产党员，1948 年夏成为民权大会的全国领导人。他最终决定，民权大会将通过更广泛呼吁美国系统地虐待全体黑人的问题来赢得更多关注，希望这样可以联合美国黑人和有组织的劳工，迫使美国释放因《史密斯法案》（1940 年通过，旨在迫使共产主义者和其他激进主义者宣布他们的政治立场）而入狱的共产党领导人，并以此扩展民权大会的经济和成员基础。[3] 但与之前全国黑人大会和全国有色人种协进会不同的是，民权大会的请愿书将特别利用这个新的公约作为它向联合国呼吁的基础，它将指控美国政府犯有种族灭绝美国黑人的罪

① Carol Anderson, *Eyes Off the Prize: The United Nations and the African American Struggle for Human Rights, 1944 - 1955*, p. 180.

② Charles H. Martin, "Internationalizing 'The American Dilemma': The Civil Rights Congress and the 1951 Genocide Petition to the United Nations", *Journal of American Ethnic History*, Vol. 16, No. 4 (Summer, 1997), p. 43.

③ Mark Newman, *Reviewing Eyes off the Prize*, p. 251.

行，这很令人震惊。民权大会的指控超越了传统的种族歧视的范围，而且指控还发生在一个 1947 年全国有色人种协进会请愿以来政治气候发生很大改变的时期。朝鲜战争的爆发使美国公众更加反共。在《史密斯法案》的高压下，很多美国共产党的领导人被指控、定罪。苏联间谍的核泄密事件加剧了紧张氛围。在这样的气氛下，大部分的民权、劳工和自由派组织不得不加入冷战反共的队伍。事实上，全国有色人种协进会正在清洗被怀疑为共产主义者的人士和共产党的同情者。① 像民权大会这样没有赶走共产主义者的组织发现自己日益被孤立，有些声音批评这些组织不爱国。

在如此不利的环境里，帕特森仍开始通过咨询一些政治积极分子来开展他的请愿书计划。虽然很多白人激进分子不同意他提出的种族灭绝问题，但大多数黑人激进分子支持他的努力。受此鼓舞，帕特森招募了 6、7 位左派作家开始为计划工作。研究者通过多种渠道收集信息。到 1951 年 8 月，他们完成了计划的草稿，帕特森开始考虑怎样把它提交给联合国。种族灭绝请愿书的最后版本有 200 多页，标题为"我们指控种族灭绝"。意识到大部分美国人会很怀疑这样充满感情色彩的指控，请愿书强调，按照《防止及惩治灭绝种族罪公约》的定义，部分而不是整体地破坏某一种族群体仍然可以被称为种族灭绝。小册子提供了种族谋杀、身体和精神上的伤害、糟糕的生活条件等广泛的信息作为大规模迫害美国黑人的证据。但是很多人反对把个别的针对黑人个体的暴行当成是整体的种族灭绝。② 面对反对和质疑，请愿书坚持己见，而且它竭力证明，联邦政府对所有这些行为负责，因为没有联邦政府的授权，这种长期的、连续的、广泛的、制度化的种族灭绝的犯罪将是不可能的。文件在马克思主义的指导下，指控这些可怕行为隐藏的动机不是单纯的种族主义意识形态，而是垄断资本主义，因为它从剥削美国黑人工人中获利巨大。州和地方官员在维持

① Charles H. Martin, "Internationalizing 'The American Dilemma': The Civil Rights Congress and the 1951 Genocide Petition to the United Nations", *Journal of American Ethnic History*, Vol. 16, No. 4 (Summer, 1997), p. 44.

② Curtis A. Bradley, "The United States and Human Rights Treaties: Race Relations, the Cold War, and Constitutionalism", *Chinese Journal of International Law*, (2010), p. 325.

这种压迫体系中也起到了重要作用，但联邦政府负最终的责任。① 请愿书最后呼吁联合国认定美国犯有种族灭绝的罪行，并要求它终止美国这样的行为。随着文件准备工作的完成，民权大会的官员开始计划如何真正提交。

面对民权大会咄咄逼人的指控，美国政府也开始想办法抵制请愿的影响。在 11 月初，国务院联系全国有色人种协进会，询问能否在请愿书递交联合国之前公开抨击这份文件。协进会的官员很乐于从命。它随后起草了一份措辞强硬的新闻公告，谴责民权大会的计划是一个颠覆国家的阴谋，宣称全国有色人种协进会反对这个请愿书及其目标。怀特同时准备了一篇强烈批评请愿书的文章，指责请愿是共产党的阴谋，呼吁黑人忠于国家。② 美国广播公司等广播电台也公开谴责请愿书。对于种族灭绝请愿书的攻击令民权大会愤怒不已。帕特森立即奋起回应，指责电台广播是国务院发起的阻止请愿书递交联合国的计划的一部分。11 月底，国务院再次联系全国有色人种协进会，询问是否能派几名杰出的美国黑人领导人于 12 月中旬出现在巴黎，以抵消请愿书的影响。③ 怀特赞同这一想法，但坚持旅行费用应由个人承担，因为如果由国务院负担，那将损害整件事的可信度。但怀特募集资金的努力并未成功。他又帮助完成国务院的另一项任务。他写了一本当代美国种族关系进步的小册子，这是专门为外国观众所写的，用来抵御种族大屠杀请愿书在亚非的影响。④

尽管面临很多批评，民权大会还是在 12 月初完成了它提交请愿书的计划。帕特森决定亲自到巴黎把文件交给那里的联合国官员。民

---

① Charles H. Martin, "Internationalizing 'The American Dilemma': The Civil Rights Congress and the 1951 Genocide Petition to the United Nations", *Journal of American Ethnic History*, Vol. 16, No. 4 (Summer, 1997), p. 45.

② Carol Anderson, *Eyes Off the Prize: The United Nations and the African American Struggle for Human Rights, 1944 – 1955*, p. 186.

③ Carol Anderson, *Eyes Off the Prize: The United Nations and the African American Struggle for Human Rights, 1944 – 1955*, p. 192.

④ Charles H. Martin, "Internationalizing 'The American Dilemma': The Civil Rights Congress and the 1951 Genocide Petition to the United Nations", *Journal of American Ethnic History*, Vol. 16, No. 4 (Summer, 1997), pp. 46 – 47.

权大会还挑选既是黑人明星又是政治活动家的非洲事务委员会主席保罗·罗伯逊率一支代表团在同一天把请愿书交给纽约的联合国官员。罗伯逊之前因为批评美国的外交政策被没收了护照，因此无法陪同帕特森去巴黎。当帕特森准备出发的时候，他担心可能有人会阻挠他的巴黎之行，因此做了很多准备。例如，担心他行李中的请愿书可能会被掉包，帕特森事先邮递了 60 份去巴黎，还寄了一些到英国和匈牙利。民权大会的其他领导人也随身带了 20 份到巴黎。1951 年 12 月 16 日，帕特森顺利到达巴黎。次日，他就向联合国官员和一些其他国家的代表递送了请愿书。在致联合国大会主席的公开信中，帕特森解释说请愿者进行这样的呼吁是为了吸引联合国关注美国违反人权的情况。他敦促联合国的领导人把这一问题放到联合国人权委员会的日程当中。同一天，罗伯逊率领着一支庞大的民权大会的代表团来到联合国在纽约的办公室，向联合国秘书长办公室的代表递交了请愿书。帕特森在巴黎继续游说一些国家的代表，希望能为种族灭绝的指控赢得一次听证会，并寻求记者的关注。好几位来自不结盟国家的代表私下里对请愿书很感兴趣，但因为他们要寻求美国的经济援助，因此表示不想让美国代表团难堪。在一次媒体的采访中，帕特森捍卫了请愿书中提到的信息的真实性，反驳了美国新闻署在巴黎散发的宣传小册子"美国生活中的黑人"的内容。他否认小册子宣扬的美国的种族关系正在改善的主题，警告美国政府正在竭力掩盖大规模种族歧视的事实。①

联合国的美国代表不久发起了针对民权大会请愿书的反击。在一次联合国大会下级委员会的正式发言中，美国代表埃莉诺·罗斯福夫人强硬地宣布美国政府不赞同歧视，并正努力铲除这样的实践，但联邦政府的权力受到宪法的制约，需要依法行事。在后来与媒体的一次见面中，罗斯福夫人认为请愿书关于种族灭绝的定义太过荒谬。国务院也进行反击，它宣布联合国《防止及惩治灭绝种族罪公约》不适

---

① Charles H. Martin, "Internationalizing 'The American Dilemma': The Civil Rights Congress and the 1951 Genocide Petition to the United Nations", *Journal of American Ethnic History*, Vol. 16, No. 4 (Summer, 1997), pp. 48 – 49.

用于美国的环境，因为美国没有签署公约，更重要的是没有足够多的黑人被私刑从而构成种族灭绝。① 国务院的反击还利用了联合国中几位美国黑人代表，如著名黑人钱宁·托拜厄斯博士是美国代表团的成员，他愤怒谴责帕特森不爱国，反对帕特森与苏联讨论种族灭绝问题。帕特森则指责托拜厄斯阻止讨论请愿书事宜，称其为"辩护士"。一些美国黑人代表还在法国、丹麦和西德公开发表演说捍卫美国政府的种族政策。如雷福德·洛根博士作为美国代表团的顾问会告诉有疑虑的观众，美国黑人的待遇确实正在改善，他有一次甚至告诉一些法国官员，许多学者对美国铲除歧视和隔离的迅猛进展感到吃惊。伊迪丝·桑普森律师在对一个丹麦妇女组织的发言中乐观地预测，黑人五年之内将在美国获得完全的平等。②

但此时美国南方又发生多起针对黑人的私刑暴力活动，种族主义的施害者没有受到任何惩罚，联邦政府却无动于衷，媒体的有关报道引起国际注意。民权大会看到了机会，因此一方面通过事实驳斥桑普森等人的言论；另一方面加紧进行"我们指控种族灭绝"的请愿活动。③

国务院想方设法限制帕特森的国际活动。巴黎的美国大使馆联系了帕特森，让他立即交出护照。早就预料到美国政府会这么干，民权大会的领导人已经事先制定了访问东欧的计划。帕特森担心法国警察可能会扣留他，因此很快就买机票飞往了匈牙利的布达佩斯。在那里他发表了好几场演说，揭露美国的种族主义，谴责美国政府想方设法让他闭嘴。帕特森下一站来到捷克斯洛伐克的布拉格，又在那里发表演说。在去伦敦之前，帕特森获悉联合国大会推迟讨论请愿书，因此民权大会的领导人又发起了最后的公开呼吁，要求国际组织对此做出

---

① Carol Anderson, *Eyes Off the Prize*: *The United Nations and the African American Struggle for Human Rights*, *1944 – 1955*, p. 180.

② Charles H. Martin, "Internationalizing 'The American Dilemma': The Civil Rights Congress and the 1951 Genocide Petition to the United Nations", *Journal of American Ethnic History*, Vol. 16, No. 4 (Summer, 1997), pp. 49 – 50; Carol Anderson, *Eyes Off the Prize*: *The United Nations and the African American Struggle for Human Rights*, *1944 – 1955*, p. 203.

③ Carol Anderson, *Eyes Off the Prize*: *The United Nations and the African American Struggle for Human Rights*, *1944 – 1955*, pp. 195 – 206.

反应。英国的官员在机场把帕特森扣了 17 个小时，因为美国政府要求禁止帕特森进入英国。经过协商美国当局最终让步，给了帕特森 5 天在英国活动的许可。①

当帕特森在 1952 年 1 月 23 日回到纽约机场的时候，海关和移民署的官员立即没收了其护照，并仔细检查了他的行李和身体，才放他回家。民权大会的领导人愤怒地谴责联合国因美国的游说而继续终止讨论种族灭绝请愿书事宜。他们预测美国政府将提拔更多喜欢他们的美国黑人到政府高级职位上去以改善其形象和抵消国外的批评。帕特森警告这些人将变成美国政府种族灭绝政策的帮凶。不出帕特森所料，美国政府周密的反击活动与之前全国有色人种协进会对请愿书的严厉批评对美国黑人社会产生了很大的影响。很多美国黑人自动地把请愿书斥为共产主义者的宣传。例如《匹兹堡信使报》坚决拒绝了种族灭绝的指控，并宣称黑人无意成为苏联的第五纵队。《芝加哥论坛报》把文件的指控看作无耻的谎言，从而断定联合国《防止及惩治灭绝种族罪公约》根本就不该起草。冷战和赤色恐慌的加剧又使得一些美国黑人即使同情请愿运动也不愿支持它，因为请愿被看作是共产主义的活动，是不爱国的。②

种族灭绝请愿书最终不能在联合国产生广泛的讨论，也不能在联合国召开一次听证会。民权大会在 1952 年不能持续开展运动，不久其努力就失败了。帕特森希望回到巴黎继续为请愿书开展游说努力，但国务院没收了他的护照，使其不能出国活动。被冷战和赤色恐慌创造的敌对环境进一步削弱了民权大会，其严重的内部问题也限制了它有效地开展活动。随着联邦调查局和其他政府机构调查民权大会活动的增加，组织开始衰落，最终在 1956 年解散。

民权大会一直被美国政府视为共产党的前线组织而被百般压制乃

---

① Charles H. Martin, "Internationalizing 'The American Dilemma': The Civil Rights Congress and the 1951 Genocide Petition to the United Nations", *Journal of American Ethnic History*, Vol. 16, No. 4 (Summer, 1997), p. 50.

② Charles H. Martin, "Internationalizing 'The American Dilemma': The Civil Rights Congress and the 1951 Genocide Petition to the United Nations", *Journal of American Ethnic History*, Vol. 16, No. 4 (Summer, 1997), pp. 51 – 53.

至最终消亡，但实际上民权大会的主要关注点是黑人的民权问题，无论是长期进行的为黑人犯人辩护的法律诉讼活动，还是最后的联合国请愿活动，民权大会一直在为黑人的民权而斗争，并取得很大的成就。可以说在20世纪40年代，以劳工、左派和民权三者结盟为基础而开展的民权运动中，民权大会是一支非常重要的力量。① 只是因为组织的左翼思想倾向，在极端反共的冷战环境中，它受到百般打压，难以继续存在于美国社会中。

4. 余论

总之，二战后，美国的种族关系开始经历重要的变化。外国也开始更加关注美国的种族问题。西方盟国想了解美国的生活，尤其是种族歧视。亚非国家的人民正在摆脱殖民统治，就像关心欧洲殖民主义一样，也十分关心美国对本国黑人的歧视。随着美苏敌对加剧，苏联人常常谴责美国的种族实践，并努力利用这些歧视来赢得第三世界人民的联盟。一些国务院的官员承认种族歧视给美国的外交关系带来消极的影响。这些国际关注使很多美国自由派和政府官员担心对美国黑人的种族歧视可能成为美国外交政策的根本缺陷。黑人民权组织和积极分子则欢迎这种对种族歧视的国际关注。联合国的成立以及建立在人权基础上的好几个国际宣言的发布给美国黑人很大鼓舞。在纽约的联合国总部为美国黑人领导人在国际观众面前表达他们的悲伤提供了便利的舞台。1946—1951年，三个美国民权和左翼组织——全国黑人大会、全国有色人种协进会和民权大会利用了这个舞台。它们分别先后向联合国提交了请愿书，抗议美国黑人遭受的歧视，并呼吁得到帮助，得到广泛的关注。②

但是冷战是把双刃剑。它一方面迫使杜鲁门政府开始开展民权改革。当时联邦政府开始承认自己在民权领域的责任，努力采取一些措

---

① Gerald Horne, *Communist Front? The Civil Rights Congress*, *1946 – 1956*, Rutherford: Associated University Press, 1988.

② Charles H. Martin, "Internationalizing 'The American Dilemma': The Civil Rights Congress and the 1951 Genocide Petition to the United Nations", *Journal of American Ethnic History*, Vol. 16, No. 4 (Summer, 1997), p. 35.

施来铲除种族歧视。如 1948 年总统发布行政命令废除武装部队中的隔离。美国黑人则利用这种国际关注，进一步向联邦政府施加压力。但另一方面，冷战反共的气氛使民权改革不能深入开展。随着美苏冷战的加剧，美国国内出现了严重的赤色恐慌。赤色恐慌使得通过联合国宣扬人权易于被指控为共产主义，因此就把黑人斗争的议程局限为民权领域。[①] 联邦政府为了所谓的国际声誉和国家利益，对比较激进的美国黑人的活动，尤其是对有激进倾向的杜波依斯及全国黑人大会和民权大会的联合国请愿活动进行压制，最终使这些活动都归于失败。

联邦政府主要利用联邦调查局开展对这些激进黑人和组织的监视和压制。调查局认为共产党及其前线组织想利用所有的可能让美国在黑人问题上受辱。它确信全国黑人大会把 1300 万美国黑人的困境带到联合国只是想转移当时苏联干涉希腊的国际注意力。全国黑人大会由此成为"叛国者"，导致其经济支持者——劳工组织也疏远了它。产业工人联合会（简称产联）命令其下的 267 个附属机构与全国黑人大会脱离关系。结果导致黑人大会经济上破产，它几乎无钱维持组织的运作和开展任何活动。[②]

极端反共的美国众议院非美活动委员会也参与了很多调查和镇压活动。共产党在民权大会中的存在导致众议院非美活动委员会和司法部一开始就把这一组织看作是"共产党的前线组织"[③]。1948 年，委员会宣称"民权大会是革命阴谋的核心"，其目标就是"把共产主义理论运用于实践"。委员会认为民权大会关于黑人民权的立场为共产党及其同情者提供了充当被压迫者朋友的机会，也提供了暴露资本主义非正义嘴脸的机会。它最终得出这样的结论，民权大会并非致力于

---

① Mark Newman, Reviewing *Eyes Off the Prize*: *The United Nations and the African American Struggle for Human Rights*, *1944 - 1955*, p. 252.

② Carol Anderson, "From Hope to Disillusion: African American, The United Nations and the Struggle for Human Rights, 1944 - 1947", *Diplomatic History*, Vol. 20, No. 4 (Fall 1996), p. 548; Carol Anderson, *Eyes Off the Prize*: *The United Nations and the African American Struggle for Human Rights*, *1944 - 1955*, p. 85.

③ Charles H. Martin, The Civil Rights Congress and Southern Black Defendants, p. 26. 具体也可参见众议院非美活动委员会在 1947 年 9 月 2 日向第 80 届国会提交的有关调查报告，题目就是《关于民权大会作为共产党前线组织的报告》，在美国国会文献集（*US Congressional Serial Set*，简称 *USCSS*）数据库中可查。

解决广泛的公民自由问题，而是为了保护共产党成员及其组织。这样的极端反共情绪对民权大会的民权项目产生了破坏性的影响。很多共产党员或怀疑为共产党的人被逮捕审讯。1950 年后，民权大会的领导人帕特森常常不得不到法庭上为自己及其组织辩护，反对强加于己的所谓进行共产党阴谋活动的指控。① 其联合国请愿活动自然受到百般阻挠和破坏。

全国有色人种协进会在冷战压力下不得不从人权和非殖民化问题上后退。罗斯福夫人的立场、苏联在请愿书问题上的作用以及国内的麦卡锡主义迫使协进会重新考虑它的策略和目标。1948 年，全国有色人种协进会开除了杜波依斯，这成为其与激进左派分道扬镳的标志。② 协进会通过严格的反共政策完全站到政府一边，反对任何国际批评，成为政府的忠实盟友。

积极参加请愿运动的美国黑人不可避免地受到压制甚至迫害。杜波依斯在 1950 年被以间谍罪受审，虽然最终被判无罪，但精神上受到极大折磨，而且国务院还因此没收了他的护照，大大减少了其国际活动和影响。③ 帕特森和罗伯逊也被没收了护照，前者在政治上很快失去了影响力，后者因为在国内的演出常常被暴徒阻止，他又无法去国外演出，其经济状况顿时陷入窘迫，而他在政治上又无法发声，一蹶不振。④ 耶根最终屈服，被政府招安，他甚至向联邦调查局告密，

---

① Josh Sides, "You Understand My Condition: The Civil Rights Congress in the Los Angeles African-American Community, 1946 – 1952", *Pacific Historical Review*, Vol. 67, No. 2 (May, 1998), pp. 253 – 254.

② Carol Anderson, "From Hope to Disillusion: African American, The United Nations and the Struggle for Human Rights, 1944 – 1947", *Diplomatic History*, Vol. 20, No. 4 (Fall 1996), p. 563. 关于全国有色人种协进会在冷战下的自由反共主义参见 Manfred Berg, "Black Civil Rights and Liberal Anticommunism: The NAACP in the Early Cold War", *Journal of American History*; Jun2007, Vol. 94 Issue 1, pp. 75 – 96; James L. Roark, "American Black Leaders: The Response to Colonialism and the Cold War, 1943 – 1953", *African Historical Studies*, Vol. 4, No. 2 (1971), pp. 253 – 270.

③ 关于杜波依斯遭受迫害的情况参见 Gerald Horne, *Black and red: W. E. B. Du Bois and the Afro-American Response to the Cold War, 1944 – 1963*, Albany, N. Y.: State University of New York Press, 1986。

④ 关于罗伯逊被没收护照境遇悲惨的情况参见 Barbara J. Beeching, "Paul Robeson and the Black Press: The 1950 Passport Controversy", *The Journal of African American History*, Vol. 87 (Summer, 2002), pp. 339 – 354。

出卖其原来在全国黑人大会和非洲事务委员会的朋友。① 他还和国务院合作，到国际上宣扬美国黑人状况的改善。例如为配合国务院发起的由美国黑人宣讲黑人问题的国际之旅，他在 1952 年开始了非洲之旅。他既通过自身的经验宣扬美国黑人民权问题的改善，也反对共产主义。美国新闻署为此进行了广泛的报道。② 可见美国政府采取了分而治之的政策，一方面压制激进黑人；另一方面拉拢温和派黑人，导致了黑人内部的矛盾。最突出的如怀特与杜波依斯的矛盾③、托拜厄斯与帕特森之间的矛盾以及全国有色人种协进会和民权大会之间的敌对等。这也成为向联合国请愿运动失败的重要原因之一。

从历史的长河来看，20 世纪 40 年代中期本来为黑人自由斗争提供了很好的机会。当时高工资、高就业率的经济状况，飞速发展的工会，以及强有力的联邦干预，赋予了黑人工人阶级很强的自信，为一个自发的起源于劳工的民权运动的发展确立了框架。然而冷战初期公共话语空间的缩小导致了民权运动的失败与分散。反共主义的增长粉碎了关于民权的人民阵线联盟（即劳工、左派和民权联盟），同时工会运动的后退和被遏制剥夺了黑人积极分子开展独立斗争所必需的政治和社会空间。④ 也就是说，正是因为冷战，反共的赤色恐慌压倒一切，左派没有了群众基础和生存空间，本来正蓬勃发展的以劳工为基础的民权运动戛然而止。向联合国请愿成为黑人左派们求助于国际力量的最后努力，但最终功亏一篑。

尽管美国黑人三次向联合国请愿运动都失败了，但它们仍有重要的影响。请愿运动通过把美国的种族困境展现给国际舆论，引发了全

---

① Carol Anderson, *Eyes Off the Prize: The United Nations and the African American Struggle for Human Rights, 1944 – 1955*, p. 165.

② Mary L. Dudziak, *Cold War Civil Rights: Race and the Image of American Democracy*, Princeton, N. J.: Princeton University Press, 2000, p. 56；另参见于展《冷战早期美国应对种族危机的公共外交》，《首都师范大学学报》（社会科学版）2015 年第 4 期。

③ 关于怀特与杜波依斯的矛盾参见 Kenneth Robert Janken, *White: The Biography of Walter White, Mr. NAACP*, New York: The New Press, 2003, pp. 297 – 323。

④ Robert Korstad and Nelson Lichtenstein, "Opportunities Found and Lost: Labor, Radicals, and the Early Civil Rights Movement", *The Journal of American History*, Vol. 75, No. 3 (Dec., 1988), p. 811.

球对美国种族问题日益增加的关注，也让海外的美国代表疲于应付，从而清楚地证明国内的种族歧视成为美国外交政策的致命要害，到1951年底种族问题已变成了冷战的中心问题。此时苏联频繁地利用种族问题进行反美宣传，新独立的亚非拉第三世界国家甚至美国的西方盟友也批评美国的种族主义，美国的国家形象和国家声誉因此严重受损。美国冷战外交政策的核心本是促进民主和遏制共产主义，但国际上对美国种族问题的这种关注意味着美国民主的形象风采不再。①美国政府不能再回避或忽视美国黑人的民权问题了，因为它成为关系美国冷战利益的重大问题。联邦政府在巨大的压力下，为了重要的冷战外交利益，逐渐成为美国黑人民权运动的盟友，这就为后来民权运动和民权改革的深入发展奠定了基础。

而且，冷战早期美国黑人的联合国请愿活动为后来美国黑人的国际斗争提供了榜样和范例，一些美国黑人效仿他们的方式开展了相似的国际斗争。最著名的例子就是黑人领袖马尔科姆·X开展的国际人权斗争。他在1964年7月以观察员身份参加非洲统一（简称"非统"）组织的大会时，竭力寻求非洲国家的支持和帮助，以便把美国黑人的问题带到联合国。②这种国际化策略，对处于美国社会下层、悲观失望乃至自暴自弃的黑人来说，是一种巨大的精神鼓舞，激励了他们斗争的勇气和决心，并取得一定的成效。非统组织大会就曾发表声明，虽然承认美国通过《民权法案》的事实，但仍谴责美国种族主义侵犯了美国黑人的人权。③美国政府为此非常难堪，不得不高度重视和关注这个棘手的问题，这样反过来也就有助于美国黑人困境的改善。④后来联邦政府不得不实施各种《民权法案》及肯定性行动计划来保护黑人的平等权利，马尔科姆的国际斗争策略还是从中起了积

---

① 参见于展《冷战早期美国应对种族危机的公共外交》，《首都师范大学学报》（社会科学版）2015年第4期。

② George Breitman, ed., *Malcolm X Speaks: Selected Speeches and Statements*, New York: Pathfinder, 1989, pp. 75 - 77.

③ George Breitman, ed., *Malcolm X Speaks: Selected Speeches and Statements*, New York: Pathfinder, 1989, p. 79.

④ George Breitman, ed., *Malcolm X Speaks: Selected Speeches and Statements*, New York: Pathfinder, 1989, p. 86.

极作用的。当然，这一作用是发生在当时亚非拉民族解放运动风起云涌和国内民权运动如火如荼的背景之下，与冷战初期美国黑人在国际上基本孤立无援和在国内受到赤色恐慌的反共迫害的情况截然不同。因此，国内外形势的发展也最终影响着利用联合国开展国际斗争的效果。

三　民权积极分子遭压制与民权工会联盟主义的失败

不仅参加联合国请愿活动的杜波依斯、帕特森和罗伯逊等人受到政府的压制和迫害，很多思想激进的黑人民权分子包括黑人共产党员在冷战期间都受到了影响，尤其是在麦卡锡主义肆虐时期，他们的境况更加艰难。以全国有色人种协进会为代表的民权自由派受到恐吓和威胁，为了生存，不得不与政府合流，从原来一些比较激进的立场撤退，完全支持政府的反共政策。由劳工、左派和黑人民权相结合的民权工会联盟主义由此逐渐瓦解和衰落，早期民权运动处于低潮。政府在压制激进的民权运动的过程中虽然被迫进行了一些民权改革，但还是有很大的局限性。

1. 杜波依斯和罗伯逊

冷战中首当其冲受到压制和迫害的是著名黑人领袖杜波依斯和罗伯逊。他们思想激进，既反对殖民主义和帝国主义，又支持社会主义和共产主义，在冷战尤其是麦卡锡主义的肆虐下，不断受到骚扰、指控，甚至被没收了护照，禁止出国旅行。虽然他们百折不挠，英勇斗争，但身心仍受到了严重的伤害，影响日衰，成为冷战的牺牲品。

自 1904 年以来，杜波依斯一直是一名独立的社会主义者。在苏联布尔什维克革命之后，他谴责整个"无产阶级专政"的概念，并且在《危机》中告诉读者，他不准备接受马克思和列宁武断的思想。直到 1944 年，杜波依斯仍认为美国共产党的计划是自杀性的。然而，在 1926 年、1936 年和 1949 年广泛游历苏联之后，杜波依斯的观点发生了重大转变。他的结论是，苏联的反帝国主义立场宣扬了非洲政治独立于欧洲殖民统治的必要性，这是真正进步的。他对苏联国内广泛的教育、社会和技术进步印象深刻。到 20 世纪 40 年代末，他认为美国的黑人解放运动必须包含社会主义的观点，黑人必须走在促进与苏联集团和平共处的前沿。①

1946 年，杜波依斯已经公开宣布支持共产主义。应美国黑人共产党员艾斯特·库珀·杰克逊的邀请，他前往南卡罗来纳的哥伦比亚，在南方黑人青年大会上发表了一个重要演讲。大会是一个共产主义组织，致力于改善南方黑人的生活。杜波依斯的密友保罗·罗伯逊、共产党员通俗小说家霍华德·法斯特都是该组织的主要发言人。杜波依斯的发言称美国黑人是"人类奴隶制度和殖民制度的受害者"，他们应该支持苏联，因为苏联试图消灭种族和阶级差别，杜波依斯也称苏联是"世界上最有希望的国家"。几乎在同一时间，臭名昭著的众议院非美活动委员会升级为国会的常设机构。该委员会成立于 1938 年，目的是调查纳粹与美国可能存在的联系。到第二次世界大战结束时，该委员会的存在是为了确认和铲除美国的共产主义者。非美活动委员会的一些活动也是联邦政府对美国黑人激进主义进行监控的延伸。② 在二战期间，埃德加·胡佛和联邦调查局设立了一个项目，用于监控战争期间美国黑人的活动。联邦调查局因此保存了大量与左派密切联系的非裔美国作家的档案，其中包括杜波依斯的档案。③

1948 年，杜波依斯作为特殊研究项目主任被全国有色人种协进会解职。全国有色人种协进会还切断了与共产主义前线组织民权大会的联系，并将共产主义成员开除出队伍。杜波依斯在他的任期内一直与全国有色人种协进会的反共产主义进行斗争。当他离开该组织时，他获得了非洲事务委员会副主席的职位。非洲事务委员会于 1939 年在伦敦成立，由马克斯·耶根和保罗·罗伯逊创建，并有像阿勒乌

① Manning Marable, *Race*, *Reform and Rebellion*: *The Second Reconstruction in Black American*, *1945 – 1982*, The Macmillan Press, 1984, p. 24.

② 参见蔺晓林《非美活动委员会的缘起与变迁（1938—1975）：基于新解密美国档案的研究》，博士学位论文，华东师范大学，2016 年。

③ Bill V. Mullen, *W. E. B. Du Bois*: *Revolutionary Across the Color Line*, Pluto Press, 2016, p. 108.

斯·亨顿这样的共产主义者参加。当非洲事务委员会被列入美国司法
部长的"颠覆性"组织名单时，耶根改变了主意，开始公开攻击共
产主义者，委员会受到联邦政府的进一步审查。杜波依斯接受副主席
一职，使他受到联邦政府更严密的审查。①

　　1949 年 4 月，杜波依斯参加了在巴黎举行的世界和平大会。会
议上他特别强调了殖民主义问题，杜波依斯说："引起世界战争危险
的真正原因，不是社会主义。社会主义正在全世界传播，甚至传播到
了美国……针对社会主义的传播，有一个现代的体制正在竭力阻止，
那就是殖民主义，而殖民主义过去是、现在是、将来也永远是战争的
主要原因之一……领导这个新的殖民帝国的不是别人，正是我们父辈
用血汗建立起来的祖国，美利坚合众国。"4 月 25 日，大会通过一个
历史性的文件《和平宣言》，该宣言由 72 个国家的代表制定，代表
了来自世界各地的 6 亿民众，范围之广超乎寻常。巴黎和平大会是参
与人数最多，人员阶层最广，影响最为深远的一次和平大会。而杜波
依斯对于殖民主义的批判在非洲产生了巨大的影响。随后，杜波依斯
加入了左派组织——国家艺术科学专业委员会。②

　　1949 年 8 月，杜波依斯参加了在莫斯科举行的全苏和平会议，这
是他致力于呼吁停止生产和使用核武器的一部分尝试。杜波依斯的演
讲抨击了美国剥削奴隶劳工的历史。他还驳斥了美国宣称资本主义和
民主政治优于共产主义的说法。杜波依斯比以往任何时候都更清楚地
认识到，社会主义才是解决问题的答案。1949 年是冷战时期特别
"寒冷"的一年，他的朋友保罗·罗伯逊因在巴黎举行的世界和平会
议上发表亲苏言论，被曼宁·约翰逊称为"黑人斯大林"。约翰逊曾
于 20 世纪 30 年代加入共产党，后来，他在非美活动委员会面前作证
反对共产主义。1949 年 10 月 14 日，根据臭名昭著的《史密斯法
案》，12 名美国共产党员因试图推翻美国政府被判有罪。此前两个
月，杜波依斯被召到众议院外交关系委员会作证。他被问到美国人是

　　①　Bill V. Mullen, *W. E. B. Du Bois: Revolutionary Across the Color Line*, Pluto Press,
2016, p. 109.

　　②　杨婵：《杜波依斯晚年社会活动与身份认同研究》，硕士学位论文，东北师范大学，
2017 年。

否有理由害怕苏联的大规模袭击，杜波依斯给了完全否定的回答。①

杜波依斯还积极参加反战与和平运动。1950 年，杜波依斯与其他积极分子合作，组织建立了美国和平信息中心，这是一个反对核武器的协调活动小组，致力于传播废除原子弹的"斯德哥尔摩呼吁"，收集了 100 多万个签名。该组织还在全国发布了"和平协议"，呼吁停止使用核武器。杜波依斯认为和平运动本身就是当今世界进步的缩影，美国黑人必须越来越意识到这一点，否则他们就会落后，阻碍人类的进步。同年，美国向韩国派遣军队，打击朝鲜。朝鲜半岛在日本多年占领后，在第二次世界大战结束时被分割。战争成为冷战时期反共产主义的焦点，反战抗议与和平运动被政府攻击为反美和亲共产主义。《纽约时报》援引美国国务卿艾奇逊的话说，斯德哥尔摩的呼吁"应该被认为是苏联虚假的'和平攻势'中的宣传伎俩"。杜波依斯代表和平信息中心回答说："今天，在这个国家，所有和平运动被称为'共产主义'都是一种典型的反应，它会被认为是颠覆性的、不爱国的，任何人都不喜欢。我们强烈地感到，这种策略已经走得太远了……我们在本组织中团结一致的唯一目的是向美国人民通报和平问题。"②

杜波依斯不顾政府的压力，拒绝让步。他前往布拉格参加另一次和平会议，并接受了以美国劳工党的名义竞选美国参议员的邀请。这是 20 世纪 30 年代末在纽约州创建的一个左翼组织，得到了美国共产党和其他人士的支持。这次选举被反共产主义浪潮淹没了。杜波依斯参加参议院竞选后不久，美国司法部写信通知，和平信息中心必须以外国代理人的名义被登记，信中指责该中心是苏联的一个"阵线组织"（Front Organization）。司法部向公众制造了一种假象，即和平信息中心是苏联的代理人，虽未指出是叛国罪，但这无疑给和平信息中心造成了非常恶劣的影响。对此，杜波依斯发表了一份声明，其中写道："作为和平信息中心主席，我可以断然地指出，我们完全是一个美国的组织，唯一的目标就是号召美国人维护世界和平，防止第三次

---

① Mullen，*W. E. B. Du Bois：Revolutionary Across the Color Line*，p. 110.

② Mullen，*W. E. B. Du Bois：Revolutionary Across the Color Line*，p. 114.

世界大战发生。"①1951 年 2 月，杜波依斯被美国政府起诉一事在世界各地的朋友中引起了轰动。杜波依斯和他的同事们成立了一个"为杜波依斯博士辩护的国际委员会"。委员会成员来自法国、比利时、巴西、苏联、匈牙利和中国。来自世界教师联合会和世界科学工作者联合会等国际组织的支持信件也纷至沓来。杜波依斯在全国各地的集会上为自己辩护。尽管杜波依斯提出了抗议，并得到了公众的广泛支持，但他还是在华盛顿接受了审判。受审的时候，一名联邦警察领着杜波依斯穿过一个狭窄的通道，进入一间小地下室。杜波依斯被要求脱下外套，清空口袋，回答有关他生活的细节。他被仔细检查是否藏有武器，然后被铐在警察手上，被带到保释听证会。虽然最终交了1000 元的保释金而未被关押，但是这仍让杜波依斯感觉受到奇耻大辱。②杜波依斯写道，被联邦执法官逮捕并戴上手铐是"我一生中经历的最糟糕的事情"。在法庭上，杜波依斯从 20 世纪初的泛非大会开始，概述了他毕生的国际主义活动。他说，这些起诉是"向世界发出的一个可耻的宣言，我们的政府认为和平是外来的，宣扬和平是犯罪"③。经过数周的审判，法官裁定不支持政府指控。杜波依斯在胜利中获得了自由。关于美国政府的恐吓策略，杜波依斯写道："这个案件的真正目的是阻止任何形式的美国公民敢于思考或谈论反对大企业；使亚洲沦为美国工业的殖民地附庸；重新焊牢非洲的殖民枷锁；巩固美国对加勒比和南美洲的控制；最重要的是要粉碎苏联和中国的社会主义。"④

　　尽管取得了法律上的胜利，但政府对杜波依斯的审判和指控吓跑了他以前的朋友和支持者。当他被起诉的时候，杜波依斯认识的 50所黑人大学的校长只有一人来参加他在哈莱姆公开举办的生日宴会。

---

　　①　杨婵：《杜波依斯晚年社会活动与身份认同研究》，硕士学位论文，东北师范大学，2017 年。

　　②　参见 David Levering Lewis, *W. E. B. Du Bois: The Fight for Equality and the American Century, 1919 – 1963*, Henry Holt & Company, 2000, p. 549.

　　③　Martha Biondi, *To Stand and Fight: The Struggle for Civil Rights in Postwar New York City*, Harvard University Press, 2006, p. 161.

　　④　Mullen, *W. E. B. Du Bois: Revolutionary Across the Color Line*, p. 116.

一些美国黑人牧师和学校老师都避开了他。杜波依斯抱怨说，这显示出"美国黑人受到广泛的恐吓"。1950 年，杜波依斯出版了一本关于这场起诉和审判的书，书名是《为和平而战》。这本书是由共产党支持的出版社出版的。在书中，他感谢世界各地的共产主义者对他的支持。但是诋毁杜波依斯的事情开始不断发生。他的出版商亨利·吉鲁拒绝出版《俄罗斯与美国》，这本书比较了苏联与美国的历史；他的信件被篡改了；学院和大学不再邀请他演讲。全国有色人种协进会不再允许地方分支机构邀请他演讲或赞助他的演讲。正如杜波依斯所说，"有色人种的孩子不再熟悉我的名字"。杜波依斯被列入黑名单，只会让他更加强烈地反对美国的反共产主义。这也促使他进一步支持约瑟夫·斯大林和苏联，以及 1949 年的中国共产党革命。杜波依斯感到被一个自称民主、拥有新闻自由的国家逼得走投无路，因为这个国家回避或压制了所有的批评。他开始更公开地争辩说，"尽管苏联有问题，但在许多方面，它是一个与民主资本主义平等或类似的体系，因为它在名义上承诺经济平等和反种族主义"。与其他左翼人士一样，他也抨击道，"政府对美国黑人实行种族歧视，却宣称自己是一个自由的国家，优于所谓的'极权主义'共产主义国家，并且还压制不同的政治声音，真是莫大的讽刺"①。

重新获释后，杜波依斯影响力骤减，名声也未恢复到从前的鼎盛时期，而且他的护照被美国扣留，导致他无法出国访问，这种情况一直持续到 1958 年。对杜波依斯来说，美国社会的空气中弥漫着猜疑、仇恨和恐惧的气息，② 他仍然受到联邦调查局的监控，很多朋友离他而去。尽管杜波依斯被无罪释放，但政府已经完成了它的主要目标。杜波依斯关于黑人社会学、历史和政治的大部头著作被从成千上万的图书馆和大学中下架。黑人的民意甚至进一步向右倾斜。③ 一家黑人

---

① Mullen, *W. E. B. Du Bois*: *Revolutionary Across the Color Line*, p. 117.
② 杨婵:《杜波依斯晚年社会活动与身份认同研究》，硕士学位论文，东北师范大学，2017 年。
③ 美国黑人媒体和社会对杜波依斯的批评参见 Joshua Dougherty, *Left Out in the Cold*: *The Arrest of W. E. B. Du Bois and the Reaction of the African American Community to the Red Scare*, B. A., Simon Fraser University, June 2003。

主流报纸《芝加哥卫报》几十年来一直刊登杜波依斯的文章，它认为"杜波依斯在晚年卷入了'颠覆国家'的活动，这是一个极大的悲剧"。杜波依斯在1906年帮助建立的最古老的黑人联谊会"阿尔法"没有为他辩护，只有一个分会表达了对杜波依斯的公开支持。除了杜波依斯的母校菲斯克大学的查尔斯·约翰逊之外，差不多所有黑人大学校长都对此案只字未提。怀特告诉全国有色人种协进会董事会成员，政府有确凿的证据可以证明杜波依斯有罪。全国有色人种协进会的辩护律师没有主动提供帮助。协进会中央办公室联系了全国有色人种协进会的地方分会，强烈建议他们不要碰杜波依斯的案子。黑人教师团体和黑人浸信会也没有采取任何行动。整个事件使杜波依斯对黑人中产阶级的政治立场产生了极大的怀疑。① 但这也恰恰说明，冷战环境下，政府的恐吓活动取得了很大成效。②

保罗·罗伯逊是另一位与杜波依斯齐名的美国黑人，经历也非常相似。但与杜波依斯稍微不同的是，在20世纪三四十年代，罗伯逊既是黑人歌手、演员和运动员，又是黑人领导人，是当时最耀眼的黑人明星和领袖。他坚定支持种族正义和人权运动。但随着冷战的发生，他开始不断与政府产生冲突。例如，当苏联宣传人员指出美国平等的诺言根本无法实现时，罗伯逊也强调种族主义是美国国际形象的致命缺陷。美国政府对此进行了反驳，美国之音和美国新闻署虽然承认种族歧视可能是一个问题，但宣称它正在消失。罗伯逊不仅和自己国家的立场相反，而且还同意敌人的观点。他坚持认为美国的种族问题是一个大问题。同样，当联邦调查局证明劳工领导人和共产党之间存在紧密联系时，罗伯逊仍支持劳工团结起来争取权利。罗伯逊曾在海外广泛游历，尤其在伦敦和莫斯科住过很长时间，因此形成了自己

---

① Marable, *Race*, *Reform and Rebellion*: *The Second Reconstruction in Black American*, *1945 - 1982*, p. 29.

② 关于杜波依斯受审的情况参见 ［美］杜波依斯《威·爱·伯·杜波依斯自传——九旬老人回首往事的自述》，邹得真等译，中国大百科全书出版社1996年版，第11—362页。

对国际事务的观点。①

　　20 世纪 40 年代早期，罗伯逊加强了与一些左翼美国黑人激进组织的关系。他结识了南方黑人青年大会的年轻人，这个草根组织为民权运动而奋斗，并保持着一种国际的、反殖民主义的视角，部分原因是一些创始成员积极参与了共产党的活动。罗伯逊和几个南方黑人青年大会的成员建立了持久的关系，包括路易斯·伯纳姆、詹姆斯·杰克逊和艾斯特·杰克逊。罗伯逊还是非洲事务委员会的创建者和领导人，该委员会是他在 20 世纪 30 年代末协助成立的，从 1937 年开始就宣扬反对殖民主义。马克斯·耶根是委员会的执行主任，他和罗伯逊一起参加了南方黑人青年大会的活动。虽然它不是一个大众组织，但它是一个向美国人提供非洲大陆新闻信息的游说团体。该组织在 20 世纪 40 年代早期开始发展壮大，尤其是 1943 年阿勒乌斯·亨顿被任命为教育主任之后，组织发展得很快。亨顿孜孜不倦地写文章，与非洲人保持着密切的联系。该组织的核心领导人亨顿、耶根和罗伯逊都持左翼和泛非主义的观点。他们认为，非洲人后裔，无论是在非洲还是美洲，都受到共同的压迫，要为争取充分的自由而共同努力。他们认为苏联具有反殖民主义的同情心，是这一事业的盟友。二战后，罗伯逊和非洲事务委员会反复向美国国务院和联合国请求支持殖民地的民族自决。②

　　二战后美苏关系的逐渐恶化和美国共产党的危机一起出现。在战争年代，厄尔·白劳德通过鼓励党员参加争取劳工权利和社会变革的进步联盟，对该党进行了改革。"白劳德主义"表明社会主义和资本主义可以共存。但像威廉·福斯特这样的强硬派认为，共产党应该保持一种更具革命性的思想。当白劳德受到法国理论家雅克·杜克洛的谴责时，福斯特抓住机会控制了美国共产党，并将白劳德赶下了台。由于杜鲁门总统在对外关系上抛弃了罗斯福的国际主义方针，福斯特认为杜鲁门更为保守的政策需要受到直接的挑战。共产党内部的斗争

---

①　Barbara J. Beeching, "Paul Robeson and the Black Press: The 1950 Passport Controversy", *The Journal of African American History*, Vol. 87 (Summer, 2002), p. 340.

②　Lindsey R. Swindall, *Paul Robeson: A Life of Activism and Art*, Rowman & Littlefield Publishers, 2013, p. 98.

导致了党内的动荡，但福斯特最终获胜。随着美国的政治气候变得更加反共和反苏联，该党开始朝着更加激进的方向前进。正如历史学家罗宾·凯利所解释的那样，"在美国历史上最严重的红色恐慌前夕，福斯特带领他的政党直接进入了风暴中心"。虽然罗伯逊自己不是共产党员，但他和福斯特等一些美国共产党领导人是朋友，与共产党员、纽约市议员本·戴维斯关系密切。这导致了罗伯逊将成为联邦调查局关注的焦点。他的许多谈话都被窃听，他的邮件被监控，线人报告了他的行动。在随后的几年里，罗伯逊回避了他是否是共产党员的问题。他继续强调美国共产党是一个合法的政党，民主自由意味着人们有权在投票站用自己的良心投票，而不必担心被指责。这是冷战期间采取的一种勇敢的立场，罗伯逊选择了一条更艰难的道路来维护宪法的尊严与个人的权利，而当时的人权法案正因为反共产主义而被忽视。①

在此期间，其他一些事件表明了冷战政治气候的紧张。罗伯逊在美国参议院一个委员会作证，反对拟议的《蒙迪—尼克松》法案。这项法案要求共产党成员和被认为是"共产主义阵线"的组织须向联邦政府登记。罗伯逊认为，这一措施相当于让"个人权利完全服从国家"。尽管如此，这些措施还是包含在了 1950 年通过的麦卡伦内部安全法案中。罗伯逊大力捍卫共产党人的公民自由令国会中的保守派愤怒不已，一位参议员后来竟然说，"罗伯逊似乎想成为烈士，也许我们该成全他"②。1948 年夏天，美国联邦调查局突击搜查了共产党的办公室，并根据《史密斯法案》的规定，起诉了 12 名共产党领导人，罪名是密谋推翻联邦政府。他们的审判和随后的上诉拖了好几年。罗伯逊和杜波依斯认为这一起诉威胁了所有少数群体的权利。然而，在充满指责的反共环境中，除了忠诚的进步主义活动人士外，很少有人愿意与他们分享自己的观点。也是在那一时期，一场激烈的争论导致了非洲事务委员会的分裂。早在 1942 年，美国联邦调查局就指责非

---

① Swindall, *Paul Robeson: A Life of Activism and Art*, p. 111.

② Martha Biondi, *To Stand and Fight: The Struggle for Civil Rights in Postwar New York City*, Harvard University Press, 2006, p. 146.

洲事务委员会通过强调种族歧视，在黑人中制造骚乱。它因此监视该组织的活动，特别是其主席保罗·罗伯逊的活动，一直持续到1946年。自20世纪30年代末以来一直与罗伯逊合作的马克斯·耶根，在总检察长汤姆·克拉克将该组织定性为颠覆性组织后，开始改变该委员会在非洲反殖民主义问题上的进步立场，并反对与共产党有任何联系。他还试图通过解雇亨顿接管组织，最终经过激烈的斗争，耶根被开除出委员会。随着耶根的离开，一些著名的民权领袖如休伯特·兰尼、亚当·克莱顿·鲍威尔、雷福德·洛根和钱宁·托拜厄斯、雷·贝休尼不再参加它的活动。① 阿勒乌斯·亨顿、多克西·威尔克森和其他坚定的委员会成员，还有杜波依斯，都留下来了。耶根后来完全否认了他过去的进步主义思想，并在主流媒体上成为一名保守的非洲问题评论员。他在担任委员会执行主任期间，甚至还充当过联邦调查局的线人。杜波依斯在1948年因为他的左翼政治观点被要求离开全国有色人种协进会，而全国有色人种协进会是他在1910年帮助建立的。罗伯逊为杜波依斯提供了办公室。在这段困难时期，这两个人发现彼此是始终如一的盟友。②

罗伯逊的另一项国际事业是世界和平。他最具破坏性的公众形象是被称为"亲俄分子"，因为他在苏联没有发现种族歧视，因此常常赞美苏联，而批评自己国家对有色人种的歧视。美国政府因此反对罗伯逊对人权运动日益增长的支持。20世纪40年代晚期发生的一系列事件更证明了他与政府不合作的立场。这些事件中最引发争议的事情是1949年罗伯逊在巴黎世界和平大会上的演说。主要的麻烦来自美联社对罗伯逊演说的报道，该报道错误地引用了他的话。美联社的报道援引罗伯逊的话说："不能想象，美国黑人会为了那些压迫我们的人们的利益去与苏联开战，因为苏联这个国家长久以来一直给予我们的人民充分的人类的尊严。"但他的实际讲话强调美国黑人希望公平分配财富，以反映他们对建设美国的贡献。此外，他们"决心为和

---

① Penny Von Eschen，*Race against Empire*：*Black Americans and Anticolonialism*，Ithaca，NY：Cornell University Press，1997，p. 116.

② Swindall，*Paul Robeson*：*A Life of Activism and Art*，p. 119.

平而战",不希望与苏联或任何其他国家发生战争。美国报纸抓住美联社的错误引语,抨击罗伯逊不爱国,在社会上引起了愤怒和不满的情绪。① 只有少数进步报纸,如《工人日报》和《国家卫报》证实了罗伯逊的真实说法。然而,许多记者、评论员和公众人物却用这篇引用错误的演说谴责罗伯逊的叛国行为。许多民权活动人士被迫批评罗伯逊。国会议员小亚当·克莱顿·鲍威尔和玛丽·麦克劳德·白求恩参加过非洲事务委员会的活动,但他们否认罗伯逊有资格为美国黑人说话。全国有色人种协进会的罗伊·威尔金斯将主流民权组织与罗伯逊划清界限,指出他"不代表任何美国黑人"。只有杜波依斯是罗伯逊及其和平立场的坚定捍卫者。②

罗伯逊当年又访问了瑞典和苏联等国后才回国。他在哈莱姆发表了一场重要的演讲。罗伯逊的演讲并没有回避美联社对他巴黎讲话的报道,而是阐明了他的政治观点。他强调了散居海外的非洲人之间的联系,他说:"我并不为我的非洲血统感到羞耻,我为此感到自豪。散居海外的人们要团结起来共同对抗白人至上势力。"在罗伯逊看来,卷入另一场外国争端将阻碍美国的反对种族歧视和反对殖民主义的斗争取得进展。他认为,确保和平是争取充分自由和解放的最佳途径。他强调:"我们不想再为华尔街和国内法西斯主义的贪婪支持者在国外战场上白白牺牲。如果我们非死不可,那就死在密西西比或佐治亚吧!"非洲事务委员会以小册子的形式发表了这篇演讲,以回应"辱骂罗伯逊的运动"③。

然而,反对罗伯逊的运动在那年夏天仍在继续。国会调查了美国共产党对少数民族的渗透活动。许多来自黑人社区的领导人作证,有些人,如阿尔文·斯托克斯和曼宁·约翰逊,贬低罗伯逊,称他是一个共产主义者,想成为美国的"黑人斯大林"。委员会最著名的证人是棒球明星杰基·罗宾逊,他承受了一些压力。他高调加盟美国职业棒球大联盟布鲁克林道奇队,受到了罗伯逊推动棒球运动种族融合的

---

① 关于媒体对罗伯逊巴黎讲话的误解和歪曲及对其的详细辨析参见 Jordan Goodman, *Paul Robeson: A Watched Man*, Verso, 2013。

② Swindall, *Paul Robeson: A Life of Activism and Art*, p. 120.

③ Swindall, *Paul Robeson: A Life of Activism and Art*, p. 122.

影响。虽然罗宾逊承认种族歧视不是共产主义的骗局，但他告诉委员会，罗伯逊的巴黎声明听起来"很愚蠢"。罗宾逊承认，"罗伯逊曾是一位著名的运动员，也是一位伟大的歌手和演员，但他的颠覆性言论支持了共产主义事业"。他说，"我们可以在没有共产党的情况下赢得反对种族隔离的斗争，我们不需要他们的帮助"①。这被主流媒体援引为对罗伯逊不利的确凿证据。《纽约时报》发表了一篇题为《杰基·罗宾逊与罗伯逊之争》的文章。黑人媒体则分成了两派。例如，《阿姆斯特丹新闻》站在罗宾逊一边。《工人日报》和《加州鹰报》等进步派报纸则热烈地为罗伯逊辩护，指出如果不是罗伯逊在民权和体育方面的开创性努力，罗宾逊可能不会是美国职业棒球大联盟中的第一个美国黑人。罗伯逊试图置身事外，但他对《工人日报》说，非美活动委员会强迫忠诚作证的策略是"对所有黑人的侮辱"②。

巴黎演说的风波未平，又出现了所谓的纽约州的"皮克斯基尔骚乱"。在那里，罗伯逊正准备演唱歌曲并为哈莱姆民权大会发表演讲，但一群老兵和地方反共分子竭力要阻止这场集会和表演。针对罗伯逊的报道激起了保守派团体和右翼反动派的愤怒，他们决心要破坏音乐会。音乐会最终没有成功举行。取而代之的是一场针对外来者的暴力袭击，这些外来者被认为是红色渗透分子。在堵塞了道路困住音乐会参加者之后，一群群愤怒的游行者成扇形散开，用石头和恶毒的辱骂攻击他们。汽车的窗户被打破，参加音乐会的人受到了人身攻击。站在一旁的警察几乎没有采取任何行动来制止这场骚乱。大约有十几个罗伯逊的支持者最终被送进了医院。为了坚持自己的权利，罗伯逊把演唱会调整到随后一个星期举办。他演唱了几首经典曲目，但选择不作演讲。音乐会保持和平，但当人们开始离开场地时，他们遇到了敌对的抗议者。汽车再次被破坏，人们遭到暴力袭击，玻璃碎片散落在车内的大人和孩子身上。音乐会的观众和工会成员被困在山谷里，当时数百辆汽车和数十辆大巴载着罗伯逊的支持者向投掷石块的示威者

---

①　Manning Marable, *Race*, *Reform and Rebellion*: *The Second Reconstruction in Black American*, *1945 - 1982*, The Macmillan Press, 1984, p. 24.

②　Swindall, *Paul Robeson*: *A Life of Activism and Art*, p. 124.

发起了挑战。有人试图把司机从车里拖出来。到处都是被私刑处死的罗伯逊的漫画。① 一些目击者看到警察与当地人闲聊，而另一些目击者看到警察加入了这场斗殴，这场暴乱一直持续到深夜，最后罗伯逊绝望地逃离了现场。来自皮克斯基尔骚乱的反响持续了很长一段时间。罗伯逊和他的支持者发起诉讼，但最终没有成功获胜。正在受审的共产党领导人据此要求取消审判，他们辩称，鉴于普遍存在的反共情绪，他们不可能得到公正的审判。这项提议很快被否决了。在皮克斯基尔骚乱之后，支持和反对罗伯逊的观点更加泾渭分明。对那些右翼人士来说，罗伯逊代表了威胁美国的共产主义。对那些思想激进的人来说，罗伯逊是一名英雄人物。共产党的领导人在 1949 年秋天被定罪，尽管他们被上诉法院保释，但这一裁决强化了反激进的政治情绪。②

这一事件后，罗伯逊的朋友们劝告他低调一点，甚至美国共产党领导人也敦促他缓和一下言辞的激烈程度，但他仍我行我素。1949年 12 月，他公开向斯大林发出生日贺电。1950 年初，他又批评全国广播公司取消原定的他与罗斯福夫人的电台直播。他继续开展争取民权和有组织的劳工运动以及反私刑和反战运动。朝鲜战争爆发后，罗伯逊的反战言辞已不合时宜。他在一次集会上抗议美国干涉朝鲜，然后他准备出发到欧洲开展一系列的演唱会与和平集会活动。国务院因此决定把他控制在国内，不允许他出国发声。他不是唯一一个被没收护照的人，其他人还包括学者杜波依斯、艺术家肯特、编辑和和平积极分子巴斯以及作家法斯特和卡恩等人。因为冷战的狂热控制了国家，只有勇敢的左派和激进分子才坚持反对政府的立场。到 1950 年，因为罗伯逊拒绝妥协，他已经孤立无援。③ 之前罗伯逊常常到海外游历，为有色人种的平等、劳工的权利、世界和平、苏维埃俄国的功绩以及殖民主义的罪恶大声疾呼。但 1950 年冷战正酣，反对共产党的新的"猎巫运动"开始了。没收罗伯逊护照事件成为很多报纸的头

---

① Gerald Horne, *Paul Robeson: The Artist as Revolutionary*, Pluto Press, 2016, p. 123.

② Swindall, *Paul Robeson: A Life of Activism and Art*, p. 126.

③ Beeching, "Paul Robeson and the Black Press: the 1950 Passport Controversy", *The Journal of African American History*, Vol. 87 (Summer, 2002), p. 342.

条。来自瑞典、挪威、英格兰、威尔士、苏格兰、澳大利亚、捷克斯洛伐克和哥伦比亚的很多信件蜂拥而至，公开支持罗伯逊。共产党国家的媒体也高调批评此事。但以前高度赞扬罗伯逊的黑人媒体此时却以沉默应对，或含糊其辞。冷战给全国带来心理上的紧张和狂热，罗伯逊可能给国家安全带来威胁，美国黑人媒体只能小心谨慎地进行报道。1944 年曾称赞他是"人类的勇士"的小亚当·克莱顿·鲍威尔与称罗伯逊是"我们森林中最高的树"的玛丽·麦克劳德·白求恩早已疏远了他。不仅如此，一些黑人社区的领袖们开始猛烈抨击他。一篇由全国有色人种协进会领导人沃尔特·怀特撰写的题为"保罗·罗伯逊的奇怪案例"的文章发表在《乌木》（*Ebohy*）杂志上。尽管怀特与罗伯逊相识多年，但这篇文章声称，罗伯逊听信了苏联的花言巧语，抛弃了美国黑人的自由斗争。另一篇贬低罗伯逊的文章也刊登在当年晚些时候的全国有色人种协进会杂志《危机》上。这篇以罗伯特·艾伦（很可能是全国有色人种协进会领导人罗伊·威尔金斯所写）的笔名发表的文章谴责罗伯逊是苏联的一个走狗和骗子。[1] 民权当权派选择与罗伯逊保持距离，因为他批评政府政策，谴责朝鲜战争。在冷战时期，全国有色人种协进会不想被误认为在共产主义问题上软弱无能。同年晚些时候，纽约的一家黑人报纸《阿姆斯特丹新闻》将罗伯逊的名字从全国有色人种协进会的斯宾加恩奖章的获奖者名单中删除，而罗伯逊是在 1945 年获得该奖章的。[2]

此后，罗伯逊为争取获得护照与国务院进行了长期的斗争，他向法院起诉国务院违反了第一条和第五条宪法修正案规定的权利，但美国国务院坚持要求他签署一份本人不是共产党员的宣誓书，当然遭到罗伯逊的坚决拒绝。1956 年 6 月 12 日，保罗·罗伯逊在沃尔特主持的非美活动委员会听证会上作证，调查的主题是未经授权使用美国护照。当委员会询问罗伯逊是否可以签署一份本人不是共产党员的宣誓书，以随同他的护照申请时，罗伯逊直言不讳予以反对。他强调，

---

① Martha Biondi, *To Stand and Fight: The Struggle for Civil Rights in Postwar New York City*, Harvard University Press, 2006, p. 43.

② Swindall, *Paul Robeson: A Life of Activism and Art*, p. 134.

"在任何情况下"，他都不会签署这样一份文件，因为他认为这份文件"完全违背了美国公民的权利"①。直到 1958 年，罗伯逊才恢复了到国外自由旅行的权利。当时最高法院在肯特诉杜勒斯一案中做出了裁决，认为国务院不能因为公民的政治信仰而拒绝护照申请，旅行权是一种未经正当程序不得剥夺的自由。但是整整 8 年的时间里，罗伯逊被禁止到海外为其人权事业发表演讲，也不能举办海内外演唱会，因此损失了大笔收入。他的健康和名声因此都受到很大的损害。他从此再也不能恢复早年的地位。当护照归还给罗伯逊的时候，现代民权运动已经开始，但罗伯逊不属于其中一部分，没有得到广泛的承认，他慢慢退出历史舞台。②

2. 黑人共产党

除了杜波依斯和罗伯逊两位大人物，冷战对黑人共产党的伤害也很大，其中除了上文提到的民权大会的领导人威廉·帕特森③，著名的人物还包括本·戴维斯和克劳迪亚·琼斯等人。

戴维斯在莫尔豪斯、阿默斯特和哈佛法学院接受了黑人精英式的培训。1925 年从哈佛大学毕业后，他加入了共产党，直到 1956 年他一直是共产党最引人注目的领导人之一。1943 年，在得到他的前任小亚当·克莱顿·鲍威尔的支持后，他从哈莱姆区当选为纽约市议会议员，随后在 1945 年以较大的优势再次当选。戴维斯得到了全国有色人种协进会领导人罗伊·威尔金斯、拳击手乔·路易斯和音乐家杜克·艾灵顿等社会人士的支持。担任议员期间，戴维斯为控制住房租金和个人收入累进税以及为反对交通费用上涨和警察暴力而斗争。随着红色恐慌和冷战的爆发，戴维斯像共产党一样被边缘化了。全国有

---

① Swindall, *Paul Robeson: A Life of Activism and Art*, p. 152.

② Beeching, "Paul Robeson and the Black Press: the 1950 Passport Controversy", *The Journal of African American History*, Vol. 87 (Summer, 2002), p. 353. 另外，罗伯逊冷战期间的经历参见其自传［美］保罗·罗伯逊《保罗·罗伯逊：我就站在这儿》，赵泽隆译，世界知识出版社 1958 年版。

③ 参见 Gerald Horne, *Black Revolutionary: William Patterson & the Globalization of the African American Freedom Struggle*, University of Illinois Press, 2013。

色人种协进会等美国黑人组织被迫与本·戴维斯等人保持距离。1949年，他被市政委员会草率地（也许是非法地）罢免。1951年，他接受审判入狱，直到1956年民权运动发展壮大时才被释放。

对美国共产党的最高领导层的起诉和审判是一个典型的诬陷，其依据的是一项最终被视为违反宪法的法令——《史密斯法案》。然后戴维斯被强行剥夺了他在议会的席位。这是一场艰苦的防御战，戴维斯在许多方面都付出了代价。审判结束后，戴维斯的朋友格利·弗林悲伤地评论道："心脏病实际上是共产党领导人的职业病……显然，过去的一年对共产党领导人的健康造成的损害，远远超过我们这些与他们关系最密切的人所能充分理解的程度。"戴维斯在1964年的英年早逝一定程度上可以归因于政治压迫。根据1949年10月15日《纽约时报》的报道，对共产党11位最高领导人的审判（对被告威廉·福斯特的审判因健康原因而被中断）"可能是美国历史上最长的刑事审判"，证词有500万字，21157页，费用为100万美元。审判持续了大约9个月，政府出具了15名证人和332件证物，辩方则提供35名证人和429件证物。审判每周花费一万美元，花费巨大。这场政治审判不仅是为了判被告入狱，而且是为了榨干和削弱每一个激进组织。早在1947年3月，共产党就预感到灾难即将来临，于是成立了"斗争基金"，很快就筹集了14万多美元的资金。他们不得不动用每一分钱来应诉。正式的判决书是1949年10月21日由纽约南区联邦法院签发的。戴维斯被判犯有"密谋组织共产党，非法颠覆美国政府罪"。他被罚款一万美元，并被判处五年监禁。《纽约时报》的报道称戴维斯因"在莫斯科的秘密命令下，秘密教授并鼓吹推翻政府"而被定罪。莫斯科确实是一个未被起诉的同谋者，但检察官们并没有因为找不到任何显示有关"莫斯科秘密命令"的文件而过分烦恼。一名记者戴维·德里斯科尔写道："尽管我们的法律对政党提供保护，但一项旨在'逮捕'共产党人的法规实际上保证了审判前的判决。"因此"这次审判是一次政治审判"，真实的证据其实无关紧要。① 在

---

① Gerald Horne, *Black Liberation/Red Scare: Ben Davis and the Communist Party*, University of Delaware Press, 1994, pp. 210 – 211.

打官司的时候，戴维斯还继续参与纽约议会的选举，最终失利。虽然他依然坚持斗争，但已成强弩之末，逐渐失去了影响。

克劳迪娅·琼斯出生于西印度群岛的特立尼达，小时候跟随父母移民美国。她是一名黑人女性，也是一名共产主义者，同时从事写作和政治工作。她从二十岁出头就活跃在共产党中。作为一名才华横溢的作家和演说家，她走遍美国各地进行演讲和组织工作。20世纪50年代初，她为《工人日报》写了一篇著名的专栏《半个世界》。她希望通过自己的写作促进社会变革和创建公平社会。她还认为，实施马克思列宁主义是一种切实可行的计划，可以建立一个资源均分的世界。在冷战的环境中，琼斯因共产主义者身份被监禁和驱逐出境。

从琼斯的文章中可以看出，她非常清楚自己是加勒比侨民的一员，同时也是在美国种族主义压迫下的一名美国黑人。尽管如此，除了种族认同，琼斯坚定地把自己定位为美国人，只是由于偶然的法律操纵而被剥夺了权利。《麦卡伦法案》（1950年的《国内安全法》）和《麦卡伦—沃尔特法案》（1952年的《移民与国籍法》）与《史密斯法案》（1940年的《外国人登记法》）的结合，制造了一个美国政府想要恐吓激进人士的有力工具。自1951年以来，美国政府通过其移民官员，一直试图驱逐琼斯出境。美国联邦调查局保存的琼斯的档案显示，她的罪行被认定为践行共产主义思想，这使她成为国家的敌人。她所写的几篇文章被用作给她定罪的证据，并在档案中全部备份。上诉失败后，琼斯被判入狱，随后被判刑期结束后驱逐出境。在最后的驱逐判决之后，基于琼斯糟糕的健康状况，她提出了一系列缓刑的请求和诉讼。律师玛丽·考夫曼提交了申请。医生证明了琼斯的病情正在恶化。自1953年2月3日判决以来，琼斯通过她的律师的一份宣誓书提出，如果法院赦免她的一年零一天的剩余刑期，那么她将采取一切措施前往另一个国家。她曾写信给朋友奥尔德森的父亲，说她无法获得医生要求她服用的无盐饮食。在吉姆·克劳的监狱里，苛刻的饮食和体力劳动对她的身体状况造成了损害。许多右派领导人发起了一场积极的舆论攻击，目的似乎是要让她死在监狱里。在琼斯和律师的努力下，她才得以保外就医。因此，从某种意义上说，她的获释是美国黑人和加勒比社区的巨大胜利，因为她毕竟侥幸活命。但这并不能使她免于被驱逐出境。获释后，她试图反抗驱逐令，但最终，她的健康状况不佳，使她决定选择流亡。①

琼斯最终于 1955 年被驱逐到伦敦，却遭到了大不列颠共产党领导层的冷漠对待。之后，她致力于加勒比移民社区的社区建设工作，担任《西印度公报》的编辑，这份报纸试图确认西印度人在英国的存在。《西印度公报》反对英国的种族主义，提供有关加勒比和非洲反殖民主义和民族主义运动的国际事务报道。② 由于身体状况不佳，琼斯不久在伦敦去世，被葬在伦敦的海格特公墓，卡尔·马克思墓的左边，她在美国的影响也渐趋湮灭。

此外，还有几名黑人共产党领导人遭受同样的厄运。1948 年，与戴维斯一起受审的黑人共产党领导人亨利·温斯顿在受审期间被关在一间通风不良、类似壁橱的牢房里。他心脏病发作了两次，但法官却拒绝让他的家庭医生去看他。监狱的医生还拒绝治疗温斯顿的眼疾，结果他失明了。尽管如此，温斯顿的战斗意志仍然很强，毫不屈服。在 1952 年 4 月对共产党黑人委员会秘书佩蒂斯·佩里的审判中，佩里称自己是"一个巨大体制的受害者，其规模之大，堪比 1933 年对德国国会大厦纵火案的审判"。佩里向法庭挑战道："一个黑人怎么能从一个白人陪审团那里得到公正？"佩里被判有罪，判处 3 年监禁和 5000 美元罚款。伊利伊斯州党的秘书克劳德·莱特福特于 1954 年 6 月被捕，并在监狱里待了 4 个月，直到交付 3 万美元的保释金。1955 年 1 月，这位参加过第二次世界大战的黑人老兵终被定罪，判处 5 年监禁和 5000 美元罚款。这些黑人革命者的监狱生活是艰苦的，他们命运悲惨但仍毫不妥协。③

在案件审理的过程中，一些曾经的黑人激进分子在政府的利诱之

① Carole Boyce Davies, *Left of Karl Marx: The Political Life of Black Communist Claudia Jones*, Duke University Press Books, 2008, pp. 138 – 142.

② Kevin Gaines, "Locating the Transnational in Postwar African American History", *Small Axe*, No. 28（Vol. 13, No. 1）, March 2009, p. 200.

③ Martha Biondi, *To Stand and Fight: The Struggle for Civil Rights in Postwar New York City*, Harvard University Press, 2006, p. 33.

下同意成为反共产主义的告密者。政府的黑人证人之一是汽车工人威廉·卡明斯。1943 年，卡明斯在俄亥俄州的托莱多加入了美国联邦调查局，他告诉陪审团，共产主义者"教导武装分子，总有一天，大街上会血流成河"。出生于南方佃农家庭的威廉·诺埃尔在 20 世纪 20 年代末加入了共产党。他在苏联接受培训，后来成为底特律工会斗争中的党的领袖。1936 年被开除党籍后，他成为一名"专业反共人士"，在大约 40 场审判和听证会上作证。1930 年，曼宁·约翰逊加入了共产党，并在他退出前的 10 年里迅速晋升到全国委员会的位置。退党后，约翰逊在多次审讯中反复作伪证，后来他骄傲地宣称，为了保护政府的安全，他会撒谎"一千次"。美国司法部每年向约翰逊支付 4500 美元的服务费用。前共产党员莱纳德·帕特森获得了两年 3800 美元的年薪，在非美活动委员会和法庭上作证，指证他的前同志们。北卡罗来纳州的黑人律师克莱顿·克伦茨在战后加入了共产党，并从 1948 年 8 月到 1953 年 2 月秘密地向联邦调查局报告了他们的活动。在对一名共产党员的审判中，克伦茨令人震惊地宣称，他被告知，"如果美国向国内开展革命的共产党人宣战，苏联军队将登陆美国"①。这些以前的黑人激进分子莫须有的证词成为法院定罪的重要依据，也充分说明美国政府在迫害黑人共产党的过程中起了重要的领导作用。

3. 其他受压制的民权积极分子和民权自由派

冷战反共主义不仅仅严重伤害了几名杰出的美国黑人领袖和黑人共产党的领导人，更重要的是它在社会上制造了"红色恐慌"的气氛，很多普通的民权积极分子也难逃其害。种族主义者趁此机会，乱扣"共产主义者的帽子"，打压和迫害一切想促进民权发展的人士和组织。原来的民权自由派也被迫和左派撇清关系，和政府合流反对共产主义，导致民权运动处于低潮。

1947 年 3 月 25 日，作为杜鲁门主义"遏制"国内外共产主义政策的一部分，哈里·杜鲁门总统颁布了 9835 号行政命令，创建了联邦雇

---

①　Manning Marable, *Race*, *Reform and Rebellion*：*The Second Reconstruction in Black American*, *1945 – 1982*, the Macmillan Press, 1984, p. 31.

员忠诚计划。该命令授权政府调查每个联邦雇员的信仰。在接下来的几年里，美国政府对有可能同情共产党的公职人员进行了 500 万次调查。工会迫于压力，清洗了所有共产党人和持左翼立场的反种族主义积极分子。到了 1947 年，工会领袖菲利普·默里命令乡联执行委员会："如果共产主义是你所在工会的一个问题，那就把它扔到地狱去，把它的支持者也一起扔出去。"1949 年的产联大会驱逐了拥有 5 万名成员的联合电气、无线电和机械工人工会，因为他们被左派所控制；几个月内，11个总共拥有近 100 万成员的进步工会从产联中被清除。1949 年，15 个州通过了《反颠覆法》。在密歇根州，"写或传播颠覆性的内容"是一种可判终身监禁的犯罪行为。1951 年，田纳西州规定判处拥护马克思主义革命思想的人死刑。同年，马萨诸塞州规定，任何在家中举行共产党会议的人，都必须在州监狱服刑三年。佐治亚州、印第安纳州、宾夕法尼亚州和华盛顿特区宣布共产党为非法组织。1948 年 1 月，美国司法部长汤姆·克拉克警告所有美国人："那些不相信美国意识形态的人，将不被允许留在美国。"① 他发布了一份涵盖 78 个 "颠覆性" 组织的名单，这些组织的成员受到了政府的调查，往往导致被解雇。名单包括几十个和平、劳工、难民和反歧视组织，在大萧条时期到第二次世界大战期间，美国共产党对这些组织都有或曾经有过影响。这些组织包括：美国哈莱姆租户和消费者组织、全国黑人大会、民权大会、黑人劳动委员会、南方黑人青年大会和非洲事务委员会等。

　　在忠诚调查中，反种族主义一般被认为是同情共产主义的证据。事实上，倡导种族平等是政府加强对雇员审查的官方理由。审查者常被问及他们是否有其他种族的朋友或拥有保罗·罗伯逊的唱片。多萝西·贝利是美国劳工部的一名黑人雇员，1951 年，她因被指控为共产党员而被解雇，她向法院提出诉讼，但最高法院裁决对她的解雇不违法。显然，当时美国社会普遍认为 "反对种族隔离" 是 "公认的共产党策略"。全国有色人种协进会游说任命一名美国黑人加入忠诚委员会，并提出为那些因反对种族主义或加入全国有色人种协进会或

---

① Manning Marable, *Race, Reform and Rebellion: The Second Reconstruction in Black American, 1945 - 1982*, The Macmillan Press, 1984, p. 20.

其他民权组织而受到指控的员工辩护。沃尔特·怀特向杜鲁门抱怨，积极争取公平就业实施委员会的工人被打上了不忠的标签，他们为一项行政命令而战使他们受到另一项行政命令的审查真是荒谬。黑人和犹太联邦雇员动员起来反对忠诚计划。全国邮政雇员联盟，代表超过25000名非裔美国邮政雇员，呼吁废除该计划。1948年，政府指责邮政雇员弗雷德·特纳有"共产主义倾向"，他曾是全国有色人种协进会布鲁克林分会的主席，也曾是全国黑人大会的成员。黑人大会由黑人知识分子和工会成员在罗斯福新政期间发起，在20世纪40年代由共产党领导。和其他红色恐慌的受害者一样，特纳被指控属于一个当时完全合法的组织。这位有25年工龄的邮递员得到了布鲁克林美国黑人宗教领袖和民间领袖的大力支持。忠诚委员会最终为弗雷德·特纳洗清了所有的罪名，但他的免罪证明是一个例外。一个由26名邮政工人组成的工会，其中大部分是黑人，在受到忠诚委员会指控后被政府解散。他们一直向美国最高法院提出抗议，解雇他们是对他们在工作场所参与反对宗教和种族歧视斗争的报复。但是在1951年，法院支持了忠诚委员会的行动。①

在许多黑人大学校园里，由于"红色恐慌"，越来越多的激进观点被排斥在课堂讨论之外。任何有"激进主义"历史的教师，都可能被解雇。菲斯克大学的两个例子最为明显。乔瓦尼·罗西·洛曼尼茨在20世纪40年代早期是一名活跃的共产党党员，在建筑师、工程师、化学家和技术人员联合会工作。他曾在康奈尔大学任教，20世纪40年代末开始在菲斯克大学任职。1949年，非美活动委员会传讯洛曼尼茨，在委员会面前，他以宪法第五修正案为由拒绝指证自己。在24小时内，尽管得到了教师和学生的支持，校长查尔斯·约翰逊还是未经正当程序解雇了洛曼尼茨。五年后，菲斯克大学的数学教授洛奇被召至非美活动委员会。洛奇在菲斯克任职期间，曾断然否认自己是共产党员，并拒绝回答有关1941年以前他所谓的共产党员身份的问题。约翰逊发表了一份公开声明，称洛奇在委员会面前的立场

---

①　Martha Biondi, *To Stand and Fight*：*The Struggle for Civil Rights in Postwar New York City*, Harvard University Press, 2006, p. 141.

"实际上等于加入共产党"。在 70 名教职工中，48 人敦促菲斯克的董事会留任他，还有 22 名学生领袖和 150 名校友持同样的态度。但菲斯克还是终止了与洛奇的合同。①

美国的中小学也受到反共主义的侵害。纽约市的公立学校系统已经成为当地麦卡锡主义的中心。索尔·莫斯科夫是纽约一家公司的助理法律顾问，他被指派做了近十年的全职工作，搜寻所谓的共产主义者和顽固不化的前共产主义者。最终结果是 50 名教师被解雇，近 400 名教师辞职。纽约公立学校董事会的反共产主义运动还被管理层用来解散一个激进的工会。②

红色恐慌伤害了活跃在种族正义运动中的文化工作者。在 20 世纪 50 年代，黑人艺术家、演员、诗人和画家与劳工领袖、社区活动家和政治家一样，被迫远离激进的组织、言论和世界观。这种压力不是抽象的，它在黑名单、死亡威胁和国会传票中被制定出来。例如第一部黑人电视片《黑兹尔·斯科特秀》的主演黑兹尔·斯科特，被非美活动委员会指控思想激进，进入了黑名单。斯科特是一位富有魅力的钢琴家，也是国会议员亚当·克莱顿·鲍威尔的妻子。这位才华横溢的艺术家之后只能失业在家。加拿达·李和兰斯顿·休斯是活跃在纽约民权斗争中的两位主要艺术家，他们都不是共产党员，但都愿意和共产党员一起工作。结果他们被列入娱乐业的黑名单。在他们事业的巅峰时期，他们的工作合同被取消，舞台和银幕工作也随之消失。③

反共主义也影响了这一时期重要的民权组织种族平等大会，对其造成了损害。1948 年，种族平等大会的执行委员会起草了一份"关于共产主义的声明"，并在当年的大会上获得一致通过。大会谴责与

---

① Manning Marable, *Race, Reform and Rebellion: The Second Reconstruction in Black American, 1945 - 1982*, The Macmillan Press, 1984, p. 30.

② Biondi, *To Stand and Fight: The Struggle for Civil Rights in Postwar New York City*, p. 173.

③ Biondi, *To Stand and Fight: The Struggle for Civil Rights in Postwar New York City*, pp. 175 - 176; Marable, *Race, Reform and Rebellion: The Second Reconstruction in Black American, 1945 - 1982*, p. 33.

共产主义控制的组织的任何联系，核心成员被勒令不得与所谓的"共产主义前线组织"合作或工作。但这一行动并没有阻止保守派和种族主义者继续攻击种族平等大会，认为它是共产党控制的。尽管其强烈的反共立场，种族平等大会在麦卡锡主义狂热的时期仍遭受了相当大的伤害。红色恐慌通过给激进改革团体贴上"颠覆性"的标签，严重阻碍了种族平等大会的发展。到了1954年，种族平等大会几乎已不复存在。①

反共运动的目标远远超出了美国相对较少的共产主义者和前共产主义者。对"红色人员"的搜索也让很多人陷入了圈套，他们之前都曾与左翼组织或事业有过联系。由于左翼势力和反种族主义斗争的密切合作的历史，大量的非裔美国领导人感到麦卡锡主义的刺痛。例如，红色恐慌摧毁了美国最受尊敬的非裔美国法官和民权领袖之一的休伯特·德拉尼的司法生涯。他曾任美国律师、纽约市税务专员，自1945年起担任美国国内关系法庭的法官。他来自北卡罗来纳州的一个显赫家庭，曾是全国有色人种协进会的董事会成员。和他那一代的许多黑人专业人士一样，他信奉世界主义、支持劳工运动和反殖民主义的政治。德拉尼法官还直言不讳地批评了红色恐慌，尤其是它对美国黑人权利运动的"寒蝉效应"（Chilling effect），以及它对公民自由的损害。联邦调查局已经收集了一份有关德拉尼的文件，因为他是全国律师公会纽约市分会的会员，司法部长称该组织是一个颠覆性组织。他的档案由1937年至1953年的报纸文章组成，记录了他对各种反种族主义事业的支持，以及他对冷战高峰时期红色恐慌的批评。德拉尼最终被迫于1954年辞职。另一位受到伤害的著名人物是阿尔杰农·布莱克，他是道德文化协会的领导人和纽约反种族主义运动的主要人物。布莱克以反对住房歧视而闻名，他是一名非共产党员进步分子，参加了人民阵线的激进活动。结果他也上了政府的各种黑名单。1954年，他申请了前往苏联接受教育的签证，但令他吃惊的是，美国国务院没收了他的护照，理由是他可能"出国煽动和促进国际共产

---

① Marable, *Race, Reform and Rebellion: The Second Reconstruction in Black American, 1945–1982*, p. 28.

主义"。为了拿回护照，保护自己的工作，布莱克签署了一份本人不是共产党员的宣誓书。对他"颠覆性"的过去可能会伤害民权运动的恐惧，影响了布莱克后来的所有政治决定。①

在压制、迫害民权激进分子的过程中，美国政府努力切断美国黑人和左派之间的联系。共产党人被描绘成虚伪的民权倡导者，甚至是种族主义者，这一形象在 20 世纪 50 年代被广泛传播。各种形式的媒体、公共话语和知识生产宣传了这样一种观点，即共产党人是"利用黑人"在美国煽动种族冲突的虚假盟友。在他们看来黑人左翼分子要么被清除，要么成为共产国际的马前卒。公开的反共证词是用来传达这一思想的最具戏剧性的手段，各种出版的著作以及政府的宣传在将共产主义者的形象从狂热的种族平等支持者转变为狂热的伪君子方面也发挥了重要作用。前共产党员和花钱收买的线人的公开证词是反对左派的意识形态运动的组成部分，也是在麦卡锡主义最严重时期弥漫全国的恐怖气氛的组成部分。据报道，在 20 世纪 40 年代末和 50 年代，在共产党和"阵线"组织的 1000 名联邦调查局线人中有许多黑人。曼宁·约翰逊曾是一名有过"红色"背景的黑人明星，他在利用《史密斯法案》对共产党的审判中、在国会中，甚至在后来的南方各州立法机构中，代表种族隔离主义者作证，这些人利用反共机器阻挠民权斗争。约翰逊后来承认他在审讯中撒谎。他最著名的一次作证是在 1949 年非美活动委员会关于保罗·罗伯逊的听证会上，约翰逊作证说，罗伯逊渴望成为美国黑人中的"黑人斯大林"。约翰逊后来还写了一本攻击杜波依斯的小说。②

麦卡锡主义和冷战对战后民权运动产生了巨大的破坏性影响。底特律后来的市长科尔曼·杨是一名非裔美国激进分子，在"红色恐慌"期间遭受了磨难。但在他的记忆中，"不管黑人以何种程度的热情倡导民权，都几乎不可能摆脱共产主义的标签"，这鲜明体现了红色恐慌对反种族主义者的"寒蝉效应"。虽然反共产主义者并没有公

---

① Biondi, *To Stand and Fight: The Struggle for Civil Rights in Postwar New York City*, pp. 179 – 180.

② Biondi, *To Stand and Fight: The Struggle for Civil Rights in Postwar New York City*, pp. 171 – 173.

开反对民权运动，但它加强了白人对黑人要求社会变革的制度性抵制。纽约巴纳德学院院长米里森·麦金托什认为，麦卡锡主义正在使白人从种族平等中退缩，因为改革已与共产主义联系在一起。经济和人权斗争完全被排除在民权斗争之外。①

面对反共主义的狂热和压迫，以全国有色人种协进会为代表的民权自由派也放弃了原来比较激进的民权目标和纲领，与共产党和左派彻底断绝关系，走上了完全支持政府的冷战自由主义的道路。

冷战初期，全国有色人种协进会的领导层宣布，他们拒绝让共产党占领、分裂和摧毁全国有色人种协进会，并对疑似共产主义者进行了报复。全国有色人种协进会的执行秘书沃尔特·怀特和首席行政官罗伊·威尔金斯发誓要坚决肃清全国有色人种协进会，确保其不受共产党的控制。他们决心将其资源、专业知识和宝贵的名声交给杜鲁门政府和国务院，以反击苏联对美国种族歧视的指控。怀特对美国政府在反击苏联对美国种族主义的嘲讽时显得无能为力而感到愤怒。他曾多次告诉杜鲁门政府，他愿意驳斥有关美国黑人生活条件恶劣的"苏联宣传"。简而言之，全国有色人种协进会的领导一心一意捍卫国家的荣誉，以至于歪曲了美国黑人悲惨的现状。1951 年，怀特在民权问题上发表了一份"进展报告"，他鼓励联合国人权委员会主席埃莉诺·罗斯福在苏联发表关于美国种族主义的文章时，使用该报告。怀特在报告中自豪地说，黑人的生活质量，尤其是在投票、住房、就业和教育等关键领域，正在迅速接近美国白人。虽然怀特承认仍有一些工作要做，但他故意"粉饰"在伊利诺伊州、佛罗里达州、得克萨斯州和亚拉巴马州等地发生的一系列私刑暴行。②

1950 年 6 月在波士顿召开的年会上，全国有色人种协进会通过了一项反共决议。罗伊·威尔金斯写信给沃尔特·怀特，表示"我们不想进行政治迫害，但我们想清理我们的组织"。全国有色人种协进会主席亚瑟·斯宾加恩承认，在 1497 个分会中，只有 8 个被认为是共

---

① Biondi, *To Stand and Fight*: *The Struggle for Civil Rights in Postwar New York City*, pp. 184, 190.

② Brenda Gayle Plummer ed. , *Window on Freedom*: *Race*, *Civil Rights*, *and Foreign Affairs*, *1945 – 1988*, Chapel Hill: University of North Carolina Press, 2003, pp. 93 – 94.

产党"渗透"的目标。然而，该决议要求对"成员的意识形态构成和趋势"进行调查，并指示董事会"采取必要行动，暂停和重组或开除任何分支机构"。在长达两个小时的激烈辩论中，直言不讳的少数人强烈反对该决议，但它获得了通过。全国有色人种协进会致力于在清洗过程中破坏共产党的形象。董事会成员阿尔弗雷德·贝克·刘易斯向全国有色人种协进会的分支机构散发传单，指责共产党对这个国家民权斗争的破坏，并不时在黑人报纸上发表文章。他的想法似乎在全国有色人种协进会 1951 年出版的一本小册子中得以实现。在《共产党：黑人平等的敌人》一书中，另一位坚决反对共产主义的全国有色人种协进会领导人赫伯特·希尔写道："如果共产主义者在黑人中获得了影响力，他们会毫不犹豫地煽动种族冲突和纷争，而这一切都是为了苏联的利益。"罗伊·威尔金斯在序言中写道："共产党人绝不是真心想为黑人权利做点什么，他们只是把黑人当作苏联对抗美国和西方世界的棋子。"① 此后全国有色人种协进会各地方分部都对组织内部的所谓共产主义者进行了清洗。例如布鲁克林分部经历了一次彻底的重组，所有的左翼分子都被清除出董事会。

清洗让全国有色人种协进会元气大伤。20 世纪 50 年代，纽约市有色人种协进会的分支机构消失了，不再是民权运动中领导基层斗争的主要力量。国内的动乱和镇压使成员们士气低落，并导致许多人离开。全国会员人数急剧下降。例如，哈莱姆区分会的会员从 1946 年的 7129 人下降到 1949 年的 907 人，整个分会的会员总数下降了60%，从 1946 年的 42 万人下降到 1949 年的 24.8 万人。②

全国有色人种协进会之所以这样积极反共，也是迫不得已的选择。协进会站在冷战自由主义一边，不仅因为它希望在民权战线上有所收获，还因为它试图从红色恐慌的压力中寻求庇护。从 1946 年起，共产主义渗透的指控一直困扰着该协进会。1946 年 7 月，历史学家小阿瑟·施莱辛格在《生活》杂志上发表的一篇关于美国共产党的

---

① Biondi, *To Stand and Fight: The Struggle for Civil Rights in Postwar New York City*, pp. 167 - 168.

② Biondi, *To Stand and Fight: The Struggle for Civil Rights in Postwar New York City*, p. 169.

专题文章中，提到了美国共产党把触角伸向全国有色人种协进会的企图。沃尔特·怀特立即要求施莱辛格澄清此事，施莱辛格解释说，他只是试图查明即将发生的危险，并没有质疑协进会对共产主义的反对。尽管如此，全国有色人种协进会的领导人还是越来越紧张。怀特等人的担心并非毫无根据。政府出版物已开始怀疑共产党渗入全国有色人种协进会，审查文职和军事人员的"忠诚委员会"提出了进入全国有色人种协进会进行调查的要求。全国有色人种协进会强烈抗议，但在 20 世纪 40 年代末、50 年代初红色恐慌的全盛时期，该协会的领袖们感到必须不断地炫耀他们的反共资历。甚至被种族主义者杀害的全国有色人种协进会积极分子也被歌颂为反共产主义的战士。国家机关密切监视着协进会会员与共产党员之间的一切接触。在一个案例中，沃尔特·怀特亲自与美国司法部长交涉，澄清 1951 年签署斯德哥尔摩和平核裁军呼吁的哈莱姆分部主席并不知道该请愿书的共产主义背景。全国有色人种协进会最重要的目标是防止黑人民权斗争被视为共产主义。1947 年，美国众议院非美活动委员会举行了一场臭名昭著的好莱坞听证会。在听证会上，全国有色人种协进会对那些以公正和同情的态度刻画黑人角色的电影剧作家、导演和演员提出了警告。① 此外，该协会对共产党员的公民权利和自由受到的侵犯保持沉默。当美国共产党的领导人，包括两名美国黑人，仅仅因为坚持共产主义意识形态而被送进监狱时，罗伊·威尔金斯禁止全国有色人种协进会的所有成员进行干预，尽管该协会的法律专家认为这一判决违宪。只要反共产主义运动没有明确针对黑人民权运动，协进会就听之任之。1952 年，作为自由派反共产主义的先锋，它拒绝加入美国民主行动组织公开谴责乔·麦卡锡，因为这位参议员对黑人的态度持保留态度。只是在麦卡锡的影响力开始减弱后，全国有色人种协进会才公开反对麦卡锡主义，而反共宣言在麦卡锡下台后很久仍是其典型的言论特征。②

---

① Manfred Berg, "Black Civil Rights and Liberal Anticommunism: The NAACP in the Early Cold War", *Journal of American History*; Jun2007, Vol. 94 Issue 1, p. 88.

② Manfred Berg, "Black Civil Rights and Liberal Anticommunism: The NAACP in the Early Cold War", *Journal of American History*; Jun2007, Vol. 94 Issue 1, p. 95.

全国有色人种协进会认为冷战及其对国内的影响是一场灾难，严重威胁到它的生存。生存问题成为冷战初期协进会的首要考虑。因此在瑟古德·马歇尔离开法律辩护基金会接受一项司法任命之前，有人问他，为什么民权组织没有站出来为保罗·罗伯逊辩护。马歇尔的回答简短而中肯，他认为"这是关乎生存的问题"。全国有色人种协进会和其他黑人团体非常害怕被指控参与颠覆活动。正如马歇尔所说："罗伯逊走得太远了，我们不得不切断与他的联系。"民权组织有理由认为，支持罗伯逊、杜波依斯和其他直言不讳的批评者，无异于自杀。[①] 非美活动委员会 1954 年发布报告"美国黑人和共产党"，确认了美国黑人特别是全国有色人种协进会的忠诚及其反共产主义立场时，全国有色人种协进会的领导人终于松了一口气。[②] 而威尔金斯和包括瑟古德·马歇尔在内的全国有色人种协进会的其他领导人，此后还一直向联邦调查局提供有共产主义嫌疑的人的信息。像那个时代的许多自由主义者一样，他们的行动是基于保护协进会免受怀疑的出发点。[③]

4. 民权工会联盟主义的失败

冷战反共主义伤害民权积极分子导致的最严重的后果是之前蓬勃发展的民权工会联盟主义衰落并失败了，早期民权运动由此处于低潮。所谓民权工会联盟主义（Civil Rights Unionism）指的是 20 世纪三四十年代，劳工（包括产联）、左派（包括共产党）和黑人民权相结合而产生的早期民权运动。当时美国黑人与白人激进分子一起加入了声势浩大的劳工运动，把反对种族歧视的斗争与对经济不公的彻底批判联系起来。"红黑联盟"根植于南北工人阶级社区，在二战时期发展出强劲的势头。很多学者认为它是现代民权运动的第一阶段，而

① Derrick Bell, *Silent Covenants*: *Brown v. Board of Education and the Unfulfilled Hopes for Racial Reform*, Oxford University Press, 2004, p. 64.

② Manfred Berg, "Black Civil Rights and Liberal Anticommunism: The NAACP in the Early Cold War", *Journal of American History*; Jun2007, Vol. 94 Issue 1, p. 89.

③ Biondi, *To Stand and Fight*: *The Struggle for Civil Rights in Postwar New York City*, p. 170.

非运动的先驱或起源。①

20 世纪 30 年代末，美国黑人的社会结构呈现出日益都市化、无产阶级化的特征，民权运动的时代其实在这时就开始了。以南部农村和小城镇为主的黑人人口很快就转变为都市化最为显著的群体之一了。20 世纪 40 年代，有 200 多万黑人移民到北部和西部的工业区，另有 100 多万黑人从南部的农场迁移到南部的城市。在 20 世纪中期的人口结构转型中，美国黑人从一个以农村和农业人口为主的群体，变成了一个以城市和工业人口为主的群体。南方黑人纷纷涌入城市，填补飞机、造船、钢铁、军火、炸药和汽车工业的就业岗位。从 1940 年到 1950 年，纽约的黑人人口增长了 62%，底特律增加了 100%，芝加哥增加了 80%，洛杉矶增加了 116%，克利夫兰增加了 76%，加州的奥克兰增加了 292%。纽约市的黑人人口从 1940 年的 45.8 万人增加到 1948 年的 70 万人。到 1950 年，纽约市区的黑人人口超过了百万。② 从 1940 年到 1948 年，北方黑人选民的人数翻了一番，南方腹地 11 个州的黑人选民登记人数翻了两番多，到 1952 年达到了 100 多万。同样，全国有色人种协进会的成员数量也大幅增加，从 1940 年的 355 个分支机构的 5 万人增加到 1946 年的近 45 万人。加入工会的百万黑人与产联结盟，成为改变种族关系的先锋力量。全国有色人种协进会和城市同盟在大萧条时期对劳工更加友好，但是他们侧重于法律和社会工作，并没有在工作场所和工人阶级社区中有效行动起来。而在 20 世纪三四十年代，美国黑人在这些地方坚决地开展了斗争。运动的显著特点是黑人第一次作为无产阶级团结起来了，它通过工会化获得很多活力。工会的崛起和新政后期劳工立法的演变，为工薪阶层的黑人提供了一种经济和政治机

---

① Robert Korstad and Nelson Lichtenstein, "Opportunities Found and Lost: Labor, Radicals, and the Early Civil Rights Movement", *The Journal of American History*, Vol. 75, No. 3 (Dec., 1988), pp. 786 – 811; Jacquelyn Dowd Hall, "The Long Civil Rights Movement and the Political Uses of the Past", *The Journal of American History*, Vol. 91, No. 4 (Mar., 2005), pp. 1245 – 1248; Kevin Boyle, "Labour, the Left and the Long Civil Rights Movement", *Social History*, Vol. 30, No. 3 (Aug., 2005), pp. 366 – 372.

② Martha Biondi, *To Stand and Fight: The Struggle for Civil Rights in Postwar New York City*, Harvard University Press, 2006, p. 3.

会，使他们能够把自己的要求合法化，并引发一场广泛的斗争。全国劳资关系委员会在数千次选举中实施了一人一票政策，劳动合同给予了曾经边缘化的工人阶级以工业公民身份，以及政府战时宣传爱国平等主义，所有这些都在某种程度上为黑人工人阶级的激进行为提供了理由。①

在底特律的汽车工厂，孟菲斯的棉织厂，匹兹堡和伯明翰的钢铁厂，巴尔的摩和底特律的造船厂，里士满、查尔斯顿和温斯顿—塞勒姆的烟草工厂等南北各地，共产党和产联激进工会的组织以及黑人工人的动员使得民权成为一个不能再被工会领导、白人经理或政府官员忽视的问题。② 这样的例子比比皆是，成为当时普遍的现象。

首先看南方。共产党是北卡温斯顿—塞勒姆当地劳工组织中的重要政治团体。到 1947 年，党的组织者已经招募了 150 名温斯顿—塞勒姆黑人，他们大多是雷诺兹烟草公司的烟草工人，其中大部分工人把党看作激进的民权组织，因为 20 世纪 30 年代，共产党在斯考兹博罗男孩事件和安吉洛·赫恩德等案件中为黑人受害者成功辩护，赢得很多黑人的支持。③ 共产党还被黑人看作一个世界性的组织，它把很多成员引入一个政治上和思想上的更广阔的世界。④ 除了共产党，一些工会组织也为运动提供了动力。1941 年，美国罐头工业、农业、包装和联盟工人联合会（隶属于产联）的组织者抵达温斯顿—塞勒姆，雷诺兹的工人们开始把他们日常的斗争转变成一场组织严密的民权运动，形成了产联激进派、新政自由派和民权倡导者的"南方阵线"。联合会将传统的工会关切、政治动员和要求根本性经济变革的

---

① Robert Korstad, "Civil Rights Unionism and the Black Freedom Struggle", *American Communist History*, Dec2008, Vol. 7 Issue 2, pp. 255－256.

② Robert Korstad, "Civil Rights Unionism and the Black Freedom Struggle", *American Communist History*, Dec2008, Vol. 7 Issue 2, p. 256.

③ 参见欧阳旭《斯考兹博罗事件和 30 年代的美国共产党》，硕士学位论文，复旦大学，2008 年；Charles H. Martin, "Communists and Blacks: The ILD and The Angelo Herndon Case", *The Journal of Negro History*, Vol. 64, No. 2 (Spring, 1979).

④ Robert Korstad and Nelson Lichtenstein, "Opportunities Found and Lost: Labor, Radicals, and the Early Civil Rights Movement", *The Journal of American History*, Vol. 75, No. 3 (Dec., 1988), p. 791.

诉求结合起来。两年的组织工作在 1943 年 6 月的一次激烈斗争的罢工中达到高潮，雷诺兹被迫与联合会签订了第一份工会合同，其内容包括加薪、每年一周带薪假期、对资历的承认等。尽管这场胜利并没有带来根本性的改变，但对雷诺兹的黑人工人来说，该协议标志着根本性的重大突破。一位妇女说，赢得工会的权利"就像重建一样"①。赢得了第一场战斗后，当地 22 名黑人积极分子和它的盟友试图扩大联盟的影响。在社区里，当地居民建立了广泛的教育和娱乐项目，旨在维持活跃的运动文化。在工厂里，它建立了以申诉程序为中心的工作场所法治制度，并为争取更好的福利而奋斗。在这个很久以前就剥夺了美国黑人公民权的地区，它让黑人工人拥有了政治发言权，发起了选民登记运动，为经济和种族改革进行游说，并支持那些承诺打破保守派对地方和州政治控制的进步候选人。最引人注目的是胜利是一位美国黑人在 1947 年温斯顿—塞勒姆市议会选举中获胜，这是在 20 世纪的南方，黑人候选人第一次在议会选举中击败白人。②

　　共产党在温斯顿—塞勒姆的成功被复制到其他黑人工业区。在南方，大部分党新招募的成员是黑人。党在美国黑人中的相对成功并不是建立在其项目的连贯性上，而在于党从未放弃对种族隔离制的攻击。不像全国有色人种协进会把力量都用于法院和国会，共产党及其前线组织常常围绕社会或政治问题组织当地黑人开展抗议、请愿等活动。党还采纳了后来称之为"肯定性行动"的政策，承认黑人劳工在党内和其他社会组织中的特殊不利地位，因此采取特别措施，在政治上态度积极的黑人中竭力培养领导人。③ 其中孟菲斯的情况是一个显著的例子。孟菲斯的共产党为争取更好的工作条件，为有组织的劳

①　Robert Rodgers Korstad, *Civil Rights Unionism: Tobacco Workers and the Struggle for Democracy in the Mid-Twentieth-Century South*, University of North Carolina Press, 2003, p. 202.

②　Kevin Boyle, "Labour, the Left and the Long Civil Rights Movement", *Social History*, Vol. 30, No. 3 (Aug., 2005), pp. 366 - 372. 另外参见 Jennifer Wells, *The Black Freedom Struggle and Civil Rights Labor Organizing in the Piedmont and Eastern North Carolina Tobacco Industry*, University of South Florida, M. A, 2013。

③　Robert Korstad and Nelson Lichtenstein, "Opportunities Found and Lost: Labor, Radicals, and the Early Civil Rights Movement", *The Journal of American History*, Vol. 75, No. 3 (Dec., 1988), p. 792.

工和美国黑人在该市的民权而进行了广泛的斗争。在 20 世纪 30 年代大萧条时期，共产主义者成功地在失业工人中获得了一些支持，到 20 世纪 40 年代初，他们的影响力已扩大到密西西比河沿岸的工人。孟菲斯共产党人最大的成功是与产联合作在当地建立了激进的工会组织，工会的领导人是一个强有力的美国黑人领袖。共产党鼓励工会在不断增长的民权斗争和政治进程中采取积极的行动。他们在当地的政治选举中也扮演了关键的角色。到 1948 年，孟菲斯的共产党人已经成为当地一支强大的力量，如果他们能保持早期的联盟，就能推动他们取得更大的成就。[①]

在亚拉巴马州，1929 年至 1941 年间，共产党组织并领导了一场激进的反种族主义运动。亚拉巴马州是大萧条时期南方共产党活动的中心。当地的共产党是由没有欧美激进政治传统的劳动人民白手起家建立起来的。它主要由贫穷的黑人组成，其中大多数是半文盲和虔诚的宗教信徒。它也吸引了少数白人，包括失业的工业工人、反传统的年轻人和叛离的自由主义者。这些来自亚拉巴马州农场、工厂、矿山、厨房和城市街道的人的文化身份塑造了这个政党的发展。其结果是，在一个对激进分子几乎没有容忍度的种族主义世界里，形成了一场极具韧性的运动。在南方，种族因素几乎渗透共产主义活动的方方面面。由于该党呼吁投票权、种族平等、妇女工资平等、无地农民拥有土地，这对南方的社会和经济构成了根本挑战。[②]

其次看北部和西部地区。底特律的联合汽车工人工会是当地最重要的劳工组织，黑人不断被招募进来。鲁日是共产党在底特律力量的中心，当地一直保留着激进的传统。1941 年后，党主要在黑人中招募成员，20 世纪 40 年代末，它招募了 450 名工人，几乎一半来自铸

---

① John Lawrence Bass, *Bolsheviks on the Bluff: A History of Memphis Communists and Their Labor and Civil Rights Contributions*, *1930 - 1957*, Memphis State University, Ph. D, 2009; Michael Keith Honey, *Labor and Civil Rights in the South: The Industrial Labor Movement and Black Workers in Memphis*, *1929 - 1945*, Northern Illinois University, Ph. D. 1987.

② Robin D. G. Kelley, *Hammer and Hoe: Alabama Communists During the Great Depression*, University of North Carolina Press, 1990. 伯明翰的情况参见 Linda Gail Housch-Collins, *Selling Bread and Freedom: The Aircraft Organizing Drives of the United Automobile Workers in Birmingham, Alabama*, *1943 to 1952*, University of Michigan, Ph. D, 1998。

造厂。鲁日是共产党员能宣称自己的政治信仰而不会立即遭到迫害的美国国内的少数几个地区之一。1948 年，一名黑人共产党员当选为当地劳工组织的副主席。共产党在黑人工人中的影响主要依赖于党对民权问题的认同，许多黑人把党在铸造厂的分部看作一个激进的种族组织。因为有 10 万黑人劳工在底特律得到很好的组织，底特律的黑人工会积极分子在民权斗争中发挥了积极作用，白人精英不得不屈服。黑人社会中的大众团结甚至改变了传统的民权组织，如全国有色人种协进会和城市同盟都变得更加激进。①

在二战后的洛杉矶，黑人工会取得了蓬勃的发展。一群在二战期间和二战后不久定居旧金山的非裔美国工人成为有影响力的社区和公民领袖。这些自认为是战后黑人工人阶级守护者的黑人工会主义者（Unionist），在战后占据了独特的社会、经济和政治地位，他们试图以此来领导争取种族公正和加强自由主义的斗争。②

"黑人大众阵线"在大萧条时期汇集在纽约，但直到 20 世纪 40 年代才成为该市一股强大的政治力量。该阵线由哈莱姆区的本杰明·戴维斯等共产主义者以及美国电气工人联合会、美国公共工人联合会和其他左翼工会的积极分子领导，就国防工业领域的公平就业这一基本问题吸引了纽约迅速增长的美国黑人群体。从那时起，该运动逐渐扩大其议程，包括反对警察滥用权力、不公平的商业行为、学校和其他公共设施的隔离以及住房市场的歧视等。此外，黑人大众阵线的政治分支美国劳工党在选举过程中取得了相当大的成功，让威托·马孔托尼奥和亚当·克莱顿·鲍威尔进入美国众议院，戴维斯进入市议会。左翼对美国黑人的吸引力，并非来自苏联政府的倡导，而是来自

---

① Robert Korstad and Nelson Lichtenstein, "Opportunities Found and Lost: Labor, Radicals, and the Early Civil Rights Movement", *The Journal of American History*, Vol. 75, No. 3 (Dec., 1988), pp. 796 – 797. 另外参见 David Morgan Lewis-Colman, *African Americans and the Politics of Race among Detroit's Auto Workers, 1941 – 1971*, The University of Iowa, Ph. D., 2001。

② John J. Rosen, *Guardians of the Black Working Class: Labor and Racial Politics in Postwar San Francisco*, University of Illinois at Chicago, Ph. D., 2014.

它对渐进主义的拒绝，以及为争取平等权利而进行不妥协斗争的意愿。大多数与共产党支持的组织合作的美国黑人社区领导人这样做是为了推进反种族主义议程。共产党是美国唯一正式反对种族隔离的主要政党。它为一系列反歧视运动投入了大量资源，为黑人在多种族机构中发挥领导作用创造了难得的空间。①

民权工会联盟主义代表了劳工、民权活动家、进步的新民主党人以及一些与共产党有联系的黑人和白人激进分子的联合。这是一场全国性的运动，包括一个积极参与的南方力量。许多领导人、活动和组织都属于民权工会联盟主义的范畴，包括全国黑人大会和菲利普·伦道夫组织的向华盛顿进军运动等。②

全国黑人大会是 1935 年 5 月在霍华德大学召开的一次关于黑人经济地位的会议的基础上发展起来的。1936 年 2 月，在芝加哥召开的全国黑人大会取得了许多成功。全国黑人大会的主要目的不是促进某一特定的纲领或意识形态，而是为了发展一场促进种族进步的统一运动。全国黑人大会宣称将永远不会被任何政治派别或政党所控制，在政治斗争中将保持完全无党派的地位。菲利普·伦道夫当选为第一任全国黑人大会主席。作为一名社会主义报纸编辑和多年的劳工斗士，充满活力的伦道夫离开了新闻业，成立了"卧车搬运工兄弟会"。作为新工会的首任主席，他鼓励几乎一半的工会黑人加入了美国劳工运动。

在全国黑人大会成立的头几年里，它在地方一级开展了一些最有效的工作。在大约 70 个城市设立了由大会附属组织的代表组成的区域理事会，这些协调机构经常积极发动斗争。例如，在芝加哥，地方分支开展了一场积极的运动，以改善黑人社区的就业机会、住房条件和救济工作。在波士顿，地方分支也开展了广泛的活动。华盛顿特区的全国黑人大会委员会将其活动集中在反对警察暴力和娱乐设施不足

---

① Biondi, *To Stand and Fight*: *The Struggle for Civil Rights in Postwar New York City*, pp. 6 - 7.

② Robert Korstad, "Civil Rights Unionism and the Black Freedom Struggle", *American Communist History*, Dec 2008, Vol. 7 Issue 2, p. 256.

的问题上。在全国范围内，全国黑人大会的地方委员会投身各种各样的事业。最有名的活动是在 20 世纪 30 年代末，大会与产联结成了联盟，将其精力投入到组织钢铁工人的斗争中，开展了轰轰烈烈的运动，它代表了全国黑人大会和工会之间最引人注目的合作。从建立伊始，大会就强烈支持劳工运动，并致力于让黑人工人加入工会。其主要做法是废除了把种族作为工会会员资格的限制，努力将黑人纳入劳工运动。全国黑人大会的成员走遍了几十个城镇，把这项运动深入黑人社区。事实证明，全国黑人大会所进行的组织工作对工会具有相当重要的意义，大大增强了工会的力量，黑人钢铁工人通过加入工会也获得了很大的利益。此外，大会全国办公室表现出越来越强的实力，为国会的法案动员了支持，并为"进步"政客赢得了选票。①

由于共产党在黑人大会中日益增强力量，并主导了大会的政策，伦道夫退出了全国黑人大会。此后他把精力用于团结其他和平和民权组织开展非暴力抗议运动。伦道夫深受和平组织和解之友会和民权组织种族平等大会的影响，并积极与它们结盟。他设想的非暴力大众直接行动把甘地的非暴力思想与劳工运动中的静坐罢工结合在一起。他已经清醒地看到种族平等大会仅仅利用小规模直接行动方法的局限性，准备发动一个大规模的、全国性的公民不服从运动。② 他列举了印度人民的大规模公民不服从和不合作的策略和食盐进军运动，然后呼吁成千上万的黑人来到首都华盛顿游行，以引起美国舆论或国际媒体的关注。伦道夫一方面集中于公共抗议；另一方面也开展基层组织工作。在开展全国范围的非暴力直接行动之前，伦道夫请求和解之友会的领导人 A. J. 马斯特的帮助，希望让其下属贝亚德·拉斯廷和詹姆斯·法默作为和解之友会的代表为向华盛顿进军运动工作。③

---

① Lawrence S. Wittner, "The National Negro Congress: A Reassessment", *American Quarterly*, Vol. 22, No. 4 (Winter, 1970), pp. 883–901.

② Paula F. Pfeffer, *Philip Randolph, Pioneer of the Civil Rights Movement*, Baton Rouge: Louisiana State University Press, 1990, p. 62.

③ Sean Chabot, *Transnational Roots of the Civil Rights Movement: African American Explorations of the Gandhian Repertoire*, Lanham, Md.: Lexington Books, 2012, p. 101.

1941 年，伦道夫把其思想付诸实践，开始组织向华盛顿进军运动，并努力与和解之友会、种族平等大会结成联盟。① 伦道夫向华盛顿进军运动的具体方案是组织大规模的抗议游行，以强迫总统富兰克林·罗斯福采取措施消除武装部队中的隔离，以及颁布反歧视法律使黑人能从繁荣的国防工业中受益。伦道夫预计，如果罗斯福对此不做反应，1 万多名美国黑人将于 7 月 1 日到达首都。在强大的压力下，罗斯福签署了 8802 号行政命令，宣布国防工业中基于种族、信仰、肤色和民族起源上的就业歧视非法，并成立了公平就业实施委员会来发布新命令。伦道夫因此终止了进军。这次未完成的进军成为 1963 年向华盛顿进军运动的预演。②

但是，20 世纪 40 年代末的反共狂热将民权运动撕裂，让激进的美国黑人噤声，温和的民权自由派受到恐吓，几乎摧毁了民权积极分子在劳工运动中的激进盟友。不断加深的国际冷战和国内的反共产主义，破坏了曾孕育美国黑人权利斗争的政治环境。1948 年总统选举活动严重地分裂了劳工运动，并加速了左派在产联中的失势。虽然共产党成员在产联中所占的比例不到 1%，但他们却担任着重要的领导职位。1949 年，产联禁止共产党员担任所属工会的领导职务。1949 年和 1950 年，它剔除了 11 个共产党领导的有影响力的工会，这些工会代表了 100 多万工人，并建立了敌对的工会来剥夺他们的会员资格。这是美国共产党的一个重大转折点，因为共产党一直重视它在劳工组织中的影响力。③

例如，在孟菲斯，由于战后红色恐慌的日益严重，共产党开始被以前的盟友们抛弃，到 20 世纪 50 年代初，他们已被孟菲斯的产联开除，并受到美国参议院内部安全小组委员会的骚扰。孟菲斯的共产党人试图在新领导人的领导下东山再起，并通过对民权事业的大力支持取得了一些进展。然而，1954 年 11 月，他们的共产党负责人在孟菲斯被捕，这一打击摧毁了未来取得进展的任何希望。由

---

① Pfeffer, *Philip Randolph Pioneer of the Civil Rights Movement*, p. 149.

② 参见于展《甘地的非暴力思想在美国的早期传播》，《四川大学学报》（哲学社会科学版）2018 年第 6 期。

③ Biondi, *To Stand and Fight: The Struggle for Civil Rights in Postwar New York City*, p. 147.

于负面宣传的结果，孟菲斯的共产党人没有一个能够找到养家的工作，到 20 世纪 50 年代末，所有人都离开党，或者默默无闻。①

纽约劳工运动中的反共清洗运动破坏了该市民权运动中活跃的黑人劳工与左派之间的联系。麦卡锡时代的许多驱逐行动都取得了成功，包括针对费迪南德·史密斯的驱逐行动。史密斯是一位出生于加勒比海的劳工领袖，在担任产联副主席期间，他是产联级别最高的黑人劳工官员。到 1947 年，他和其他支持共产主义的左派人士被国家海事联盟驱逐。1949 年，美国联邦调查局逮捕了史密斯，1951 年，他被驱逐回出生地牙买加。② 美国公共工人联合会因追随共产党的路线也从产联中被清除。作为一个长期反对政府就业歧视的联盟，美国公共工人联合会被驱逐说明了红色恐慌严重削弱了争取种族平等的斗争。③

总之，到 20 世纪 40 年代中期，民权问题在政治上达到了一个全国性的高潮，民权运动是美国黑人抗议团体、左翼牧师、共产党领导的工会和前线组织的主要活动领域，成为城市自由主义的一个显著特征，受到广泛的欢迎。因此，1945—1950 年间，芝加哥、密尔沃基、明尼阿波利斯和费城四个主要城市颁布了严厉的法律，反对就业歧视。在产联的支持下，美国民主行动组织带头在 1948 年的大会上成功地加强了民主党的民权纲领。在南方，民权运动似乎即将取得重大突破。一些杂志预测，产联将很快在纺织业等南方重要产业中组织起来，黑人工人对这样的工会运动特别敏感，尤其在像木材、家具和烟草这样大部分劳动力是黑人的行业。1944—1946 年，产联的政治行动机构帮助南方几个州选举了自由派国会议员和参议员。促进跨种族合作的组织，如南方人类福利大会和高地民族学校，在 1946—1947 年经历了最快速的增长，并取得最大的成效。然而，尽管取得了这些

---

① John Lawrence Bass, *Bolsheviks on the Bluff*: *A History of Memphis Communists and Their Labor and Civil Rights Contributions*, *1930 - 1957*, Memphis State University, Ph. D, 2009.

② 参见 Gerald Horne, *Red Seas*: *Ferdinand Smith and Radical Black Sailors in the United States and Jamaica*, NYU Press, 2009。

③ Biondi, *To Stand and Fight*: *The Struggle for Civil Rights in Postwar New York City*, p, 149.

成就，民权工会联盟主义从未实现其潜力。美国公司方面阻止工人罢工，机械化和自动化导致成千上万的工人失业。反共不仅被用来攻击共产党，而且被用来攻击社会福利改革。除了摧毁左翼民权组织，麦卡锡主义孤立并压制了个别积极分子与自由主义者、工会和其他少数群体结成联盟，缩小了该运动的国际主义视野，并使争取种族平等的斗争转向实现一系列有限但重要的法律目标，而不是经济目标。[①] 民权工会联盟主义的崩溃给 20 世纪下半叶蒙上了一层阴影。人民阵线时代民权运动的失败导致 20 世纪 60 年代出现的民权斗争将具有不同的社会性质和不同的政治议程，而这将最终证明民权运动不能应付巨大社会问题。像 20 世纪 40 年代的运动一样，20 世纪 60 年代的抗议动员了几乎大部分是工人阶级的美国黑人社会。然而，新运动的关键组织不是工会，而是黑人教会和独立的抗议组织，其目标主要是政治平等而非经济权利。[②]

[①] 参见 Robbie Lieberman, Clarence Lang, *Anticommunism and the African American Freedom Movement: Another Side of the Story*, Palgrave Macmillan, 2009。

[②] Robert Korstad, "Civil Rights Unionism and the Black Freedom Struggle", *American Communist History*, Dec 2008, Vol. 7, Issue 2, p. 257.

第二章　冷战对峙与艾森豪威尔时期
消极民权改革的延续

　　1890 年，艾森豪威尔出生在得克萨斯州的一个南方家庭。在他的整个职业生涯中，美国军队一直实行种族隔离，他从来没有平等主义的多种族合作的经验。1948 年，他在参议院军事委员会作证，反对取消美国武装部队的种族隔离。艾森豪威尔重视南方白人，在种族隔离的南方感到轻松自在。他在总统任内，经常到财政部部长乔治·汉弗莱在佐治亚州南部的种植园度假，同时乘坐由老黑人仆人驾驶的马车。六位百万富翁是他最亲密的朋友，他们为他在种族隔离的奥古斯塔国家高尔夫球场上建造了一座度假别墅。当艾森豪威尔在白宫时，他喜欢在与顽固的南方参议员谈判时详细描述他与南方的广泛联系。如果说南方白人的种族歧视行为通常不会使艾森豪威尔感到困扰的话，那么，黑人的出现如果不是处于从属地位则会使他感到困扰。到 20 世纪 40 年代末，他早已习惯了大量的黑人或菲律宾仆人，但在与诺贝尔奖得主、外交家拉尔夫·邦奇等知名有色人种举行社交聚会时，他仍然感到不自在。作为总统，他的确认识到了美国黑人选民的重要性，他在他的政府中任命了少数几个黑人出任级别较低的职务。但是在 1952 年的选举之后，美国黑人进入白宫的相对容易的途径消失了。艾森豪威尔最有影响力的顾问很少鼓励他提倡种族平等。政府中最坚定的民权支持者、总检察长赫伯特·布劳内尔较早辞职，只留下副总统理查德·尼克松偶尔发出反对种族歧视的声音。外交事务方面最重要的人物，国务卿福斯特·杜勒斯和他的兄弟中央情报局局长艾伦·杜勒斯，是南卡罗来纳奴隶主的后代，对解决种族歧视问题不感兴趣。联邦调查局局长埃德加·胡佛认为，仅仅是倡导种族平等就是一种颠覆行为。艾森豪威尔对民权缺乏关注，部分原因是他对大多数美国有色人种的生活状态一无所知。他对几乎每个州都进行了非常大范围的访问，但却没有访问过黑人和穷人社区。他对他的黑人同胞面临的有限的住房选择和就业机会几乎一无所知。总统也没有注意到在他执政期间白人对美国黑人的暴力行为越来越多的事实。①

艾森豪威尔认为，参与民权运动既不会带来个人利益，也不会带来政治利益。他对这个问题感到很不舒服，干脆回避了。他不喜欢"歧视"和"种族歧视"这样的字眼，在他的演讲中也没有出现。艾森豪威尔不仅拒绝在关键时刻与黑人领袖会面，也拒绝与南方白人领袖会面，他致力于将种族关系限制在法庭、州议会和学校董事会的范围之内。对种族隔离现状感到满意的总统认为，这主要是一个政治问题，而不是一个道德问题。因此，艾森豪威尔拒绝一切机会运用他的权威公开反对种族不平等。艾森豪威尔在白宫任职期间，也几乎没有感受到来自政治对手的压力，要求他坚持种族正义。

作为冷战中最"寒冷"年代的总统，艾森豪威尔的确认识到至少需要象征性地改善美国种族关系。他对美国在海外的形象极为敏感，不喜欢看到美国的光辉形象被极端的种族歧视所玷污。他对联邦政府在美国社会中所扮演的角色持保守观点，认为联邦政府不可能对种族隔离问题进行重大干预，因为种族隔离问题属于地方和州的管辖范围。但艾森豪威尔确实支持平权的一个领域是投票权。他相信剥夺美国黑人，尤其是南方的美国黑人的投票权，削弱了美国作为一个民主国家的权利。他还认识到，给予黑人选举权并不一定会结束现实中的种族隔离，而他和其他大多数美国白人仍然对平权运动止步于选举权的平等感到满意。艾森豪威尔认为种族关系的改变在美国只能缓慢进行，他确信时间的流逝会给白人种族隔离主义者的内心带来改变。艾森豪威尔认为自己是大多数温和派黑人的保护者，这些黑人受到"外部煽动者"的诱惑，很可能引发白人的暴力回应。最终，艾森豪威尔认为他是负责任地领导所有美国人包括所有美国黑人走

---

① Thomas Borstelmann, *The Cold War and the Cold Line: American Race Relations in the Global Arena*, Cambridge: Harvard University Press, 2002, pp. 86 – 89.

"中间路线"的正确人选。① 因此艾森豪威尔政府并没有积极推动布朗案的审理，他甚至说把厄尔·沃伦提名为最高法院的大法官是他一生中犯过的最大错误，布朗案的成功主要得益于杜鲁门政府前期的工作。

一　冷战、国际形象与布朗判决

1952 年，最高法院受理了布朗诉托皮卡教育委员会等 4 件相似的案件。布朗案的缘由是这样：黑人女孩琳达·布朗的父亲奥利弗·布朗竭力想让琳达在邻近的白人小学登记入读，但遭到拒绝，奥利弗就去寻求全国有色人种协进会的帮助；全国有色人种协进会长久以来一直在等待机会挑战公共学校的隔离，他们鼓励其他父母也参加进来，把官司打到最高法院。全国有色人种协进会法律诉讼基金会的律师瑟古德·马歇尔和他的同事们采取了新的策略，即利用心理学和社会学的相关证据来挑战隔离的假设。他们为此雇佣黑人心理学家肯尼思·克拉克来证明隔离的影响。克拉克做了一个有趣的试验，他把黑人娃娃与白人娃娃玩具放到 16 个黑人孩子面前，让他们选择，结果显示，许多黑人孩子选择白人娃娃是"好"娃娃，而认为黑人娃娃是"坏"娃娃。一些孩子甚至认为白人娃娃最像他们自己。试验深刻表明，种族隔离与歧视严重影响了黑人孩子的自尊。② 克拉克对此评论说："我们为我们的发现而不安，（黑人）孩子们的自我排斥到了如此程度，令我们感到震惊。这对他们的个性发展有着非常消极的影响，使他们不能正确认识自己的肤色。我认为，我们还没有清楚地意识到种族主义的残酷性，反对或根除它是异常艰难的。"③

虽然全国有色人种协进会使用了新的策略，但是案件在最高法院

①　Thomas Borstelmann, *The Cold War and the Cold Line*: *American Race Relations in the Global Arena*, Cambridge: Harvard University Press, 2002, pp. 90 – 93.

②　Raymond D'Angelo, *The American Civil Rights Movement*: *Readings & Interpretations*, McGraw-Hill/Dushkin, 2001, p. 224.

③　Kluger, Richard, *Simple Justice*: *the History of Brown v. Board of Education and Black America's Struggle for Equality*, New York: Vintage Books, 1977, p. 318.

仍处于僵局。在关键时刻，艾森豪威尔总统任命加州州长厄尔·沃伦为首席大法官，这可能是他对美国民权的主要贡献（虽然他后来后悔不已）。沃伦接替了 1953 年 9 月死于心脏病发作的弗雷德·文森，他的任命在 1954 年 5 月布朗案做出判决的两个月前才得到参议院的确认。这位新任首席大法官不仅推动了布朗案的审理，而且还努力使法院团结起来达成一致意见。①

1954 年 5 月，在社会学、心理学等一系列有利证据的支持下，经过大法官们艰苦的审理，最高法院推翻了公共教育中"隔离但平等"的普莱西原则②，一致裁决在中小学校中实施隔离违反宪法。判决回顾了布朗案等 4 个相关案件的发展过程以及最高法院对"隔离但平等"的普莱西原则的认识变化过程，强调"我们应看种族隔离本身对公共教育的实际影响"，"我们应根据公众教育已取得充分发展和它当前在全国人民生活中所处的地位来考虑。只有这样，才能决定公共教育中的种族隔离是否剥夺了原告享有的宪法第十四修正案规定的法律平等保护权"。判决认为时代与过去已经大不相同，当今教育在国家生活中的地位越来越高，影响到很多普通孩子的命运。因此"在公立学校中仅仅由于种族不同而采取的隔离政策，即使在学校设施和其他表面平等的条件下，也剥夺了少数民族孩子们的平等教育机会"。"公立学校中实施白人与黑人孩子隔离的政策，对黑人孩子产生一些恶劣的影响。在获得法律认可时，其影响更大，因为种族隔离政策通常意味着黑色人种的卑劣。这种卑劣感影响孩子学习的上进精神。因此在法律支持种族隔离的情况下，形成一种阻滞黑人孩子文化和智力发展的倾向，剥夺了他们在种族混合学校体制中可获得的某些好处。"沃伦大法官由此宣布，"我们决定，在公共教育的领域里，没有'隔离但平等'这一原则的位置。隔离的教育设施天生就是不平等的"。因此，最高法院宣布所有有关教育系统中的隔离立法是违宪的，它侵

---

① Azza Salama Layton, *International Politics and Civil Rights Policies in the United States, 1941 – 1960*, Cambridge; New York; Cambridge University Press, 2000, p. 117.

② 在 19 世纪 90 年代末，当荷马·普莱西挑战路易斯安那隔离火车车厢的合法性时，最高法院以 7∶1 的投票裁决这种隔离是合法的。从此，"隔离但平等"的隔离制度在南方合法地建立起来。

犯了宪法第十四修正案中规定的黑人应该拥有的权利。①

全国有色人种协进会律师的策略固然在案件审理过程中起了很大作用，但是国际因素也不能忽视。最高法院在最终的判词中并未直接阐明布朗案判决的冷战因素，但实际上，很多最高法院的法官受到了国际因素的影响。而且杜鲁门时期的司法部和国务院不断通过《法庭之友》发布的简报已经向法院提供了大量的种族歧视严重阻碍美国冷战外交政策的证据，法官们已耳熟能详。②

例如，大法官威廉·道格拉斯在他的著作中谈到了种族歧视对美国海外声誉的影响。当道格拉斯 1950 年去印度时，他在新德里的第一次新闻发布会上被问到的第一个问题是："为什么美国容忍对黑人处以私刑？"在 1951 年出版的《陌生的土地和友好的人民》一书中，他谈到了亚洲"肤色意识"的重要性。道格拉斯发现，在印度，"这种肤色意识在国内外事务中都有重大影响"。其他国家如何对待有色人种是印度与外部世界关系好坏的一个重要因素。因此，道格拉斯写道："美国对少数族裔的态度是我们与印度关系中的一个重要因素。"道格拉斯认为，来自芝加哥的非裔美国律师伊迪丝·桑普森的演讲"在印度产生了很大的善意和理解"。1949 年，桑普森在新德里发表演讲时告诉听众，她不会容忍对美国民权记录的批评，因为在过去的80 年里，美国黑人比"全世界任何类似群体"都进步得更快。道格拉斯对桑普森演讲重要性的认识与他的观点一致，即在争取亚洲盟友的战斗中，"获胜的将是理念，而不是美元"。他写道："美国与各国人民之间的善意最终对争取盟友的冷战斗争至关重要。财富和实力都不能决定亚洲的斗争结果。持久的政治联盟不是建立在枪炮或金钱的力量上，而是建立在感情上。"道格拉斯后来的南亚之旅反映了人们对共产主义在亚洲影响的日益担忧。他观察到，在民众中，"种族和

---

① Clayborne Carson et al. , eds. , *The Eyes on the Prize: Civil Rights Reader: Documents, Speeches, and Firsthand Accounts from the Black Freedom Struggle, 1954 – 1990*, New York: Penguin Books, 1991, pp. 64 – 74; Peter B. Levy, *Let Freedom Ring: A Documentary History of the Modern Civil Rights Movement*, New York: Praeger, 1992, pp. 36 – 39.

② 国内学者关于冷战与布朗判决关系的研究参见谢国荣《冷战与黑人民权改革：国际史视野下的布朗案判决》，《历史研究》2018 年第 1 期。

肤色意识是占主导地位、往往压倒一切的因素"。1951 年 7 月，在巴基斯坦的白沙瓦，有人告诉他，苏联将在亚洲之战中战胜美国，部分原因是美国没有被视为社会正义的倡导者。首席大法官厄尔·沃伦也持同样看法。他同意道格拉斯大法官的观点，认为冷战是一场思想的战争，司法部门在这场战争中应该发挥作用。1954 年 6 月，沃伦大法官对第四巡回上诉法院的法官们说，世界需要"一种正义感，而不是一种力量感"。他认为，美国的正义观"将我们与世界上许多其他政治制度区分开来"。如果司法部门能坚持美国正义的理想，"我们就能为国内的正义和世界的和平做出贡献"。当年晚些时候，沃伦在美国律师协会的一次演讲中强调，"我们的美国司法系统正在国内外接受审判。从长远来看，我们维护宪法精神及其权利法案的程度，将比我们储存的氢弹数量更能确保宪法的安全并使其成为人们奉献的对象"。他认为，一个和平的世界"将通过理念而不是武器，通过正义感和相互间的友谊，而不是通过枪支、炸弹和导弹来实现"。美国的理想在"争夺人心"的竞赛中处于核心地位。在布朗诉教育委员会案之前的几年里，最高法院的其他法官曾多次出国旅行。在美国种族歧视成为国际新闻头条的主要内容的那个时代，大法官们不能不承认国际社会对美国民权状况的关注。法院成员也充分认识到法院支持种族隔离的意见会对外交关系产生消极影响。①

当布朗诉教育委员会案的裁决书给了美国政府一个反击苏联的机会，美国国务院和美国新闻署立即利用了这份裁决书。在判决公布后不到一个小时，美国之音就向东欧广播了这一消息。"新闻直播间"的一份分析强调，"这个问题是在民主进程下通过法律而不是通过暴民统治或独裁命令解决的"。布朗判决的广播节目获得了"美国之声节目的最高优先级"，而且"可能会连续几天向苏联卫星国和共产主义中国转播"。美国之音声称："这些国家的人们对这个判决一无所知，除了共产党的报纸和电台会告诉他们歪曲的信息。"② 美国之音

① Mary L. Dudziak, *Cold War Civil Rights: Race and the Image of American Democracy*, Princeton, N. J.: Princeton University Press, 2000, pp. 105 – 106.

② Mary L. Dudziak, *Cold War Civil Rights: Race and the Image of American Democracy*, Princeton, N. J.: Princeton University Press, 2000, p. 107.

还向印度等第三世界地区广播了这一消息。美国新闻署在印度发布了一份新闻稿，称这一判决是"美国黑人在实现公民完全平等方面稳步进展的又一里程碑"，以挽回美国的民权状况在国际上的声誉。1954年秋季开学时，美国新闻署计划在 90 个国家放映一部电影，讲述白人和非裔美国学生一起在马里兰州巴尔的摩市上学的故事。① 美国之音总共以 34 种语言向全世界播送了该判决的消息，并配以强调美国黑人稳步进步历史的背景材料。福斯特·杜勒斯和美国国务院非常关心这一判决对美国外交关系的好处，因此积极配合宣传。② 据有关报道称，布朗判决后数百名国家和国际机构领导人通过电报表示祝贺，③ 宣传的效果非常显著。

美国新闻署对布朗案的报道所宣扬的种族平等的美好前景表面上兑现了政府在向海外传播的有关美国种族问题的官方材料中已经做出的承诺。对于政府已经在海外推广的种族和美国民主的故事，布朗判决是一个必不可少的、姗姗来迟的肯定。布朗判决对国际舆论产生了政府所希望的那种影响。对这一判决的积极反应遍及全球。④

首先，亚非拉的媒体纷纷对此表达了肯定和赞扬的态度。例如，1954 年 5 月 21 日巴西圣保罗州桑托斯市议会主席致信美国驻该市领事馆领事，庆祝布朗判决。桑托斯市市议会通过了一项动议，记录了对裁决的"满意投票"。它认为布朗判决"建立了公正的种族平等，这对普遍的和谐与和平至关重要"。非洲的报纸对这一判决进行了广泛的报道。根据美国驻达喀尔领事发出的快讯，布朗案"在法属西非受到热情欢迎，尽管媒体对其实施表示了一些怀疑"。强烈反对一切种族歧视的周报《新非洲》发表了一篇题为"美国的白人和黑人终于坐在同一所学校的长椅上"的文章，表示"世界各国人民都可以

① Mary L. Dudziak, "Brown as a Cold War Case", *The Journal of American History*, Vol. 91, No. 1（Jun., 2004）, p. 37.

② Thomas Borstelmann, *The Cold War and the Cold Line: American Race Relations in the Global Arena*, Cambridge: Harvard University Press, 2002, p. 94.

③ Derrick Bell, *Silent Covenants: Brown v. Board of Education and the Unfulfilled Hopes for Racial Reform*, Oxford University Press, 2004, p. 66.

④ Mary L. Dudziak, *Cold War Civil Rights: Race and the Image of American Democracy*, Princeton, N. J.: Princeton University Press, 2000, p. 108。

高兴地向这一进步措施致敬"。尼日利亚拉各斯的《西非向导报》发表的一篇社论认为，这一判决"对非洲人和世界各地的非洲后裔具有特殊意义和特殊利益"。因为"由于美国的行动具有全球影响，可能会影响其他国家的种族政策"。社论声称，在美国废除种族主义"将是美国在世界建立真正民主的最大保证"①。美国总领事馆收到的所有报纸都醒目地刊登了类似的评论。卡尔·罗文在 1954 年的印度之行中，不会像往常一样接受质询，因为布朗案的裁决和美国政府的宣传削弱了批评的声音。《印度快报》宣称这一判决代表了"美国人在观念方面的重要改变"。这一故事也在印度其他报纸上广为报道。②新德里的一家报纸以"一个伟大的判决"为题，赞扬"美国民主将从一致的裁决中获得力量和声望……因为在学校实行种族隔离一直是美国生活和文明的一个长期污点"③。当首席大法官厄尔·沃伦 1956 年 10 月抵达印度时，他早已声名远扬。根据 1954 年 8 月国家安全委员会的一份报告，美国新闻署"充分利用了美国最高法院的反种族隔离的判决"。例如，该报告指出，在非洲，"这一判决被视为自《解放奴隶宣言》以来最伟大的事件，它从共产党手中夺走了他们在黑非洲拥有的最有效的反美武器"。为了利用这一裁决，新闻署在几乎所有非洲刊物上都刊登了关于这一判决的文章，并报告该判决如何实施。正如美国国务院 1956 年的一份文件所指出的那样，"对美国种族歧视的批评近年来显著下降，部分原因是最高法院对学校种族隔离案件的裁决"④。

其次，英法和澳大利亚等西方的媒体也表达了欢迎和赞许的立场。伦敦的媒体报道说法院的判决在整个非共产主义世界都受到好

---

① Mary L. Dudziak, "Brown as a Cold War Case", *The Journal of American History*, Vol. 91, No. 1 (Jun. , 2004), p. 35.

② Nancy Beck Young, ed. , *Documentary History of the Dwight D. Eisenhower Presidency*, *Vol. 1: The Eisenhower Administration and the Brown v. Board of Education Decision*, *1954 – 1955*, Bethesda, MD: LexisNexis, 2005, p. 335.

③ Mary L. Dudziak, "Brown as a Cold War Case", *The Journal of American History*, Vol. 91, No. 1 (Jun. , 2004), p. 35.

④ Mary L. Dudziak, *Cold War Civil Rights: Race and the Image of American Democracy*, Princeton, N. J. : Princeton University Press, 2000, pp. 107 – 109.

评。工党的《每日先驱报》说这一判决"将使人类的每一位朋友和民主的每一位信仰者欢呼",称它为"自由的伟大的胜利和美国正朝解决问题的正确方向前进的标志"。英国《每日邮报》的一位专栏作家指出:"共产主义者的宣传说美国人残酷对待自己的黑人同胞,这一判决回击了这种不实之词。对于在朝鲜、中南半岛和整个远东的亚洲人来说它是指路明灯。"一向反美的英国伦敦《每日镜报》也宣称这一判决"在社会问题上的重要性可以与林肯的解放奴隶宣言相提并论"。法国的报纸也有评论。一向批评美国的《世界报》发表长篇社论来赞扬这一判决,它说这一判决"标志着一场正义战胜种族偏见的胜利,也是民主的胜利"。《震旦报》称赞这一判决是"美国有色人种的重大胜利"①。澳大利亚《悉尼先驱晨报》的一位作家呼应了世界上许多媒体的观点。他认为:全球的有色人种都认为美国白人对美国黑人实行严重的种族歧视,这一看法阻碍了美国在反对世界共产主义背景下发挥国际领导作用。"共产主义者所能得到的最有力的宣传工具是1500多万美国黑人的二等公民身份。今天美国最高法院的判决应该会在很大程度上消除共产主义观点的有效性,即西方的民主概念是虚伪的。"②

美国民权积极分子充分利用了布朗事件的国际影响。全国有色人种协会对国际社会对布朗判决的反应非常感兴趣。该组织在1954年的年度报告中指出,"受益于这一判决的并不仅仅是全国有色人种协进会。它减少了世界舆论对美国的压力,减轻了美国良心上的重担,因为在种族融合方面的稳步进展削弱了对美国伪善的指责"。该组织的执行秘书沃尔特·怀特寻求国际媒体反应的细节,并致信至少13个国家的美国大使,询问有关布朗判决"增强了人们对美国民主进程和美国自身的信心"的证据。布朗判决有助于提高美国的国际声望,为协进会带来两项重要利益。首先,它赋予民权活动家重要的影响

---

① Nancy Beck Young, ed., *Documentary History of the Dwight D. Eisenhower Presidency*, Vol. 1: *The Eisenhower Administration and the Brown v. Board of Education Decision*, *1954 – 1955*, Bethesda, MD: LexisNexis, 2005, pp. 335 – 336.

② Mary L. Dudziak, "Brown as a Cold War Case", *The Journal of American History*, Vol. 91, No. 1 (Jun., 2004), p. 36.

力。社会变革有助于美国对外关系的论点可以用来推进协进会的社会变革议程。其次，它表明全国有色人种协进会的努力提高了美国的国际威望，促进而不是损害了美国的冷战利益。在回答他的询问时，怀特收到了国际社会对这一判决做出广泛反应的证据。例如，美国驻意大利大使克莱尔·布特·卢斯写道："意大利公众对法院的判决及其后发生的事件非常感兴趣。总的来说，我认为其结果不仅让意大利人对美国民主的意义有了新的认识，而且也回击了共产党在这一点上的反美宣传"。在以色列，美国大使弗朗西斯·H.罗素表示，"最高法院的判决大大增强了人们对美国生活中基本民主的信念"。美国驻苏联大使认为，由于布朗判决"明显地与共产主义的宣传相矛盾"，苏联媒体对此几乎没有报道。仅有的一些报道认为，"美国最高法院的判决具有纯粹的掩蔽性质，它只是为了宣传目的而做出的"①。

虽然杜鲁门政府最初做出了参与布朗案的决定，但共和党全国委员会乐于为此邀功。1954年5月21日，共和党全国委员会发表了一份声明，称这一判决"完全符合艾森豪威尔政府对全球共产主义的正面攻击"。然而，艾森豪威尔总统本人却不那么热心，他一再拒绝公开支持布朗判决，只是默默地同意废除华盛顿学校的种族隔离。总统也拒绝将此案视为一个涉及道德问题的案件。在最高法院宣布这一判决的几个月前，他甚至代表种族隔离主义者温和地游说了首席大法官厄尔·沃伦。他为种族隔离主义者辩护说："这些人并不坏，他们所关心的只是不让他们可爱的小女孩和一些长得又大又胖的黑人一起上学而已。"此后，艾森豪威尔在私下里明确表示，他不喜欢这一裁决，他害怕南方白人的抵抗，他确信最高法院肯定会恶化南方的种族关系。②

美国国内许多地方的报纸都称赞布朗判决肯定了民主原则。据《纽约先驱论坛报》报道，这一判决"将国家的基本法律与良心和最坚定的信念结合起来"。其他媒体则认为，这一判决对外交政策的益

---

① Mary L. Dudziak，"Brown as a Cold War Case"，*The Journal of American History*，Vol. 91，No. 1（Jun. ，2004），p. 37.

② Thomas Borstelmann，*The Cold War and the Cold Line*：*American Race Relations in the Global Arena*，Cambridge：Harvard University Press，2002，p. 95.

处至关重要。《旧金山纪事报》认为，"废除种族隔离的判决将影响美国在南美洲、非洲和亚洲的长久声誉和利益"。《纽约时报》认为："对于世界上绝大多数肤色不同的人来说，废除建立在肤色基础上的种族隔离是一道耀眼的光芒，它将带来希望，展现美国的新面貌，赋予这个国家正义的新姿态。"《时代周刊》杂志以其典型的风格评论道：美国种族隔离的事实损害了美国的声望和领导地位，"布朗制决将适时地重申美国的基本原则，即'人人生而平等'"。《时代周刊》杂志的副刊《生活》支持这一立场，声称最高法院"此举极大地提高了其他国家对美国的尊重"①。正如《匹兹堡信使报》看到的那样，"布朗判决的高调声明将令'铁幕'背后的共产主义诽谤者震惊和沉默。它将使亚洲和非洲数以百万计的有色人种深刻认识到，无论种族、信仰或肤色，理想主义和社会道德能够而且确实在美国占了上风"②。

布朗案的胜利标志着"合法"的种族隔离在美国公共教育领域的终结，但布朗判决没有废除其他公共设施中的隔离，它也没有要求在一个特定时间内废除学校的隔离。全国有色人种协进会虽然要求立即废除隔离，但反对者认为，由于南方种族问题的复杂性，隔离制的废除应该渐进执行。最高法院随后颁布了一个指导原则，同意地方学校委员会以极审慎的速度实行非隔离化。这成为南方各地拖延非隔离的借口。

南方白人在州权和保卫白人种族的旗帜下，对布朗判决发起了大规模的抵制。有权势的美国参议员斯特罗姆·瑟蒙德和理查德·罗素认为，种族融合会破坏美国的基本社会秩序，民权运动对国家安全的威胁不亚于苏联。他们下定决心阻止种族平等。③ 在整个南方，州长和地方领导人不断呼吁反对法院的判决。佐治亚州州长赫尔曼·塔尔

---

① Derrick Bell, *Silent Covenants*: *Brown v. Board of Education and the Unfulfilled Hopes for Racial Reform*, Oxford University Press, 2004, p. 67.

② Mary L. Dudziak, *Cold War Civil Rights*: *Race and the Image of American Democracy*, Princeton, N. J.: Princeton University Press, 2000, p. 110.

③ Thomas Borstelmann, *The Cold War and the Cold Line*: *American Race Relations in the Global Arena*, Cambridge: Harvard University Press, 2002, p. 99.

马吉承诺"在我任州长期间，永远不会有融合学校"，他声称这一判决把"宪法变成了一纸空文"。南卡罗来纳州州长詹姆斯·伯恩斯对这一判决感到"震惊"，但呼吁白人和黑人"克制并维护秩序"。尽管亚拉巴马州的大多数政府官员"对最高法院的裁决持冷静观望的态度"，但一位州议员声称，"我们将把种族隔离墙的每一块砖都保护得完好无损"①。州长华莱士公开宣布"现在隔离，将来隔离，永远隔离"②。密西西比的罗斯·巴奈特州长发誓，他不会让一个"黑鬼"跨过白人学校的神圣门槛。伯明翰的地方官员贝利是典型的隔离主义者，他表达了对布朗判决的感受："黑人和我的小女儿一起去上学？那就是为什么抵制的原因。"密西西比首府的主要报纸《杰克逊日报》上，刊登了对布朗案的社论："它意味着最痛苦的种族斗争。密西西比不可能也不愿意遵守这样的判决。"③ 州立法机关也通过了大量支持隔离的法律。到 1957 年，布朗判决后仅 3 年，南方各州至少制定了 136 条新法律和州宪法修正案来延续隔离。像有的南方人说的那样，"只要我们能立法，我们就能隔离"。他们在教育领域制定出很多实施学校隔离的法律。州立法机关还通过立法攻击全国有色人种协进会以阻止它在本州范围内活动。④

在抵制布朗判决的浪潮中，种族主义组织白人公民委员会成立，其成员多是些体面的白人以及地方官员，具有较好的经济条件。该委员会直言不讳地宣称，它决心抵制取消种族隔离决定的执行，并号召其成员对为此而积极斗争的黑人和白人实行经济报复和制裁。它还运用宣传武器来煽动白人舆论，抨击布朗案判决，制造种族仇恨。而当白人公民委员会的策略不能奏效时，三 K 党便介入进来，使用赤裸裸

---

① Mary L. Dudziak, *Cold War Civil Rights*: *Race and the Image of American Democracy*, Princeton, N. J. : Princeton University Press, 2000, p. 111.

② 参见王肖红《试论乔治·科利·华莱士的政治活动及其历史影响》，硕士学位论文，山东师范大学，2019 年。

③ "Significance of the Brown v. Board of Education Decision". In Robert J. Allison, ed., *History in Dispute*, *Vol. 2*: *American Social and Political Movements*, *1945 – 2000*, St. James Press, 1999. 引自盖尔（Gale）数据库。

④ Gerald N. Rosenberg, *The Hollow Hope*: *Can Courts Bring About Social Change*? Chicago: University of Chicago, 1991, pp. 78 – 79.

的暴力。①

更有甚者，1956 年 3 月 12 日，南方 100 多名国会议员联名发表了抵制最高法院布朗判决的"南方宣言"，认为"最高法院关于布朗案的判决，显然是对司法权的滥用"，它"毫无根据地行使权力，违背宪法，正在南方各州制造骚乱和麻烦，破坏了黑白种族之间的和谐关系"，赞扬"愿意以任何法律手段抵制强制融合的那些州的行为"，并"发誓运用一切法律手段推倒这一违背宪法精神的裁决，阻止它的具体实施"②。这成为南方抵制合法性的依据，促使了南方更大规模的抵制运动。艾森豪威尔总统公开回应《南方宣言》时，站在南方白人的立场上看待这个问题。他强调，在过去的 60 年里，最高法院一直支持种族隔离，南方白人"激烈的情绪"需要时间来缓和。③

罗伯特·帕特森是白人公民委员会的创始人之一，他认为推动学校融合的布朗判决是受共产主义启发的。他抗议"种族平等"。佐治亚州州长赫尔曼·塔尔马吉在 1955 年出版了《你与种族隔离》一书，他声称："我们通过取悦共产党人来制定我们的国家政策"，"布朗判决所代表的对人权法案的攻击只会让一个群体获益。这个群体就是共产党和它的同路人"。塔尔马吉和佐治亚州参议员理查德·罗素等人认为，自由主义者正在被莫斯科的冷战言论欺骗。美国不应试图满足苏联的要求，而应自豪地捍卫自己的传统，④ 美国为废除种族隔离所采取的行动，在一定程度上是受到《真理报》所刊印内容的推动。⑤

总之，布朗判决从很大程度上就是一个冷战案例。美国国务院和其他部门对苏联关于美国种族主义的宣传如何影响美国外交利益的担忧，为之前杜鲁门政府支持民权的立场提供了依据。外交政策问题被

---

① 何章银：《种族集团与艾森豪威尔政府的民权政策》，《世界历史》1994 年第 3 期。

② Raymond D'Angelo, *The American Civil Rights Movement: Readings & Interpretations*, McGraw-Hill/Dushkin, 2001, pp. 254 – 255.

③ Thomas Borstelmann, *The Cold War and the Cold Line: American Race Relations in the Global Arena*, Cambridge: Harvard University Press, 2002, p. 100.

④ Thomas Borstelmann, *The Cold War and the Cold Line: American Race Relations in the Global Arena*, Cambridge: Harvard University Press, 2002, p. 108.

⑤ Mary L. Dudziak, *Cold War Civil Rights: Race and the Image of American Democracy*, Princeton, N. J.: Princeton University Press, 2000, pp. 111 – 112.

认为是十分重要的，因此司法部从国务院获得文件，以便在其《法庭之友》简报中使用。司法部在这些论点上花了相当大的篇幅，并向最高法院强调，支持种族隔离的决定将对美国的外交关系产生明显的消极影响。当时，美国希望用民主拯救世界。美国之音宣布，《权利法案》和《宪法》保护美国公民不受国家暴政的侵害。然而，随着一个接一个关于投票权滥用、国家强制隔离和私刑的新闻出现在国际媒体上，许多人开始质疑美国的宪法权利和民主原则是否还有意义。①

在许多非洲和亚洲国家，种族、民族主义和反殖民主义问题比超级大国之间的冷战紧张关系重要得多，美国种族主义的现实尤其成问题。如果民主意味着白人至上，美国就无法拯救第三世界的民主。苏联试图利用美国的这一困境，强化了冷战的影响。作为对外国批评的回应，国务院官员试图将美国的种族主义描述为一个地区问题，而不是一个国家问题，并且还是一个即将消失的问题。他们认为，民主正在发挥作用，它最终将克服少数人不合时宜的做法。但如果最高法院做出有利于布朗案被告的裁决，最高法院就会重申，美国宪法包容了这些案件中受到挑战的种族主义做法。美国驻尼日利亚大使馆的官员会发现，如果最高法院将体现民主和个人权利原则的文件解释为与种族隔离相一致，他们就很难反驳共产党更致力于保护有色人种利益的说法。杜鲁门政府承认并回应了这一威胁，在《法庭之友》关于废除种族隔离案件的外交政策影响的简报中收集了证据。艾森豪威尔政府利用了这一结局，在宣传中突出地使用了布朗判决。尽管美国的种族主义会时不时地给外交政策带来困难，苏联也会继续把它作为一个宣传主题，但布朗判决还是帮助削弱了更有力的反美论点。布朗判决在世人眼中"洗白"了民主的原则。该判决宣布，种族隔离和美国宪法权利相互矛盾。继布朗判决之后，美国国务院将种族主义归咎于三K党和他们的疯狂。而且，最重要的是，他们可以将布朗判决作为种族主义与美国民主原则相悖的证据。这种冷战和外交政策角度是推

---

① Mary L. Dudziak, "Desegregation as a Cold War Imperative", *Stanford Law Review*, Vol. 41, No. 1 (Nov., 1988), p. 117.

动联邦政府战后民权改革的关键因素之一。①

尽管布朗判决是一个巨大的进步，但在美国的学校里，种族隔离仍然存在。布朗判决也没有要求立即采取具体步骤来实施非种族隔离原则。虽然最高法院将布朗的废除种族隔离原则扩展到其他领域，但在布朗案中，最高法院在大多数情况下保持沉默。加之艾森豪威尔总统并不支持民权运动和布朗判决，结果在此后两年时间里，由于白人对种族融合的强烈抵制，美国又接连遇到两次种族危机。

第一场危机是埃米特·蒂尔私刑事件。② 1955 年夏，一名 14 岁的芝加哥黑人男孩埃米特·蒂尔在到密西西比走亲戚时对一位当地白人男子的妻子吹口哨，正好被旁边的两名白人布莱恩特和米拉姆看见了，这两名男子被激怒了，他们绑架、拷打并杀害了蒂尔。这实际上是密西西比州当年已知的第四起跨种族仇杀案。前三名受害者都是著名的密西西比黑人，他们参与了选民登记运动。这些政治谋杀事件在国内媒体上引起了一些讨论，但却比不上蒂尔之死所引起的巨大关注。他的不同之处在于他的年龄太小，而且他只不过是南方的一个过客。他的母亲坚持要在他回芝加哥的葬礼上把棺材打开，让媒体的摄像机记录下他所遭受的特别的暴行。尽管有目击者指证布莱恩特和米拉姆有罪，事实上，他们后来还向一名记者承认了他们的罪行，但布莱恩特和米拉姆立即被一个全是白人的陪审团宣告无罪，这进一步激起了南方白人以外和美国以外的批评舆论。许多南方白人同情杀害埃米特·蒂尔的凶手，认为他们的行动是对布朗案判决的一种令人遗憾但又可以理解的反应，同时也是对黑人男性意欲侵犯白人女性的一种正常反应。无论是在欧洲还是在第三世界的媒体都谴责了这一种族暴行，例如瑞士一家报纸的一篇社论对蒂尔被虐杀后，白人罪犯却被无罪释放表示了愤怒。③ 艾森豪威尔政府也确信蒂尔案削弱了"布朗案"近期为美国在海外赢得的善意。但就联邦调查局而言，它鼠目寸

---

① Mary L. Dudziak, "Desegregation as a Cold War Imperative", *Stanford Law Review*, Vol. 41, No. 1（Nov., 1988）, pp. 118 - 119.

② 参见 Timothy B. Tyson, *The Blood of Emmett Till*, Simon & Schuster, 2017。

③ Mary L. Dudziak, *Cold War Civil Rights*: *Race and the Image of American Democracy*, Princeton, N. J.: Princeton University Press, 2000, p. 113.

光地认为关心蒂尔案的白人一定是共产主义者。对于芝加哥市长理查德·戴利抗议联邦政府在此案中的不作为，胡佛虚与委蛇地说他被共产党欺骗了。全国有色人种协进会主席查宁·托拜厄斯作为自由派的典型，认为，对蒂尔案的陪审员，应该得到"一枚来自克里姆林宫的勋章，以表彰他们在共产主义与民主的战争中做出的贡献"①。

第二场危机是1956年白人抵制奥斯琳·露西进入亚拉巴马大学事件。黑人女孩露西申请进入亚拉巴马大学，结果遭到当地白人暴徒的激烈抵制，引起了轩然大波，几乎成为后来小石城事件的预演。这一事件标志着联邦和州执法机构在学校种族隔离问题上的第一次冲突，它也是第一个成为国际事件的学校种族隔离案件。

由于该案在国际上引起了轰动，美国新闻署的一项民意调查显示，"对露西一案的审理，西欧有1/4到1/3的人或多或少地专门提到了该事件，将其作为最近美国对黑人歧视的不利印象的基础"。新闻署的报告总结说，布朗诉教育委员会案的积极影响正在失去优势，更重要的是，由于露西案以及类似的事件，美国在种族关系以外的其他领域的声望也遭到了损害。一个代表五大洲学生的组织——国际大学生青年组织（Infernafivnal University Student Youth），抗议美国教育界的"肤色歧视"。他们向美国驻联合国代表团递交了一份请愿书，对"在自由世界最重要的国家中明显存在的对其他种族成员的不容忍和根深蒂固的仇恨精神"表示深切关注。请愿者希望露西能够"按照美国最高法院的历史性裁决"得到公正的对待。哥本哈根大学为露西提供了全额奖学金，因为亚拉巴马大学的学生阻止她完成学业。受人尊敬的丹麦学者和大学校长向露西发出了同情的信息，并对她"继续为民主和人权而奋斗"表示了热烈的祝愿。报纸社论对这种事情发生在所谓的"自由美国"感到悲哀。最激烈的一次批评发生在《丹麦独立报》上，该报严厉抨击了南部各州的"种族隔离政策"。美国驻哥本哈根大使馆的官员告诉国务院，丹麦人对美国种族问题的关注一直处于反常的高水平。大使馆警告说，"丹麦人的过分关注，不应掩

---

① Thomas Borstelmann, *The Cold War and the Cold Line*：*American Race Relations in the Global Arena*, Cambridge：Harvard University Press, 2002, pp. 98 – 99.

盖埃米特·蒂尔案和露西的努力所引起的不幸骚乱对美国声望造成的损害……只要南方继续蔑视最高法院的裁决,危机事件继续发生,丹麦人就可以继续保持强烈关注,并经常误读或夸大各种事件,损害美国的声誉"。瑞典媒体对露西一案的报道如此广泛,以至于"可以毫不夸张地说,如今她是瑞典最有名的美国人之一"。瑞典报纸将美国的种族状况描述为糟糕且严重恶化,这"无疑损害了美国的声誉"。据美国驻瑞典大使馆官员说,瑞典人认为美国人试图实现种族和谐的大多数努力都是虚伪的。瑞典人民对露西一案感到愤怒,并对之前的"不公正"(如1955年的蒂尔案)记忆犹新。更糟糕的是,驻瑞典的美国官员补充说,著名黑人明星约瑟芬·贝克通过亲身体验告诉瑞典人民"美国对黑人是多么糟糕"。在一次5000人参加的活动中,贝克是主要发言人。她的演讲用英语发表,被翻译成瑞典语,登上热销榜,因此使她的观点在瑞典有更广泛的传播。在法国,美国领事馆收到了好几封抗议信。在海牙,报纸头版头条就露西案"谴责"美国政府。尼日利亚最大、最具影响力的报纸之一《每日邮报》刊登了一幅漫画,题为"亚拉巴马大学不在乎亚伯拉罕·林肯所说的人生而平等"。露西也上了印度的头版新闻。令国务院特别不安的是,露西事件给布朗判决和美国种族关系的整体进展蒙上了阴影。印度媒体警告说,尽管联邦政府承诺促进废除种族隔离,"南方令人遗憾的景象正在损害美国民主的威望和它所代表的一切"。《罗卡塞瓦克日报》指责说,美国的种族关系似乎"比南非还要糟糕"。对印度人来说,美国黑人决定发起一场甘地式运动的事实"清楚地表明,种族歧视在美国仍然十分严重"[①]。

1956年露西事件发生后,国际上对美国学校实行种族隔离的愤怒平息了一段时间,但并没有消失。国务院继续收到来自美国领事馆和大使馆有关美国声誉受损的令人沮丧的消息。美国驻土耳其官员说,"在美国大使馆看来,除了种族问题,没有其他议题会对美国的声望造成更大的损害"。土耳其领导人认为,美国的形象将在整个民

---

① Azza Salama Layton, *International Politics and Civil Rights Policies in the United States, 1941 - 1960*, Cambridge; New York: Cambridge University Press, 2000, pp. 119 - 121.

主世界受到伤害。在加拿大，美国的种族问题继续成为头条新闻。发行量最大的一家法裔加拿大报纸认为，美国的肤色问题证明了奴隶制在官方和法律上都以这样或那样的形式存在。1957 年 9 月小石城危机突然爆发，又成为另一场针对美国种族危机进行全面批评的国际事件。①

二　小石城事件、国际舆论与美国政府的被迫干预

1954 年布朗案的判决宣告公立学校中的黑白种族隔离制度违宪。但是美国南方许多州均拒不执行最高法院的判决，掀起了大规模的抵制活动，其中露西事件影响已经很大了。但最严重的一起冲突事件发生在阿肯色州的首府小石城。1957 年夏，在全国有色人种协进会的努力下②，该地的教育委员会接受联邦地区法院执行布朗案的判决，允许 9 名黑人学生进入小石城中央高中就读。白人种族主义分子激烈反对这一决定。9 月 2 日，秋季开学之际，该州民主党州长福伯斯动用国民警卫队封锁学校，禁止黑人学生入学。后在法院干预下，20日福伯斯撤回国民警卫队，任凭一些白人暴民捣乱。上千名种族主义分子包围学校，殴打黑人记者，并把 8 名入学的黑人学生赶走。另外一名黑人学生伊丽莎白独自上学，结果在上学途中被一名白人暴民追打，幸亏一名富有同情心的白人妇女帮助她上了一辆公交车，才免遭不幸。小石城事件通过媒体的广泛报道而震惊了全世界。

在巨大的压力下，艾森豪威尔总统于 25 日不得不动用美国陆军101 空降师，占领了小石城，维持秩序，并暂时直接控制了 1 万名州国民警卫队。在 1000 名全副武装的美国大兵保护下，9 名黑人学生最终得以入学。

苏联媒体自然不会放过这个攻击美国的机会。莫斯科电台在 1957

---

① Azza Salama Layton, *International Politics and Civil Rights Policies in the United States, 1941 – 1960*, Cambridge; New York: Cambridge University Press, 2000, p. 122.

② Daisy Bates, *The Long Shadow of Little Rock: A Memoir*, New York: David McKay, 1986, pp. 32 – 58.

年的第三季度，就几乎发布了 160 条批评美国小石城事件的评论，大多都面向亚洲和中东。① 苏联在反美宣传中大量使用小石城危机的信息，通常只是简单地重新发布由美国新闻来源传播的事实，但反响仍然很强烈。例如，《共青团真理报》刊登了一篇小石城事件的报道，标题是"军队向儿童进军"！据当时的苏联报刊摘要，相关文章还附有照片，包括"小石城国民警卫队引导一名黑人女孩离开高中的照片"。苏联的《消息报》长篇大论地指出："现在，在所谓'美国民主'的表象背后，一场悲剧正在上演，它只能激起每个诚实人心中的愤慨。在美国南部各州，三 K 党的法西斯暴徒正在组织一场对黑人儿童的野蛮追捕，因为后者准备与白人男孩和女孩坐在同一间教室里。武装到牙齿的国民警卫队士兵和警察禁止黑人儿童进入学校，用刺刀和催泪弹威胁他们，鼓励流氓肆无忌惮地从事暴力活动，这真是一场悲剧……在小石城，全副武装的部队带着来复枪、刺刀和催泪弹，包围了这所高中，'保卫'它，不让 9 名希望在这里学习的黑人儿童进入。这些情况引发了人们对美国政府的质疑。福伯斯州长及其背后的赞助人……厚颜无耻地谈论民主，并以自由的支持者的身份讲话。事实上，没有什么比美国外交官在联合国特别法庭上的演讲更侮辱民主和自由的了。在那次演讲中，华盛顿被描绘成匈牙利人民权利的捍卫者。"《消息报》认为，"美国南部发生的事件不能再是一件无关紧要的事。我们必须讲述美国种族主义者的故事，他们践踏人的尊严，堕落到动物的水平。由于美国在海外推广民主，当这些先生们试图充当世界导师时，我们就更不可能保持沉默了"②。

小石城危机使莫斯科能够在 1957 年联合国关于匈牙利事件的辩论中挑战美国。苏联试图通过指出"发生在美国南部的令人难以置信的罪行和侵犯最基本人权的行为"来击垮美国在匈牙利的道德地位。苏联不断地打击美国，不仅因为美国允许"种族主义者"虐待自己的公民，还因为美国"自己的手很脏"，却敢于指责他人。

---

① Laura A. Belmonte, *Selling the American Way*: *U. S. Propaganda and the Cold War*, University of Pennsylvania Press, 2010, p. 171.

② Mary L. Dudziak, *Cold War Civil Rights*: *Race and the Image of American Democracy*, Princeton, N. J.: Princeton University Press, 2000, pp. 121 – 123.

苏联建议来自亚洲和非洲国家的联合国代表，团结起来谴责美国对有色人种的歧视。①

美国人很清楚这种危险的存在。《阿肯色州公报》报道称，"莫斯科电台一直在愉快地谈论种族融合的麻烦"，而小石城危机是它特别关注的话题。艾森豪威尔总统也提到，"在海外，苏联在欧洲的宣传喉舌大声疾呼，小石城的'反黑人暴力'是在美国政府的明显默许下进行的"。纽约布鲁克林的威廉·罗斯写信给福伯斯州长说，他"向共产党人提供了无价的宣传材料，损害了我们在亚洲和非洲国家中的地位"。福伯斯州长的行为被认为是对苏联宣传机器的有力帮助，以至于《机密》（*Confidential*）杂志认为州长的角色实际上可能是共产主义阴谋的一部分，而州长则是共产主义的代理人。头版一整版这样写道，"阿肯色州州长福伯斯是共产党员训练出来的"，旁边还配了一张州长的照片。根据这篇文章，当阿肯色州州长福伯斯公开反对美国推行学校融合时，他把任何一个美国人能给共产党人的最慷慨的礼物交给了他们。因为世界上 4/5 的人是有色人种。全世界的共产党人都援引小石城的名字告诉有色人种，美国是一个歧视和迫害黑人的地方。由于福伯斯的行动和利用这些行动的"红色"宣传，每个美国人出国旅行时都会被他们遇到的每个外国人问到小石城的情况。对于《机密》来说，这些情况自然会引出这样一个问题："福伯斯是否不知不觉地在玩一场亲共游戏？还是他在故意帮助苏联的宣传机器？"②

亚非拉等第三世界的批评也很激烈。亚洲的媒体和社会对美国虐待少数民族表达了强烈的谴责。印度的观众把种族歧视看作是美国社会的一大缺陷。《印度尼西亚时报》评论了小石城事件对美国外交政策带来的损害。《马尼拉纪事报》敦促美国新闻署立刻修补美国日益下降的国际声誉。首尔的《韩国日报》称美国的隔离问题成为世界

---

① Azza Salama Layton, *International Politics and Civil Rights Policies in the United States*, *1941 - 1960*, Cambridge; New York: Cambridge University Press, 2000, p. 97.

② Catherine M. Lewis and J. Richard Lewis, *Race*, *Politics*, *and Memory*: *A Documentary History of the Little Rock School Crisis*, Fayetteville: The University of Arkansas Press, 2007, pp. 80 - 85; Mary L. Dudziak, *Cold War Civil Rights*: *Race and the Image of American Democracy*, Princeton, N. J.: Princeton University Press, 2000, pp. 119, 121, 124.

有色人种对美国民主和美国生活方式产生怀疑和批评的主要原因。①
一名印尼公民在《苏鲁印尼报》上刊登了一封公开信，向驻印度尼西亚的美国大使和美国公民表达了对小石城事件的"厌恶"。这封信问道："只要仍然存在像小石城那样对黑人的虐待，美国人如何让亚洲人民相信他们对民主的信仰？"它认为小石城有关事件的照片比美国政府的话更有说服力，并建议南方白人应该去亚洲学习宽容。②

　　在非洲，随着美国和苏联之间争夺非洲势力范围的竞争达到高潮，各国对小石城危机的批评也达到顶峰。尼日利亚媒体抨击福伯斯州长"让美国在全世界眼中蒙羞"。一篇社论指出，亚洲和非洲的联合国代表如果碰巧在小石城，就会被关进监狱。这篇社论问道："美国人有什么道德权利谴责南非的种族隔离制度，同时又依法维护它？"尼日利亚新闻媒体的结论是，美国不可能一边为"殖民地人民辩护，一边又在自己国内支持不平等"。驻拉各斯的大使馆官员称，尼日利亚的批评是相对宽容的，但警告称，"一旦美国未来出现任何种族骚乱的情况下，这种宽容不会持续下去"。苦恼的美国驻莫桑比克领事指出，在莫桑比克，小石城事件成为美国黑人与白人关系的象征，当时美国正试图"谴责世界其他地方的殖民主义或种族隔离"。大使馆的工作人员警告国务院，"毫无疑问，我们的道德立场受到了很大损害，所有美国人在此刻向任何欧洲政府提供的非洲事务咨询，都是虚伪的"③。在西非占有殖民地的法国人利用小石城危机告诉世界，在种族问题上，他们在非洲做得更好。法国人认为小石城事件是"敲诈"美国的政治机会，他们希望小石城危机"能让美国对法国在阿尔及利亚的问题上多一点同情，特别是在即将召开的联合国会议上能

　　① Laura A. Belmonte, *Selling the American Way: U. S. Propaganda and the Cold Wary*, p. 172.

　　② Azza Salama Layton, "International Pressure and the U. S. Government's Response to Little Rock", *The Arkansas Historical Quarterly*, Vol. 56, No. 3, (Autumn, 1997), p. 262.

　　③ Azza Salama Layton, "International Pressure and the U. S. Government's Response to Little Rock", *The Arkansas Historical Quarterly*, Vol. 56, No. 3, (Autumn, 1997), pp, 267 – 268.

帮法国说话"①。许多利比亚人强烈批评美国自称是"自由和民主之母，却允许 1600 万美国黑人被白人践踏，过着屈辱的生活"。的黎波里的一篇报纸的社论问美国人，当利比亚人知道正在发生的"悲剧"时，为什么应该相信美国的宣传？② 肯尼亚的亚裔少数民族领导人对美国黑人表示同情，因为当肯尼亚获得独立时，他们认为自己"可能会成为非洲人歧视的受害者"③。

此外，小石城事件也为一些非洲国家提供了政治操纵的机会。例如，乌干达的政党，为了吸引选民和增加政治影响力，用小石城事件来竞争"乌干达唯一的美国黑人权利捍卫者"的称号。非洲主要民族主义政党之一的乌干达国民大会党致信艾森豪威尔，质疑他在小石城事件中的诚意："在美国能够处理任何国际问题之前，它首先应该在国内保持清白，我们认为这是美国在国外取得成功的先决条件。"乌干达国民大会警告说，美国试图在非洲新兴国家建立影响力的做法"与贵国目前的事态不符……我们永远不会与任何实行种族政策不平等的国家合作"。乌干达国民大会党的主要民族主义竞争对手联合大会致信艾森豪威尔，对小石城危机发生在被乌干达视为人权领袖的国家表示"极大震惊"，认为这种"妨碍司法公正"的行为损害了美国在非洲的声誉。④ 苏联及其盟友与美国之间的竞争，有时甚至还给了非洲领导人在国际会议上挑战美国的机会。美国政府不能轻易忽视非洲领导人的行动和意见。加纳在联合国大会的投票权与瑞典相当，几内亚与英国相当。美国国务院承认这一点，它认为，美国的种族问题为非洲领导人提供了政治机会，创造了一种"潜在危险的气氛，在这种气氛中，如果政府和政治领导人愿意，他们可以以任何理由煽动公众舆论反对美国"⑤。

---

① Layton, *International Politics and Civil Rights Policies in the United States*, p. 128.

② Layton, "International Pressure and the U. S. Government's Response to Little Rock", *The Arkansas Historical Quarterly*, Vol. 56, No. 3, (Autumn, 1997), p. 262.

③ Layton, "International Pressure and the U. S. Government's Response to Little Rock", *The Arkansas Historical Quarterly*, Vol. 56, No. 3, (Autumn, 1997), p. 268.

④ Layton, "International Pressure and the U. S. Government's Response to Little Rock", *The Arkansas Historical Quarterly*, Vol. 56, No. 3, (Autumn, 1997), p. 267.

⑤ Layton, *International Politics and Civil Rights Policies in the United States*, p. 101.

在拉美，许多巴西人谴责所谓的美国民主。美国驻圣保罗总领事对国务院说，小石城事件阻碍了美国黑人的进步。阿根廷人向艾森豪威尔总统和许多美国学生团体发出了公开信。有些人问艾森豪威尔，当他无法说服自己的下属福伯斯州长遵守法律时，他如何能说服俄国和世界其他国家相信民主的好处。① 另根据美国驻苏里南大使馆的说法，媒体的报道"加剧了人们对美国在国际事务中所强调的道德问题的怀疑"。由于小石城事件，一名使馆官员在上周听到了更多关于美国种族问题的负面批评，比他在这里的一年还多。这名官员说，这"对我们在苏里南的国家地位造成很大损害"②。还有一些拉美的记者持更为批评的立场并常常列举他们自己种族融合的传统。③ 1958 年尼克松副总统访问委内瑞拉期间，加拉加斯甚至发生了针对小石城危机的示威活动。④

出乎意料的是，来自西方盟友的批评也很多，甚至更激烈。因丹麦人民对暴力事件感到"震惊"，美国在丹麦的外交使团表示"对丹麦人对小石城的反应感到尴尬"。美国驻哥本哈根大使馆要求国务院帮助回应当地公众的抗议活动。瑞典媒体充斥着对小石城贬损性的新闻报道。半官方刊物《摩根季刊》表达了对美国海外声誉受损的担忧。⑤ 斯德哥尔摩的一家报纸写道，小石城事件"受到整个西方世界的关注，如果联邦政府不采取强硬立场，这将不仅对艾森豪威尔总统的个人声望，而且对美国在自由世界心中的地位构成严重威胁"⑥。瑞士针对小石城的社论和新闻报道超过了以往任何对美国的报道，美国驻伯尔尼大使馆发出警告说，这场危机"正在给西方世界的道德地

---

① Layton, "International Pressure and the U. S. Government's Response to Little Rock", *The Arkansas Historical Quarterly*, Vol. 56, No. 3, (Autumn, 1997), p. 262.

② Mary L. Dudziak, *Cold War Civil Rights: Race and the Image of American Democracy*, p. 125.

③ Laura A. Belmonte, *Selling the American Way: U. S. Propaganda and the Cold Wary*, p. 172.

④ Layton, *International Politics and Civil Rights Policies in the United States*, p. 102.

⑤ Layton, "International Pressure and the U. S. Government's Response to Little Rock", *The Arkansas Historical Quarterly*, Vol. 56, No. 3, (Autumn, 1997), p. 263.

⑥ Mary L. Dudziak, *Cold War Civil Rights: Race and the Image of American Democracy*, p. 121.

位造成严重损害，而此时联合国大会正在讨论匈牙利的悲剧"。大使馆官员的结论是，瑞士人对这种暴力行为的发生感到沮丧，小石城事件将"对美国在普通瑞士人心目中的地位和声望产生负面影响"，导致"严重损害"到西方在整个欧洲以外的世界的地位。①

根据美国驻阿姆斯特丹总领事的说法，即使是平时不公开自己感受的内敛的荷兰人，也热烈地谈论着美国阿肯色州长强行剥夺黑人儿童接受良好教育权利的不幸事件。荷兰人还担心小石城"正在发生的事情会削弱美国的实力，因为在亚洲、非洲和中东这些对肤色歧视真正敏感的地区，美国正与苏联共产主义争夺势力范围。他们认为，美国在世界道德领导地位上的削弱间接伤害了美国的盟友"。美国驻阿姆斯特丹的官员援引当地政府官员和媒体人士的话说，"美国种族主义者的活动和希特勒的方法"之间没有什么区别，并补充说，这种普遍的观点"伤害了美国在全世界眼中的形象"②。卢森堡的新闻媒体指出，小石城伤害了美国作为自由世界领袖的地位和品德，小石城"对共产党来说是一个可以利用的机会，它掩盖了对匈牙利大屠杀和苏联新反犹主义的谴责"。卢森堡的一份报纸嘲笑福布斯州长将联邦军队占领小石城与德国占领巴黎和苏联袭击布达佩斯相提并论。卢森堡政府的官方机构宣称小石城事件给国际社会留下了很坏的印象，指出美国一直在使用美元和武器来阻止俄国在中东和其他有色人种聚居地的扩张，但"小石城事件就像泼了一盆冷水"。在比利时，小石城发生的事件比美国国内任何其他事件都更能引起人们的兴趣。报纸尖锐地质疑美国在国际事务中所标榜的高尚道德。根据美国驻布鲁塞尔大使馆的说法，比利时媒体似乎更关心阿肯色州的事件对美国在亚洲和非洲声望的影响，而不是它们对比利时的影响。③

---

① Layton, "International Pressure and the U. S. Government's Response to Little Rock", *The Arkansas Historical Quarterly*, Vol. 56, No. 3, (Autumn, 1997), p. 264.

② Mary L. Dudziak, *Cold War Civil Rights: Race and the Image of American Democracy*, p. 125; Layton, "International Pressure and the U. S. Government's Response to Little Rock", *The Arkansas Historical Quarterly*, Vol. 56, No. 3, (Autumn, 1997), p. 264.

③ Layton, "International Pressure and the U. S. Government's Response to Little Rock", *The Arkansas Historical Quarterly*, Vol. 56, No. 3, (Autumn, 1997), p. 265.

英国人常对美国人在发生了小石城事件的情况下仍批评他们占有所谓的"印度帝国"和"非洲殖民地"的说教表示嗤之以鼻。《伦敦时报》谈到了"那些被孤立的黑人儿童，他们的照片感动了海外的数百万人，令美国蒙羞"。合众社驻伦敦记者说，"整个欧洲都对美国阿肯色州和其他南方各州由于实行黑白学生合校而引起的骚乱表达了隐藏不住的憎恶。这给美国的威信以严重打击"。这个记者引用了许多英国报纸的评述。《每日镜报》和《预言者》的评论员说："阿肯色州州长福伯斯和麦卡锡一样在嘲弄美国民主。"① 《爱尔兰时报》指责"三 K 党被南方各州注入了新的血液而获得新生"，认为这场危机"给了共产主义宣传人员向各地有色人种进行无数说教的机会"②。罗马的《意大利报》在谈到小石城事件时写道："由于阿肯色州出产吸尘器和冰箱，文明世界把它看作是技术上先进的地方。但是在道德方面它是落后的，从这个意义上来说它的所作所为可以同中世纪某些黑暗的先例相比。"③ 梵蒂冈出版物《奥塞梯多罗马诺》的立场说明了意大利的普遍情绪。它说："无论谁宣扬种族主义原则，无论谁为之辩护，都不应被允许行使政治权利，也不应被允许担任任何公职，就像对待最严重的罪犯那样。"④

许多欧洲人直接给美国官员写信并请愿。奥地利的学生团体向福伯斯发出公开信，将他的行为和态度与"种族主义的希特勒政权迫害犹太人相提并论"。信中说，第二次世界大战期间，黑人士兵与法西斯主义作战，但州长却否定了他们的权利，"阿肯色州发生的事件严重地动摇了全世界对美国自由使命的信赖"。国际教育联合会"以750 万教师的名义"向艾森豪威尔总统表达了对小石城事件的愤慨，并要求"尊重黑人儿童的权利和禁止所有教育中的种族隔离"。对小

---

① 转引自新华社《种族主义分子兴风作浪，美国小石城变成恐怖世界，各国舆论同声指责美国迫害黑人》，《人民日报》1957 年 9 月 27 日，第 6 版。

② Mary L. Dudziak, *Cold War Civil Rights: Race and the Image of American Democracy*, pp. 120 - 121.

③ 转引自新华社《种族主义分子兴风作浪，美国小石城变成恐怖世界，各国舆论同声指责美国迫害黑人》，《人民日报》1957 年 9 月 27 日，第 6 版。

④ Layton, *International Politics and Civil Rights Policies in the United States*, p. 103.

石城的反应在一些欧洲国家受到了限制。例如，在德国，人们意识到自己在迫害少数民族问题上的弱点，相对而言，这似乎抑制了他们对美国人的指责和对阿肯色州的愤怒报道。此外，德国各政党都在争取美国的支持，这在当时似乎是为了增加选举的人气。然而，一些德国社论强调，美国必须捍卫其"作为民主赞助者和守护者的世界声誉"，避免"为苏联的宣传提供素材"①。另外在加拿大，据《蒙特利尔星报》报道，"全世界都在关注美国黑人在枪口下到南方的学校上学，而就在94年前，另一位共和党人亚伯拉罕·林肯签署了《解放奴隶宣言》"②。

总之，各国的批评人士包括精英团体、大学生、工会、专业财团，以及普通公民（他们的观点大多是通过民意调查揭示的）。国际社会对小石城事件的批评之多、强度之大，以及美国官员对小石城事件的影响所表达的担忧，都是"巨大的"。美国新闻署报告说，小石城危机引起了"世界主要国家绝大多数人的注意，引起了全世界的反应"。国际上对美国对待美国黑人的态度不仅"极为反感"，而且大多数人普遍认为，在过去几年里，黑人与白人的关系非但没有改善，反而在恶化。世界各地城市普遍存在的强烈感觉是，当前的事态发展降低了美国在世界上的地位和威望。美国新闻署估计，美国遭受的"损失"之大，足以抵消近期任何导致美国声望上升的因素的影响。③

艾森豪威尔决定派军队到小石城维持秩序并不是基于对废除种族隔离的支持。他不支持法院下令废除种族隔离，也不支持布朗案的判决。尽管艾森豪威尔对布朗案的判决缺乏热情，他还是积极参与处理小石城危机。他在一定程度上担心这场危机对法治构成的威胁。正如艾森豪威尔在他的回忆录中所描述的那样，"如果继续蔑视联邦法院的命令，将会导致更大范围内的法律和秩序的崩溃"。艾森豪威尔对

---

① Layton, "International Pressure and the U. S. Government's Response to Little Rock", *The Arkansas Historical Quarterly*, Vol. 56, No. 3, （Autumn, 1997）, p. 266.

② Layton, *International Politics and Civil Rights Policies in the United States*, p. 120.

③ Layton, "International Pressure and the U. S. Government's Response to Little Rock", *The Arkansas Historical Quarterly*, Vol. 56, No. 3, （Autumn, 1997）, p. 263.

福伯斯州长也很生气，他觉得福伯斯州长是在蔑视他。但是，法律和秩序的崩溃，以及管理一个不听话的州长，并不是问题的全部。此外，艾森豪威尔写道，"它可以继续给苏联宣传人员提供素材，他们通过文字和图片向世界讲述美国的'种族恐怖'"①。他向美国人解释了他的行动，强调了这场危机的国际影响："美国在世界声望和影响力，甚至是安全上所受到的伤害，怎么夸大都不为过。我们的敌人对这一事件幸灾乐祸，到处利用它来歪曲我们整个国家。"② 可见艾森豪威尔在小石城的干预行动是国内和国际因素综合作用的结果。

　　总统的高级助手强调了小石城危机的国际影响。美国驻联合国大使亨利·卡伯特·洛奇写信给艾森豪威尔总统说："在联合国，我可以清楚地看到小石城骚乱给我们的外交关系带来的危害。世界上超过2/3的人是非白人，这些外国代表的反应显而易见。我怀疑由于小石城事件，我们在中国人常问题上非常被动。"国务卿约翰·福斯特·杜勒斯对小石城危机感到"痛心"。1957 年 9 月 24 日，正当艾森豪威尔总统返回华盛顿准备就小石城事件发表公开演说时，杜勒斯给司法部长赫伯特·布劳内尔打了个电话。在双方就小石城问题交换意见时，杜勒斯对布劳内尔说："这种情况正在破坏我们的外交政策。它对我们亚洲和非洲政策的影响，将比匈牙利事件对俄罗斯人的影响更糟糕"。当天晚些时候，杜勒斯打电话给艾森豪威尔，建议他"在草稿中多写几句话，强调危机在海外造成的伤害"。艾森豪威尔的电视讲话③很大程度上采纳了杜勒斯的建议，承认在小石城事件上世界舆论对美国国家形象的破坏，因为它们把我们描绘成违反《联合国宪章》的人④。

---

　　① Mary L. Dudziak, *Cold War Civil Rights*: *Race and the Image of American Democracy*, p. 131.

　　② Layton, "International Pressure and the U. S. Government's Response to Little Rock", *The Arkansas Historical Quarterly*, Vol. 56, No. 3, (Autumn, 1997), p. 269.

　　③ Press Release, Containing Speech on Radio and Television by President Eisenhower, September 24, 1957 [Kevin McCann Collection of Press and Radio Conferences and Press Releases, Box 20, September 1957; NAID #17366765], extension: //ngbkcglbmlglgldjfcnhaijeecaccgfi/https: //www. eisenhowerlibrary. gov/sites/default/files/research/online-documents/civil-rights-little-rock/1957-09-24-press-release. pdf, 2021 年 3 月 12 日访问。

　　④ Mary L. Dudziak, *Cold War Civil Rights*: *Race and the Image of American Democracy*, pp. 131 – 132. 另参见《人民日报》1957 年 9 月 27 日，第 6 版相关内容。

艾森豪威尔的干预得到了国际上积极的回应。乌干达领导人赞赏美国总统在推行最高法院判决废除学校隔离方面所做的努力。巴西官员称赞美国媒体报道种族事件的自由，将之与"俄罗斯隐藏罪行"相对比。① 甚至共产主义领导人也会赞同艾森豪威尔的行动。哥斯达黎加共产党领导人曼努埃尔·莫拉·瓦尔维德表示，"不是每个人都敢于采取艾森豪威尔所采取的步骤……我个人认为，艾森豪威尔先生作为一个人是值得敬佩的，尽管他仍然是一个帝国主义者"②。

很多国家仍持保留意见、观望态度，甚至批评立场。一些人指责艾森豪威尔总统的拖沓，以及在民权立法上立场软弱，用一家外国报纸的话说，"留下了苦涩的余味"。瑞典媒体提醒艾森豪威尔，西方世界将密切关注事件，如果解决不好，美国在自由世界的地位将受到损害。一些外国人认为，联邦政府对小石城的干预是美国在保护人权方面的国际角色的延续，二战期间美国曾在欧洲扮演过这种角色。许多人认为艾森豪威尔只是完成了亚伯拉罕·林肯开始的工作。在法属西非的非洲政治家告诉美国官员，当艾森豪威尔真正把军队派到小石城之前，非洲人认为美国总统"不敢使用联邦军队来强制废除种族隔离"。许多外国的外交官和其他人士认为是国际压力促使艾森豪威尔决定干预。一位哥斯达黎加外交官说，艾森豪威尔对小石城9名黑人学生的保护"在很大程度上取决于对国际政治的考量。居住在这个星球上的非白种人有很多，而且非常伟大。迫害黑人对美国的国际政策毫无益处"。一些联合国代表呼吁他们的组织采取措施，迫使美国人尊重法律。他们说，像小石城这样的事件不应该再发生了："各地民主人士对美国继续存在的对黑人的种族歧视和压迫感到不安和羞耻。"③《人民日报》指出，除了谴责美国种族主义者外，主要是批评美国政府派遣联邦军队前往小石城不是为了真正保护黑人的权利，而

---

① Layton, "International Pressure and the U. S. Government's Response to Little Rock", *The Arkansas Historical Quarterly*, Vol. 56, No. 3, (Autumn, 1997), p. 270.

② Mary L. Dudziak, *Cold War Civil Rights: Race and the Image of American Democracy*, p. 134.

③ Layton, "International Pressure and the U. S. Government's Response to Little Rock", *The Arkansas Historical Quarterly*, Vol. 56, No. 3, (Autumn, 1997), pp. 269 – 270.

是企图免除国内外公众对美国种族主义者的暴行和美国政府的熟视无睹的抗议和谴责，只不过是蒙蔽国内外舆论的一种手法。①

另据《印度斯坦时报》记者迈克尔·欧文的报道，小石城危机在世界各地反响强烈，引起进一步嘲讽美国民主的浪潮。欧文认为，艾森豪威尔的行动并没有"明显减轻该事件的国际影响"，总统的声明并没有"打消亚洲人根深蒂固的疑虑"，而且艾森豪威尔总统派兵之举很难转移人们对小石城的注意力。《南华早报》10月3日报道称：

> 在今天28分钟的新闻发布会上，试图就外交事务向总统提问的记者遇到了困难，因为大多数记者都全神贯注于小石城的局势……记者会上提问了17个问题，其中13个是关于小石城的情况。②

美国国内的种族主义者仍对总统的干涉行为进行批评和抵制。佐治亚州参议员赫尔曼·塔尔马吉以一种完全不同的方式评价了国际事务。他说："我们仍然对俄国坦克和军队在布达佩斯街头破坏匈牙利主权表示哀悼。但我们现在看到的威胁是，美国在小石城的街道上使用坦克和军队，破坏了阿肯色州的主权。"佐治亚州参议员理查德·罗素称此举是"极权主义"③。同样，密西西比州参议员詹姆斯·伊斯特兰认为此举有"破坏南方社会秩序"的企图，并认为"俄罗斯从未有过类似的企图"。福伯斯州长也一直认为联邦政府对小石城的干预导致阿肯色州人民被剥夺了宪法赋予的权力。他公开表示反对武力，并以压倒性的优

---

① 参见《人民日报》1957年9月27日第6版；1957年9月29日第7版；1957年10月3日第3版；1957年10月5日第6版；1958年2月3日第5版；1958年2月3日第5版等相关内容。

② Mary L. Dudziak, *Cold War Civil Rights: Race and the Image of American Democracy*, p. 137.

③ 参见Telegram, Georgia Senator Richard B. Russell to President Eisenhower, September 26, 1957 [DDE's Papers as President, Administration Series, Box 23, Little Rock Arkansas (2); NAID #17366867], extension://ngbkcglbmlglgldjfcnhaijeecaccgfi/https://www.eisenhowerlibrary.gov/sites/default/files/research/online-documents/civil-rights-little-rock/1957-09-27-russell-to-dde.pdf, 2021年3月12日访问。

势再次当选阿肯色州州长，这是美国历史上前所未有的第三次连任。①

不管怎样，就像布朗案判决一样，艾森豪威尔对小石城事件的干预，尽管姗姗来迟，但确实改善了美国在国际形象。然而，联邦的行动无法阻止该事件对美国威望、国际舆论和美国地缘政治目标的长期负面影响。1958 年，美国新闻署调查显示"国际上对美国的愤怒非常普遍"，小石城事件是反美情绪的主要原因之一。虽然国际上对美国种族关系的看法已经普遍消极，但小石城事件证实了他们以前对美国种族歧视的判断。美国新闻署官员解释了一些国家尤其是欧洲对小石城危机的负面反应，他说："在阿肯色州的种族隔离事件发生之前，美国在种族关系方面的声誉已经处于非常低的状态，因此不容易进一步下降。"② 在挪威，82% 的受访者对"美国对待美国黑人的方式"持负面看法或非常负面的看法。在英国、法国和西德，这一比例分别为 66%、65% 和 53%，在意大利为 34%。这些数字相当令人沮丧。③

其他人也发现很难忽视危机的负面影响。例如，美国希伯来教会联盟主席莫里斯·艾森德斯在进行了为期五个月的环球访问后对《纽约邮报》表示，美国未能解决因小石城事件而加剧的种族歧视问题，疏远了数以百万计的亚洲人和非洲人。他说，"对美国的善意正在逐渐消失"，并建议艾森豪威尔应该让各州州长重视"美国的外交利益、国家安全和国内种族政策之间的联系"④。1958 年美国国务院的一份报告总结了小石城事件对美国国际形象的不利影响："它明显地削弱了我们作为自由和民主的捍卫者的道德地位，并引起或加强了别国尤其是非白人世界对我们真诚善意的怀疑。此外，它为反美宣传提

---

① Mary L. Dudziak, *Cold War Civil Rights: Race and the Image of American Democracy*, p. 136.

② Layton, "International Pressure and the U. S. Government's Response to Little Rock", *The Arkansas Historical Quarterly*, Vol. 56, No. 3, (Autumn, 1997), pp. 270 – 271.

③ Mary L. Dudziak, *Cold War Civil Rights: Race and the Image of American Democracy*, p. 141.

④ Layton, "International Pressure and the U. S. Government's Response to Little Rock", *The Arkansas Historical Quarterly*, Vol. 56, No. 3, (Autumn, 1997), p. 271.

供了坚实的目标"①。

小石城的中央高中在军队的保护下度过了一个不同寻常的学年。9名黑人学生在校园里面临重重压力，他们遭到了一些白人学生的欺侮，1名黑人学生被迫退学，其他8名学生坚持了下来。随着小石城表面上秩序恢复平静，军队逐渐撤离。第101空降师在11月初撤离，阿肯色州国民警卫队的部署减少4/5，剩下的军队仍在中央高中巡逻直到该学年结束。但到1958年，围绕中央高中融合的政治和法律冲突仍在继续。福伯斯州长于8月26日召开州议会特别会议。会议通过了一系列法案，给予州长更大的自由来反对废除种族隔离。大多数措施的核心目的是建立法律基础，根据法院命令关闭任何公立学校，并将公共资金转移到私人的、实行种族隔离的学校。福伯斯根据新法律的规定，要求在小石城举行地方公投，9月27日的投票结果是19470票对7561票赞成关闭学校，而不是取消隔离。当年秋天小石城的高中关闭了。②

1959年秋季学期开学，杰斐逊·托马斯是中央高中唯一的一位非裔美国学生。在小石城霍尔高中，3名非裔美国学生和730名白人学生被录取。到1960年春天，中央高中1515名学生中有5名美国黑人。第二年，又有8名非裔美国学生被分配到这些学校。尽管人数很少，中央高中和霍尔高中仍被认为是取消种族隔离的学校。小石城高中为数不多的非裔美国学生并没有反映出非裔美国父母不愿把他们的孩子送到这些学校。相反，小石城采用了一种被亲切地称为"学生安置法"的学生分配程序。与1958年的抵制措施相比，阿肯色州的学生安置法相当冷静。从表面上看，该法的目的似乎与抵制废除种族隔离无关。立法机关规定，当学生希望被重新分配时，家长或监护人必须代表学生向学校董事会提交一份申请，然后将举行听证会。该法令确定了一长串与学生安置决定相关的标准，包括可提供的房间和教学能力；为特定学生制定的课程是否合适；学生的学业准备是否充分；学生的学习能力；小学生的心理素质；特定学校对学生的心理影响；

---

① Layton, *International Politics and Civil Rights Policies in the United States*, p. 130.

② Mary L. Dudziak, *Cold War Civil Rights: Race and the Image of American Democracy*, p. 147.

学生的家庭环境，等等。将这一过程官僚化意味着种族融合被最小化。学校董事会现在有这样一个复杂的程序，它本身就会延迟整合。他们可以用一长串看似中立的标准作为拒绝非裔美国学生上某些公立学校的理由。正如全国有色人种协进会法律辩护基金会的律师杰克·格林伯格所说，"暴力和物理上的阻碍失败了，官僚主义以派位的形式成为抵制种族融合的主要手段"。尽管如此，最高法院还是批准了这样的计划。在法庭处理这个重要问题的过程中不会出现冲突场面，因此不会引起媒体的注意。对于南方的白人来说，这条路是清晰的：官僚化可以完成大部分公开抵抗所不能完成的事情。国际媒体也没有注意到黑人学生的安置情况，种族隔离的官僚化并没有对美国的民主形象构成威胁。①

面对着不利的局面，全国有色人种协进会阿肯色州分部及其领导人由于遭到种族主义者的迫害和压制，无力发起反抗运动。② 只有个别的黑人领导人发出谴责。如著名黑人棒球明星杰基·罗宾逊1958年给艾森豪威尔总统写信，直言黑人已经没有耐心了，不能等待白人心灵的改变，现在就要争取赋予每个美国人应有的权利。他怒斥支持种族隔离的福伯斯州长剥夺了黑人的自由，希望总统采取实际行动在不久的将来真正落实黑人宪法赋予的权利。③ 艾森豪威尔总统回信，以含糊的"给予每个美国人宪法规定的公民权利和自由"和"美国已经取得了很多进步"等话语来搪塞，④ 并没有解决实际问题。

---

① Mary L. Dudziak, *Cold War Civil Rights：Race and the Image of American Democracy*, pp. 149 – 150.

② Daisy Bates, *The Long Shadow of Little Rock：A Memoir*, New York：David McKay, 1986, pp. 107 – 179.

③ Letter, Jackie Robinson to President Eisenhower, May 13, 1958 ［DDE's Records as President, Official File, Box 614, OF 142 – A（6）；NAID #17368592］, extension：//ng-bkcglbmlgl gldjfcnhaijeecaccgfi/https：//www. eisenhowerlibrary. gov/sites/default/files/research/online-documents/civil-rights-little-rock/1958-05-13-robinson-to-dde. pdf, 2021 年 3 月 12 日访问。另参见 Catherine M. Lewis and J. Richard Lewis, *Race, Politics, and Memory：A Documentary History of the Little Rock School Crisis*, Fayetteville：The University of Arkansas Press, pp. 87 – 88.

④ Letter, President Eisenhower to Jackie Robinson, June 4, 1958 ［DD's Records as President, Official File, Box 614, OF 142 – A（6）；NAID #17368593］, extension：//ngbkcglbmlgl gldjfcnhaijeecaccgfi/https：//www. eisenhowerlibrary. gov/sites/default/files/research/online-documents/civil-rights-little-rock/1958-06-04-dde-to-robinson. pdf, 2021 年 3 月 12 日访问。

总之，当小石城危机成了世界性的新闻而广受关注时，艾森豪威尔总统派兵确保9名非洲裔学生能够上中央高中的决定赢得了国际媒体的赞扬。它表明了美国联邦政府是支持布朗判决，即使有一些州政府顽固不化。然而，阿肯色州最终以一项复杂的"学生安置法"来应对小石城危机，该法律规定了一个孩子是否可以转学的程序。这种安置法赋予了学校自由裁量权，确保了许多种族隔离可以通过官僚主义来实现。尽管国际媒体对美国公民权利的报道很积极，但当美国南部各州的学生安置法受到挑战时，美国最高法院维持了这些法律，那些详细报道小石城危机的报纸并没有报道这些内容。布朗判决的抽象原则似乎是维持美国威望所必需的。从这个意义上说，布朗判决和小石城危机的解决成功地保护了美国民主的形象，即使它们实际上并没有废除学校的种族隔离。① 从艾森豪威尔总统的角度来看，小石城事件所涉及的核心利益更多地与联邦权力和外交事务有关，而不是种族平等。确立了这一原则之后，总统和他的政府退出了持续的斗争。从某种程度上说，艾森豪威尔的介入是为了维护美国的形象，更多实质性的社会变革还有待来日。②

三　积极应对国际批评的公共
外交和文化外交

综上可见，艾森豪威尔总统最初不愿意废除隔离，他私下里甚至谴责布朗判决。1956年他宣称族群平等的实现应由地方和州来处理，因为种族问题"事关心灵而非法律"。但是随着对小石城危机的国际批评日益加剧，艾森豪威尔总统最终很不情愿地命令联邦军队到小石城保护9个在中央高中的黑人学生。因为艾森豪威尔十分警惕赫鲁晓夫和埃及总统纳赛尔利用小石城事件，国际上的谴责成为政府处理危机时考虑的重要因素。艾森豪威尔通过强调危机的国际影响向美国人

---

① Mary L. Dudziak, Brown as a Cold War Case, *The Journal of American History*, Vol. 91, No. 1 (Jun. , 2004), p. 39.

② Mary L. Dudziak, *Cold War Civil Rights: Race and the Image of American Democracy*, p. 151.

解释自己的行动："这一危机对美国的声誉和安全带来很大的损害，我们的敌人正幸灾乐祸地注视着这一事件，并利用它到处污蔑我们的国家。"① 小石城危机后，艾森豪威尔政府被迫进行了一些民权改革，在任后期分别通过了 1957 年《民权法》和 1960 年《民权法》，但这两个法案在南方种族隔离主义议员的反对和修正后，受得软弱无力，无法真正起到保护黑人民权的作用。例如，1957 年 9 月通过的《民权法案》在与南方国会领导层达成相当大的妥协后被签署，但它在国会的通过过程也表明，总统对它几乎没有关心，也没有为它游说。总统曾在一次新闻发布会上宣称，他不理解《民权法案》的某些部分，尤其那些对侵犯黑人投票权者最严厉惩罚的部分。当南方的白人看到这一法案时，他们意识到这是一种鼓励，于是抓住机会进一步修改法案。大多数南方参议员认为，最终版本的软弱无力对他们来说是一个如此明显的胜利，以至于他们被南卡罗来纳州参议员斯特罗姆·瑟蒙德在最后一刻的拖延战术搞得尴尬不已。民权倡导者同样对这项法律本身感到失望。马丁·路德·金警告尼克松说，这种不充分的立法的任何影响都会导致黑人持续的大规模运动，而这正是艾森豪威尔政府希望避免的。②

1. 公共外交

艾森豪威尔政府在消极民权改革的同时，面对苏联等社会主义国家和第三世界国家利用种族问题对美国批评的强大压力以及盟国的不满，为挽救国家形象危机，把精力主要用于公共外交和文化外交方面。③

（1）建立领导公共外交的统一机构美国新闻署

美国新闻署是在 1953 年 8 月 1 日，依据艾森豪威尔总统的改组

---

① Azza Salama Layton, "International Pressure and the U. S. Government's Response to Little Rock", *The Arkansas Historical Quarterly*, Vol. 66, No. 2 (Summer, 2007), pp. 246 – 253.

② Thomas Borstelmann, *The Cold War and the Cold Line: American Race Relations in the Global Arena*, Cambridge: Harvard University Press, 2002, p. 101.

③ 本部分内容参见于展《冷战早期美国应对种族危机的公共外交》，《首都师范大学学报》（社会科学版）2015 年第 4 期。

方案正式建立的。它是美国政府一个独立的副部级机构，直接向美国总统负责。1953 年 7 月 30 日，艾森豪威尔任命西奥多·斯特赖伯特为美国新闻署的第一位署长。同年 9 月，新闻署开始工作。美国新闻署根据美国对外宣传的目标主要进行两类活动：一类侧重于对美国内政外交政策的宣传，被称为"信息活动"。另一类为对外教育文化交流活动。美国新闻署主要设有对外新闻中心、无线通讯社、出版物、国际广播（下辖美国之音广播电台、自由欧洲电台、拉美自由广播电台等）等机构。美国新闻署的教育文化交流活动主要有富布赖特项目、对外英语教学、国际访问者项目、夏威夷东西方文化技术交流中心、图书馆等。新闻署紧密配合美国的外交政策，发挥其国际传播和交流之功能，努力在国际上树立美国的正面形象，"宣讲美国的故事"，传播美国的价值观，诋毁其敌人，诬陷其对手，最终为美国赢得冷战立下汗马功劳，也算是谱写了"辉煌的一页"[①]。

在冷战早期应对种族危机的对外宣传中，美国新闻署协调各种机构和资源，充分利用各种宣传技术和手段，宣讲美国种族和民主的故事，捍卫了美国的国家形象。美国新闻署努力把美国的种族故事变成一个民主优于共产主义的故事，一个美国制度和联邦政府对无助的黑人市民提供最大"帮助"的故事。其宣传手段和方法历经改变，开始主要依靠小册子和赞美黑人明星，后来则采取以制作宣传片和纪录片为重点，小册子、电台广播和文化交流等并用的综合措施，并强调宣扬典型的普通黑人的生活以及参加运动的民权组织与普通个人的事迹，力求达到讲述真相与宣扬意识形态之间的平衡，取得良好的效果。

（2）采取多渠道的宣传手段和方法

第一，出版物和小册子。在全世界的大使馆和图书馆，美国外交官散发了像《美国生活中的黑人》这样大量的出版物，它们不仅赞扬黑人的成就，而且也把美国的种族关系放在历史的背景下。1950 年，美国宣传部门与全国有色人种协进会合作制作了这一小册子，并以至少 15 种语言广泛对外发行。这个小册子宣称："过去 50 年间，

---

① 黄友义：《从美国新闻署的兴衰看美国公共外交的演变：评〈冷战和美国新闻署：1945 年至 1989 年的美国宣传和公共外交〉》，《公共外交季刊》2010 年第 3 期。

普通黑人在社会、经济和教育等各方面都以惊人的速度取得了巨大的进步。"《美国生活中的黑人》对美国的种族主义做了细致的考察，追溯了奴隶制偏见的起源、奴隶反抗、废奴运动、内战和重建等历史经历。当描述美国黑人的生活时，美国对外宣传的专家们表明黑人能获得快乐和富足。但他们并没有否认隔离与种族主义的存在，它们宣称美国正在翻过他曾经的令人厌恶的种族主义的历史。小册子并没有否认美国种族主义的过去，但它更强调美国黑人在美国生活的各个领域所取得的进步。在教育方面，小册子罗列了美国黑人日益增加的识字率、高中毕业率和大学入学率的逐渐提高。这些因素正产生着大量的黑人律师、医生、工程师、教授和作家等，一群为黑人事业鼓与呼的社会领导人正在形成。

文化事业上也反映了美国黑人日益改善的地位，如黑人银幕形象的改变及其在许多艺术形式上的重大成就。黑人在经济上也取得很大进步。黑人自身的政治力量正在稳步增加，出现了很多黑人政治领导人。北方城市的黑人能自由投票，美国的种族问题只局限在南方。小册子中除了罗列很多统计数据证明美国黑人在经济、教育等方面取得的进步，最有说服力的证据还有大量黑白美国人在一起和谐相处的照片。通过照片，小册子展示了种族和谐和一些杰出的美国黑人。它讲述了一种美国白人与黑人团结合作克服种族主义，并确保每个人都能分享民主的资本主义带来的福祉的故事。美国的宣传者自信地宣布，只要有足够的时间、耐心和努力，民主的资本主义最终将消灭种族不平等。①

1953 年 5 月，美国宣传部门还刊印了《关于美国黑人事实》的小册子，回答了关于奴隶制、种族暴力、种族隔离和美国黑人的政治经济地位等问题。小册子宣称，白人和黑人间的经济鸿沟正在稳步缩小。虽然美国白人长期拥有更多的收入和更高的识字率，但美国黑人也已经拥有超过 1200 万亩农场土地及 150 多万的工业岗位。黑人拥有银行、信用社和保险公司。然而，小册子也承认黑人并没有拥有所

---

① Laura A. Belmonte, *Selling the American Way*: *U. S. Propaganda and the Cold War*, University of Pennsylvania Press, 2010, pp. 162 – 164.

有同白人一样的民权。承认在住房和选举领域存在的种族歧视后，小册子认为私刑和隔离正在消失。1954 年 8 月，新闻署的官员邀请了39 位印度人和 71 位菲律宾人对两个版本的《美国生活中的黑人》进行评价。并且根据他们的建议，新闻署又进行了修改。例如用简单的术语取代了复杂的词汇等。新闻署认为民众对修改后的小册子反应更为积极。①

总之，小册子揭示了而非隐藏了美国过去的失败，它这样做是为了把美国历史作为一个救赎的故事。在这一故事中，民主作为一种政府体制是全国和解的工具。它认为民主而非极权体制提供了使和解和救赎成为可能的背景。它宣扬了这样一种美国民主的形象：美国是一个能公开承认他的错误、有罪却正在救赎之路上、政治反映了人民的意愿的国家。②

第二，宣传片和纪录片。为了凸显民主的价值，美国新闻署制作和发行了大量的影片，其中直接或间接提到了著名的美国黑人和国内的种族冲突问题。

新闻署前期的记录宣传片主要宣扬了一些著名的美国黑人。美国著名的黑人网球运动员埃尔西亚·吉普森在 1957 年获得了她的第一个美网和温网的大满贯时，美国新闻署为她制作了一个 10 分钟的宣传影片。尽管因为肤色她面临着很多障碍，但她告诉那些询问美国黑人生活的记者，"我们有问题，但是我认为它们能被解决，也将会被解决"。在这种宣传中，吉普森面对的限制不是种族主义，而是贫穷和缺少自信，通过努力工作和坚持不懈，她完全发挥了其潜能，这也证明美国民主的理想对任何人来说都是可以实现的。③ 像吉普森这样既有才能又爱国的美国黑人是新闻署理想的国际代言人。从 1952 年

---

① Laura A. Belmonte, *Selling the American Way*: *U. S. Propaganda and the Cold War*, University of Pennsylvania Press, 2010, p. 169.

② Mary L. Dudziak, *Cold War Civil Rights*: *Race and the Image of American Democracy*, Princeton, N. J.: Princeton University Press, 2000, p. 54. 这样的小册子还有很多，如 1956 年的"一个非洲人看美国黑人"等，内容虽有侧重，主题基本相似。

③ Laura A. Belmonte, *Selling the American Way*: *U. S. Propaganda and the Cold Wary*, p. 176.

到 1961 年，美国新闻署还精心选择了其他四位国际著名的美国黑人，录制视频以证明美国的民主培育了个人自由，四位名人分别是歌星玛丽安·安德森、外交家拉尔夫·邦奇、运动员威尔玛·鲁道夫和拉斐·约翰逊，他们在自己的领域都取得了杰出的成就。美国新闻署通过这些纪录片证明美国黑人只有在一个民主社会才能取得这么高的个人成就。在宣传中，还反复强调底层穷人白手起家的神话。① 而现在黑人也被纳入这个神话：只要黑人有能力肯吃苦就能凭自己的努力在美国社会出人头地，取得成功。

第三，对外交流。对外交流包括两种。一种就是让黑人尤其是成功黑人走出去，现身说法，宣扬美国黑人取得的进步和成就，这就比美国政府自身的宣传更有说服力。

美国宣传的官员也早就意识到，美国黑人本身在反对负面的国际观点方面是最有效的。因此国务院首先发起了由美国黑人宣讲黑人问题的国际之旅。非洲事务委员会的创立者和执行秘书马克斯·耶根在 1952 年就到非洲开始这样的旅行。他既通过自身的经验宣扬美国黑人民权问题的改善，也反对共产主义。美国新闻署为此进行了广泛的报道。非洲国家对此的反应一般是支持的，仅有少量的反对。②

同时，美国新闻署开始向国外派遣黑人运动员和演员以宣扬美国的文化和抵制苏联对美国种族歧视的宣传。1955 年，新闻署发起了一场完全由黑人演员组成的歌剧《波吉与贝丝》的国际巡演活动。到 1960 年，新闻署"善意大使"包括一些著名的篮球高手、田径明星、爵士乐表演艺术家和舞蹈演员等。③

对外交流的另一种就是请外国人亲自来美国参观考察，让他们眼见为实，美国政府再通过他们之口来进行宣传，其可信度就不言而喻了。

---

① Melinda M. Schwenk and Melinda M. Schwenck, "Negro Stars" and the USIA's Portrait of Democracy, *Race, Gender & Class*, Vol. 8, No. 4, (2001), pp. 116 – 139.

② Mary L. Dudziak, *Cold War Civil Rights: Race and the Image of American Democracy*, p. 56.

③ Laura A. Belmonte, *Selling the American Way: U. S. Propaganda and the Cold Wary*, p. 176.

例如，为了反对苏联所谓美国希望压迫所有有色人种人民的宣传，美国的宣传专家建议公开这一事实：美国的少数黑人比世界上任何其他少数民族都取得了更大的进步。作为这一策略的一部分，美国新闻署的专家公布了一些外国参观者对美国生活的积极描述。例如 1952 年，新西兰的一个工人参观美国三个月后发表了感想。他说，"我来之前，我和许多外国人一样有这样的印象：美国黑人是没有权利的奴仆。"然而他发现他原来对美国的观点全是扭曲的。他继续说："我在大学里看到了黑人学生，我看见黑人和白人工人肩并肩地在工厂里工作，我发现黑人在工联运动中不仅起到积极的而且是领导的作用。"①

美国新闻署在面向发展中国家宣传时也采纳了同样的策略。1957年美国新闻署在印度和东南亚的分支机构向所在国分发了《一个非洲人看美国黑人》的小册子。小册子集中整理了一位肯尼亚的立法官员在 1955 年秋参观美国的情景。作为国务院举办的"外国领导人"项目的参与者，这位肯尼亚人花了三个月时间来参观美国的学校和农场。他认为美国"是一块人民努力工作、信奉宗教和相互理解的土地"。在赞扬了美国黑人能够得到的教育机会、贷款和土地所有权后，他宣称："我看到，在美国，黑人是自由的。"②

第四，应对危机的综合措施。美国的对外宣传部门在应对种族危机时，不仅仅利用以上某一种方法，而是多管齐下，综合利用各种手段，以达到最好的效果。

例如在应对小石城危机时，艾森豪威尔总统首先公开演讲，承认国际反应对联邦政府开展行动的作用。讲话被翻译成 43 种语言，通过美国之音向国外广泛广播。艾森豪威尔努力使外国听众放心，他的政府正努力行使联邦政府的权威，包括使用军队来保护美国黑人的权利。③ 美国新闻署向美驻各国大使馆提供了官方的关于非隔离

① Laura A. Belmonte, *Selling the American Way*：*U. S. Propaganda and the Cold Wary*, p. 170.

② Laura A. Belmonte, *Selling the American Way*：*U. S. Propaganda and the Cold Wary*, p. 170.

③ Cary Fraser, "Crossing the Color Line in Little Rock：The Eisenhower Administration and the Dilemma of Race", *Diplomatic History*, Spring 2000, Vol. 24 Issue 2, p. 247.

危机的 "谈话要点"。其核心内容有: "小石城事件被广泛误解了";
"统计数据表明,美国在废除种族隔离方面已经取得巨大的进步";
"美国所经历的问题不是独特的,所有国家都有这样的问题,其区别
在于用军队支持还是镇压个人自由"。最后这一点在反对共产主义宣
传上尤为重要,因为苏联宣传他们使用武力推翻匈牙利政府与艾森豪
威尔总统武力镇压小石城骚乱是一样的。谈话要点也被改编成报刊文
章发表。美国新闻署职员还通过与外国记者分享谈话要点和相关文章
多少改变了他们对小石城的负面报道。例如,在巴西的里约热内卢,
美国大使馆报道说, "每一份报纸的头版都是美国和平的种族融合的
照片"。根据一份关于美国在非洲促进相互理解的报告中指出,尼日
利亚人 "愿意接受我们的解释,即小石城不是美国的全部,也不是美
国的典型"。美国新闻署的材料也在澳大利亚得到了很好的传播。它
被著名的广播和电视评论员使用。这种努力在悉尼尤其有效,一位此
前持批评态度的评论员改变了立场。[1] 危机结束以后,美国政府仍然
围绕这一事件采取各种措施进行对外宣传。例如美国政府充分利用
1958 年布鲁塞尔国际贸易展览会向世界展示黑人的进步和成就,回
应外界对美国种族问题尤其是小石城危机的批评。展览不避讳黑人过
去的屈辱,强调黑人现在取得的进步和成就,承认黑人将来仍有很长
的路要走,但乐观地认为民主最终会解决这一问题,强调民主的方法
虽然缓慢,但有效。[2]

　　总之,艾森豪威尔政府时期,美国不断发生种族危机事件,并引
起国际舆论尤其是苏联等社会主义国家的强烈批评,美国对外宣传部
门(主要是美国新闻署)一直在努力用各种方法来讲述一个关于种
族和美国民主的特别的故事:一个进步的故事,一个善良战胜邪恶的
故事,一个美国道德优越的故事。这些故事总是说美国民主是一种能
实现社会正义的政府体制,民主变革虽然缓慢和渐进,却总是优于独
裁专制。美国种族的故事用来比较民主和共产主义,成为一种重要的

---

[1]　Mary L. Dudziak, *Cold War Civil Rights*: *Race and the Image of American Democracy*,
p. 144.

[2]　Michael L. Krenn, "Unfinished Business': Segregation and U. S. Diplomacy at the 1958
World's Fair", *Diplomatic History*, Fall 96, Vol. 20 Issue 4, pp. 598 – 599.

冷战话语。① 联邦政府进行的一些民权改革进一步强化了美国新闻署已经讲述的种族与民主的故事，即美国民主能促进社会变革，它是建立在正义和平等的原则基础上的。可见，美国宣传部门通过构建一个国家过去的故事努力捍卫美国的形象和反对苏联的宣传，它承认种族歧视，但把美国民主本身当作唯一可行的进步之路。然而，美国民权改革的局限性使得公共外交的效果还是大打折扣的。

2. 爵士乐外交

除了公共外交外，艾森豪威尔政府任内极力推动的是爵士乐文化外交。艾森豪威尔政府一直确信文化的影响是与政治和经济力量紧密联系在一起的，因此除了纯粹的宣传，还发起了由美国主要的黑人爵士音乐家开展的海外善意访问之旅，这是作为联邦政府文化外交政策议程的一部分。这些旅行有助于美国政府开展其反对苏联及其共产主义盟友的全球宣传运动。苏联为首的共产主义阵营广泛报道并成功利用了由美国民权运动带来的种族紧张和暴力。共产主义宣传者把追求物质主义的资本主义者看作"文化野蛮人"，认为他们只是生产商品而不是高级文化，这些"爵士乐大使"有助于美国政府对此进行反击。②

（1）爵士乐外交的过程

蒙哥马利公车抵制运动使得美国政府更加清晰地意识到了国内种族问题的尖锐性。因此，尽管众多专业人士对爵士乐的海外巡演提出质疑，但出于政治角度的考量，美国急需通过黑人代表的出访来缓和国内矛盾，并向国际社会证明自身自由、民主、平等的国家形象。此外，就爵士乐自身的音乐特质和理念而言，爵士乐较为亲民，鉴赏门槛低，无论精英或大众都能感受它的魅力；爵士乐即兴演奏的特性，将规则和自由完美地结合，非常符合美国政府想传达的"自由平等"

---

① Mary L. Dudziak, *Cold War Civil Rights*: *Race and the Image of American Democracy*, p. 13.

② David M. Carletta, "Those White Guys Are Working For Me: Dizzy Gillespie, Jazz, And The Cultural Politics Of the Cold War During the Eisenhower Administration", *International Social Science Review*, Vol. 82, No. 3/4 (2007), pp. 115 – 134.

观念。出于以上多种因素的考量，美国政府最终决定将爵士乐作为美国流行文化的代表。当时参与巡演的具有代表性的爵士音乐家包括迪兹·吉莱斯皮、戴夫·布鲁贝克、本尼·古德曼、路易斯·阿姆斯特朗等人。

迪兹·吉莱斯皮 1917 年 10 月 21 日出生于南卡罗来纳州，他的家乡以非洲裔美国人神圣的教堂及其巡回爵士乐队而闻名。他在一间摆满乐器的房子里长大，从学校得到他的第一个喇叭，听邻居收音机里的爵士乐广播。但是吉莱斯皮的家乡普遍存在着白人对黑人的暴力，并实行严厉的种族隔离政策。吉莱斯皮就是从这种艰苦的成长环境中脱颖而出，成为 20 世纪最受爱戴、最具创新精神的音乐天才之一。吉莱斯皮突出的音乐才华和黑人音乐家这一特定的身份背景为他担当"爵士乐大使"这一独特使命提供了条件。

1956 年美国国务院授权吉莱斯皮组建一支大乐队，并于同年 3 月 27—30 日出访伊朗港口城市阿巴丹。起初，国务院计划于 3 月 27 日从孟买开始访问，但由于印度领导人贾瓦哈拉尔·尼赫鲁采取坚定的不结盟政策，访问印度的计划被取消，巡演转而以伊朗城市阿巴丹为起点。吉莱斯皮的乐队在塔杰剧院（Taj cinema）演奏了三场正式音乐会。尽管演出地点与首都德黑兰相距甚远，国王仍在姐姐萨姆斯·帕列夫公主的陪同下出席了这场演出。一家报纸报道称吉莱斯皮"不仅仅传播了美国风格的音乐，他可能完成了比所有大使、使节和部长加在一起更好的外交任务"。4 月 2—5 日，吉莱斯皮率乐团出访巴基斯坦首府达卡，4 月 7—11 日出访巴基斯坦第一大城市卡拉奇。在这里，吉莱斯皮同样获得了当地人民的欢迎。在卡拉奇的一个公园里，吉莱斯皮向摄影师们摆姿势，同时还和一个耍蛇人挤在一起，试图把眼镜蛇融入爵士音乐。这并不是吉莱斯皮与当地"小人物"交流的个案，在巴基斯坦出访时，乐队鼓手查理·佩西普因生病无法演出，吉莱斯皮当即邀请了一位当地的打击乐手加入乐队，这一决定受到当地观众的热烈欢迎。① 4 月 14—17 日乐团出访黎巴嫩首都贝鲁特，4

---

① Pierangelo Castagneto, "Ambassador Dizzy: Jazz Diplomacy in the Cold War Era", *Americana: E-journal of American Studies in Hungary*, Vol. 10, 2014.

月 18 日出访叙利亚首都大马士革，4 月 19 日出访叙利亚第一大城市阿勒颇，4 月 23—25 日出访土耳其首都安卡拉，在这里，吉莱斯皮同样展现出对平民的关切。他受邀在土耳其裔美国人俱乐部举办一场音乐会，在演奏之前，他注意到有一群衣衫褴褛的孩子们在墙外探头探脑，并在演奏前向美国音乐协会的一位官员询问了孩子们的情况，官员解释说，这场音乐会只为应邀嘉宾举办。而迪兹则回应道："我们来到这里是为所有人演奏。"在美国大使的干预下，没有门票的听众也得以进入。① 4 月 27 日—5 月 5 日乐团出访伊斯坦布尔，5 月 7—10 日出访原南斯拉夫城市贝尔格莱德，5 月 12—21 日出访希腊首都雅典。国家之间的政治紧张局势有时会对爵士乐巡演产生一系列的连锁反应，例如吉莱斯皮的希腊之旅就受到了美国对塞浦路斯政策的影响。在乐队到达的前一天，位于希腊的美国新闻署办公室就受到了当地学生的攻击。尽管如此，迪兹还是决定如期举行演出，他认为"我们是艺术家，我们来到这里是为了服务人们，而不是利用人们"。第一场演出在清晨七点举行，观众正是前一天向办公室扔石头的学生们，演出意外地获得了巨大的成功。②

1956 年 7 月，吉莱斯皮开启了拉美之旅。7 月 25 日他出访厄瓜多尔首都基多，7 月 26—27 日出访厄瓜多尔第一大城市瓜亚基尔，7 月 28 日至 8 月 4 日出访阿根廷首都布宜诺斯艾利斯，8 月 5 日出访乌拉圭首都蒙得维的亚，8 月 6—12 日出访巴西里约热内卢，8 月 13—15 日出访巴西最大的城市圣保罗，8 月 16—18 日访问巴西第四大城市贝洛奥里藏特，8 月 19 日出访巴西港口城市桑托斯，8 月 20—21 日再次出访圣保罗。可以说，吉莱斯皮的两次巡演取得了巨大的成功，在某种程度上，爵士乐巡演改变了当地人们对于美国的看法。爵士乐作为美国的民间流行音乐跨越了种族和语言的障碍，与所到之处的各阶层的人们开展了心灵的对话。

---

① Marshall W. Stearns, "Is Jazz Good Propaganda? The Dizzy Gillespie Tour", *Saturday Review*, July 14, 1956.

② Pierangelo Castagneto, "Ambassador Dizzy: Jazz Diplomacy in the Cold War Era", *Americana: E-journal of American Studies in Hungary*, Vol. 10, 2014.

戴夫·布鲁贝克是美国爵士乐钢琴家和作曲家，被认为是爵士乐最重要的倡导者之一。布鲁贝克于 1920 年 12 月 6 日出生在加利福尼亚州的康科德，他曾在父亲的牧场工作，并在母亲的影响下培养对音乐的热情。泰迪·威尔逊、比利·凯尔三重唱、胖子沃勒、阿特·塔图姆、艾灵顿公爵和其他无数人的唱片和广播陪伴布鲁贝克度过了少年时光。布鲁贝克创作出多种爵士音乐风格，从精练简洁到夸夸其谈，既反映了其在古典音乐方面的尝试，也体现了自身高超的即兴演出技巧。①

布鲁贝克曾在没有美国国务院护送官员的陪同下前往东德，先是没有签证就进入东德；然后前往波兰、土耳其、阿富汗、巴基斯坦、印度和锡兰；最后直接深入 1958 年的中东危机和伊拉克政变的热点地区。1958 年 1 月，布鲁贝克从家乡加利福尼亚出发，与他的乐队开启了为期近 5 个月的爵士乐之旅。该旅行包括三个部分，第一次是在国内的短暂演出，自 1 月 31 日—2 月 5 日，演出地点包括新泽西州、马萨诸塞州、宾夕法尼亚州和北卡罗来纳州；第二次是为期一个月的商业活动，布鲁贝克于 2 月 8—23 日出访英国，并于 2 月 24 日至 3 月 4 日出访了德国、荷兰、比利时、瑞典和丹麦等东欧国家。第三次，布鲁贝克代表美国国务院作为为期十周的亲善大使，于 3 月 6—18 日出访波兰，在波兰之行途中布鲁贝克遇到了一些困难，布鲁贝克回忆道："我们没有得到国务院的帮助。我们遇到的第一个障碍是乘火车去法兰克福（在那里我们将搭乘其他交通工具去到华沙）。我们不会说当地语言，不知道该如何回答是要从法兰克福去美因河还是从法兰克福到奥德河。"② 布鲁贝克在东欧的爵士乐之旅带有明显的意识形态色彩，在冷战时期，他们承担着向对立阵营传达自由、民主等价值观的使命。布鲁贝克通过观察西欧的社会现实得出结论："只要欧洲有独裁统治，爵士乐就是非法的。"布鲁贝克经常在他的表演中说："任何独裁都不能容忍爵士乐，这是回归自由的第一

① Penny M. Von Eschen, *Satchmo Blows up the World*: *Jazz Ambassadors Play the Cold War*, Cambridge, Mass.: Harvard University Press, 2004, p. 14.

② Dave Brubeck and Iola Brubeck, *Interview with Penny Von Eschen and Kevin Gaines*, March 13, 1997, Wilton, Conn.

个迹象。"① 3 月 21—28 日他出访土耳其，4 月 1—11 日出访印度。布鲁贝克与印度当地的音乐家进行了友好的交流。一份来自德里的报道解称："很多印度人，如果不是大多数人，倾向于把'爵士乐'等同于摇滚乐，而摇滚乐通常被认为是'狂野和无纪律的，甚至是有点不体面的'。"布鲁贝克在当地的演出表明，爵士乐"可以表现出高水平的纪律和智慧"。印度的港口城市马德拉斯是一座以文化保守而闻名的城市。当地观众惊奇地发现，布鲁贝克的爵士乐队与印度传统观念中"嘈杂、粗俗"的爵士乐完全不同，反而是"意料之外的旋律、复杂的节奏、有纪律的即兴表演"。4 月 15—18 日他出访锡兰（斯里兰卡），4 月 22 日出访东巴基斯坦（孟加拉国），4 月 28—30 日出访西巴基斯坦。达卡总领事发表了一个惊人的评论："西方音乐对这里的大多数人来说都是陌生的，但是爵士乐对巴基斯坦人来说比古典音乐更具有普遍的吸引力。"此后，布鲁贝克分别于 5 月 1—2 日出访阿富汗，5 月 4 日出访伊朗，5 月 8—9 日出访伊拉克。②

另一位在爵士乐巡演中发挥重要作用的音乐家是古德曼。古德曼是第一位雇用黑人音乐家的白人乐队指挥，因在融合爵士乐方面做出的突出贡献而广受赞誉，被称为"摇摆乐之王"。像吉莱斯皮一样，他在文化战中是一个"十字军战士"，也曾为追求爵士乐的合法地位而斗争。1947 年，早在美国之音开始常规爵士节目之前，古德曼被国务院任命为俄罗斯语言广播流行音乐节目的顾问总监。对于吉莱斯皮来说，对爵士乐合法地位的追求，是追求美国黑人文化和艺术成就的合法地位的一部分；而古德曼则坚定地认为爵士乐是一种超越种族的音乐。古德曼称爵士乐为"完全民主的音乐"，他写道，"在最优秀的爵士乐队中，种族、信仰或肤色的差异从来没有丝毫的重要性"③。古德曼曾在 1957 年代表美国在东南亚进行爵士乐巡回表演。

---

① Penny M. Von Eschen, *Satchmo Blows up the World*: *Jazz Ambassadors Play the Cold War*, p. 51.

② S. A. Crist, "Jazz as Democracy? Dave Brubeck and Cold War Politics", *The Journal of Musicology*, Vol. 26, No. 2, 2009, pp. 133 – 174.

③ Benny Goodman, "Jazz Comes of Age" Box 5/25 Benny Goodman Papers, Yale University Music Library.

　　20 世纪 50 年代，广受爱戴的美国偶像和文化大使阿姆斯特朗也在爵士乐外交中发挥了重要的作用。阿姆斯特朗出生于新奥尔良，在 20 世纪 20 年代作为一个"富有创造性"的小号和短号演奏者而出名，他将爵士乐的表演形式从集体即兴演奏转变为独奏表演。阿姆斯特朗是第一个真正流行的美国黑人艺人，他的艺术造诣使他得以进入美国社会的上层。1922 年，他跟随导师奥利弗来到芝加哥，并在克利·奥尔人爵士乐队演奏。在芝加哥，阿姆斯特朗与许多爵士音乐家进行交流和切磋。在比赛中，阿姆斯特朗赢得了很大的声誉，随后搬到纽约并加入了弗莱彻·亨德森的乐队。阿姆斯特朗和战后出现的年轻爵士音乐家如查理·帕克、迈尔斯·戴维斯和桑尼·罗林斯之间的代沟越来越明显。战后一代的音乐家认为自己的音乐是抽象艺术，而称阿姆斯特朗的风格为杂耍、半音乐家半舞台艺人等。① 阿姆斯特朗的嗓音极具辨识度，即兴演奏的方式也充分表现了爵士乐特有的灵活性和随意性，其超凡魅力的舞台表演和声音的影响力远远超出了爵士乐的范围。到了 20 世纪 60 年代，他的职业生涯结束，但对流行音乐产生了深刻影响。他很少公开地将他的种族政治化，这常常让美国黑人感到沮丧，但他在小石城危机中采取了一个广为人知的立场，即主张取消种族隔离。

　　从 1954 年起，无论阿姆斯特朗在任何地方进行正式或非正式的旅行，他都被视为国家的音乐使者。1954 年阿姆斯特朗出访澳大利亚。1956 年，阿姆斯特朗和他的全明星乐队第一次非正式地出访英国黄金海岸，这次访问，路易斯和他的乐队让几十万人激动不已。1956 年 8 月，在非洲大陆具有重要影响力的《鼓》杂志这样评论此次爵士乐之旅的全球性意义：它既宣扬了号手的高超技艺，又以"书包嘴吹起世界"这个短语缓和了冷战的紧张局势。② 1957 年阿姆斯特朗访问巴西。由此可见，阿姆斯特朗所进行的一系列爵士乐巡回演出是有着里程碑式的意义的，为缓和美国面对的国内与国际问题提供了机会。

---

　　① Brando Simeo Starkey, *In Defense of Uncle Tom: Why Blacks Must Police Racial Loyalty*, Cambridge University Press, 2015.

　　② Penny M. Von Eschen, *Satchmo Blows up the World: Jazz Ambassadors Play the Cold War*, p. 61.

总之，迪兹·吉莱斯皮、戴夫·布鲁贝克、本尼·古德曼、路易斯·阿姆斯特朗等人是爵士乐巡回演出中的代表人物。他们带领着爵士乐团到达了冷战中的热点地区，并将美国政府期望爵士乐所能传达的关于美国的自由与民主一同带去。

（2）爵士乐外交的特点

总体而言，爵士乐外交是由美国政府主导，爵士音乐家为主要执行者的外交活动。其具体特点表现为以下几个方面。

第一，目的、受众冲突。就爵士乐外交的目的而言，美国政府旨在宣传自由世界的价值观及资本主义意识形态，而爵士音乐家则想通过巡演宣传爵士乐这一音乐形式；就受众而言，美国政府的预期宣传对象主要为精英阶层，而爵士音乐家的理想受众则为所有热爱音乐的民众。从 1956 年第一次爵士乐巡演吉莱斯皮出访中东开始，到 1957 年古德曼出访东南亚，以及 1958 年布鲁贝克出访波兰和中东，爵士音乐家们均是直接深入冷战热点和全球危机的中心地带。美国政府理想中的爵士乐巡演带有极高的政治目的，与之矛盾的是，爵士音乐家们更倾向于向世界宣传爵士乐这一独具特色的音乐形式。在吉莱斯皮出访东南亚的过程中，美国试图通过将自身与欧洲殖民国家区分开来，力图获得东南亚国家的支持。美国官员还试图驳斥不结盟国家领导人（特别是埃及的纳赛尔和印度的尼赫鲁）对美国实行种族主义和帝国主义野心的指控。音乐家们深谙爵士乐巡演的政治性，他们一方面为能够代表美国而感到自豪；另一方面又对美国的种族政策和巡演鲜明的政治目的感到厌倦。例如吉莱斯皮曾回忆说："我知道他们对我们做了什么，我不想找任何借口。"① 美国政府在出访国的选择上目的鲜明，对于立场极为鲜明或毫无利用价值的国家或地区，美国政府往往不愿浪费时间。吉莱斯皮回忆说，"由于印度为不结盟国家，在对东南亚地区的出访中直接跳过了该国。取而代之的是在巴基斯坦的卡拉奇演奏，因为美国为巴基斯坦提供武器"。对于旨在传播爵士乐的音乐家来说，只有音乐会允许那些"衣衫褴褛的而又肮脏的人"

---

① Dizzy Gillespie with Al Fraser：*To Be or Not to Bop*，Garden City，N. Y.：Doubleday，1979，p. 414.

的孩子们前来，爵士乐队才同意开始演奏。吉莱斯皮称："他们把门票的价格定得太高了，那些我们试图结交的人都无力负担。"在土耳其的安卡拉，吉列斯皮同样打开了音乐会的大门，并宣称："我来这里是为所有的人演奏的。"①

　　此外，爵士音乐家们在出访地大受欢迎，这也为双方音乐家们提供了互相交流、学习的机会。布鲁贝克曾写道：非西方音乐的影响"让我以不同的方式演奏。虽然印度的音阶、旋律及和声是如此不同，但我们彼此理解。我觉得我们和印度的音乐家可以一起演奏爵士乐。音乐的民间起源在世界上任何地方差别都不太大。"② 此外，爵士乐巡演更重要的意义在于传播了爵士乐文化，提升了爵士乐的音乐地位，也进一步提升了黑人音乐家们的身份认同。尽管爵士乐作为美国冷战时期流行文化的重要代表，在美国本土爵士乐的地位依旧较低。以在爵士乐宣传中起着至关重要的作用的广播电台为例，一个美国人出国旅行时，从西方世界任何国家的电台主持人那里都能得到比从美国主持人那里更好的爵士乐。美国本土人民对爵士乐普遍存在大量误解，吉莱斯皮曾经感叹道："爵士乐，我经常演奏的音乐，从来没有被我们国家的人民真正接受为一种艺术形式。"吉莱斯皮指责"大多数美国人仍然认为爵士乐是低级音乐。他们相信，人们用脚听爵士乐，而不是用头脑听爵士乐。对他们来说，爵士乐是儿童音乐，是毒品瘾君子的喜好……不是严肃的音乐，不是能在音乐厅演奏的音乐，不是可以用来学习的音乐，不是单纯地以聆听为享受的音乐"③。与国内的局面相反，爵士乐在海外受到热情追捧，这在一定程度上修正了爵士乐在美国国内的固有形象。与此同时，爵士音乐家们也在出访非洲国家时找到了一份在美国国内不曾拥有的归属感以及身份认同和价值认同。阿姆斯特朗曾在出访刚果时热泪盈眶地说："我现在知道了。我来自这里，这也是我的祖国。"在阿克拉观看阿姆斯特朗演出的人们对他

---

① Marshall W. Stearns, "Is Jazz Good Propaganda? The Dizzy Gillespie Tour", *Saturday Review*, July 14, 1956.

② Liner notes, Jazz Impressions of Eurasia, Dave Brubeck Quartet, LP, no. CL1251 (Columbia Record, 1958).

③ Jack Tracy, "The First Chorus", *Down Beat*, June 13, 1957.

来说意义重大："毕竟，我的祖先来自这里，我身上带有非洲血统。"①

　　第二，美国政府对于爵士音乐家的固有偏见在爵士乐巡演中贯穿始终。早在爵士乐巡演被提上日程之时，来自美国政府的反对之声就从未停息，部分政府官员认为古典音乐才是真正可以代表美国的艺术形式，而爵士乐则是市井音乐，不能登上大雅之堂。爵士乐巡演在美国受到了极大的关注，美国媒体也对爵士乐巡演进行了大量的宣传报道，但美国政府内部的保守派一直对爵士乐巡演抱有批评态度。美国新闻署主张对于爵士乐的宣传只限于海外，禁止其在国内扩大影响。此外，即使爵士乐最终成了美国流行文化的代表，但部分美国官员对爵士乐的固有偏见却并未消除，而二者之间的矛盾冲突也在爵士乐巡演过程中有所显现。在爵士乐巡演的旅途中，美国政府往往不能为音乐家们提供足够的后勤保障。此外，爵士音乐家们的自身特点也与政府官员的期望大相径庭。爵士乐作为一种以即兴表演为主体的艺术形式，具有随意、慵懒的风格，爵士音乐家们在巡演途中往往不愿也不屑于遵守美国政府制定的种种规则，在音乐家们眼中，爵士乐巡演更像是一场盛大的音乐之旅，而旅途中必不可少的要素就是自由、毫无拘束。爵士音乐家们开朗明快，亲和力强，向世界展现出了一张全新的美国名片，正如一位政府官员西蒙斯所说："整个乐队都在努力使舞台表演获得成功。乐队的成员几乎毫无例外是优秀的美国大使……他们活泼、直接、随性、聪明。他们非常友好。他们是优秀的演讲家。"② 对于美国政府而言，爵士乐巡演最重要的目的是对外塑造良好的美国形象，以便在意识形态之争中占据优势，西蒙斯评论道："我们寻求塑造的形象是一个诚实、善良、随性、勤奋、纯洁的民族。这个群体中的每一个成员都有前四个特点，但只有极少数人拥有最后一项。"③

---

　　① Penny M. Von Eschen, *Satchmo Blows up the World：Jazz Ambassadors Play the Cold War*, p. 61.

　　② Penny M. Von Eschen, *Satchmo Blows up the World：Jazz Ambassadors Play the Cold War*, p. 139.

　　③ Penny M. Von Eschen, *Satchmo Blows up the World：Jazz Ambassadors Play the Cold War*, p. 141.

　　第三，美国国内及世界范围内的种族矛盾与爵士乐外交的相互交织。爵士乐巡演在世界各地为美国的形象塑造和自由、平等的价值观的传播产生了重要的作用，这一现象也对国内的种族矛盾问题产生了影响，也引发了国内黑人们的思考：为什么爵士乐在代表国家形象出访的同时却无法在国内得到应有的尊重？与此同时，国内的种族冲突也对在海外巡演的音乐家们的心理造成了微妙的变化。在《真正的大使》一书中，布鲁贝克夫妇谈到了美国战略中突出的矛盾，该战略将黑人音乐家作为美国民主胜利的象征，但在当时美国还是一个种族隔离的国家。① 在爵士乐巡演的过程中，广播电台在爵士乐传播的过程中发挥了重要的作用。吉莱斯皮曾沮丧地指出："如今，一个美国人出国旅行时，从西方世界任何国家的唱片主持人那里都能得到比从美国主持人那里得到的更好的爵士乐……我有点喜欢代表美国的想法，但我不打算为美国的种族主义政策道歉。"② 美国国内的种族矛盾对爵士乐巡演更直接的影响体现在 1957 年小石城事件期间，该事件使得阿姆斯特朗的团队放弃了苏联之行的计划。阿姆斯特朗认为，政府未能废除种族隔离制度，这违反了他与政府间的默认的协议，而解决种族问题则是阿姆斯特朗出访的基础。阿姆斯特朗宣称：美国政府"对待南方人民的方式会让他们下地狱的"。冷战时期，爵士乐在苏联被官方禁止。苏联对爵士乐的排斥是多方面的。苏联官方在艺术上推行了严格的等级制度，古典音乐和芭蕾舞等古典艺术形式被认为是唯一真正的艺术，任何现代形式都被认为是堕落和颓废的。对现代艺术的攻击者把现代音乐与肆无忌惮的性欲、同性恋、堕落和资产阶级颓废联系在一起。③ 随着冷战双方对抗的不断加剧，文化交流演变成了文化竞争，双方都不约而同地利用着这一武器。《重拍》（*Doun Beat*）杂志总结道："美国国务院认为，俄罗斯拒绝美国爵士乐巡演

---

　　① Penny M. Von Eschen, *Satchmo Blows up the World*: *Jazz Ambassadors Play the Cold War*, p. 82.

　　② Jack Tracy, "The First Chorus", *Down Beat*, June 13, 1957, p. 140.

　　③ Uta G. Poiger, *Jazz*, *Rock*, *and Rebels*: *Cold War Politics and American Culture in a Divided Germany*, Berkeley: University of California Press, 2000.

的原因是爵士乐在俄罗斯很受欢迎。"① 对爵士乐的态度也表明了苏联对于种族问题的矛盾性，一方面，苏联的种族主义者反感美国黑人文化的表达方式，进而厌恶爵士乐；另一方面，苏联依赖于本国种族平等的主张以及美国的种族矛盾作为有力的冷战武器。

第四，美国爵士乐巡演的资方包含政府、民间企业双重成分。爵士乐巡演主要是由政府主导、策划，由政府出资并提供相关后勤保障人员。此外，企业公司也参与其中，例如百事可乐公司。《重拍》杂志报道称："阿姆斯特朗和他代言的百事可乐是在非洲软饮料市场与可口可乐展开竞争的突击队。"百事可乐公司在阿克拉（加纳首都）、拉各斯（尼日利亚首都）张贴阿姆斯特朗的照片和以下三段广告语："你喜欢书包嘴，百事可乐为你带来了书包嘴，所以你喜欢百事可乐。"②

（3）爵士乐外交的影响

爵士乐外交在改善美国国际形象，缓和国内种族矛盾方面取得了一定成效。在国际上，美国逐渐树立起丰富多元的文化形象，打破了对传统外交的固有认知；爵士乐充分体现出大众化的音乐在外交上的优势，鲜明地体现了越是民族的越是世界的这一文化特点。这一点在阿姆斯特朗出访东欧国家时体现得最为明显，音乐突破了铁幕的障碍，突破了美国和东欧地区意识形态的冲突，成了最为有效的沟通武器。美国之音在晚间新闻前后的高峰时段播出爵士乐节目。1955年，它受到了80个国家的3000万人次的追捧，这个数字在随后十年达到了1亿。③ 在意识形态的高压政策下，东欧人民鲜有娱乐活动，爵士乐一经出现，便在东欧国家受到了热烈的欢迎，甚至不惜从非法渠道走私爵士乐唱片。《纽约时报》的评论员贝莱尔把爵士乐看成是冷战时期争取民主的英勇斗争的一部分，他认为："人们实际上冒着生命危险在铁幕后走私爵士乐的唱片，这是一种无法用经济利益解释的行

---

① Penny M. Von Eschen, *Satchmo Blows up the World：Jazz Ambassadors Play the Cold War*, p. 98.

② Anonymous, "Armstrong's Akwaaba in Ghana", *Down Beat*, November 24, 1960.

③ Penny M. Von Esche, *Satchmo Blows up the World：Jazz Ambassadors Play the Cold War*, p. 14.

为。"① 对此，阿姆斯特朗评价道："当我在柏林演奏的时候，很多俄罗斯人跳过铁栏来聆听，这证明了音乐可以跨越民族的界限。"②

美国派出的爵士乐团成员大多是美国黑人，他们既目睹并切身体会到在美国国内黑人所遭受的不公正待遇，同时又与非洲有着天然的情感联系；美国政府以他们为使者，能够让世界对美国所宣扬的"自由平等"更为信服，却也发生了让美国政府不愿意看到的情况——几乎每一个外派的爵士乐家都借此次机会为美国国内的黑人争取更多的应该享有的权利。吉莱斯皮认为，让爵士乐得到认真对待，就是争取世界对美国黑人文化和艺术成就的承认。阿姆斯特朗等黑人音乐家都曾说过类似的话，即"蓝调是在奴隶船停靠的海岸上诞生的"，这充分说明，他们都深深地认同非洲与爵士乐之间的不可分割的联系。但作为白人的古德曼则称爵士乐为"完全民主的音乐"，坚定地认为爵士乐是一种超越种族的音乐，认为"在最优秀的爵士乐队中，种族、信仰或肤色的差异从来没有丝毫的重要性"③。

事实证明，爵士乐在世界各地都取得了较高程度的成功：例如，无论阿姆斯特朗走到世界的哪一个地方，聆听他音乐的人都成千上万。虽然，从爵士音乐家的行动上看，由于美国国内对黑人及其文化的不认可使他们并未完全拥护美国，反而借国际舞台批评美国政策的不足，有时候用爵士乐来发泄他们的愤怒和抱怨，批评美国虚伪地只属于白人，而把黑人排除在外的自由。在非洲，许多国家的官员也宁愿把爵士乐等在内的美国黑人的文化视为不断变化的国际舞台的一部分来接受，而不是支持美国所倡导的资本主义的"自由平等"的独特性和优越性。但不可否认的是，爵士音乐家演奏风格中所包含的开放、真诚、友好和平易近人的特质，使他们与非洲国家进行了良好的互动，并与当地人产生了共鸣。爵士乐起源的独特性也巧妙地将爵士音乐家与非洲听众联系在一起，多种因素的共同作用使爵士乐将美国

---

① Felix Belair, *New York Times*, November 6, 1955.

② Penny M. Von Eschen, *Satchmo Blows up the World: Jazz Ambassadors Play the Cold War*, p. 11.

③ Starkey, Brando Simeo, *In Defense of Uncle Tom: Why Blacks Must Police Racial Loyalty*, Cambridge University Press, 2015.

的理想在非洲传播，促进了美国与非洲的和谐关系。爵士乐的全球之旅同样在意识形态方面应对了来自苏联的威胁，努力回击了苏联对美国文化的抨击。带有美国文化混杂性及复杂性的爵士乐，将美国国内的民权运动带到世界，投射出美国黑人文化的活力，让全世界重新审视美国的种族关系，是当时的政府努力向国际道德的高地攀爬，试图缓解当时国内由于种族歧视和社会不公所引发的紧张局势。

总而言之，正是在冷战这样一个特殊时期以及美国国内矛盾激化的情况下，使艾森豪威尔政府做出了爵士乐外交的战略决定，给了爵士大师们突破官方意图，表达自己的想法和对种族、自由、民主和音乐关注的机会，在揭示美国社会最深层的冲突和尚未解决的矛盾的同时，让世界对美国的现代文化有了更深的了解。爵士乐旋律中所带有的自由与活力的特质在整体的爵士乐外交中发挥了重要作用，爵士音乐家通过极易理解的音乐向世界讲述美国故事，塑造了美国积极向上的国家形象，努力回击来自苏联的文化攻击；让来自不同社会阶层、不同文化背景的人更能了解美国的价值观念，展示美国文化的活力、多样性、包容和开放，加强美国与世界其他地区的文化沟通，达到输出美国文化、弥合文化差异的目的。从最终的结果看来，随着爵士乐在世界上的影响力越来越大，部分公众在某种程度上已经对美国的西方阵营有了偏向，对社会主义阵营产生了怀疑，使社会主义阵营内部产生了隔阂，拉近了美国与第三世界国家，尤其是非洲国家的关系，有效遏制了共产主义阵营的进一步扩大，甚至赢得了其他具有重要战略意义的国家和地区的支持。

爵士乐外交也在一定程度上促进了国内的民权运动和民权改革，黑人爵士表演艺术家们对美国种族歧视的批评令政府尴尬，迫使政府不得不推进民权改革，以向海外展示美国良好的种族关系和国家形象。但这种只为挽救国家形象危机的改革有很大的局限性，一旦美国的国际声誉得到保障，它改革的动力就消失了。这也是艾森豪威尔政府时期在民权改革方面比较消极的一个原因所在。

第三章 冷战高潮与肯尼迪时期
民权改革的质变

在肯尼迪执政早期，先后爆发了第二次柏林危机和古巴导弹危机，冷战达到了一个高潮。但冷战与民权的关系仍未紧密联系在一起。在国内问题上，民权不是总统优先考虑的问题。因此在自由乘车运动、奥尔巴尼运动、密西西比选民登记运动等一系列民权运动发生的时候，肯尼迪政府采取了治标不治本的方法，尽量掩盖矛盾，抑制运动的发展。同时大量非洲外交官来到美国，遭到了和美国黑人同样的歧视，引起了外交官的不满和国际社会的批评。肯尼迪政府为了国家形象和国家安全，不得不积极应对处理。政府在礼宾司成立了特殊礼仪服务处专门处理此事，服务处竭尽全力，事无巨细，帮助外交官解决在住房和旅行等方面的困难。但由于国内的种族歧视和隔离没有废除，非洲外交官受歧视事件不能从根本上得到解决。各种教训表明，只有强制性的全面的民权立法才能使民权改革达到根本性的质变。这一重要的转折点在伯明翰运动时来到了。运动带来了巨大的国内外的压力，美国政府追求冷战外交的利益和美国黑人追求民权的利益在此时日趋一致，舆论和民心也都发生了改变。肯尼迪总统发表了标志性的民权演说，提出了全面的民权立法。在强烈的国际批评带来的压力和利益影响下，民权运动和冷战对民权改革的影响都达到了顶点。

一 肯尼迪执政早期的地方种族危机、
国际批评与被动应对

肯尼迪在 1960 年"非洲年"当选总统，这一年的 1 月到 10 月间，17 个非洲国家取得独立。非洲人尤其关心美国的种族问题。国务院因为种族歧视给国家安全带来的影响而备受困扰。因为美国的种族歧视将影响冷战的结盟。种族歧视使得亚非国家不愿意与美国结盟共同反对苏联，也使得美国在联合国得不到亚非国家的支持。国内的种族歧视对国家外交利益的影响在肯尼迪总统时期更为重要。腊斯克指出，"种族主义和歧视在我担任国务卿期间给我很大的影响，美国国内的种族歧视，以及歧视来自新独立国家的外交官的故事开始损害我们与这些国家的关系"①。非洲年也是静坐年，黑人学生发起了大规模的静坐运动，民权运动进入以非暴力直接行动挑战隔离的阶段。运动有效地把全世界的注意力集中在美国的民权问题上。

但民权改革不是肯尼迪总统优先考虑的问题，肯尼迪自己的民权助手哈里斯·沃福德也认为他对民权不感兴趣，而国内经济和外交关系是肯尼迪最为看重的问题。在总统选举时，肯尼迪支持非洲独立以争取美国黑人的选票。他的策略是把对非洲的关心作为争取美国黑人的一种手段，同时又不疏远南方的白人。在竞选活动中，肯尼迪更多地提到非洲，远远超过民权。对肯尼迪来说，非洲是最新的边疆，通过把新独立国家拉入西方阵营，可以为冷战的胜利提供保障。他把自己作为同情美国黑人的总统候选人。当时 280 名来美留学的非洲学生缺少路费的困境为肯尼迪提供了一个改善非洲教育的项目。同时摆脱殖民统治获得独立的非洲国家又面临很多问题，美国政府需要招募更多美国黑人进入国务院为非洲国家服务，也需要阻止对非洲外交官的种族歧视。由于冷战在大部分美国人包括美国黑人心中的中心地位，肯尼迪就利用对非洲的外交问题来吸引国内美国黑人的关注。非洲在肯尼迪竞选演讲中出现的次数如此之多不是偶然的。在他执政早期，肯尼迪会见了比民权领导人更多的非洲领导人，更卖力地推动和平队的建立而不是民权立法，更喜欢非洲民族主义力量而非民权激进主义。对肯尼迪来说，既要恢复他的民权信誉，又不能失去南方隔离主义者的选票，需要采取一个平衡的措施，因此利用非洲和美国黑人之

---

① Mary L. Dudziak, *Cold War Civil Rights: Race and the Image of American Democracy*, Princeton, N. J.: Princeton University Press, 2000, p. 153.

间的关系是非常重要的。美国黑人想要支持非洲独立，黑人领导人想利用黑人选票作为武器推动候选人支持非洲的斗争。肯尼迪为此采取的策略是非洲优先于民权，最终他在选举中以微弱优势获胜，黑人选票起了关键的作用。①

当选总统之后，按照沃福德的建议，肯尼迪承诺要"大笔一挥"结束联邦住房项目中的歧视，因为这项行动可以通过行政命令来执行。然而，在他执政的第一年快结束时，民权积极分子向白宫送去了数千支用以签字的笔，要求肯尼迪履行承诺及早签署相关法令，但一直看不到任何进展。政府有民权议程，但它的优先事项并不总是民权运动的优先事项。司法部决定将民权运动的重点放在投票权上。然而，民权领袖们对肯尼迪并不满意。自由派的民主党参议员敦促总统支持《民权法案》，但总统拒绝了。面对来自民权运动和党内一些成员不断增加的压力，他在民权问题上的立场是可以理解的，因为推进民权立法将危及他在国会的其他举措。他必须和南方隔离主义的议员搞好关系，否则他的其他改革措施将不能在国会被通过。南方民主党人担任了国会大多数委员会的主席，对立法进程施加了巨大的影响。在许多国内问题上，他们与共和党人合作，成为真正的多数派。他们对联邦资金的控制甚至为取消国民警卫队的隔离等象征性的行政举措设置了障碍。从任命种族隔离主义法官到南方联邦法院，再到两年多来拒绝推动民权立法，总统做出了很多努力来适应南方各州的统治者。当然，这种迁就是有限度的，② 肯尼迪努力在支持黑人民权和维护南方白人利益之间维持一种微妙的平衡。

政府只是把民权努力集中在选举权上引起民权领导人的不满。意识到总统优先考虑的问题在别处，民权领导人指出，民权改革对总统实现经济增长和外交政策的目标是关键的。威尔金斯等人指出，"世界范围内有色人种争取解放和自决的运动促进了我们国家的民权事

---

① James H. Meriwether, "Worth a Lot of Negro Votes: Black Voters, Africa, and the 1960 Presidential Campaign", *The Journal of American History*, Dec. 2008, Vol. 95, No. 3, pp. 739, 762.

② Thomas Borstelmann, *The Cold War and the Cold Line: American Race Relations in the Global Arena*, Cambridge: Harvard University Press, 2002, p. 140.

业"，"我们政府民权努力的步伐必须加快"，"国家需要民权方面的突破"。但肯尼迪政府在民权方面的"突破"可能还需要一段时间。①

1960 年静坐运动开始后，迅速向全国扩展，成立了新的民权组织——学生非暴力协调委员会，开始转向公民非暴力不服从的新策略。1961 年，在法默领导下发起了"自由乘车运动"。自由乘车包括一个由黑人与白人合作组成的群体。这个群体中的白人会坐在公车的后排，黑人会坐在前排，并拒绝移开。在每一个停车站，白人走进黑人候车室，黑人进入白人候车室，寻求使用所有的公共设施，拒绝离开。而且，当遭到逮捕时，自由乘客们保证待在监狱里而不付罚款、不保释出狱。法默相信，除了吸引全国公众的关注外，这会使州与地方维持隔离的经济代价高昂。② 争取种族平等大会经过仔细挑选招募了 13 个人，然后对他们进行了一个星期艰苦的训练。运动的计划是派遣两个种族混合的群体分别通过铁路和"灰狗"长途汽车向南方旅行。路线起点是从华盛顿，经过亚特兰大，然后通过亚拉巴马和密西西比，在 1961 年 5 月 17 日，也就是布朗判决第七个纪念日，到达新奥尔良。

自由乘客通过弗吉尼亚、北卡罗来纳和佐治亚时，几乎没有遇到什么问题。只是在北卡罗来纳时，一个黑人乘客由于极力想进入白人理发室而被捕。但到了南卡罗来纳，刘易斯和另一位乘客由于极力想进入白人候车室而遭到一群白人青年殴打，庆幸的是他们伤势并不严重。5 月 14 日母亲节那天，自由乘客们分成两组，离开亚特兰大前往伯明翰。当"灰狗"长途汽车拉着一批自由乘客在安尼斯顿停车时，一群三 K 党"暴徒"上了车，他们粗暴地把黑人乘客扔到了后排。正坐在后排的白人乘客也遭到暴徒们的痛打。这些暴徒让司机继续开车。汽车到达了伯明翰，现场一个警察也没有。自由乘客想按计划去便餐柜台排队，但还没到达那里，就被暴徒抓住痛打。③ 第二天，

———————————

①　Mary L. Dudziak, *Cold War Civil Rights*：*Race and the Image of American Democracy*, p. 157.

②　Howell Raines, *My Soul Is Rested*：*The Story of The Civil Rights Movement In the Deep South*, New York：Penguin, 1977, p. 110.

③　Juan Williams, ed. , *Eyes on the Prize*：*America's Civil Rights Years*, *1954 - 1965*, New York, NY：Penguin Books, 1988, p. 155.

当臭名昭著的警察局长"公牛"康纳被问及为什么没有警察在场时，他说当天是母亲节，他们都回家看望他们的母亲去了。① 另一辆"灰狗"长途汽车根本就没到达伯明翰。汽车到达安尼斯顿时，很多带着枪支、刀具等武器的白人暴徒在那里等候。自由乘客们决定不停车，继续前行。但暴徒们在市郊围住了长途汽车，把门封死，并打破玻璃，向车中扔进一个燃烧弹。一些当地警察甚至就在现场听凭暴徒肆意妄为。自由乘客们奋力逃出汽车，险些被烟雾吞没。汽车燃烧的照片迅速在全国和世界的媒体上传播。

伯克·马歇尔是罗伯特·肯尼迪手下负责民权问题的助理司法部长，暴徒们的行径令他非常震惊，但在亚拉巴马现场的联邦官员却并不感到吃惊。联邦调查局早就通知了当地警察自由乘车的路线，他们知道伯明翰警察局中至少一名官员是三K党的成员，他们也知晓三K党计划在伯明翰车站使用暴力。但联邦调查局事先没有通知联邦政府中的任何部门，伯克·马歇尔对此很不满，他公开指责联邦调查局局长，说"胡佛先生个人对民权运动，尤其对示威和直接行动，没有任何同情"②。暴力发生后，总统肯尼迪立即召集司法部的官员召开紧急会议。马歇尔回忆道："这是总统第一次有了严重的种族问题的麻烦。我们建议总统不要动用军队，除非万不得已。"总统和司法部长决定，如果必要，他们准备派遣联邦司法警察去亚拉巴马。反对自由乘客的暴力引起国际媒体的关注，这时肯尼迪正准备着与苏联总统赫鲁晓夫的峰会，肯尼迪总统十分关注自己的形象。③ 他打电话给亚拉巴马州州长约翰·帕特森，此人本来在总统选举活动中是肯尼迪的支持者，但这次却拒绝接电话。在保护自由乘客问题上，他与总统和司法部长发生了严重的分歧。他公开指责自由乘客是吸引公众注意的"麻烦制造者"。

争取种族平等大会领导的自由乘车运动不得已结束了，但学生非

---

① Henry Hampton and Steve Fayer with Sarah Flynn, *Voices of Freedom: an Oral History of the Civil Rights Movement*, New York: Bantam Books, 1990, p. 78.

② Henry Hampton and Steve Fayer with Sarah Flynn, *Voices of Freedom: an Oral History of the Civil Rights Movement*, New York: Bantam Books, 1990, p. 80.

③ Williams, *Eyes on the Prize: America's Civil Rights Years, 1954 - 1965*, p. 149.

暴力协调委员会继续开展运动，并且爆发了更严重的暴力事件。肯尼迪总统对自由乘客的坚持很恼怒。部分因为反对自由乘客的暴力恰恰是共产主义者用来让美国在世界难堪的东西。他正在准备他第一次的海外总统旅行，他希望把世界的注意力从猪湾事件①的灾难中转移出来，把自己树立成一个自信的、有成就的世界领导人。自由乘客打乱了这些目标。沃福德指出，肯尼迪"支持每个美国公民站或坐的权利，但是不要在 1961 年春去争取它们"。肯尼迪有理由担心反对自由乘客的暴力会影响国际舆论。美国新闻署后来报告说，"亚拉巴马的种族事件对美国海外声誉的影响是巨大的"。国际媒体广泛报道。西欧、印度和东南亚的一些国家赞扬肯尼迪的行动，讨论了美国的种族进步，但是一些社论表明，"这一事件对美国的海外声誉是严重的打击，它可能影响美国在自由世界的领导地位，削弱与西欧盟友的紧密关系"。《巴基斯坦观察报》指出"亚拉巴马的种族骚乱似乎比小石城更厉害"。摩洛哥的一家媒体认为这些事件"正在削弱美国的世界领导地位"。《加纳时报》指出"地球上的黑人问题和非洲等世界各地被压迫人民的困境比送宇航员到月球更值得严重关切和考虑"。来自莫斯科的报道首先把这些事件定性为美国生活方式的体现，后来强调它们对美国世界地位的影响。同时，美国新闻署报告说"中国共产党的无线广播充分利用了美国的种族紧张局势，向世界各地进行了广泛的报道"。北京的报道反复宣传这样的主题：猖獗的种族主义暴露了美国自由和民主的野蛮本质。美国新闻署更关注世界大部分地区的没有被报道的有色人种的反应。这些地区的人们感到美国的种族主义态度反映了白人对非白人的优越感，对美国种族主义的憎恨塑造了他们对西方的态度。总统担心这些事件对维也纳会谈造成影响，伦敦的《每日电报》中指出："很遗憾俄国人和中国人竭力促进对美国的仇恨，他们利用了小石城危机，在维也纳总统会见赫鲁晓夫之前又抓住了另一个机会。"②

---

①　是 1961 年 4 月 17 日，在中央情报局策划下，逃亡美国的古巴人在古巴西南海岸——猪湾，向卡斯特罗领导的古巴革命政府发动的一次失败的入侵。

②　Mary L. Dudziak, *Cold War Civil Rights*: *Race and the Image of American Democracy*, pp. 158 - 161.

　　司法部长罗伯特·肯尼迪提议设置一个"冷静期"，他担心进一步的自由乘车会遭到更残酷的暴力袭击。他的哥哥肯尼迪总统也需要在与赫鲁晓夫的维也纳峰会时保持国内的团结。但民权领导人并不赞同肯尼迪兄弟的观点。法默说："请告诉司法部长，我们已经冷静了350年了。如果我们继续沉默下去，我们很有可能心如冰冻，彻底绝望。"① 一名记者在蒙哥马利汽车站问金的助手艾伯纳西，肯尼迪总统正要出发去维也纳，他会怎样让总统避免尴尬。艾伯纳西回答说："难道你没有看到我们一生都处于尴尬的境地中吗?"② 两天后，27 名自由乘客就在蒙哥马利登上公车，向密西西比杰克逊进发了。罗伯特·肯尼迪的愿望落空，不得已，他只能另想办法。经过紧急磋商，他与密西西比参议院司法委员会主席伊斯兰德达成妥协：美国司法部同意不实施最高法院州际旅行非隔离的判决，反过来，密西西比当局保证不发生暴力。可见，当时肯尼迪兄弟一心只想避免发生暴力，担心它损害美国在国际上的形象。他们这一措施的目的只在于掩盖种族矛盾，是治标不治本。

　　助理司法部长尼古拉斯·卡岑巴赫回忆说，自由乘车运动在白宫被视为"令人讨厌的事"。相比之下，詹姆斯·法默和其他自由乘车运动的组织者认为，他们站在了争取自由斗争的前线。在他们看来，对美国政府来说，没有什么比保护本国公民的权利和安全更重要的事情了，尤其是在任何一次会议前夕，美国都要再次摆出"自由世界"领袖的姿态。肯尼迪和他的顾问们只关注苏联如何利用美国发生的暴力事件来贬低美国在海外的声誉，却没有看到受到暴力侵害的南方腹地的民权工作者。这是一个极大的讽刺：南方地方当局大声反对共产主义，却以准极权主义的方式统治着"自由世界"的一大块土地。③

---

　　① James Farmer, *Lay Bare the Heart: an Autobiography of the Civil Rights Movement*, New York: Arbor House, 1985, p. 206.

　　② Robert Weisbrot, *Freedom Bound: A History of America's Civil Rights Movement*, New York: Norton, 1990, p. 60.

　　③ Thomas Borstelmann, *The Cold War and the Cold Line: American Race Relations in the Global Arena*, Cambridge: Harvard University Press, 2002, p. 159.

　　最后肯尼迪政府通过减少暴徒的暴力和负面新闻处理了危机，但并未保护联邦的权力。当自由乘客到达密西西比杰克逊，他们全遭到逮捕。联邦政府并未干预。自由乘车运动提供了一个肯尼迪政府处理民权运动戏剧性事件的例子，运动激发了南方白人的暴力反应，创造了要求联邦政府注意的民权危机。肯尼迪不能控制民权运动的性质和时间，民权危机总是要求总统的关注，因为它伤害了美国的国际声誉。肯尼迪发现自己在民权问题上越陷越深。

　　1962 年 9 月，密西西比大学危机事件比自由乘车运动引起了国际上更强烈的关注。① 詹姆斯·梅迪雷斯申请进入密西西比大学，仅仅因为他是黑人就被拒绝。梅迪雷斯起诉学校，第 5 巡回法院判决大学拒绝梅迪雷斯入学违宪。密西西比州长巴奈特回应说绝不向邪恶与非法的暴政势力屈服。最终，由于州长的阻挠和暴徒的抗议，肯尼迪不得不派出联邦军队。9 月 30 日晚上，军队与白人暴徒抗议者之间发生冲突。当骚乱升级时，总统在全国电视讲话中提醒密西西比人民："全国和全世界的目光都在关注着你们，关注着我们所有人。"② 最终骚乱的结果是两人被杀，包括一名法国记者，几百人受伤。第二天早晨，军队控制了校园，梅迪雷斯得以登记入学。密西西比大学的暴力和联邦政府在管理危机中的作用在海外引起广泛关注。虽然戏剧性的种族冲突伤害了国家的海外形象，但梅迪雷斯事件像小石城事件一样，也提供了联邦政府解决问题的机会。在英国，《曼彻斯特卫报》指出，"密西西比发生的事件已经对美国的名声造成了伤害。"一项对波哥大大学生的调查报告显示，危机损害了美国在国际声誉，削弱了总统的地位。但在非洲，许多批评过美国的国家这次赞扬了肯尼迪的行动。美国新闻署报告说，"事实上，以苏丹、加纳和利比亚为代表的一些非洲国家，过去经常批评美国，特别是在发生种族事件时，但这次并没有对美国发动攻击，而是赞扬了联邦政府的行动"。在尼日利亚、肯尼亚和埃塞俄比亚，报纸"对美国政府在这个问题上所面

---

　　① 参见 Henry T. Gallagher & Gene Roberts, *James Meredith and the Ole Miss Riot: A Soldier's Story*, University Press of Mississippi, 2012。

　　② Borstelmann, *The Cold War and the Cold Line: American Race Relations in the Global Arena*, p. 160.

临的困难表现出相当的理解"。然而，另外一些非洲报纸的报道是讽刺批评的。如扎伊尔加丹加一家地方媒体认为"美国不能在自己的国家建立多族裔的社会"，并且建议派一支联合国代表团"到美国保护美国黑人公民的权利"①。

总统助理阿瑟·施莱辛格说，肯尼迪总统的行动对世界尤其是非洲有深远的影响。美国联邦政府并不支持隔离，而是坚决反对它。为了一名黑人的入学问题，总统威胁州长，甚至派军队占领了密西西比大学。在施莱辛格看来，政府在密西西比大学的行动带来了具体的外交利益。国家的世界领导地位和安全因国内确保民权的努力而得以加强。虽然联邦在密西西比大学的行动广受赞扬，但危机的总体影响不令人乐观。美国新闻署考察了全世界的媒体报道，指出骚乱和流血的场面给世界人民留下了美国种族形势恶化的印象，温和的社评不能战胜事件的视觉冲击。美国新闻署指出，即使在大部分非共产党国家，他们也认为美国的种族偏见根深蒂固。美国新闻署对国际媒体报道密西西比危机的具体情况为总统撰写报告，肯尼迪总统十分关注密西西比危机对美国国际形象的影响。肯尼迪原来就对艾森豪威尔总统处理小石城危机持批评态度。他不希望有让美国尴尬的照片出现在国际媒体上。美国新闻署的报告表明，在民权危机中一定程度的联邦行动将对国家的海外形象有积极的影响。肯尼迪上任后一直在民权问题上比较消极，优先考虑其他社会问题。密西西比危机结束后，肯尼迪希望有喘息的时间。但只要歧视和隔离存在，美国民主的形象就处于危险之中。抗议行动不断遭到暴力抵制，运动让国际媒体一直就集中在美国的种族问题上。②

此外还有两场重要的运动被肯尼迪政府压制下来，并没有引起像自由乘车运动和密西西比大学融合事件那样大的国际影响。第一件是1961—1962 年发生的奥尔巴尼运动。1961 年秋，学生非暴力协调委员会首先发起了运动，年轻的积极分子查尔斯·谢劳德和伯妮斯·约

---

① Mary L. Dudziak, *Cold War Civil Rights*: *Race and the Image of American Democracy*, pp. 163 – 164.

② Mary L. Dudziak, *Cold War Civil Rights*: *Race and the Image of American Democracy*, pp. 165 – 166.

翰逊·里根成为这一计划的主要执行者。1961 年 11 月 17 日，学生非暴力协调委员会与地方各民权群体达成协议，建立起共同的组织来抗议隔离。地方领导人威廉·安德森当选为它的主席。在新组织的协调领导下，运动得以迅速开展起来。运动的主要形式有静坐、自由乘车，游行示威等非暴力直接行动。奥尔巴尼警察局长劳里·普里切特下令逮捕了很多运动参加者。12 月 15 日，已经有 500 多人被捕入狱，但运动还没有取得什么成果。威廉·安德森决定邀请马丁·路德·金来集会上发表演讲，以吸引更多公众的注意。南方基督教领导大会由此参加到运动中来。但金等人很快就被捕入狱。普里切特警长仔细研究了金的方法，并有针对性地采取了大规模非暴力逮捕的策略，有效地瓦解了运动。而且，为了最大限度地削弱金的影响，在金等人被宣判几天后，普里切特特意安排了一名神秘的陌生人把他们保释出狱。除了警察的逮捕与抵制，学生非暴力协调委员会与南方基督教领导大会之间的矛盾又使运动雪上加霜。城市委员会获悉运动的分裂，他们决定利用黑人想要控制自己组织的活动的愿望，与地方黑人进行谈判。最终运动没有取得什么结果而失败了。

由于媒体对金入狱的报道，联邦政府开始关注奥尔巴尼运动。肯尼迪总统担心形势恶化，尤其害怕发生暴力，要求司法部报告奥尔巴尼的情况。司法部民权助理马歇尔立即赴奥尔巴尼与劳里·普里切特及奥尔巴尼城市委员会进行讨论，商讨对策。不久，肯尼迪总统任命的联邦法官罗伯特·艾略特（他是一名隔离主义者）就颁布了一个暂时禁令，禁止在奥尔巴尼进行示威，尤其是金和其他领导人不得在公共场合出现。金不得不屈服，保证遵守联邦法院的命令。他对记者说："联邦法院一直支持我们的运动，我不能反对它们。"但金又补充了一句："我们遗憾地说，近来的事件表明，南方的一些联邦法官与州领导人密谋维持邪恶的隔离制度。"马歇尔也说："这是事实，那个区的联邦法官是一个很糟的法官，他犯了可怕的错误。"肯尼迪总统的举动令民权积极分子不解甚至愤怒，但肯尼迪有自己现实的考虑，他是一个注重实效的政治家，极力要维持与南方的联系，所以他才听从南方参议员的建议任命了包括罗伯特·艾略特在内的一些联邦法官。①

金的助手安德鲁·扬后来回忆道："金离开奥尔巴尼的时候非常沮丧。但是，他知道发生了什么。他真的感到是联邦法官取消了那场运动……他认为是肯尼迪政府帮助阻止了运动的继续。"扬也总结了这场运动的弱点，认为它是"完全无计划，完全无准备的"②。金等人对肯尼迪总统的表现很不满，批评他没有对奥尔巴尼地方官员施加足够的压力。扬回忆说：我们认为肯尼迪政府反对我们，似乎只有当暴力"危机"产生时，重要的联邦行动才会出现。普里切特能够非暴力地维持种族不正义，使总统和其他美国人愿意接受这一局面。政府和全国对奥尔巴尼的反应表明，和平的隔离很少产生像种族主义者攻击自由乘客那样所激起的愤怒。③

另一件事就是密西西比选民登记运动。肯尼迪政府害怕非暴力直接行动，希望把民权运动转向选举运动。1961年夏天，自由乘车运动达到高潮，自由乘客不断入狱的消息使司法部长罗伯特·肯尼迪很焦急。他一方面想安抚黑人；另一方面又想取悦于南方民主党联盟。罗伯特·肯尼迪决定改变运动的方向，尽量避免引发暴力对抗。他建议黑人从直接行动转向选民登记运动，认为大量黑人的选票可以迫使南方政治家更多地考虑黑人在住房、教育和公共设施等方面的要求。他后来说："如果让黑人登记的选民达到选举人数的15%以上，他们便会产生重要影响。"④ 由于缺少资金，肯尼迪政府敦促大的慈善基金会资助选民教育计划。有了资金支持，一些民权组织和民权领导人逐渐同意了实施选民登记计划，他们成立了联合组织委员会来领导运动。

密西西比选民登记运动在学生非暴力协调委员会的组织下开展起来，主要领导人是摩西，他先后在密西西比的麦考姆和三角洲地带发

① Williams, *Eyes on the Prize: America's Civil Rights Years, 1954 - 1965*, p. 173.

② Hampton, *Voices of Freedom: an Oral History of the Civil Rights Movement*, pp. 112 - 113.

③ David J. Garrow, *Bearing the Cross: Martin Luther King, Jr., and the Southern Christian Leadership Conference*, New York: W. Morrow, 1986, p. 217.

④ Williams, *Eyes on the Prize: America's Civil Rights Years, 1954 - 1965*, p. 160.

起运动。积极分子们深入农村，组织地方黑人进行选民登记，直接与当地的种族主义分子对抗。在此过程中，民权积极分子们和地方黑人不断遭到地方当局和白人种族主义者的逮捕、殴打和经济威胁等，其危险性不亚于大街上的示威活动。因此面对白人的强烈抵制，运动没有取得多少成就。于是摩西又发起了把白人学生带到运动中的自由投票运动和自由夏天运动，以吸引媒体的注意，争取联邦的干预，取得一定的成效。学生非暴力协调委员会在长期的斗争中形成了基层社会组织的策略和模式，主要表现为：长期在某一个地方组织群众运动，在当地建立本土化的领导体制，让当地黑人自治，在他们中实行参与性民主，让他们自己做出重要决策，不断提高他们的政治觉悟，赋予这些普通黑人以自信、尊严与力量。这是一种以群体为中心的自下而上的领导模式，与南方基督教领导大会以金为中心的自上而下的魅力型领导模式截然相反。肯尼迪兄弟赞扬密西西比选民登记组织者的勇气，希望和他们一起打开"封闭的社会"。但他们又想避免暴力对抗，试图不事声张地说服密西西比当局遵守法律。肯尼迪政府不喜欢接受这样的事实：在南方必须站在某人的一边。在自由乘车运动期间，肯尼迪政府为保护自由乘客免遭暴徒暴力的伤害与州达成妥协，同时也满足州的要求，即当自由乘客离开公车，白宫不干涉地方警察逮捕他们，虽然这也是违反宪法的。肯尼迪处理自由乘客的方式成为以后他处理这样危机的基本模式。当形势迫使白宫必须采取行动时，他们仍躲在密西西比地方官员的后面工作，避免直接卷入。阻止暴力成为肯尼迪密西西比政策的基石。他们相信，联邦对民权强有力的支持会导致密西西比发生一场内战。马歇尔以联邦主义的理论来为政府的政策辩护，认为维护法律和秩序、保护公民免遭非法迫害是地方政府的责任。只有形势恶化到地方政府不能控制时，联邦政府才会以外力干预。①

　　一段时间里，肯尼迪政府似乎愿意保护民权积极分子，尤其是那

---

① John Dittmer, "The Politics of Mississippi Movement", in David Levering Lewis, *The Civil Rights Movement in America*：*Essays*, Jackson：University Press of Mississippi, 1986, pp. 76 - 77.

些参加选民登记的工作者。例如，当学生非暴力协调委员会的成员约翰·哈代被打后，司法部立即对此开展司法诉讼。可是，当白人暴力日益加剧的时候，联邦政府便会立即收回它对积极分子的支持。肯尼迪政府在保护黑人争取权利的问题上仍坚持避免与地方政府直接对抗。只有一个例外是 1963 年的格林伍德运动，学生非暴力协调委员会在那里开展了最积极的选民登记运动，遭到了白人强烈的暴力抵抗。3 月 31 日，司法部向联邦法院申请发布反对地方官员的命令，要求释放 8 位运动组织者，停止干预选民登记运动，允许黑人行使宪法赋予他们的权利。这正是密西西比积极分子希望看到的联邦行动。但不到一个星期，司法部就与格林伍德官员达成协议，收回了禁令，联邦决定妥协的重要原因还是害怕白人的暴力。到 1963 年夏末，密西西比运动完全陷于停滞。①

到 1963 年夏天，很多联合组织委员会的积极分子已经得出结论，密西西比运动要想生存下来，必须对肯尼迪政府施加压力，让他们直接干预，从而结束白人的恐怖统治。为了取得这个目标，必须有新的运动策略。1963 年夏末，摩西提交了密西西比计划的分析报告。他指出了运动取得的成就：组织者在许多城镇和乡村建立了据点，招募了很多当地的黑人，尤其是年轻人，赢得了许多当地黑人领导人的信任，为司法部的选民登记诉讼提供了相当多的证据。但摩西报告的基调是悲观的，他从痛苦的教训中获悉，"我们不可能在密西西比登记黑人选民"。他甚至不无忧虑地得出结论："整个密西西比都将有白人不断加入三 K 党。"联合组织委员会面对着很大的困境，因为只要白人"恶棍"与警察任意攻击黑人组织者却不受惩罚，运动就不可能进一步获得实质性成果。虽然学生非暴力协调委员会在麦考姆、三角洲地带耐心的基层组织工作在很大程度上提高了当地黑人的政治觉悟，但大多数当地黑人袖手旁观。如果没有一定程度的免于报复的保护，他们不可能参加斗争。但以前劝说肯尼迪政府保卫密西西比人权

---

① John Dittmer, "The Politics of Mississippi Movement", in David Levering Lewis, *The Civil Rights Movement in America*: *Essays*, Jackson: University Press of Mississippi, 1986, pp. 78 - 79.

的所有努力都失败了。需要新的策略来引发漠不关心的全国公众的注意，以促使联邦干预。这就需要把媒体吸引到密西西比来对运动进行广泛报道。[①]

　　肯尼迪的政策没有优先考虑民权问题。司法部主要致力于以诉讼手段解决黑人的选举权问题。在每一起案件中，诉讼总是在艰苦的调查和谈判后才开始的。但每次联邦关于黑人投票遭受歧视的指控都被地方否认或驳回。事实证明，法院的判决只是一种缓慢的、差强人意的补救。诉讼一般都旷日持久，在南方的每一个黑人投票歧视案平均要耗费 13 个月的时间。[②] 何况地方法官还采取各种措施有意拖延。一个保守顽固的法官可能就会成为南方追求平等正义的最大障碍。另外，严格的联邦主义理论认为州的权威高于联邦法律。司法部遵守这样的理论，也很少干预地方警察的特权。马歇尔经常说："在我们的联邦体制下，维持法律和秩序的主要责任取决于州和地方政府。"他认为，美国不必保持一支全国警察力量。它的联邦调查局是调查而不是保卫机构。[③] 但联邦干预其实很有必要。因为第 15 条修正案很难在密西西比实施，事实上州官员和执法机构经常违背联邦《民权法案》。像马歇尔观察到的那样："很多当地警察经常与反对黑人活动的极端主义分子沆瀣一气。"[④] 但联邦政府仍采取措施尽量减少州与联邦之间令人尴尬的对抗。

　　总之，在肯尼迪总统任期的头两年，民权不是国内他所关注的首要问题。作为一个现实主义的政治家，他起先在民权问题上非常谨慎，不想冒险失去南方议员的支持。此外，联邦主义观念在美国政治生活中根深蒂固，联邦政府不能也不愿把它的意愿强加给州和地方政府。很多人批评肯尼迪政府在民权问题上故意拖延，马歇尔辩解说，

---

　　① John Dittmer, *Local People: the Struggle for Civil Rights in Mississippi*, Urbana: University of Illinois Press, 1994, p. 199.

　　② Neil R. McMillen, "Black Enfranchisement in Mississippi: Federal Enforcement and Black Protest in the 1960s", *The Journal of Southern History*, Vol. 43, No. 3 (August 1977), p. 357.

　　③ Burke Marshall, "Theories of Federalism and Civil Rights", *The Yale Law Journal*, Vol. 75, No. 6 (May, 1966).

　　④ McMillen, "Black Enfranchisement in Mississippi: Federal Enforcement and Black Protest in the 1960s", *The Journal of Southern History*, Vol. 43, No. 3 (August 1977), p. 358.

联邦主义让政府很为难。可见，肯尼迪总统并不热心于推动民权立法，还利用联邦主义作为一个方便的托词。虽然也有一些民权事件引起了国际社会的批评，但由于强度不大，范围不广，肯尼迪政府都压制了下来。

二　非洲外交官受歧视事件、国际批评与肯尼迪政府的积极应对

在 20 世纪 50 年代和 60 年代早期，美国是非洲外交官的"痛苦之地"。新独立的非洲国家有数以千百计的外交官陆续来到华盛顿和纽约，他们面临着与美国黑人一样的种族歧视。在这种歧视下，非洲外交官在城市间旅行和寻找住所往往受阻，甚至常常遭遇美国政府官员及其配偶根深蒂固的种族偏见。艾森豪威尔政府很少关注这些事，认为有人言过其实了。非洲外交官说美国国务院对他们的种族歧视遭遇不闻不问，漠不关心。肯尼迪决定竭力解决非洲外交官面对的种族歧视的困境。他做参议员的时候就花了很多时间来帮助非洲外交官在首都华盛顿寻找住所。当上总统后，他很自然地就想到了要解决这一问题。他在国务院礼宾司创建了一个新的部门——特殊礼仪服务处，其任务就是最大限度地解决对非洲外交官的种族歧视问题。① 但由于美国国内的种族歧视和隔离无法解决，对非洲外交官遭遇的歧视问题也只能就事论事，不能从根本上解决。国务院和特殊礼仪服务处虽然想方设法、竭尽全力去应对一系列的歧视外交官的事件，但最终的结果并不尽如人意。②

1. 非洲外交官受歧视事件

来美非洲外交官在首都华盛顿遇到的第一件被歧视事件往往就是住房歧视。他们想在华盛顿西北区找到住房，但是很多人想尽办法也

---

① Philip Emil Muehlenbeck, "Africa", in Marc Selverstone Hoboken, *A Companion to John F. Kennedy*, John Wiley & Sons Inc. , 2014, pp. 359 - 360.

② 本部分内容参见于展《非洲外交官在美受歧视事件与肯尼迪政府的应对》，《全球史评论》第 21 辑，中国社会科学出版社 2021 年版。

难如愿。1961 年的一个统计反映，75 名非洲外交官中只有不到一半的外交官能找到合适的住房。有一名非洲外交官甚至无奈地在帐篷里住了三年，还有一位外交官好不容易找到一个住所，但匿名电话随之而来，其中很多人使用暴力威胁，逼他离开白人邻居。那些有幸找到了房子的人，也大多要支付超过当地白人至少 50% 的费用。外交官还在华盛顿的各种公共领域遭受和美国黑人一样的歧视。例如一位西非的外交官在华盛顿的一家快餐店就餐时遭到了餐馆服务员最恶毒的谩骂。更可怕的是，他们还常遭到一些种族主义分子的侵扰，身心都受到伤害。马里兰州的 40 号高速公路是发生歧视非洲外交官事件最频繁的地方，因为许多外交官在从纽约联合国总部开车前往华盛顿的途中都会走这条路。他们在半路休息就餐，餐馆却常常拒绝为其服务。此外，非洲外交官在美国各地旅行时也常常受到歧视。马里和喀麦隆的大使都希望能在美国多走走多看看，以进一步了解美国，但只因他们是黑人，很多公共设施都无法使用。因为美国很多州的公共设施都是对黑人进行种族隔离的。还有一位非洲外交官，他和家人驱车几百英里，经过好几个州，却无法停留，因而在整个旅途中找不到任何住所和食物。一位非洲大使感到自己和同伴就像是被追捕的逃犯，遭遇了诸多屈辱。①

（1）非洲外交官在首都华盛顿遭到的歧视

住房问题是国务院礼宾司解决来美非洲外交官最棘手的问题。因为住房是人生活的基本需要之一，所以这一问题就非常急迫。适合外交官居住的华盛顿及附近地区仍旧是隔离的。据一位记者报道，华盛顿及其附近地区大约 30% 的房产主拒绝向有色人种租售房子。一些房主因外交官享有外交豁免权而不愿与之签约。30% 这一统计数字只涉及与大使馆和办公处有关的房子。事实上，华盛顿白人区的房产主中只有不到 10% 的人愿意把用以生活居住的房子租给黑人外交官个人。华盛顿房产委员会的一些成员同意这一描述。虽然一些人认为

①　Michael L. Krenn, "The Unwelcome Mat: African Diplomats in Washington, D. C. during the Kennedy Years", In Brenda Gayle Plummer, ed, *Window on Freedom: Race, Civil Rights, and Foreign Affairs, 1945 – 1988*, Chapel Hill: University of North Carolina Press, 2003, pp. 165 – 167.

60 年代初在住房问题上歧视外交官的事件较少，但也承认将来这样的不幸事件还是会不断发生。①

　　早在 1961 年 1 月 5 日国务院就关注了非洲外交官的住房问题，国务院的官员在一封信件中写道，"1960 年，17 个非洲国家赢得独立，这些国家要么正在华盛顿建立他们的外交机构，要么计划将来要建。他们需要办公处、大使住宅和为一般职员准备的普通住房。我们估计平均每个新的大使馆会有 3—5 个家庭，总共有 51—85 个家庭需要住房。但非洲大使馆职员在租房过程中遇到很多问题，歧视和高额租金给使馆职员家庭带来了很大困扰"②。礼宾司 1961 年 2 月 12 日的报告就指出："在我们近来对哥伦比亚特区及马里兰和弗吉尼亚的边界地带的考察中，公共事务处（后来改名为特殊计划处，5 月后称特殊礼仪服务处）能确认，在华盛顿歧视非洲外交官的事件比我们最初料想的要严重得多。我们调查的所有非洲外交官都向我们反映，他们在过去几个月遭受了一些屈辱。调查涵盖了加纳、几内亚、尼日利亚、利比里亚、喀麦隆、埃塞俄比亚和塞拉利昂等大使馆的成员。这些事件以前大多没有通过官方汇报给国务院。此后几个月，随着大量新的非洲外交官陆续来到美国，新问题还是会不断产生。"礼宾司 4 月底的调查也表明，几乎没有合适的公寓能向非洲人开放，它们不是太贵就是在黑人区，合适的公寓寥寥无几。③

　　1961 年 5 月 13 日特殊礼仪服务处主任佩德罗·圣胡安给总统助理弗里德里克·达顿的备忘录提到，5 月 12 日，一名华盛顿社区居民来电，说他是小区业委会的主席，想竭力维护小区的居住品质。他

------

① Carl M. Brauer ed. , *Civil Rights during the Kennedy Administration*, *1961 – 1963*: *a collection from the holdings of the John F. Kennedy Library*, University Publications of America, 1986, Part 1, Reel 1（3）of 19. 这是 1961 年 2 月 20 日礼宾司给国务院的备忘录，主题是外交官和华盛顿的歧视，1961 年 2 月 24 日杜克把这个备忘录以及对外国外交官和歧视的研究等材料又交给总统，成为新的总统备忘录，以回答总统的问询。另外收入缩微胶卷 Part 1, Reel 3（2）of 19），Part1, Reel 3（3）of 19。

② Brauer ed. , *Civil Rights during the Kennedy Administration*, *1961 – 1963*, Part 1, Reel 3（3）of 19.

③ Brauer ed. , *Civil Rights during the Kennedy Administration*, *1961 – 1963*, Part 1, Reel 1（3）of 19.

代表小区居民反对任何新的外国大使馆的办公处进入他们小区。他们小区住了很多大人物，如参议员富布赖特、财政部部长等人都反对此事。他们不仅反对设立新的办公处，还要求国务院把旧办公处都搬往他处。①

1961 年 11 月 1 日礼宾司特殊礼仪服务处的进展报告提到，刚果共和国大使馆的社会秘书奥古斯丁小姐在国务院官员的帮助下租了华盛顿山顶的一户公寓。特殊礼仪服务处推荐这里的房子，因为房主声明愿意帮助解决亚非外交官的住房问题。但是当奥古斯丁问房主她是否能与大使馆其他同事一起合住公寓时，房主却出尔反尔，回应她说不会把房子租给深肤色的人。他还声明，不允许租客接待深肤色的访客。奥古斯丁只能中止了租约，请求服务处帮她寻找更合适的住房。②

这样的住房歧视在首都随处可见。1961 年的另一个调查显示，华盛顿西北地区的 211 所高档公寓只有 8 家接受非洲黑人租户。居住区的隔离使得非洲外交官寻找住房非常困难。圣胡安承认，住房问题是礼宾司面临的与外交使团相关的最尴尬的问题。从 1961 年到 1963 年，几乎所有非洲使馆的代表都向美国政府通报说无论大使还是职员都很难找到住房。他们常常需要花费几个星期甚至几个月的时间来寻找合适的住房。在寻找的过程中，非洲外交官几乎都会遭遇羞辱。他们或者在马上要定房子的时候突然被告知房子已经租出去了，或者被断然拒绝。特殊礼仪服务处都帮不了非洲外交官找到房子证明了这个问题很棘手。1961 年 2 月，圣胡安刚开始解决非洲外交官受歧视的问题，当时，有 9 名外交官没有住房，需要紧急解决。经过 4 个月的努力，特殊礼仪服务处也只能为其中的 5 户找到合适的住所。住房歧视令肯尼迪政府一直都很尴尬。在 1960 年的总统竞选活动中，作为候选人的肯尼迪曾许诺，如果他当选，他将废除联邦资助的住房中的种族歧视。然而，竞选成功以后，因为担心这样的行政命令会失去南方民主党的支持，肯尼迪总统开始拖延实现自己的诺言，时间长达近

---

① Brauer ed. , *Civil Rights during the Kennedy Administration*, *1961 - 1963*, Part 1, Reel 3（2）of 19.

② Brauer ed. , *Civil Rights during the Kennedy Administration*, *1961 - 1963*, Part 1, Reel3（2）of 19.

两年。经过民权积极分子的多方游说，肯尼迪最终在 1962 年感恩节前夕签署了 11063 号行政命令，规定消除联邦资助住房中的种族隔离，提出了《平等住房机会》的原则。然而这一行政命令有很多局限性。它仅适用于不到 3% 的现有住房和 20% 的新住房。而且对种族歧视的禁止并没有扩展到私人出租的住房中。这一命令只是开放住宅原则的空洞的象征。非洲外交官在寻找住房过程中遇到的困难揭示了住房歧视问题的严重性，也暴露了联邦政府的局限性，因为联邦政府即使在国家的首都也不能确立公平开放的住房制度。非洲外交官遇到的问题不是新的，虽然它的严重性被来华盛顿寻找住房的新外交官的巨大数量放大了。[①]

除了住房歧视，其他对外交官的歧视也无处不在。例如来美的外交官通常会加入一些俱乐部，在华盛顿地区，来自非苏联集团的白人外交官在这些最好的俱乐部中大受欢迎。非洲外交官却发现白人同僚享受的便利是他们自己享受不到的。华盛顿一些好的饭店拒绝为任何黑人服务，这让非洲外交官常常感到很尴尬。商店、理发店等公共场所也歧视黑人。非洲外交官的孩子上学问题难以解决，许多私立学校不接受黑人。来访的亚非领导人和旅行的外交官常常会遇到很大困难，就因为受到歧视，这些重要的领导人只能住极差的旅馆，在极差的饭店用餐。[②]

更可怕的是很多非洲外交官及其家人会受到各种骚扰和侵害。5 月中旬圣胡安给达顿的备忘录中提到了很多这样的案例。例如，5 月 11 日，加纳大使馆的教育参赞夫人收到了一个威胁电话。内容是："马上滚出这个社区，否则我们将收拾你丈夫！"听声音似乎是一名中年男子。他们的目的是恐吓非洲外交官，要把他们赶出华盛顿西北区。5 月 13 日，喀麦隆大使办公处的办公室失窃了，办公室里还被有意堆放了一些纸张，似乎窃贼想要烧毁这个地方。办公处经常接到

① Renee Romano，"No Diplomatic Immunity：African Diplomats，the State Department，and Civil Rights，1961 – 1964"，*The Journal of American History*，Vol. 87，No. 2（Sep.，2000），p. 563.

② Brauer ed. ，*Civil Rights during the Kennedy Administration*，*1961 – 1963*，Part 1，Reel 1（3）of 19.

恐吓电话。这些应该都是对非洲外交官的威胁。众所周知，很多小区居民反对非洲大使馆把办公处设立在西北区，尤其反对喀麦隆、马里等大使馆。喀麦隆大使要求警察提供 24 小时的保护，但华盛顿地区的犯罪率高，警力一直很紧张，警方无法提供这样的保护。大使很担心如何向自己的政府解释这些事件。5 月 13 日，马里大使夫人打电话告诉圣胡安，大使馆里的一名女佣在 5 月 12 日收到了一个恐吓电话。打电话的是个男人，可能是个中年人，声音低沉。他开始用法语说话，发现女佣不懂法语，又改说英语。他威胁说："别忘了我们正跟踪你，你最好滚蛋!"①

1961 年 10 月 2 日，圣胡安给礼宾司司长的备忘录中还记录了美国军官辱骂马里大使夫人（白人）的事件。大使夫人通过电话向圣胡安讲述了事件的具体情况：她和一名马里的学生一起往大使馆走，经过军官服务俱乐部的时候，从俱乐部里出来了一个男人跟着他们。大使夫人转过身来问这个人为什么跟着他们。对方回答说要杀死她，原因是她跟一名黑人走在一起。她告诉那个男人她还嫁给了一名黑人，结果遭到了对方的辱骂。对方说自己是美国军队的一名上校，要给她一个教训。双方起了冲突，这个军官突然倒地，好像是喝醉了。一会儿他又起来，踉踉跄跄地离开了。大使夫人不希望这件事情不了了之。她感受到了作为一名非洲人的妻子所面临的危险与困境，而且也清楚醉酒的人会做出什么事情。她还了解到有一位年轻的秘书晚上下班的时候会有意避开美国白人军官俱乐部，因为以前曾在那里遭到年轻军官的调戏。②

（2）马里兰 40 号公路上的歧视事件

首都以外其他地方情况更糟糕，大使、职员及其家人在马里兰 40 号公路的餐馆中就餐时常常被赶出来。因为 40 号公路是非洲外交官往来于纽约和华盛顿之间的必经之路。

1961 年 6 月 26 日，非洲国家乍得的马利克·索乌作为这个新独

---

① Brauer ed., *Civil Rights during the Kennedy Administration*, *1961 – 1963*, Part 1, Reel 3 (2) of 19.

② Brauer ed., *Civil Rights during the Kennedy Administration*, *1961 – 1963*, Part 1, Reel 3 (3) of 19.

立国家的第一位驻美大使，准备向约翰·肯尼迪总统递交国书。这位大使从纽约驱车前往华盛顿特区，途经马里兰州的 40 号公路，在公路上停车加油。为了缓解头痛，他在一家小餐馆停下来喝了杯咖啡。在那里，大使被拒绝服务，这家餐馆不招待黑人。索乌因此事件受到了极大伤害，他告诉美国国务院代表，这种情况使美国和非洲国家之间的正常关系变得非常紧张。① 索乌大使是在 40 号公路受到歧视的诸多非洲外交官之一。其他类似的著名事件还有：1961 年 6 月 14 日，尼日尔大使被马里兰附近的一家餐馆拒绝服务。6 月 21 日，喀麦隆大使馆的一名职员被一家餐馆拒之门外，而且一个月前，该国大使也被马里兰的餐馆拒绝服务。9 月 1 日，尼日尔大使告知特殊礼仪服务处，他妻子、儿子和其他人到华盛顿旅行，走了马里兰的 40 号公路。一行人在公路边的荷兰之家餐厅吃午饭时被拒之门外。10 月 3 日，尼日利亚大使馆二等秘书马拉·穆比达在马里兰 40 号公路上的一家餐厅吃饭时被拒绝服务。② 非洲外交官在马里兰餐馆就餐时屡遭拒绝服务。这类事件让外交官员和肯尼迪政府感到很难堪，严重威胁了美国与非洲这个重要的独立国家集团的关系。

（3）非洲外交官及游客在美国各地旅行遭受的歧视

此外，非洲外交官和游客到美国各地旅行也遭受了同样的歧视，也引起了不良反响。1961 年 5 月 13 日，特殊礼仪服务处主任圣胡安给总统助理达顿的备忘录中提到，5 月 12 日，马里大使来电说，马里一位官员作为游客在美国旅行时，在奥克兰市遭到一名疯狂的妇女及其同行人的辱骂和虐待。马里大使声明，他严禁手下职员进入任何公共场所，以方便大使馆的工作。他是美国的朋友，想在马里为美国塑造一个良好形象，而美国之外的很多宣传扭曲了美国的海外形象。但令马里大使不安的是奥克兰发生的事件的当事人并不是大使馆的职员，而只是一个游客。大使感觉到这一歧视事件可能会完全毁坏他以前竭力做的工作。马里人会认为马里大使以前提供的关于美国的报告

① Mary L. Dudziak, *Cold War Civil Rights: Race and the Image of American Democracy*, Princeton, N. J.: Princeton University Press, 2000, p. 153.

② Brauer ed., *Civil Rights during the Kennedy Administration*, *1961 – 1963*, Part 1, Reel 3（2）of 19.

都是谎言。同年 9 月份，尼日利亚伊巴丹大学的阿古博士（在国际刑事法院的资助下）访问美国，却卷入两起种族歧视案。在北卡罗来纳的列克星敦，阿古博士所在的团队到霍华德约翰逊餐厅吃饭，他们点餐后，一位当地警察来把他们赶走了。另一起事件发生在田纳西州达克市一家餐馆，当时阿古博士团队在那里举行告别宴会。宴会持续了大约 2 个半小时都没有发生任何意外，直到他们准备离开时，饭店管理人员突然质疑阿古博士是否有被服务的权利。在令人尴尬的劝说之后，阿古博士的白人同事让管理人员同意阿古博士在饭店用餐。当获悉这些事件后，圣胡安把阿古博士请到了自己的办公室，表达了歉意。9 月 28 日，乌干达经济发展部部长塞巴鲁告诉特殊礼仪服务处，他在迈阿密一直被饭馆拒绝服务，进入剧院也遭拒，但他知道美国的种族问题，因此这些事件并没有使他太难过。他最在意的是自己被派往美国某地，却没有任何行程和接待，很多访问都是如此，完全是失败的，令他沮丧。[①]

2. 非洲外交官的反应与国际社会的批评

非洲领导人为外交官们在美国受到的待遇感到失望。加纳使馆的一名外交官在联合国发言时就公开批评美国的种族主义，并质疑美国关于自由和民主的言辞。很多非洲外交官描述他们在美国的经历是屈辱的。一名在美的非洲外交官说，他甚至不敢直视白人妇女，因为害怕会因此受到私刑。种族歧视使得非洲外交官难以在华盛顿或纽约自由旅行或找到合适的住房。他们也常常会直接遭受美国政府官员及其配偶的偏见。他们痛苦地指出，美国官员的夫人常常戴上手套才与非洲黑人握手。1961 年早期，非洲外交使团威胁如果肯尼迪政府忽视了他们遭受的屈辱，他们将离开华盛顿。同时苏联领导人赫鲁晓夫还在竭力联合一些非洲国家把美国从联合国开除出去，因为美国坚持种族歧视。[②]

---

① Brauer ed. , *Civil Rights during the Kennedy Administration*, *1961 – 1963*, Part 1, Reel 3（3）of 19.

② Romano, "No Diplomatic Immunity: African Diplomats, the State Department, and Civil Rights, 1961 – 1964", *The Journal of American History*, Vol. 87, No. 2（Sep. , 2000）, p. 554.

非洲人为他们的外交官在美国遭受的歧视而感到愤怒，这样的愤怒伤害了美国与非洲的关系。一份美国国务院的研究表明非洲外交官普遍心怀愤怒。他们觉得他们生活在这样一个国家：种族隔离成为客观现实，深色皮肤的外交官低其他外交官一等。他们批评美国政府的政策是逃避问题。事后的道歉并不能减轻非洲外交官的憎恨，他们明白歧视并非只针对他们，而是针对一个种族。他们感到这是对他们作为人的尊严的侵犯。他们相信，美国政府不可能为废除种族隔离做出认真的努力，因为这在政治上不利。他们对美国社会的发展很清楚，但对美国政府逃避问题的政策持批评态度。他们对美国政府掩盖歧视事件的努力感到不满，而且他们还明确地憎恨这一观点：只是为了美国在非洲的声望，他们才应和美国黑人被区别对待。[①]

因此他们不想因其外交官或外国人的身份而避免被歧视。正如一名非洲国家的大使告诉特殊礼仪服务处的那样："如果在我进入任何建筑物前为了不被辱骂和羞辱而不得不宣告我是一名大使，那我将要求我的政府召回我。"另一名大使被要求出去要穿着他的非洲长袍，因为那样才不会被误认为是一名美国黑人，他对此愤怒不已。[②]

非洲国内的媒体对非洲外交官遭受歧视的事件进行了猛烈的抨击。例如，1961 年 3 月 8 日，塞拉利昂的一名外交官在马里兰的一个饭馆被拒绝服务。塞拉利昂政府就此事件向美国国务院提起抗议，国务院不得不为此道歉。当时刚果正处于内乱之中，非洲的反美情绪高涨。苏联竭力向全世界曝光此类事件，许多非洲国家的媒体也批评美国。尼日利亚《拉各斯每日时报》指出，"美国因这屈辱的种族歧视

---

① Brauer ed. , *Civil Rights during the Kennedy Administration*, *1961 - 1963*, Part 1, Reel 3（3）of 19. 特殊礼仪服务处的主任圣胡安及他的助理采取了很多方法来做这个调查。他们与非洲外交官及职员进行了三个月的紧密接触，与华盛顿外交使团领导及非洲使团领导交流，咨询负责任的记者，如《纽约邮报》和《华盛顿邮报》的记者，与美国黑人机构的代表紧密接触，与联合国美国使团联系的志愿者组织联系，与华盛顿、纽约的非洲外交官中大量私人组织接触等。报告分析的非洲外交官的态度代表了对美国最友好的非洲国家（利比亚）和最不友好的国家（几内亚）的外交官的观念，包括那些长时间在美国任职的非洲外交官（埃塞俄比亚和利比里亚），也有新独立的非洲国家的外交官（多哥，尼日尔）。

② Romano, "No Diplomatic Immunity: African Diplomats, the State Department, and Civil Rights, 1961 - 1964", *The Journal of American History*, Vol. 87, No. 2（Sep. , 2000）, p. 559.

事件而丧失了世界领导权"。《西非向导报》指出，反对塞拉利昂外交官的种族主义事件"证明美国是一个种族政策完全破产了的国家，是一个生活在黑暗时代的国家"①。

可见非洲国家会根据他们的外交官所遭受的偏见来评判美国社会，并以此来判断美国的人权、自由和法律的平等保护等信条是否真实。肯尼迪政府的官员意识到，非洲国家正紧密关注美国的民权形势，并对他们外交官所遭受种族歧视的每一个个案都非常敏感。一份国务院的报告总结了一些非洲报纸的报道。喀麦隆的一家报纸指出，"非洲外交官在首都华盛顿寻找住房时受到很多屈辱，他们很多人不得不怀疑这些种族歧视事件代表了美国人民真正的态度"。尼日利亚的《拉各斯每日时报》"对美国连续不断发生的种族歧视的行径表达了痛恨与焦虑"，它不无遗憾地指出，"美国本应支持和实行法治原则，遵守基本的人权，而它实行种族歧视却宣称支持建立在基督教原则基础上的西方民主事业"。尼日利亚的《西非向导报》评价了一次美国种族主义者对非洲外交官的侮辱，指出，"一个缺乏尊重人的尊严的国家……没有资格成为自由人民的领袖"。《拉各斯每日邮报》进一步评论说，"美国对非洲的政策在纸面上可能值得赞美，但是一个害怕并排斥黑人的民族不能带给我们好的印象，一个充斥着三K党官员的国家如何能为世界带来和平？林肯和杰斐逊的高尚品质在美国消亡了"。正如礼宾司特殊礼仪服务处的主任圣胡安指出的那样，"这些故事仅仅是冰山一角"②。

此外，学生非暴力协调委员会支持建立的美洲泛非学生组织③也敦促新独立的非洲国家严正指出，美国的种族主义是对世界和平的严

---

① Calvin B. Holder, "Racism Toward Black African Diplomats During the Kennedy Administration", *Journal of Black Studies*, Vol. 14, No. 1 (Sep. , 1983), p. 34.

② Michael L. Krenn, "The Unwelcome Mat: African Diplomats in Washington, D. C. during the Kennedy Years", In Brenda Gayle Plummer, ed, *Window on Freedom: Race, Civil Rights, and Foreign Affairs, 1945 – 1988*, Chapel Hill: University of North Carolina Press, 2003, p. 168.

③ 这一组织成立于1961年，将美国、加拿大和拉美的几个非洲学生组织聚集在一起。美洲泛非学生组织由地方分会、区域议会和中央大会组成，坚决致力于促进非洲大陆的统一和与其他被压迫人民的国际团结，并研究和传播有关非洲生活各方面的充分的信息。

重威胁，而且由于对非洲国家官员和学生的虐待，种族主义不再仅仅是美国国内的问题。因为非洲人在美国所经历的敌意和偏执对待，美洲泛非学生组织的代表随即寻求与美国黑人建立团结的关系。正如美国黑人一样，非洲外交官在美国寻找合适的住房常遭受歧视对待。这为肯尼迪政府带来一场国际危机，同时也成为黑人媒体追踪的热点新闻。黑人报纸不断谴责非洲外交官面对的种族歧视。美国黑人和非洲黑人在 20 世纪 60 年代早期的共同经历加强了他们之间的团结。加纳学生科里的经历表明非洲学生团体与学生非暴力协调委员会建立了紧密的联系。科里在康奈尔大学留学，他不寒而栗地回忆起在美国南部的一次经历：他和另外两名非洲学生、一名白人牧师被一伙白人匪徒绑架，在枪口下惨遭殴打，原因仅是他照了一张隔离的厕所的照片。还有很多非洲学生被白人种族主义者虐待的事例。学生非暴力协调委员会的领导人詹姆斯·福尔曼知道非洲学生被绑架并殴打的消息后，和同事讨论了让非洲学生在联合国抗议美国的种族形势的可能性。福尔曼认为非洲学生能通过在联合国示威发挥重要的作用，因为这可以用来激发国际社会谴责美国的种族主义现实和暴力。①

歧视对美国与非洲国家关系的影响让肯尼迪政府的工作人员感到担忧。正如助理国务卿切斯特·鲍尔斯所说，"现在非洲有大约 20 个新国家。当然，还有亚洲所有的新兴国家。联合国已从过去的 50 个国家发展到 100 多个国家。他们都来到美国，因为联合国就在这里，因为他们认为美国是一个充满希望的国家……他们来到这里。因为我们自己的一些做事方式，他们中的一些人会遇到各种各样的困难。他们回非洲后，很多人都很沮丧"。1961 年 9 月，鲍尔斯召开新闻发布会，谴责了近来在华盛顿发生的非洲外交官被一些饭馆拒绝服务的事件，强调了它们对美非关系造成的有害影响，并呼吁每个美国人有责任向所有的外国游客证明美国的民主理想绝非虚伪。美国黑人和美国官员几乎一致认为，在首都及其周围地区歧视非洲外交官的行为正在

---

① Fanon Che Wilkins, "The Making of Black Internationalists: SNCC and Africa Before the Launching of Black Power, 1960–1965", *Journal of African American History*, Fall 2007, Vol. 92 Issue 4, pp. 475–477.

国内外损害美国的利益。①

国务院经过详细的调查研究，在 1961 年 2 月就提出一个"华盛顿及其附近的新外交官的生活条件及礼宾司消除紧张状况的建议"。该建议承认亚非外交官在华盛顿有时会受到歧视。它很敏锐地指出：28 个非洲国家的新使团有着共同的特点。影响这些成员中的一两个人就可能严重影响到他们政府的观点和态度。这些新国家在华盛顿的外交使团与在纽约的联合国的使团有着紧密的联系。联合国中的权力平衡可能某一天就掌握在这些中立集团的手中。这些中立集团国家的大使在美国日常生活中的体验和反应会影响到他们在联合国中的政策，从而动摇美国的领导地位。对他们来说，美国是西方民主世界的领袖，与共产主义世界的象征——苏联针锋相对。反对共产主义扩张的民主理想是美国的意识形态，这些新国家而非英法等欧洲国家在美国的大使将考验美国的民主是否真实。中东和东南亚国家在美国设立了 22 个外交使团，17 个拉美国家的使团与亚非使团有共同的纽带，他们与 28 个非洲国家的使团都遭受了同样的种族歧视和侮辱。由于这 67 个国家之间紧密联系，一个外交官遭受种族歧视的事件就会演变成一个国际公共事件。② 可见，国务院已经对非洲外交官的特点有了充分的了解，并清醒地认识到对非洲外交官的歧视会严重损害美国在冷战外交中的利益。

苏联和中国等社会主义国家利用这个机会对美国进行了严厉的批评。亚非外交官在美国遭受的歧视首先被苏联充分利用，它被用来批评美国的民主和自由是虚伪的。在 1960 年访问联合国时，苏联总理赫鲁晓夫极力抨击美国的种族政策。他说虽然美国号称自己是一个自由民主的国家，但亚非的代表却在美国遭受种族歧视，而且还常常被暴徒攻击。这位苏联领导人进一步说，联合国应该考虑为苏联驻联合国总部增加房间，这样就能确保为所有国家的代表提供完全的自由和

① Michael L. Krenn, "The Unwelcome Mat: African Diplomats in Washington, D. C. during the Kennedy Years", In Brenda Gayle Plummer, ed, *Window on Freedom: Race, Civil Rights, and Foreign Affairs, 1945 - 1988*, Chapel Hill: University of North Carolina Press, 2003, p. 169.

② Brauer ed., *Civil Rights during the Kennedy Administration, 1961 - 1963*, Part 1, Reel 1 (3) of 19.

安全，而不管他们的政治和宗教信仰以及肤色如何。苏联还通过让克格勃把美国白人至上主义者写的种族侮辱的信件送给非洲外交官，煽动了不满的情绪。①

苏联的媒体指责美国试图隔离歧视的受害者而不是处理歧视本身。1961年塔斯社的一个报道指出：当美国的宣传者批评其他国家建立"波将金村"（源于俄国，是弄虚作假、装潢门面的代名词）向外国来访者掩盖其内部问题时，殊不知美国自身才是精通此种骗局的高手。② 苏联媒体宣称，"美国国务院将组织建立一个外交贫民窟，因为它不能确保非洲外交官的安全"。另一篇文章讽刺说："美国需要在华盛顿为非洲外交官设立一块类似印第安人保留地的区域。"③

中国也利用了这种形势，把这些事件视为用来影响亚非有色人种国家的主要宣传武器。人民日报引用圣胡安的话，批评美国"由于种族歧视的盛行，驻华盛顿的非洲外交官员甚至难于找到合适的住房"。中国的领导人万里和陈毅等都谴责"美国政府不顾国际法的起码准则，公然一再歧视、侮辱非洲国家驻美国的外交使节"④。中国的宣传机构还严厉批评美国国务院寻求为外国外交官建立一个度假海滩，因为在华盛顿附近的大部分海滩都是隔离的。⑤

美国官员意识到苏联和中国的宣传人员会积极利用涉及非洲外交官的每一个事件。助理国务卿威廉斯在1961年指责说，"所有共产党

---

① Philip Emil Muehlenbeck, *Betting on the Africans：John F. Kennedy's Courting of African Nationalist Leaders*, Oxford；New York：Oxford University Press, 2012, p. 200.

② Romano, "No Diplomatic Immunity：African Diplomats, the State Department, and Civil Rights, 1961 – 1964", *The Journal of American History*, Vol. 87, No. 2 (Sep., 2000), p. 559.

③ Michael L. Krenn, "The Unwelcome Mat：African Diplomats in Washington, D. C. during the Kennedy Years", In Brenda Gayle Plummer, ed, *Window on Freedom：Race, Civil Rights, and Foreign Affairs, 1945 – 1988*, Chapel Hill：University of North Carolina Press, 2003, p. 175.

④ 新华社：《在首都各界人民欢迎舍马克总理大会上万里副市长的讲话》，《人民日报》1963年8月7日，第3版。另参见《人民日报》1963年6月20日第4版，1963年6月22日第4版，1963年7月13日第4版，1963年8月13日第4版，1963年8月28日第4版相关内容。

⑤ Romano, "No Diplomatic Immunity：African Diplomats, the State Department, and Civil Rights, 1961 – 1964", *The Journal of American History*, Vol. 87, No. 2 (Sep., 2000), p. 559.

国家的宣传都是致力于利用我们在处理与外国国家关系中的失误的"。美国的官员反驳说，围绕着非洲外交官的这些问题主要是美国敌人歪曲的结果，并为此进行了一系列的反宣传。负责公共事务的副助理国务卿罗恩是国务院里少有的美国黑人高级官员，他在 1961 年的一次演讲中提醒听众不要只看到黑白对立，还要看到大部分白人和黑人团结起来争取进步的画面。礼宾司司长安吉尔·杜克甚至指责"一些非洲外交官作为非洲国家外交的代表却热衷于制造事件，这些事件被用来歪曲美国的社会，损害我们交好非洲大陆国家的外交努力"。他希望非洲外交官能容忍和理解。他的解决方案是："在日常问题上帮助非洲外交官，提供给他们美国社会生活中美好的一面，更重要的是告诉他们美国大部分人追求变革的意愿。"① 当然，除了公关活动，肯尼迪政府还是积极采取措施，尽力解决非洲外交官面对的歧视问题。

3. 肯尼迪政府的应对

对非洲外交官问题的关注导致国务院于 1961 年 3 月成立了特殊礼仪服务处。这个部门的官方使命就是"特别注意来自新独立的非洲国家的外交官或游客所遇到的问题"，尤其是他们在租房、旅行和社交方面遇到的问题。当一个外国来访者在餐馆被拒绝服务、被影院拒之门外、找不到地方理发，或找不到住的地方，这都是特殊礼仪服务处要解决的问题。所有这样的事故被报给特殊礼仪服务处，他们将会派合适的官员下来调查处理。圣胡安原是礼宾司司长助理，成为新成立的特殊礼仪服务处的负责人，从 1961 年一直干到 1964 年。从一开始，圣胡安就想推动特殊礼仪服务处利用非洲外交官受歧视问题开展一个更广泛的反对种族歧视运动。然而国务院中的大部分人把特殊礼仪服务处和国内种族歧视问题视为枝节问题。他们认为，即使关心非洲外交官问题，也要远离美国的黑人问题。遇到问题，也采取隔离的办法解决。如华盛顿地区的社会会所不接受黑人，国务院就专门买下

---

① Michael L. Krenn, "The Unwelcome Mat: African Diplomats in Washington, D. C. during the Kennedy Years", In Brenda Gayle Plummer, ed, *Window on Freedom: Race*, *Civil Rights*, *and Foreign Affairs*, *1945 - 1988*, Chapel Hill: University of North Carolina Press, 2003, p. 175.

一座公寓来接待非洲外交官或拨款建立为外国人服务的会所。当圣胡安告诉国务卿腊斯克一个非洲外交官在理发店中被拒绝服务时，腊斯克建议非洲外交官在自己的办公室让私人理发师为其理发。当非洲外交官在从华盛顿到纽约的高速路上被餐馆拒之门外的时候，肯尼迪总统竟建议他们以后坐飞机。政府中的一些官员甚至怀疑，非洲外交官同情苏联，他们可能故意制造种族事故，以羞辱美国政府。圣胡安强调外交官需要真正的补救方法而非象征性的措施。来自友好的非洲国家的外交官对美国黑人遭受的歧视非常憎恨。圣胡安坚持反对外交官的歧视不能与反对美国黑人的种族歧视问题相分离。他努力推动特殊礼仪服务处成为促进国内民权改革的重要机构。他敦促国务院中的其他官员广泛利用冷战的言辞来推进民权改革。他认为国务院对民权的关注会对政府的民权计划提供强有力的支持，因为种族歧视对美国的外交关系带来很不利的影响。圣胡安推动特殊礼仪服务处成为国内民权改革的重要盟友。肯尼迪总统的民权助理哈里斯·沃福德相信特殊礼仪服务处的工作为废除华盛顿的种族隔离提供了契机。圣胡安坦言并不想让国务院领导民权运动，但他确实对利用非洲外交官受歧视问题推动民权改革很有热情。特殊礼仪服务处有两项最重要的工作：帮助非洲外交官在华盛顿寻找住房运动和推动马里兰沿40号公路的餐馆废除种族隔离的斗争。这证明特殊礼仪服务处越过了外交的边界，成为推动华盛顿和马里兰民权立法的重要力量。它采取了先是自愿后是强制性废除隔离的措施。虽然国务院很不情愿，但圣胡安和特殊礼仪服务处领导了利用外交关系的证据来推动废除国内种族隔离的斗争。[①]

（1）处理首都的住房歧视和其他歧视

1960年秋，来自国务院非洲事务局的代表会见了华盛顿房地产委员会的代表，华盛顿房地产委员会代表了哥伦比亚特区近千名房地产商。房地产委员会的负责人表示任何需要住房的外交官都可直接联

---

① Romano, "No Diplomatic Immunity: African Diplomats, the State Department, and Civil Rights, 1961 – 1964", *The Journal of American History*, Vol. 87, No. 2 (Sep., 2000), pp. 557 – 562.

系他，他可将外交官的需求传给委员会的成员，如果有房地产商有合适的住房，他就会直接联系相关外交官。这一方法有很大局限性，完全靠自愿，不能消除对非洲外交官的歧视。有记者在《华盛顿邮报》报道了外交官遭受的住房歧视的问题，这迫使国务院发起召开与重要的房地产商的会议。但艾森豪威尔政府时期的国务院仍维持一种低调的方法，称记者的报道夸大其词，并接受了房地产商的说法：房主不愿意租房给非洲外交官，不是因为他们的肤色，而是因为他们的外交官身份使得自己在房子受损要求赔偿时很难如愿。①

1961年初，肯尼迪上台执政。国务院解决问题的方法仍遵循自愿的原则，主动权还是掌握在华盛顿房产委员会和房主手中。2月份，国务院在"华盛顿及其附近的新外交官的生活条件及礼宾司消除紧张状况的建议"中提到，礼宾司已经与华盛顿的房地产委员会及一些私人团体建立了直接的工作联系，帮助房地产委员会为非洲和其他外交官寻找合适的住房。礼宾司因为经常与各个大使馆打交道，因此一探听到一些歧视事件的信息，就需要及时通知房产委员会。这一新的程序在近来与尼日利亚大使馆的联系中已经检验过了，它还是很有效的。房产委员会一旦得到礼宾司通知的消息，就会接触有了麻烦的外交使团，委员会能够提供帮助。房地产委员会的委员有着最大的与政府合作的善意和愿望，希望能最大化地减少美国政府与外国政府的代表之间的紧张关系。从中可见，国务院把希望都寄托在房地产委员会身上，对他们寄予厚望。紧接着国务院礼宾司公共事务处在一份进展报告中指出，房地产委员会同意向所有的房产中介发信，要求他们向非洲外交官提供可利用的公寓。公共事务处一直在向房地产委员会传送不同的大使馆职员的需求的数据。这些信息被房地产委员会传递给房产中介。但这些努力的效果并不明显。②

因此，很多时候国务院不得不与华盛顿房地产委员会进行反复磋商。1961年4月17日，国务院的杜克、圣胡安和威廉斯与华盛顿房

---

① Romano, "No Diplomatic Immunity: African Diplomats, the State Department, and Civil Rights, 1961 – 1964", *The Journal of American History*, Vol. 87, No. 2 (Sep., 2000), p. 564.

② Brauer ed., *Civil Rights during the Kennedy Administration*, *1961 – 1963*, Part 1, Reel 1 (3) of 19.

产委员会的四名成员会面。会议的目的是讨论非洲外交官及其职员在华盛顿寻找合适的大使馆、办公处和住房过程中面临的问题，并找到解决这些问题的方法。大部分的讨论集中于住宅公寓。杜克在公开陈述中列举了非洲外交官的住房需求。经过讨论，达成了以下协议：第一，杜克将寻求与白宫合作，向房产委员会发出信函，表达总统对非洲外交官住房问题的兴趣，督促委员会与官方合作，以快速有效地解决问题。第二，华盛顿房产委员会的成员建议专门为非洲使馆建立一家私人保险公司，以弥补被非洲外交官承租的个人房产因房屋受损而遭到的损失。第三，双方互通信息。威廉斯将提出非洲外交官的住房需求，华盛顿房产委员会的成员将提供能被使用的住房信息。第四，双方同意在1961年5月5日再开会，起草一份进展报告。① 这样的会议此后确实经常召开，成为解决外交官住房问题的重要平台。

国务院还积极争取志愿者和社会组织的帮助。礼宾司公共事务处在2月份的进展报告中就提到，在首都为非洲外交官寻找房源时，首先利用了对解决住房问题感兴趣的志愿者组织的帮助。这些组织过去几个月一直在努力工作。他们现在通过公共事务处得到一定程度的与外界的合作机会。他们的工作包括给房主打电话，拜访公寓楼经理，寻找目前可用的公寓和将来可供使用的房源。他们把这些房源清单转给公共事务处。好几个私人组织参与了公共事务处与大使馆和房产中介的接触。公共事务处与一个名为"睦邻"的组织合作，它计划了很多项目来友好地对待新来的外交官。好几个牧师和教会组织也参与了这些计划。牧师与公共事务处合作，要求其教区居民接受在华盛顿社会的非洲外交官，他们也帮助寻找住房。此外，一些社会组织，如城市同盟住房组织、美国黑人协会等正竭力帮助解决住房问题，礼宾司应与它们紧密合作，起到协调作用。②

尽管遇到很多困难，国务院礼宾司仍在很多细节上尽心尽力，帮助非洲外交官解决问题。例如，国务院要求恢复华盛顿区划委员

---

① Brauer ed. , *Civil Rights during the Kennedy Administration*, *1961 – 1963*, Part 1, Reel 1 (3) of 19.

② Brauer ed. , *Civil Rights during the Kennedy Administration*, *1961 – 1963*, Part 1, Reel 1 (3) of 19.

会曾经实施的旧习俗。当礼宾司通知有新的大使到来后，房地产委员会同意与新大使接触。礼宾司应注意听取新大使关于住房问题的所有需求和抱怨。它应编辑一套影响大使馆住房问题的特区文件，房地产委员会和一定数量的房产中介应保持稳定，以为新的外交官寻找住房。礼宾司应持有一份房产中介和房主的名单及房地产委员会成员的名单等，内容包括他们的族裔和房屋的价格等。这个名单的内容将不会直接透露给外交官。礼宾司还要准备华盛顿住房问题的技术性信息，并把它们分发给非洲大使馆的人员。其内容包括：第一，美国人如何描述公寓或住房中房间的数量，许多非洲人说三居室的时候指的是三间卧室。第二，什么设备通常包含在住房或公寓里。第三，租金通常包含了所有花费。第四，华盛顿地区的房屋中介费不由顾客来付。第五，为了为外交官找到合适的住房，房地产委员会需要什么特别的信息。①

礼宾司还要负责向新任大使和使团的负责人解释大量关于免税和区划管理方面的误解。过去发生的一些事件可能是因为礼宾司没有做好解释工作。礼宾司常常收到大使馆的很多抱怨，内容多是关于区划法规和税收方面的问题。因此礼宾司以最大的热情来向新使团解释华盛顿特区的法规是尤为重要的。具体实践上，礼宾司与哥伦比亚特区的城市区划委员会建立了直接的联系；建立了临时的机制为新大使提供迅速有效的帮助；与区划委员会联系核查了相关房源信息，以得到房产委员会的允许，让大使在建议的区域建立自己的办公处。当大使与几家业主和中介联系后，与各方都紧密联系，以确保大使不会购买区划委员会不同意的房产。②

国务院礼宾司及下属部门在一些关键时刻，还常常求助肯尼迪总统和白宫人员，以帮助解决问题。例如公共事务处与白宫之间通过总统助理建立了紧密的工作联系。好几个会议在总统助理的办公室召开，非洲外交官遭歧视问题得到广泛的考察。在华盛顿反对非洲外交

---

① Brauer ed., *Civil Rights during the Kennedy Administration*, *1961 - 1963*, Part 1, Reel 1 (3) of 19.

② Brauer ed., *Civil Rights during the Kennedy Administration*, *1961 - 1963*, Part 1, Reel 1 (3) of 19.

官歧视的案例中，有效的法律行动将被开展。公共事务处已经与哥伦比亚特区和司法部建立了紧密的联系以制止华盛顿之外地区的针对有色人种外交官的歧视事件。礼宾司的圣胡安、威廉斯在白宫会议中会见了白宫的官员达顿、怀特等人。他们想了很多方法来铲除华盛顿地区的住房歧视问题。一名白宫官员托布里那认为目前的区划管理不足以解决新的问题，他建议考察相关法律使得大使馆的办公处可以比较容易地建立起来。礼宾司和白宫专门委员会召开了一系列会议来解决这一问题。①

在遇到阻力的时候，礼宾司特殊礼仪服务处会借助肯尼迪总统的名义向房产委员会施加压力。例如 1961 年 6 月 21 日，特殊礼仪服务处主任圣胡安为总统起草了一份给房产委员会的文件，表达了对非洲外交官在住房问题上遭受歧视的严重关切，认为亚非国家在国际关系中的地位和影响持续增长，支持和尊重这些国家对美国的国家利益和外交政策的实施都是很重要的。总统最后表示，期望与房产委员会合作，直到问题得到满意的解决。②

肯尼迪总统确实也采取了积极的措施来帮助解决非洲外交官受歧视的问题。就任总统后不久，他就指导国务院帮助解决所有外交使团在办公室和住房方面的问题，而且如果有任何不幸的歧视事件发生，他都会采取及时的行动来解决。他和好几位大使在这个问题上有过交流，而且想继续积极处理此事。他也要求特区委员会的主席托布里那为建设大使馆和办公处提供更多便利，并为外交使团提供基本的公共服务。总统让国务院和特区的官员会见华盛顿的房产商和主要房主，尤其是公寓房主，以为外交职员增加可能的住房。他要求有更多的实质性进步。③

非洲外交官在首都受歧视的事件引起了很多人的关注，有人甚至

---

① Brauer ed., *Civil Rights during the Kennedy Administration*, *1961 - 1963*, Part 1, Reel 1 (3) of 19.

② Brauer ed., *Civil Rights during the Kennedy Administration*, *1961 - 1963*, Part 1, Reel 3 (3) of 19.

③ Brauer ed., *Civil Rights during the Kennedy Administration*, *1961 - 1963*, Part 1, Reel 3 (2) of19.

在 7 月 14 日给总统写信，建议设立国际村，希望能一劳永逸地解决这一问题。他指出："这样的中心将成为吸引游客的地方，这样的社区将提供熔炉，融化误解，增进理解，不仅为国家的其他地区也为世界树立榜样。我们的敌人正在世界人民中歪曲美国的形象，这一建议能够改善我们与国际社会间的了解。"①

1961 年 7 月 27 日，总统特别助理弗雷德里克·达顿起草了回信，驳回了这个建议。他指出，国务院礼宾司负责确保来美的外交官得到礼遇和正确对待。礼宾司成立了特殊礼仪事务处主要是处理来美的亚非外交官和游客受歧视所带来的问题。这个部门一直在努力为外交官寻找合适的住房。美国政府想要所有的外国游客和外交官享受美国的公共设施，同时，不想给他们这样的印象：他们会被隔离起来。而国际村的建议可能会给他们这样的印象。美国居民被提供了平等的空间，外国人也应如此。尽可能地给外国游客提供选择的自由是最重要的事情。他们大部分人想自由地与美国社区融合在一起，美国政府应满足他们的愿望。因此礼宾司认为外国外交官和游客的住房需求能通过充分利用已有的设施来满足。②

国务院的努力还是取得了一些成果。例如 2 月 12 日国务院礼宾司公共事务处的一份进展报告指出，他们努力工作的实质性效果如下：尼日利亚的大使在事务处的帮助下建立了心仪的大使馆，他现在正在寻找一个办公处。马里大使经过礼宾司与区划委员会的斡旋获准

---

① 他的具体建议如下：1. 联邦政府应为官方来美的访客制定政策和运营项目，这些人包括大使馆的职员、使团的成员、开会和参加学术会议的代表以及学生等；2. 联邦政府应在华盛顿特区西南区划定特定的区域以建立一个国际村；3. 联邦政府应为国际村规划和资助建设单元住房、公寓楼、合适的购物和娱乐设施，建设标准应是美国能提供的最高标准；4. 居住类型应包括家庭住房、公寓、学生宿舍和汽车旅馆式的住房等；5. 使馆推荐的人员会被接受入住；6. 美国公民也可平等地申请入住国际村，这对他们是一种挑战和冒险，国际村还可避免被人指控为隔离的社区。美国学生，尤其是那些参与服务国外访客的人，会发现住在这样的社区将获得一种与外国人相处的宝贵而实际的经验。外国学生同样可以申请。美国官员可能发现住在这样的社区不仅有趣而且值得，等等。Brauer ed. , *Civil Rights during the Kennedy Administration*, *1961 – 1963*, Part 1, Reel 3（2）of 19.

② Brauer ed. , *Civil Rights during the Kennedy Administration*, *1961 – 1963*, Part 1, Reel 3（2）of 19.

在一个居民点建立办公处。加蓬大使现在找到了心仪的办公处。①
1961 年 10 月 1 日，特殊礼仪服务处进展报告提到了在解决大使馆及
其办公处的住房方面的成绩：在区划委员会前支持两个诉求，协助两
个大使馆和两个办公处寻找住房，帮助一位大使在办公处用房方面的
谈判事宜。② 1961 年 11 月 1 日礼宾司特殊礼仪服务处进展报告，又
提到在解决大使馆及其办公处的住房方面的进步：特殊礼仪服务处分
别帮助中非共和国大使和塞拉利昂大使获得了一处可以作为大使馆的
场所，并正在支持塞拉利昂向区划委员会提出的诉求。资助尼日利
亚、乍得和中非共和国寻找办公处，资助多哥、乍得和毛里塔尼亚寻
找大使馆。③

　　但是总体结果还是不尽如人意，尤其是大量外交官个人的公寓住
宅需求很难得到满足。一份国务院的报告提到了非洲外交官的住房需
求：到 4 月 21 日，总共需要 11 个办公处、9 个大使馆和大约 59 所住
宅。然后就可用的住宅，国务院向很多房产中介、公寓经理等进行调
查，并在报纸上发广告。调查结果表明几乎没有合适的公寓能向非洲
人开放。租户不愿意把房子租给非洲外交官的原因包括：生活习惯不
同和非洲外交官不了解现代生活设施等导致财产损失和中断租约等。
而且，如果租户把房子租给非洲外交官，那他可能被其他房产中介排
斥，导致其房子不能再被租出去。④

　　华盛顿房产委员会自愿的努力确实远远不够。1961 年上半年，
委员会很自豪自己找到了 5 家公寓，但这些成果并未缓解住房难题。
圣胡安坚持认为，最有效的方式是通过新的法律来禁止住房歧视。但
他无法说服国务院的其他同事也持相同观点。由于特殊礼仪服务处已
经主要想通过法律方式解决这一问题，因此导致他们与华盛顿房产商

---

　　① Brauer ed. , *Civil Rights during the Kennedy Administration*, *1961 - 1963*, Part 1, Reel
1（3）of 19.

　　② Brauer ed. , *Civil Rights during the Kennedy Administration*, *1961 - 1963*, Part 1, Reel
3（3）of 19.

　　③ Brauer ed. , *Civil Rights during the Kennedy Administration*, *1961 - 1963*, Part 1, Reel
3（2）of 19.

　　④ Brauer ed. , *Civil Rights during the Kennedy Administration*, *1961 - 1963*, Part 1, Reel
1（3）of 19.

利益集团及国务院中的保守派分子的冲突。因此当 1961 年 7 月，特殊礼仪服务处要求华盛顿重要的公寓房主来参加缓解外交官住房问题的会议时，大部分政府官员让房主放心，强调他们只关心外交官的住房问题。只有个别黑人官员提出应该更广泛地提出住房歧视问题，而不应限于非洲外交官。房主们同意组建一个国务院外交住房问题咨询委员会（也叫外交住房委员会或华盛顿住房委员会）。但他们希望把问题局限在外交住房领域，而不能扩大化。为外交官寻找住房的计划是简单的。委员会中的房主同意立即为非洲外交官开放 7 栋公寓，并且他们与特殊礼仪服务处合作建立了一个帮助非白人的外交官寻找住房的网络。每星期，特殊礼仪服务处会向委员会发一个住房需求名单，委员会将把名单转送给同意接受外交官的成员。① 国务院的官员对此结果非常满意。然而仅仅在委员会成立 5 个月以后，自愿的方法明显失败了。圣胡安开始抱怨委员会的一些成员对特殊礼仪服务处不够坦诚。一些委员会的房主明明在报纸上打广告对外租房子，却告诉特殊礼仪服务处他们没有多余的房子租给外交官。同时非洲外交官在找房子的时候仍然面临着歧视和羞辱。②

　　10 月 1 日和 11 月 1 日特殊礼仪服务处的两份进展报告也都提到这个困难。10 月，特殊礼仪服务处收到了正在寻找公寓或租房的 8 名外交官的求助请求。只有一位来自几内亚的外交官获得了一个公寓，其他人还在待解决的名单中。③ 11 月，在 9 项援助请求中，服务处为四名外交官安排了住处，并向其他外交官推荐了可选住处的名单。④

---

　　① 关于华盛顿住房委员会成立的情况参见 Brauer ed. , *Civil Rights during the Kennedy Administration*，*1961 - 1963*，Part 2，Reel 6（4）of 28. 其内容是 1961 年 7 月 10 日华盛顿住房委员会第一次会议概要。

　　② Romano，"No Diplomatic Immunity：African Diplomats，the State Department，and Civil Rights，1961 - 1964"，*The Journal of American History*，Vol. 87，No. 2（Sep. ，2000），pp. 564 - 565.

　　③ Brauer ed. , *Civil Rights during the Kennedy Administration*，*1961 - 1963*，Part 1，Reel 3（3）of 19.

　　④ Brauer ed. , *Civil Rights during the Kennedy Administration*，*1961 - 1963*，Part 1，Reel 3（2）of 19.

11 月特殊礼仪服务处的住房报告集中讲述了这个问题。它指出，从 7 月 1 日到 10 月 30 日期间，特殊礼仪服务处收到了 22 个外交官要求帮助寻找合适的住房的请求，其中 12 个外交官在服务处的帮助下达成所愿，3 个外交官自己找到了住房，剩下 7 个外交官还在苦苦寻找。面对这样的现实，服务处希望能赢得更多具体的合作来解决非洲外交官的住房难题。它分析了问题所在：华盛顿住房委员会的成员拥有足够多的住宅，但不对外交官开放，因此可找到的合适的房源不能满足非洲外交官的需要。而且事实上，非洲外交官愿意付的租金足以满足《华盛顿邮报》所列的所有公寓的要求。这就有力驳斥了那种认为非洲外交官不能或不愿付足够的租金的观点。如果住房委员会成员拥有的所有住房能向非洲外交官开放，那么非洲外交官面临的住房困难就能解决。它提出了解决方法：住房委员会和其他房地产机构的成员应采取进一步的具体措施，为非洲外交官赢得合适的住房。直接的解决方式就是获得足够多的住宅，因为住宅的数量不足以满足目前和将来的需要。服务处不相信为非洲外交官寻获合适的住房的问题无法解决，尤其考虑到只有很少的外交官要求提供帮助。从 6 月 1 日到 10 月 30 日期间，只有 22 个外交官要求服务处帮助得到住房，平均每月大概有 5 人。华盛顿这么大的城市应该能够为这些数量较少的外交官提供具体的帮助。

报告还指出另一重要的事实：每星期服务处都会向华盛顿住房委员会提供一份目前外交官、联邦政府和外国学生住房需求的名单。住房委员会会把名单传给那些感兴趣提供帮助的成员。但联邦政府雇员（美国黑人）和外国学生（非洲人）的名字会被删除。这一事实表明，华盛顿住房委员会做的这一严格区分是国务院不能继续忽视的，也是不能认同的。服务处充分意识到住房委员会最初建立的目的是帮助国务院努力为非洲和亚洲外交官赢得合适的住房。然而，为数量较少的非外交官提供帮助也是民主的需要。

报告最后得出结论："显而易见，开放住宅是解决我们目前和将来困难的唯一方式。国务院真诚地相信开放住宅是真正保持我们建国时的民主传统和理想的唯一方法。其他方式都不可行。因此，服务处希望住房委员会在将来能与我们更充分合作，其成员会愿意采取更具体的措施、付出更大的努力来解决这一难题。"①

但是由于问题久拖不决，还不断出现类似的歧视事件。1961 年
11 月 16 日，圣胡安忍无可忍，给华盛顿住房委员会领导写信，强烈
反对阻止非洲外交官和美国黑人公民获得在首都居住高级公寓的权
利。他愤怒地指出，很多人明明有住房，却不租给非洲外交官。住房
委员会难辞其咎。②

1962 年整年情况都没有好转，甚至直到 1963 年 6 月 16 日，特殊
礼仪服务处的进展报告仍然在重复原来的困难。报告指出，在这一时
期，服务处收到 46 个寻找住宅和公寓的申请，只满足了 16 个人的需
求。它举了一个例子很典型，一位房主在压力下同意开放他一个有着
7 个单元房的住宅，其中两个公寓可以租给非洲外交官，其他仍租给
白人，但结果没有白人再去租他的房子了，他蒙受了严重的经济损
失。这有力地证明了与服务处合作损害了华盛顿房主的利益。服务处
不得不承认在首都为非洲外交官寻找合适住房的努力很不成功。由于
寻找住房困难，服务处再三要求华盛顿房产委员会开放住宅，但他们
坚决不同意，仍然仅仅考虑外交官的需要。③

此外，针对其他一些歧视，国务院也采取了相应的措施来应对。
2 月份国务院礼宾司的调研报告提出了很多具体的建议措施。例如，
针对已有的外交官俱乐部对黑人外交官的歧视，礼宾司向国会提议成
立一个新的外国服务俱乐部，供外交人员、大使、高级记者和大学教
授使用。这样俱乐部的存在将改变目前的尴尬形势。如果这一计划不
被国会批准，还有另一种选择，就是由私人发起一个同样类型的国际
俱乐部，虽然其规模可能小一些。针对首都一些饭店对黑人外交官的
歧视，礼宾司首先要确定哪些饭店可能是这样事件的发生地，哪些饭
店不会发生歧视。礼宾司应向非洲使团的成员解释华盛顿地区的社会

---

① Brauer ed., *Civil Rights during the Kennedy Administration*, *1961–1963*, Part 1, Reel
3（2）of 19.

② Brauer ed., *Civil Rights during the Kennedy Administration*, *1961–1963*, Part 1, Reel
3（3）of 19.

③ Brauer ed., *Civil Rights during the Kennedy Administration*, *1961–1963*, Part 2, Reel
6（4）of 28.

形势，指出美国正发生显著的变化，政府立誓要改变种族歧视的状况。但联邦政府不能一夜之间改变这种情况，礼宾司应竭力安抚非洲外交官，减少他们的不满。针对一些公共设施不为黑人服务的歧视，礼宾司应竭力减少这样的事件。它还应帮助非洲外交官找到为黑人服务的合适的商店和理发店，帮助非洲外交官接触不同背景的杰出的白人，如学界和政界的白人，弥补外交官在美国其他场合遭遇的困难。关于黑人外交官的孩子上学难的问题，礼宾司应该联系特区的教育委员会，要求三所好的公立学校允许外交官的孩子入学。这些学校只招收有特殊才能的学生，但政府准备让这些学校降低非洲外交官孩子的入学标准。好几所私立学校也应接受这些孩子。礼宾司要了解有多少外交官的孩子需要入学，并向他们建议可以入学的私立和公立学校。针对来访的外交官遭遇的歧视问题，礼宾司应与全国和地方的旅馆协会合作，为来美访问旅行的亚非官员提供好的旅馆。礼宾司应为外交人员提供这样的旅馆和公共服务设施的清单，确保他们能获得良好的服务。礼宾司还应与一些社会组织合作，为来访的亚非高官增加社会联系。此外还有一些细节问题，礼宾司都做了安排。如帮助一些讲法语的非洲人学英语；努力在华盛顿和纽约为亚非外交官的夫人增加社会活动；为所有新外交官提供美国政府如何组织运转的材料，因为非洲外交官，甚至在美国生活一段时间的非洲人，对美国政府的情况所知甚少。如什么部门负责非洲事务，立法部门在外交决策中起什么作用等。这些外交官渴望知道更多相关主题及美国生活方面的内容。但在官方场合，他们常常难以启齿。关于假期旅行方面的信息，亚非外交官的家庭很少到华盛顿以外的地方去，因为他们不知道去哪里，尤其不知道他们在哪里会被接待。礼宾司应为他们提供周末或假期旅行方面的信息。总之，礼宾司无法控制非洲外交官在美国甚至在华盛顿地区的活动。它应提前做出安排以避免发生歧视事件。国务院应帮助亚非外交官安排一些行程。礼宾司应让非洲外交官感觉到他们的善意，因此坦率地讨论他们在美国遇到的社会限制是不可避免的。为了为亚非外交官提供这些重要的必不可缺的服务，礼宾司显然需要增加人手，尤其是增加美国黑人职员。他们可以为非洲外交官提供美国种族关系方面的信息。礼宾司感到如果不招收至少一名美国黑人职员，这一机构将无法有效运作。①

这些建议后来基本都得到落实,如礼宾司公共事务处在2月份就开展了系列活动,帮助所有新来的非洲外交官适应新的环境。最重要的一项活动是准备了丰富内容的"新来外交官须知",告诉每一位新来的外交官所有在华盛顿地区可以利用的设施,提供他们如何利用所有公私设施的建议。这份"须知"也告知他美国的一些习惯和风俗,包括很有用的住房问题。② 1961年5月15日礼宾司司长杜克给总统事务助理达顿的备忘录中,提到与非洲外交官相关的问题任务重大,而工作人员又极为不足。因此他让特殊礼仪服务处的主任圣胡安与达顿联系,商讨增加工作人员的方法。③ 最终礼宾司增加了黑人职员。④

针对5月份非洲外交官在首都遭遇的一系列治安案件,圣胡安首先在5月17日呼吁特区当局为所有外国大使馆提供安保服务。他在5月18日又向总统事务助理达顿提供了所有关于非洲大使馆遭遇的侵扰事件和特殊礼仪服务处采取措施的报告。5月31日,总统特别事务助理达顿在白宫召集了一次会议。哥伦比亚特区委员会的一名官员托布里那向达顿和特殊礼仪服务处主任圣胡安做了官方声明:特区当局不反对联邦调查局参与调查华盛顿涉及外国外交官的歧视事件。为此他专门给司法部长寄了一封信要求他的协助。圣胡安在备忘录里强调,这次会议的结果说明无论何时调查涉及华盛顿大使馆的相关事件,大都市的警察都欢迎联邦调查局的帮助。考虑到外国大使馆的大使及职员近一个月来遭受的屈辱事件,来自联邦调查局的支持就是极其必要的。⑤ 关于10月2日一名军官对马里大使夫人侵扰的案件,

---

① Brauer ed. , *Civil Rights during the Kennedy Administration*, *1961 - 1963*, Part 1, Reel 1 (3) of 19.

② Brauer ed. , *Civil Rights during the Kennedy Administration*, *1961 - 1963*, Part 1, Reel 1 (3) of 19.

③ Brauer ed. , *Civil Rights during the Kennedy Administration*, *1961 - 1963*, Part 1, Reel 3 (2) of 19.

④ 参见 Michael L. Krenn, *Black Diplomacy: African Americans and the State Department*, *1945 - 1969*, Armonk, N. Y. : M. E. Sharpe, 1999。

⑤ Brauer ed. , *Civil Rights during the Kennedy Administration*, *1961 - 1963*, Part 1, Reel 3 (2) of 19.

1961 年 10 月 4 日，达顿给国防部办公室的备忘中指出，"近来白宫和国务院收到好多投诉，内容是一些非洲外交官和美国黑人的夫人在军官俱乐部遭到那里的一些人员的辱骂。有四个非洲大使馆成为这个俱乐部的直接受害者。近来一系列的不幸的事件需要被纠正。最近的一起案件涉及一名美国陆军上校，他威胁要杀死一个重要的非洲国家大使的妻子。我希望军官俱乐部能采取适当的措施，尽快制止上述情况的发生。请在 10 月 10 日前告知我就此事所采取的行动，以便国务院能将此事传达给投诉的大使馆"。国防部 10 月 10 日答复表示将会见俱乐部主席讨论歧视事件，要求他必须采取积极的措施，否则将对其予以惩罚。10 月 23 日，国防部又答复说，俱乐部经理没有意识到任何歧视事件的发生。他们主要关心俱乐部在社会和警察中的好名声，他们将采取必要的措施，避免对俱乐部及成员的指责。具体包括印刷小册子，为成员平时的行为提供警示，并召开董事会，讨论此事，避免类似情况再发生。① 最终那个军官并未受到惩处，事情不了了之。

整个 1961 年，圣胡安一直马不停蹄、疲于奔命地解决一个又一个的歧视外交官的问题，不胜其烦。从 1962 年开始，他不想再做这样一个灭火队员了，首先开始推动对住房歧视政策更大胆的攻击。他坚持国务院应为开放的住房政策而斗争，要禁止建立在种族基础上的住房歧视，为所有能负担房租的人开放所有住宅。房主当然反对开放住宅政策。国务院相关部门职员另有意见认为，只要外交官的住房需求能得到满足，他们愿意在这个问题上进行妥协。但是很显然，华盛顿住房委员会甚至不能为少部分的外交官找到合适的住房。特殊礼仪服务处开始推动国务院支持无差别的反歧视裁决，坚持住房委员会不能拒绝帮助需要住房的美国黑人联邦雇员。当民权委员会决定于1962 年在首都华盛顿召开关于住房歧视问题的听证会时，服务处把听证会看成是推进在首都颁布开放住宅法的极好机会。在听证会召开的两天时间里，来自国务院的四名代表在委员会前作证。威廉斯、杜

---

① Brauer ed. , *Civil Rights during the Kennedy Administration*, *1961 – 1963*, Part 1, Reel 3（3）of 19.

克、圣胡安等人都认为在住房领域针对非洲外交官的歧视伤害了美国的国际关系，这一问题只有通过采纳一个开放的住宅法案才能解决。他们都主张彻底废除种族歧视。服务处与住房委员会之间的冲突在听证会上公开化了。①

房产商的代表告诉民权委员会，自愿的努力解决了外交问题，开放住宅法没有必要。他们坚持认为华盛顿总的住房资源紧缺和许多非洲外交官不被允许租住是真正的问题所在。住房委员会与服务处之间的矛盾一直延续到听证会结束以后。1963 年 4 月，圣胡安断绝了与住房委员会的关系。随着服务处对民权委员会影响的增强，华盛顿房产商的地位下降了。国务院在听证会及首都开放住宅法案上的立场被媒体广泛报道。而且民权委员会关于听证会的报告证明国务院的国际主义论点产生了影响。它得出结论：华盛顿黑人住房的短缺引起了国际反响。反对黑人外交官的歧视对首都华盛顿特区和美国产生了不可估量的伤害。1962 年 5 月，圣胡安指出服务处开始利用外交问题积极地为首都的开放住宅而努力工作。1962 年 9 月，民权委员会提出一个开放住宅的实施法案。国务院努力游说，希望通过此法案。在一个写给总统的备忘录中，腊斯克敦促肯尼迪支持开放住宅的措施："立即采取行动废除华盛顿的住房歧视对我们的外交关系是至关重要的。在当今的世界，歧视的持续存在显然对我们的国家利益是非常有害的。"服务处与民权委员会和总统首都事务特别助理紧密合作，游说首都特区委员会办公室实施开放住宅的法令。非洲和亚洲的外交官对这一法令非常感兴趣。服务处时常提醒特区委员会的委员，外国的外交官从来不能理解为何一个政府说反对歧视却不能在其首都废除它。如今一个法令被提出来了，他们希望加速通过。②

最终在 1963 年 12 月 31 日，特区委员会通过了开放住宅法。在华盛顿特区采纳开放住宅法的政治是复杂的。圣胡安和服务处主导的

① Romano, "No Diplomatic Immunity: African Diplomats, the State Department, and Civil Rights, 1961–1964", *The Journal of American History*, Vol. 87, No. 2 (Sep., 2000), p. 566.

② Romano, "No Diplomatic Immunity: African Diplomats, the State Department, and Civil Rights, 1961–1964", *The Journal of American History*, Vol. 87, No. 2 (Sep., 2000), p. 567.

国务院宣扬开放住宅，显然影响了美国民权委员会和特区委员会。即便服务处只是在自愿解决外交官危机的努力失败后才转向立法的解决，它的努力在保守的抵制面前也非常重要，尤其是肯尼迪总统还在实现他废除住房歧视的诺言问题上犹豫不决。①

（2）马里兰运动和处理跨州旅行的歧视

美国政府有组织地开展废除马里兰40号公路上饭馆的隔离的运动始于1961年6月26日乍得大使在40号公路上被餐馆拒绝服务一事。6月27日，礼宾司司长杜克和特殊礼仪服务处主任圣胡安会见了司法部长罗伯特·肯尼迪，讨论了刚刚发生在马里兰40号公路上的种族歧视事件。司法部长肯尼迪承诺司法部会支持处理这一问题，他也许诺联系马里兰的陶斯州长，以帮助赢得州的协助。6月28日，圣胡安会见了马里兰州的总检察长托马斯·菲南，菲南承诺州政府会与联邦政府积极合作，采取切实的行动，帮助减少近来歧视事件所造成的消极影响。菲南也同意联系陶斯州长以确保当局能关切此事。6月29日，杜克又会见了司法部长肯尼迪，肯尼迪许诺司法部会全力支持，并说他将联系陶斯州长。7月10日，杜克将礼宾司收到的马里兰40号公路上发生的歧视事件报告的相关信息报送给白宫总统助理肯尼斯·唐纳尔，让白宫办公室了解事情的所有进展。②

7月11日，马里兰州长给肯尼迪总统写信，表达了自己的态度，他对乍得大使的不幸遭遇深表遗憾，并表示将向媒体发表声明，竭力阻止此类事件再度发生。随后他如约向媒体发表了声明，强调了这一不幸事件的严重性，因为这不仅是一个私人事件，也关系到国家的安全利益。美国正和苏联开展全球范围的竞争，新独立的非洲国家的友谊和支持对于美国的安全是至关重要的。7月20日，肯尼迪总统给马里兰陶斯州长回信，表达了感谢，并指出："外国外交官作为美国的贵宾无论到哪里旅行，都应受到欢迎和礼遇。歧视事件是非常严重的，您鼓励我

---

① Romano, "No Diplomatic Immunity: African Diplomats, the State Department, and Civil Rights, 1961 – 1964", *The Journal of American History*, Vol. 87, No. 2 (Sep. , 2000), p. 568.

② Brauer ed. , *Civil Rights during the Kennedy Administration*, *1961 – 1963*, Part 1, Reel 3 (2) of 19.

继续开展行动，希望将来不会再发生任何类似事件。"①

但是陶斯州长口惠而实不至，没有采取任何实质行动，因此国务院不得不采取进一步措施。8 月 6 日，国务院召开了一个联席会议，出席会议的有白宫办公室和马里兰州政府办公室等多部门人员，主题是关于如何应对马里兰几个县对非洲外交官的歧视问题，以及如何推进反隔离。会议的内容非常多，包括给总统起草信件，联系记者、地方官员和民众，在当地安排旅游项目等。白宫事务助理达顿负责协调各个步骤。②

马里兰废除种族歧视的运动在政府多方支持下有序开展。9 月 13 日，特殊礼仪服务处主任圣胡安在马里兰州立法大会上发表讲话，支持一项公共设施法案。9 月 25 日，马里兰召开了一次地方会议，会上总统民权事务助理沃福德宣读了肯尼迪总统给马里兰公民的信。9 月 26 日，负责公共事务的副国务卿塔比在马里兰为参会的所有报纸编辑和出版商设立了午宴，副国务卿鲍尔斯、沃福德和圣胡安在午宴上发表了讲话。这次午宴的目的是为取得这些编辑和出版商的帮助，在马里兰州废除种族歧视运动中凝聚公众舆论。特殊礼仪服务处编纂了一个集子，收录了外国新闻界发表的有关美国歧视外交官的报纸声明。这个集子将在马里兰发行，向民众强调马里兰的种族歧视所造成的国际影响。陶斯州长也改变了立场，支持在马里兰废除公共服务领域中的隔离。③

在马里兰州，废除种族歧视的运动确实得到越来越多的支持。10 月 8 日，25 家餐馆的老板、圣胡安、美国民权委员会职员主任波尔·伯纳德以及马里兰种族间问题委员会成员道格拉斯·萨德斯等在马里兰召开了会议。会议的结果是组成了一个由 7 位餐馆老板构成的委员会。10 月 20 日，这个委员会敦促州长召开一个马里兰议会的特别会议，考虑制定一项公共设施法案。同样在 10 月 20 日，马里兰餐

---

① Brauer ed. , *Civil Rights during the Kennedy Administration*, *1961 - 1963*, Part 1, Reel 3 (3) of 19.

② Brauer ed. , *Civil Rights during the Kennedy Administration*, *1961 - 1963*, Part 1, Reel 3 (3) of 19.

③ Brauer ed. , *Civil Rights during the Kennedy Administration*, *1961 - 1963*, Part 1, Reel 3 (3) of 19.

馆协会向州长提出了同样的要求。州长表示他将不会召开特别会议，但会考虑在 1962 年 2 月制定公共设施法。①

在 40 号公路运动中，圣胡安利用外交政策的证据来为联邦政府卷入州事务进行辩护。在各种演讲和会见中，他都强调在 40 号公路餐馆中的歧视损害了美国的外交关系，他寻求利用人们的爱国主义来赢得他们对废除隔离的支持。例如，他在游说马里兰议会通过公共设施法案时指出，如果议员不支持法案，就是在帮助共产党赢得冷战。因为"如果一名美国公民因为种族原因侮辱了一名外国大使或本国的公民，敌人将会利用这个机会进行宣传，结果对自己的国家来说将是破坏性的"。圣胡安努力来影响马里兰州议会是对原有的联邦与州传统关系的背离，因为联邦政府之前很少干预州的事务。司法部总是说它不能保护南方的民权工作者，因为联邦政府不能干预州的警察力量，但圣胡安以维护国际上的外交利益为名来督促州立法机关通过法案。尽管有冷战的需要，但 40 号公路运动遇到来自餐馆所有者和马里兰议会的强烈抵制。沿 40 号公路的 70 位饭店所有者大部分都拒绝废除隔离的要求，许多人憎恨联邦政府的干预，担心为黑人服务影响他们的客流。例如一位店主这样回应圣胡安废除隔离的要求："别提什么联合国！别提什么黑人外交官！我用自己的血汗建了这个地方。现在你穿着干净的衬衫来告诉我如何经营饭馆。滚回华盛顿吧，告诉肯尼迪别痴心妄想了！如果我让黑人待在饭馆，我将留不住任何别的顾客了！"②

1961 年末，争取种族平等大会参与到 40 号公路运动中来。他们对运动感兴趣，因为国务院之前已经打下了良好的基础。争取种族平等大会计划于 1961 年 11 月 11 日在 40 号公路的饭店开展静坐运动。其目标是强迫马里兰州长召开议会特别会议，并不断对州议会施加压力以通过公共设施法案。非洲外交官被拒绝服务事件也是他们开展运

① Brauer ed. , *Civil Rights during the Kennedy Administration*, *1961 - 1963*, Part 1, Reel 3 (2) of 19.

② Romano, "No Diplomatic Immunity: African Diplomats, the State Department, and Civil Rights, 1961 - 1964", *The Journal of American History*, Vol. 87, No. 2 (Sep. , 2000), pp. 571 - 572.

动的原因。平等大会希望服务处开展的运动不仅仅是一场公关运动，因此平等大会的负责人常常跟随着圣胡安拜访 40 号公路上的饭馆。种族平等大会的计划遭到州长等人的强烈反对。州长拒绝召开议会特别会议，他警告争取种族平等大会的自由骑士们，不要开展鲁莽的行动，否则会阻碍废除隔离的努力。马里兰种族问题委员会的主席认为静坐只会加强对融合的反对，使得州立法不可能被通过。他敦促种族平等大会与国务院合作，以国家利益为先，目标只是为了阻止隔离带来的消极的公共影响。联邦政府的一些官员也表达了对平等大会计划的保留意见，认为其计划会带来反作用，会阻止反歧视立法在马里兰议会通过。在计划开展的三天前，40 号公路上的 47 家饭店同意自愿废除隔离。作为回应，种族平等大会取消了 11 月 11 日的自由静坐活动，并宣布将在以后的时间里检验新融合的饭店是否真正废除了隔离。在 11 月末，巴尔的摩的种族平等大会检验了 35 家同意废除隔离的饭店，但其中有 8 家并未对黑人一视同仁。种族平等大会于是在 12 月 16 日发起了自由静坐运动。虽然其结果并不如想象的那样顺利，但还是产生了一定的影响。平等大会宣称通过推动废除隔离来帮助国务院，反对者则宣称自由静坐带来的公共性会损害国家的国际形象。圣胡安立场鲜明地站在平等大会一边。①

虽然遇到很多阻力，圣胡安还是坚持开展了运动并取得了成效。11 月 9 日，圣胡安给礼宾司司长杜克的备忘录中总结了马里兰运动的背景、过程和效果。他说，这场运动是应总统的要求发起的，白宫、国务院和马里兰州州长办公室都加入到了这一项目。这一团队向 40 号公路上 70 位餐馆老板发送了相关信息。国务院支持州长提出的在马里兰议会通过公共设施法的要求。马里兰各家报纸媒体的记者、编辑受邀与国务院合作，支持国家消除马里兰种族歧视。在过去 4 个月的时间里，马里兰发生了 9 起涉及非洲外交官的歧视事件，并且剥夺了许多美国黑人公民在公共设施中被平等对待的权利。马里兰的电

---

① Romano, "No Diplomatic Immunity: African Diplomats, the State Department, and Civil Rights, 1961 – 1964", *The Journal of American History*, Vol. 87, No. 2 (Sep., 2000), pp. 572 – 574.

台和电视广播关注了这些事件，并通过自己的渠道向马里兰市民发布相关信息。国务院、白宫和马里兰政府官员向当地民众宣讲的好几场会议在马里兰召开，其中一个会议上，还向参会的民众传达了总统的讲话。代表40号公路上餐馆老板利益的委员会成立了，目的是继续开展运动，一定程度上推进自愿废除隔离。马里兰餐馆协会支持公共设施法。马里兰议会的立法委员会赞同公共设施法案。

圣胡安还赞扬了民权组织争取种族平等大会所起的作用。当时争取种族平等大会宣布，除非40号公路上的大部分餐馆到11月11日自愿废除隔离，否则大会将沿着公路发起大规模示威运动。11月8日，餐馆委员会报告说，35家餐馆的老板同意，到11月22日，将不管顾客的肤色如何都会一视同仁。委员会认为完全自愿地废除隔离可能在12月1日实现。争取种族平等大会接受了这一承诺，最终有利于问题的解决。

圣胡安对运动的总体效果比较满意，他指出，联邦政府和马里兰当局努力的结果是有效地废除了40号公路上大部分餐馆的隔离。公路上的歧视事件大大减少，他据此认为华盛顿和联合国中非洲外交官的歧视也会大大减少。他对参与运动的人员和部门高度赞扬，肯定了白宫办公室的达顿、国务院礼宾司以及马里兰政府的官员紧密合作达到的良好的效果，表扬了其他很多部门和个人的大力支持，包括沃福德、公共事务局、非洲事务局、司法部、民权委员会、总统平等就业机会委员会和华盛顿与巴尔的摩的城市同盟等。他还赞扬了媒体所发挥的作用，指出《华盛顿邮报》《巴尔的摩太阳报》《纽约时报》《时代周刊》《生活》等报纸杂志配合运动给予了大量的报道，并且巴尔的摩和华盛顿的电台和电视广播也进行了大力的支持，形成了支持废除隔离运动的有利舆论。甚至本来抵制运动的餐馆老板也得到圣胡安的肯定，认为计划也得到了40号公路上部分餐馆老板的自愿合作。他最后表示国务院将进一步帮助马里兰当局，最终实现运动的圆满成功，确保马里兰州消除所有歧视事件。①

---

① Brauer ed. , *Civil Rights during the Kennedy Administration*, *1961 – 1963*, Part 1, Reel 3 (2) of 19.

但是事实表明圣胡安还是过于乐观了。要制定公共设施法案，废除马里兰州所有的歧视和隔离是万分困难的。11 月 30 日，圣胡安在一份给马里兰地方官员的备忘录中提到，制定公共设施法要做大量细致复杂的工作。他强调，没有来自全体社会的支持，单靠饭店业主和地方媒体并不能取得很大的进展。对任何公共设施立法来说，得到公众的支持是最有用的。马里兰议会需要做这样的事情。①

但是马里兰州议会不愿意通过废除公共设施隔离的法案，虽然马里兰的州长口头上表示支持，但他拒绝对立法机构施加压力，1961年，马里兰公共设施法没有被通过。可见尽管有来自联邦政府和种族平等大会的压力，在马里兰废除隔离是困难而缓慢的。马里兰议会在1962 年 3 月，再次否决了公共设施法案，尽管圣胡安批评议员们如果不通过法案，就会像苏联的间谍一样有害。即使种族平等大会威胁再发起静坐运动，40 号公路上也只有一半的饭店同意自愿废除隔离。最终于 1963 年 3 月，在服务处发起的废除马里兰饭店的隔离运动两年后，马里兰议会才通过了禁止在饭店和旅馆实行歧视的法案，但它被严重削弱了，仅局限在 40 号公路周边，其适用范围仅包括马里兰23 个县中的 12 个。② 不久这一法案就被全国性的 1964 年《民权法案》替代了。③

40 号公路运动的个案表明，圣胡安促使国务院在民权问题上更加积极。而且，服务处的运动立即得到了一个重要的民权组织种族平等大会的关注。虽然服务处没有与种族平等大会进行官方的合作，但平等大会利用了国务院的支持在 40 号公路旁的饭店前开展了自己的示威活动，这与服务处的运动宗旨完全一致。40 号公路运动证明民权组织利用外交政策对国内种族主义的影响来开展自己的活动，获得自己的利益，国内的民权积极主义也推动了与之合作的政府的民权活

---

① Brauer ed. , *Civil Rights during the Kennedy Administration*, *1961 – 1963*, Part 1, Reel 3 (3) of 19.

② Holder, "Racism Toward Black African Diplomats During the Kennedy Administration", *Journal of Black Studies*, Vol. 14, No. 1 (Sep. , 1983), p. 46.

③ Romano, "No Diplomatic Immunity: African Diplomats, the State Department, and Civil Rights, 1961 – 1964", *The Journal of American History*, Vol. 87, No. 2 (Sep. , 2000), p. 574.

动日程的制定。①

此外，与马里兰运动密切相关，美国政府也采取了很多措施来应对非洲外交官在美国各地旅行中的歧视问题。肯尼迪总统 1961 年 4 月 13 日给各州州长写信，要求各州尤其是南方各州州长协助解决歧视外交官的问题。他很诚恳地写道：

> 希望您友好和有尊严地对待外国来美的外交官，他们可能在派往美国任职期间在您的州工作、生活和旅行。大量外交官源源不断地来到我们国家，尤其在华盛顿和纽约人数更多，这使得我们与他们日常关系的成功相处不仅仅是联邦政府和总统的责任，也是州当局和市民的责任。此时来自新非洲国家使团的迅速增长要求我们提供特别的支持。非洲国家要么已经在我国首都建立了使馆，要么正在建立过程中。七个新的非洲共和国将于下个月在华盛顿建立使馆。随之而来的是大量非洲国家大使馆的职员，他们在日常生活中会与我们有大量的接触，包括人员往来、进入我们社会的娱乐设施、商业设施以及其他很多地方等。不幸的是，非洲外交官一直遇到很多歧视事件，他们不停地向国务院抱怨，并引起了国际媒体的注意。虽然大部分事件不是抗议和批评的目标，但对于卷入的个人、我们的国家和国际理解的事业来说，它带来很大的伤害。我将感激你们努力善待外国游客。这对于我、国务院和国家来说都是巨大的帮助。联邦政府的设施如果有利于你们处理此事，随时都可使用。②

各州州长回信后，礼宾司特殊礼仪服务处的主任圣胡安又给各州长写信，欢迎他们派代表参加 4 月 27 日在国务院召开一次会议。会议目的是与来自 20 个州的代表商讨友好和有尊严地对待外国代表的方法，这些外交官可能在华盛顿和纽约任职期间在美国旅行。会议期

① Romano, "No Diplomatic Immunity: African Diplomats, the State Department, and Civil Rights, 1961 - 1964", *The Journal of American History*, Vol. 87, No. 2 (Sep., 2000), p. 568.

② Brauer ed., *Civil Rights during the Kennedy Administration, 1961 - 1963*, Part 1, Reel 3 (2) of 19.

间，礼宾司的特殊礼仪服务处会帮助各州当局想办法解决处理外交官问题时遇到的困难，尤其是大量新非洲国家与美国人民之间的关系的问题。礼宾司司长杜克是会议的主席，他宣布会议开幕，随后会议的内容如下：主管非洲事务的助理国务卿威廉斯将谈论美国与新的非洲国家关系的重要性。主管公共事务的副助理国务卿罗文将谈论美国的形象问题。特区委员会的托布里那将谈论首都面临的问题与采取的措施。圣胡安将谈论州与礼宾司的特殊礼仪服务处之间的合作项目问题。总统事务助理达顿和里弗斯将表达总统的利益。会议第二部分是与各州代表进行讨论，形成一个具体的行动计划。①

总统和国务院之所以特别关注外交官在各州旅行遭受歧视的问题，主要从美国冷战外交政策和国内民权运动的发展两个层面考虑。例如，1961 年 5 月 10 日，达顿给杜克的备忘录中提道，"发展与非洲外交官有关的项目无疑会对国务院负责的外交领域产生积极影响。此外它也会对国内的民权运动带来建设性的影响，即使这并非我们努力的主要原因。因为这两个原因，我希望我们能尽快推动在此领域的项目的发展"。1961 年 8 月 10 日达顿在另一个备忘录中强调，阻止对亚非游客的歧视也是政府关注民权的一项重要的内容。反对非洲外交官的偶然事件的重要性在于此时正是美国的外交问题与国内问题交织在一起的关键时刻。新出现的亚非国家正在根据他们的外交官个人在美国的经历来评判美国社会，对亚非外交官的歧视显然会导致这些国家对"人人平等"（All Men are equal）和"法律的平等保护"（Equal Protection of the Laws）的美国信条的怀疑。他总结出总统关于此事的观点：那些来美的外国外交官和游客每个人都一定要确保得到礼遇和尊重。但更重要的是，他们及其他每个人都应赋予人的尊严和体面来被对待。②

8 月份，礼宾司司长杜克又写信给南方各州州长，希望他们派代表来华盛顿开会，组建国务院顾问委员会，协商解决非洲外交官和游

---

① Brauer ed. , *Civil Rights during the Kennedy Administration*, *1961 - 1963*, Part 1, Reel 3（2）of 19.

② Brauer ed. , *Civil Rights during the Kennedy Administration*, *1961 - 1963*, Part 1, Reel 3（2）of 19.

客遭受歧视的问题。但是南方各州州长的回信态度都比较强硬。例如亚拉巴马州长 9 月 7 日给杜克写信答复说，他认为亚拉巴马州没有必要参与这样一个委员会。他说："当然希望游客来到我们州，事实上我们有很多好计划鼓励游客来亚拉巴马旅行，但我们有权利要求所有来到亚拉巴马的游客遵守我们的法律，尊重我们的习俗。"密西西比州长 1961 年 9 月 9 日给杜克写信答复说，外国游客不得拥有比美国公民更多的凌驾于当地法律和习俗的权利。众所周知，种族隔离的社会政策长期以来在密西西比盛行。因此密西西比州长提出派人到国务院顾问委员会的前提是顾问委员会是否以符合密西西比当地习俗的方式运转，事实上也是拒绝了杜克的提议。[①]

虽然国务院竭力让佐治亚、亚拉巴马和密西西比等南方州的白人知道，非洲外交官的友谊对美国是有帮助的，他们无意干预南方的生活方式。但直到 1963 年 1 月，非洲外交官在美国南方的旅行遭遇种族歧视的事件才渐渐不为外人所知。[②]

4. 小结

总之，肯尼迪总统执政后，决心尽其所能帮助非洲外交官免遭种族歧视的屈辱。与艾森豪威尔政府的无所作为相比，肯尼迪花了大量精力，竭力在首都为非洲外交官寻找合适的住房。国务卿腊斯克、司法部长罗伯特·肯尼迪及政府中的其他官员也努力处理这一问题。腊斯克感到，联邦政府应确保发生在首都的歧视事件降到最低点。为了实现这一目标，政府在国务院礼宾司建立了一个新的部门：特殊礼仪服务处。其任务就是尽量限制反对非洲外交官的种族歧视事件。在圣胡安的领导下，服务处为大量来自新独立的亚非国家的外交官在纽约和华盛顿准备了旅馆、餐馆和住房。其解决问题的方法仍遵循自愿的原则，主动权还是掌握在华盛顿房产委员会和房主手中，因此成效并不显著。此外，国务院采取了利用冷战外交压力的方法来游说废除

---

① Brauer ed. , *Civil Rights during the Kennedy Administration*, *1961 - 1963*, Part 1, Reel 3 (2) of 19.

② Holder, "Racism Toward Black African Diplomats During the Kennedy Administration", *Journal of Black Studies*, Vol. 14, No. 1 (Sep. , 1983), p. 46.

40 号公路上的饭馆隔离。这条公路连接着纽约和华盛顿，是非洲外交官的必经之路。圣胡安告诉记者，每次一个非洲外交官在某个 40 号公路的饭馆被拒绝提供一杯咖啡的服务时，美国在非洲的外交政策就面临困境。他游说马里兰的州议会废除沿 40 号公路上公共设施的隔离，以减少破坏美国与众多第三世界国家关系的尴尬。在马里兰议会发言时，圣胡安告诉议员，当美国公民因种族原因羞辱一个国外代表时，其结果对国家来说是破坏性的，正如把秘密情报透露给敌人。他请求州议员帮忙，否则就是帮助共产党赢得冷战。圣胡安的游说努力只是部分有效。1962 年公共设施法案并未被通过。但是 40 号公路上 75 家饭馆中的 30 家最终同意自愿废除隔离。1963 年 3 月法案最终才被通过。① 由于南方各州的不配合，非洲外交官完全自由地在美国各地（尤其是南方）旅行也还有待来日。

从中可以看出，美国政府在每一个具体的问题上，都尽心尽力帮助非洲外交官解决眼前的困难，并且利用了冷战的话语（即对非洲外交官的歧视事件损害了美国的国际形象、国家安全和国家利益）来争取支持。这些努力取得一定的成效，但总体上不成功。因为国内的种族歧视和隔离无法废除，国务院的应对方法只能是权宜之计，甚至是象征性地解决，不能根本解决问题。国务院尤其是特殊礼仪服务处在力所能及的范围内几乎做到极致，但问题仍层出不穷，根源其实在国内。总统和国务卿早已看出问题所在，提到要根本解决问题，需要废除国内的歧视与隔离。如 1961 年 1 月 31 日，国务卿腊斯克给司法部长罗伯特·肯尼迪的信中提到了非洲外交官在首都遇到的歧视问题，他很鲜明地指出，"这一问题如果仅仅是针对外交人员，不能得到令人满意的解决。我不相信，在一个国家的首都，竟然需要外交护照才能享受一个公民正常的权利。换言之，我们在这一城市有着更大、更复杂的关系问题，在那里有着多数的黑人市民以及由此引起的大量摩擦"。当年肯尼迪总统给商业部和司法部的备忘录也很明确地指出，"仅仅向饱受屈辱的非洲外交官道歉是不够的，他们在饭馆、商店、

---

① Muehlenbeck, *Betting on the Africans：John F. Kennedy's Courting of African Nationalist Leaders*，pp. 200 – 202.

加油站、旅馆被拒绝服务或被拒绝平等地使用设施。现在有色人种国家已经构成了联合国的大部分，如果我们要与它们发展令人满意的关系，我们必须立即废除国内所有类似的种族歧视。当然我们必须这样做，并不只是因为我们的国际责任，而最重要的是我们自己的首要原则需要这样做"①。但很多地方政府（尤其南方各州的政府）和种族主义者完全不想让步，坚持维护地方上的种族隔离制度。肯尼迪总统和腊斯克国务卿深知推进废除隔离的困难，所以他们也只能先支持国务院及其特殊礼仪服务处在一些细节问题上竭尽全力帮助外交官解决困难，最终结果很难尽如人意。但这一教训给后来强制性的民权立法策略指明了方向，首都华盛顿和马里兰州都进行了初步的地方性的废除种族隔离的立法。完全解决问题还有待民权运动更大的压力和冷战外交更大的利益，这一重要的转折点出现在后来的伯明翰运动中。

三　伯明翰运动、国际舆论与肯尼迪政府民权改革的质变

20 世纪 60 年代初，冷战正酣，美国国内的民权运动也随 1963 年伯明翰运动的爆发达到高潮。苏联等社会主义国家、非洲等第三世界，甚至美国的西方盟友都对美国种族问题进行了激烈的批评。这些国际舆论破坏了美国的国家形象，给肯尼迪政府带来巨大的国际压力，也极不利于肯尼迪总统对冷战外交利益的追求。因此在压力和利益面前，进行民权改革，改善国内的种族关系成了肯尼迪既迫不得已又必然的选择。可以说伯明翰运动后，肯尼迪总统才开始了实质性的民权改革。②

1. 伯明翰运动的过程
伯明翰是美国实行种族歧视措施最严重的城市之一。1963 年事

---

① Brauer ed. , *Civil Rights during the Kennedy Administration*, *1961 – 1963*, Part 1, Reel 3（3）of 19.

② 本部分内容参见于展《伯明翰运动、国际舆论与肯尼迪政府的民权改革》，《史学月刊》2020 年第 10 期。

件发生时，当地一位黑人牧师和民权积极分子佛瑞德·沙特尔史沃斯，已经同伯明翰的隔离主义分子斗争了 7 年。他极力邀请金与南方基督教领导大会到伯明翰来领导运动，发起大规模非暴力斗争。

南方基督教领导大会为此做了很多细致的准备工作，其执行主任沃克负责具体的工作。他为伯明翰运动制定出新的计划——"C（Confrontation）计划"，意思是对抗。① 金和沙特尔史沃斯等领导人同意沃克的计划，他们把抵制的目标慎重地选为市区的百货商店，并考虑了每一个可能发生的细节，包括为应对大规模逮捕准备的保释金。南方基督教领导大会还招募了几百名地方居民，在伯明翰的黑人教堂里对他们进行非暴力抗议的培训。

C 计划的第一阶段开始于 1963 年 4 月 3 日。一些抗议者在市区的百货商店、杂货店的便餐区发起静坐运动。警察局长"公牛"康纳出动警察迅速制止了他们的行动。到周末，150 多名示威者被逮捕。几天后，南方基督教领导大会扩大了它的抗议规模。沙特尔史沃斯率领 300 名黑人向市政厅进军游行，这一群体中的所有人都被逮捕入狱了。第二天，马丁·路德·金的弟弟领导了一次经过伯明翰市区大街的祈祷游行，示威者与警察发生了冲突，警察使用了警犬和警棍。金号召更多的伯明翰黑人参加运动。而且，示威可以把全国的注意力集中到民权问题上。4 月 10 日，市政官员发布了一个州法院的禁令，禁止进一步的示威。亚拉巴马巡回法院的法官也发布禁令，禁止 133 名民权领导人，包括金、艾伯纳西、沙特尔史沃斯等人参加或鼓动任何静坐、设置警戒线或其他示威活动。②

由于警察的逮捕和法官的禁令，"C 计划"遭到了严重的挫折。南方基督教领导大会不能募集到足够的钱保释大量被捕的人们。黑人商人和一些白人牧师也向他们施加压力，要求他们取消示威，离开城市。金为此很苦恼，但他仍坚定地说："我不知道我是否能筹集到钱

① Henry Hampton and Steve Fayer with Sarah Flynn, *Voices of Freedom: an Oral History of the Civil Rights Movement*, New York: Bantam Books, 1990, pp. 125 – 26.

② Sanford Wexler, *The Civil Rights Movement: an Eyewitness History*, New York, NY: Facts on File, 1993, p. 163.

让人们出狱，但我知道我能和他们一起坐牢。"① 在随后召开的新闻发布会上，金宣布，他愿意入狱并准备在 4 月 12 日这么做。② 在艾伯纳西等人陪伴下，金领导了一个大约 50 人、高唱自由歌曲的游行队伍向市政厅进发。他们高唱"自由会来到伯明翰"。大约 1000 名黑人加入他们的行列。"公牛"康纳非常愤怒，他命令警察逮捕了示威者。全国乃至国际媒体立刻刊登了金等南方基督教领导大会领导人坐牢的图片。

金在狱中写了著名的"从伯明翰监狱发出的信札"，详细说明了他的非暴力哲学，解释了激进的非暴力抗议的有效性。1963 年 4 月 20 日，金和艾伯纳西被保释出狱，但他们发现抗议正失去支持。沃克后来回忆："我们需要更多的战士，但我们已经没有更多的成人愿意去监狱了。"③ 民权领导人开始规划运动的下一阶段。詹姆斯·贝弗尔设计了一个新策略，他要求使用伯明翰黑人高中的孩子们作为示威者。但让未成年的孩子参加游行毕竟是很危险的事情，贝弗尔为此举办了很多讲习班帮助他们克服对警犬、监狱的极度恐惧，帮助他们从自己的立场思考问题。他的思想工作卓有成效，对学生们采取的方法是："你们和你们的父母要对隔离负责，因为你们没有起来反抗。换言之，根据圣经和宪法，如果你不忍受隔离，没人有权压迫你。"④

金同意这一策略。不久，十几岁的青少年们涌入教堂中的非暴力讲习班，孩子们准备游行。金希望这一行动唤起国家的道德觉醒。5 月 2 日，孩子们在伯明翰开始了示威。1000 多名黑人孩子，年龄从 6 岁到 18 岁不等，从第 16 大街浸礼会教堂出发，到大街上去游行示威，结果全被逮捕。年轻的黑人孩子在成百上千的成人观众前高唱自由之歌，高呼自由口号。愤怒的"公牛"康纳用校车把他们全部拉走，959 名孩子被关入伯明翰监狱。

第二天，警察在第 16 大街浸礼会教堂设置路障，那里有 1000 名

---

① Hampton, *Voices of Freedom: an Oral History of the Civil Rights Movement*, p. 130.
② Wexler, *The Civil Rights Movement: an Eyewitness History*, p. 163.
③ Wexler, *The Civil Rights Movement: an Eyewitness History*, p. 164.
④ Hampton, *Voices of Freedom: an Oral History of the Civil Rights Movement*, pp. 131 – 32.

黑人学生正在集会。康纳命令城市中的消防队员随时出动。当学生们打算离开教会开始游行时，警察开始了进攻。几十名记者和电视摄影师记录了当时发生的事情。消防队员打开了他们的消防水龙，把水压定在能剥离树皮的程度。它们发出了像机关枪扫射那样的噪声，巨大的水柱冲向了孩子和大人，把他们冲倒，撕裂了他们的衣服，把他们冲到了建筑物的墙上。他们有的被横扫到大街上，或者哭喊着、流着血，被驱赶到公园。一些孩子甚至躺在地上，鲜血直流。警察们挥舞着警棍对示威者进行殴打，黑人们稍做反抗，康纳就放出了警犬。警犬用可怖的尖牙撕咬着黑人，甚至喘着粗气冲向儿童，把其中几个孩子咬成重伤。在警犬的咆哮和人们的尖叫中，游行队伍四分五裂了，孩子和大人全跑回了教堂。①

在这种情况下，非暴力运动很容易失控。为了保护孩子，很多人开始向警察扔石头，就像贝弗尔描述的那样："他们开始准备使用他们的枪、刀和砖头。"贝弗尔拿起一个扩音器，冲到人群前说："现在离开大街，我们不要使用暴力。如果你不尊敬警察，请你离开运动。"② 在贝弗尔等人的努力下，这才基本保持了运动的非暴力性质。

全国人民在电视上看到了孩子们被消防水龙冲击和被警犬撕咬的画面，国内外的新闻杂志把伯明翰事件放到了他们的头版头条。警察使用警犬和消防水龙攻击黑人儿童这样令人震惊的照片立即在各大报纸上出现。一个警察放警犬咬黑人的照片广泛流传，引起很多观众的愤慨。肯尼迪说，这样的照片让他恶心。这一暴力事件使美国公众大为震惊，也引起华盛顿的高度关注。5月4日，司法部派负责民权问题的司法部长助理马歇尔到伯明翰敦促金和城市商界领导人进行谈判。起先，金担心肯尼迪政府会像对待奥尔巴尼运动那样，对赢得更大的种族正义不感兴趣，只是想掩盖种族麻烦，尽量使暴力的画面远离全国和国际媒体。但马歇尔到达后，金的疑虑便消失了。因为他不

① Liada Childers Hon, "To Redeem The Soul of America: Public Relations and the Civil Rights Movement", *Journal of Public Relations Research*, Vol. 9, No. 3 (September 1997), p. 181.

② Hampton, *Voices of Freedom: an Oral History of the Civil Rights Movement*, p. 134.

断对市区商人施加压力，争取他们做出有意义的让步。①

以后几天，游行规模不断扩大。5 月 6 日，2000 多名示威者入狱。警察不断地用消防水龙、警犬和棍棒竭力把游行者赶回城市的黑人区。沙特尔史沃斯被高压水枪喷出的水柱冲到一建筑物的墙上，严重受伤，被送到医院。康纳竟然后悔没有看到这一场景，说："我希望他们用灵车把他运走。"②

马歇尔回忆道："全国、全世界都充斥着这些（暴行）照片，引起总统的高度关注，形势已经恶化到了法律都无法解决的程度。"③联邦政府很担心美国的国际形象，但肯尼迪总统不能在伯明翰行使任何行政权力。因为没有任何法律上的补救措施，肯尼迪考虑派遣军队。随着形势的不断恶化，电视和新闻记者加强了报道。正如金所希望的，媒体把全世界的注意力都集中到了伯明翰。白人律师大卫·范恩说："这是在利用媒体向公众报道运动。当时通常只有 15 分钟的全国新闻和 15 分钟的地方新闻。但即便是游行中导致的一场小小的交通堵塞，也能引起各个媒体的广泛关注。如果警犬与消防水龙出现，其影响就更不必说了。"④

康纳不断使用警犬和消防水龙对付游行黑人，沃克后来评论道："公牛康纳一直在努力制止黑人进入市政厅，我祈祷他继续阻止我们。如果公牛让我们到达市政厅祈祷，伯明翰运动就失败了。因为如果他让我们这样做了，就不会发生任何新的事情，不会有运动，不会有公众的关注。但我们看到的结果是，他们阻止了我们到达目的地，我们早就预计到了公牛康纳的愚蠢……康纳是一个完美的对手，他想要引起公众的关注，希望自己的名字出现在报纸上。他相信自己如果毫不

---

① David J. Garrow, *Bearing the Cross: Martin Luther King, Jr., and the Southern Christian Leadership Conference*, New York: W. Morrow, 1986, p. 250.

② Juan Williams, ed., *Eyes on the Prize: America's Civil Rights Years, 1954 – 1965*, New York, NY: Penguin Books, 1988, p. 191.

③ Juan Williams, ed., *Eyes on the Prize: America's Civil Rights Years, 1954 – 1965*, New York, NY: Penguin Books, 1988, p. 191.

④ Hampton, *Voices of Freedom: an Oral History of the Civil Rights Movement*, p. 133.

留情地、严厉地对待黑人，便会成为这个州最受欢迎的政治家。我们知道白人种族主义者的心理就是这样，他将不可避免地做一些事情来推动我们的事业。"①

在马歇尔到达伯明翰的时候，许多伯明翰商人已经感觉到抵制和骚乱对他们销售额和利润下降产生的影响。他们意识到持续的混乱会破坏市区商业，因此在马歇尔的斡旋下，他们开始与民权领导人进行谈判。在谈判过程中，沙特尔史沃斯与金发生矛盾，他不同意取消抗议以达成协议，但从大局考虑，二人最终和解。1963 年 5 月 10 日，金、沙特尔史沃斯和艾伯纳西召开新闻发布会，宣布伯明翰市已经与他们达成取消种族隔离的协议。② 但像大多数在痛苦斗争中达成的妥协一样，这一协议也引起了来自两方面的愤怒。一些黑人批评者指责金只是为了一些许诺就牺牲了他们的抗议策略。亚拉巴马州州长乔治·华莱士不承认任何协议，"公牛"康纳敦促白人抵制那些同意非隔离化的商店。

协议宣布的当天晚上，三 K 党在伯明翰集会，公开宣布这一协议无效。之后，金与同事们经常开会的旅馆和他弟弟的家分别被炸。愤怒的黑人向警察扔石头。随着骚乱的爆发，州骑警开始肆意殴打黑人。35 名黑人和 5 名白人受伤，7 个商店被烧毁。肯尼迪总统严厉制止极端分子破坏伯明翰协议。5 月 12 日，他派了 3000 名联邦军队到达伯明翰城外 30 英里的地方驻扎，希望联邦的干预能够促使州和地方当局恢复和平。肯尼迪总统说，他决不允许在商人和南方基督教领导大会之间达成的协议被一小撮极端分子所破坏。③ 最终市长和他新的委员会表示尊重达成的协议，冲突平息，城市安静下来。

伯明翰运动产生了重大的影响，推动了遍布南方各地非暴力直接行动浪潮的兴起。据司法部统计，伯明翰运动后 10 个星期内，在南

---

① Garrow, *Bearing the Cross: Martin Luther King, Jr., and the Southern Christian Leadership Conference*, p. 251.

② Wexler, *The Civil Rights Movement: an Eyewitness History*, p. 166.

③ Williams, *Eyes on the Prize: America's Civil Rights Years, 1954 – 1965*, p. 194.

方的 186 个城市至少发生了 758 次示威活动。接近 15000 人因为抗议被逮捕。①

2. 国际舆论

伯明翰运动不仅在国内产生了很大影响，在国际上也引起广泛的关注。苏联、中国等社会主义国家首先利用这一事件对美国进行了强烈的抨击和谴责。非洲等第三世界国家也多对伯明翰警察的暴行持批评态度。即使美国的西欧盟友也对此表示不满。这些都对美国的国家声誉造成了严重的损害。

苏联对伯明翰危机的报道规模空前，莫斯科电台把 1/4 的报道都集中到了伯明翰，很多听众都是非洲人。② 5 月 14—26 日期间 1420 条相关评论在全世界广泛传播，其数量是 1962 年秋天梅雷迪斯事件时报道量的 7 倍多，是 1961 年自由乘车事件时报道量的 9 倍多，是 1957 年小石城危机时报道量的 11 倍多。③ 报道的内容多采取这样的论调："种族主义的军队在大街上巡逻，美国黑人被关进了集中营，遭到残酷的殴打，很多黑人青少年被迫自杀。"④

美国国务院总结苏联的宣传主要集中在四点。第一，"种族主义是资本主义体系不可避免的部分。种族歧视不能从美国的生活中根除，因为它受到资本主义经济法则的支配。付给黑人较低的工资可以每年为工农业节省 40 亿美元。公司利益的力量远大于反隔离运动的力量。种族主义只有在资本主义消亡后才能被铲除"。第二，"联邦政府对隔离的不力反应表明政府官员是支持种族隔离的。美国政府支

---

① Peter B. Levy, *Let Freedom Ring: A Documentary History of the Modern Civil Rights Movement*, New York: Praeger, 1992, p. 116.

② Carl M. Brauer, *John F. Kennedy and the Second Reconstruction*, New York: Columbia University Press, 1977, p. 240.

③ Lewis Gould, *The Documentary History of the John F. Kennedy Presidency*, Vol. 14: *John F. Kennedy, Martin Luther King Jr., and the Struggle for Civil Rights*, Bethesda, MD: LexisNexis, 2005, p. 345.

④ Nicholas Cull, "The Man Who Invented Truth: The Tenure of Edward R. Murrow As Director of Unite States Information Agency During the Kennedy Years", *Cold War History*, Vol. 4, No. 1, October 2003, p. 37.

持种族主义者和地方官员实施种族隔离，民主党为了下次选举竭力与南方的政治家搞好关系。当亚拉巴马血腥的种族屠杀发生的时候，联邦政府却无所事事地袖手旁观，直到种族主义控制了整个州，黑人最终被吓住。联邦政府只是在这一切发生后才开始行动。政府的不行动等同于支持种族主义者"。第三，"美国称自己为自由世界的领导人这一行为很虚伪。种族主义是美国意识形态和体系独有的。伯明翰事件暴露了这一点，破坏了整个自由世界及其意识形态的名声。2000万黑人被剥夺了基本的人权，而美国却宣称自己是民主的，这很可笑"。第四，"美国对国内少数族裔的做法表明了它对亚非拉人民的态度。美国竭力把自己看作非洲人民的朋友，还派和平队来帮助这些人民，而他们在国内却对黑人进行虐待。和平队之所以来到非洲，其实是因为美国希望自己的垄断资本能控制非洲的财富。美国的矿产主和种植园主最终会取代和平队员，非洲人将屈从于美国黑人受到的那样的虐待。向非洲广播伯明翰黑人遭受的暴行尤其令人震撼，因为伯明翰的警犬只被训练来攻击有棕色皮肤的人"。对南美，苏联的广播宣称"北美对黑人的态度正扩展到拉美人民身上。北美的白人把拉美人看作低等种族，把它们的国家看作二等国家"①。

可见，苏联借助伯明翰事件从各个角度对美国进行了全方位的抨击，从根本上批评了美国的资本主义体系和政府领导人，破坏了美国自由民主的形象，并竭力争取得到第三世界国家的支持。

中国除了大量的电台广播外，其官方报纸《人民日报》从1963年5月7日开始连续报道伯明翰事件，详细追踪了事件的发展过程及其引发的美国各地黑人的抗议浪潮，严厉抨击了美国南方种族主义者和肯尼迪政府及地方当局残暴对待黑人的暴行，还使用了很多美国媒体的照片，如警犬咬黑人，高压水龙喷黑人等，图文并茂，给人以很强的震撼力。《人民日报》还积极报道了国内的总工会、妇联、青联、和平大会等社团组织和国际上的亚非作家会议执委会及来访的第三世界国家领导人等对伯明翰暴行的谴责，并收集了国外媒体（主要

---

①　Gould, *The Documentary History of the John F. Kennedy Presidency*, Vol. 14, pp. 346 – 347.

是第三世界，尤其是非洲，其中最多的是加纳、乌干达、尼日利亚等
国）的大量批评报道，一起集中轰炸式地报道，极力扩大影响①，以
联合非洲等第三世界国家反对"美帝国主义"。

非洲好多国家，尤其是在加纳和尼日利亚，媒体"都在谴责美国
的种族暴行"②。因为它们国家的领导人都信奉民族主义和泛非主义
的思想，非常关心美国黑人的状况。尼日利亚的媒体持续不断地对隔
离主义者和警察暴力进行批评，谴责伯明翰的种族隔离主义者的残暴
和非人道，揭露美国对外宣称是自由的捍卫者，对内却镇压黑人。如
5 月 11 日《晨报》的社论指出，"肯尼迪总统一定会感到很难为情，
因为这不仅在俄国人面前丢了丑，也在全世界面前颜面扫地。肯尼迪
一直把自己的国家看作自由的捍卫者，但是亚拉巴马的暴行彻底粉碎
了所有这些美国作为自由世界领袖的宣传。看看他在美国南方腹地干
的事情，美国正把自己建成世界上最野蛮的国家"。其他《邮报》
《时报》和《快报》在周日发表的文章都以关在监狱里的孩子的照片
作为特色，赞扬美国黑人敢于为自己的权利而斗争。一个《星期日时
报》的专栏以"黑人什么时候反抗"的头条发问："谁曾听说过在 20
世纪竟会发生这样野蛮的行为？一些人仅仅因为自己的肤色是白的就
宣称自己是文明人。肯尼迪无疑正在竭力摆脱美国南方腹地的暴行所
带来的耻辱，但他不得不承认那些南方的对抗力量根本不相信最高法
院的判决。"③

加纳对伯明翰事件也予以了严厉批评，阿克拉的美国大使馆报告

---

① 参见《人民日报》1963 年 5 月 7 日第 4 版，1963 年 5 月 8 日第 5 版，1963 年 5 月 9
日第 4 版，1963 年 5 月 10 日第 4 版，1963 年 5 月 12 日第 4 版，1963 年 5 月 14 日第 4 版，
1963 年 5 月 15 日第 4 版，1963 年 5 月 21 日第 4 版，1963 年 5 月 22 日第 4 版，1963 年 5 月
24 日第 4 版，1963 年 5 月 25 日第 4 版，1963 年 5 月 29 日第 4 版、第 6 版，1963 年 5 月 30
日第 4 版，1963 年 6 月 1 日第 4 版，1963 年 6 月 2 日第 4 版，1963 年 6 月 3 日第 3 版，
1963 年 6 月 4 日第 4 版，1963 年 6 月 5 日第 4 版、第 5 版，1963 年 6 月 6 日第 5 版，1963
年 6 月 11 日第 5 版，1963 年 6 月 12 日第 4 版，1963 年 6 月 14 日第 4 版等的相关报道。

② Brauer, *John F. Kennedy and the Second Reconstruction*, p. 240. 加纳和尼日利亚媒体对
美国民权运动的报道又参见 Frederick Olumide Kumolalo, *The Ghanaian and Nigerian Press and
the Civil Rights Movement in the United States*, *1957 to 1968*, Morgan State University, M. A.,
2008。

③ Gould, *The Documentary History of the John F. Kennedy Presidency*, Vol. 14, p. 305.

说，美国因这场危机而在加纳大失人心。《加纳时报》就美国当局镇压伯明翰 6 岁到 18 岁的黑人和平示威者的暴行发表社论说："还有比这更没有人性、更狠毒的事情吗？"社论说："我们知道美国 1800 万三等公民的悲惨处境，他们被剥夺了基本的人权，不能进餐馆、旅馆和商店，被迫生活在种族隔离的恐怖中。"人们只要一想到那消防队和高压水龙头在伯明翰被用来镇压反对种族歧视的和平游行的 6 岁的儿童，"就不禁为之心碎"。"四百五十个儿童，有的还只有 6 岁，目前正在监狱里受折磨，就只因为他们的皮肤是黑的，因为有着黑皮肤的他们不愿接受现在的处境，要为平等而战斗。"①《加纳时报》5 月 9 日还发表了一些警察殴打黑人妇女和警犬撕咬黑人男子的图片，它在这些图片上面以大字标题质问道："这是美丽的美国吗？"②它甚至建议由非洲国家采取集体行动，派一支和平队去美国解决种族危机。③

在肯尼亚，警犬和消防水龙的画面上了很多当地报纸的头版头条，标题大多是这样，"美国南方发生骚乱，儿童被抓进监狱"④。乌干达总统甚至从亚的斯亚贝巴非洲统一组织开会的现场向肯尼迪总统发来公开信，"谴责伯明翰的警察用高压水龙和警犬来对待非暴力的黑人抗议者，认为这样的行为与美国在全世界所宣称的自己是自由的缔造者和民主的捍卫者的形象相矛盾"。他还指出"这些事情与非洲领导人是紧密相关的，因为将来非洲国家统一后的主要任务是解放所有黑色人种，并促进其政治经济发展。殖民主义和种族歧视是我们未来文明的基本问题之一……如果美国的黑人兄弟仍然处于政治、经济和社会的枷锁中，我们自己的自由和独立就是虚假的"。奥博托告诉肯尼迪总统，"世界人民正密切关注着亚拉巴马发生的事件，如果美

---

① 转自新华社《阿克拉四日电》，《人民日报》1963 年 5 月 7 日，第 4 版。

② 转自新华社《加纳时报发表文章图片揭露美国种族歧视暴行》，《人民日报》1963 年 5 月 12 日，第 4 版。

③ 转自新华社《做白日梦（国际短评）》，《人民日报》1963 年 6 月 12 日，第 4 版；又参见 Julia Erin Wood, *Freedom is Indivisible*：*The Student Nonviolent Coordinating Committee* （*SNCC*），*Cold War Politics*，*and International Liberation Movements*，Ph. D.，Yale University，2011，p. 101。

④ Mary L. Dudziak, *Cold War Civil Rights*：*Race and the Image of American Democracy*，Princeton，N. J.：Princeton University Press，2000，p. 170.

国想自诩为自由世界的领导人，就有责任把本国所有公民看成自由
的，不管其肤色如何"①。最终参加亚的斯亚贝巴非统组织会议的非
洲国家领导人经过妥协对伯明翰事件形成这样的决议："由于美国黑
人社会遭受了严重的种族歧视，非洲人民和政府对此表达了深深的关
切，美国联邦政府能努力制止这一暴行，我们表示感谢。因为这些种
族歧视的暴行很可能严重恶化非洲人民及政府与美国人民及政府之间
的关系。"② 决议虽不是很严厉，但仍对国务院形成很大压力。

第三世界中，亚洲、中东和拉美国家的批评也很多。如缅甸的一
家报纸评论说"对努力争取平等的黑人进行无情镇压是民主的耻
辱"。印度新德里大部分英语报纸的头版都报道了星期日美国黑人的
骚乱和后来的爆炸事件。《印度时报》和《快报》的社论都批评肯尼
迪政府没有采取有效的行动，对警察对待妇女和儿童的暴行表达了愤
慨。它们也都赞同美国黑人使用的甘地式的非暴力的方法。伯明翰暴
力的消息很快就上了 5 月 14 日埃及的阿拉伯语报纸的头条。一份半
官方报纸的头条标题是："黑人形势有引发美国内战的危险"。一个
土耳其的媒体在 5 月 11 日指出"美国在非洲的形象因这些事件而受
损"。伊斯坦布尔的《民族报》预测，"如果伯明翰事件持续发酵，
南方各州将陷入黑白血腥的冲突中"。巴西里约热内卢的一家媒体发
表社论说"亚拉巴马种族主义者的放肆行动引起了全世界的人道主义
反应"。古巴的一家媒体报道说"美国黑人向联合国人权委员会抗议
发生在伯明翰的侵犯民权的骚乱事件"③。

西方的媒体也多持批判的态度。西欧媒体在头版头条报道了伯明
翰危机。德国的社论强调持续的骚乱对美国在全世界声誉的破坏。奥
斯陆的媒体报道了危机中三 K 党的活动。④ 在巴黎，同情社会主义的

---

① Gould, *The Documentary History of the John F. Kennedy Presidency*, Vol. 14, pp. 312 –
314.

② Dudziak, *Cold War Civil Rights*: *Race and the Image of American Democracy*, pp. 172 –
173.《人民日报》也对此进行了详细的报道，参见 1963 年 5 月 25 日，第 4 版，1963 年 6
月 3 日第 3 版等。

③ Gould, *The Documentary History of the John F. Kennedy Presidency*, Vol. 14, pp. 304 –
306.

④ Gould, *The Documentary History of the John F. Kennedy Presidency*, Vol. 14, p. 304.

报纸《人民》宣称"亚拉巴马的暴力是美国的耻辱"[①]。一名新泽西的民主党代表彼得·罗恩在向众议院司法委员会的报告中谈到了他在国外的一次尴尬经历："我正在日内瓦参加一个会议，警犬攻击伯明翰黑人的事件刊登在全世界的报纸上。主持会议的一个国家代表拿着欧洲版《纽约时报》的首页，直接问我，'这就是你们行使民主的方式？'我无言以对。"[②]

对肯尼迪总统来说，这些负面消息是令人沮丧的。他痛心地说，"当伯明翰的黑人和警犬的照片出现后，我们为美国新闻署花的所有钱可能都白费了"[③]。5月3日的示威以后，肯尼迪召集他的高级幕僚开会，根据马歇尔的说法，开会的原因是"伯明翰因大众示威而受到全国和全世界的关注"。政府在压力下被迫采取行动。马歇尔回忆说，"警犬和消防水龙的画面在全美传播，激发了美国中所有黑人和大部分白人以及世界上有色人种的愤怒情感，所有情绪都指向了肯尼迪总统"[④]。一旦伯明翰让全世界关注到了美国的种族暴行，在地方层面处理问题将不会完全解决危机。肯尼迪总统在5月上旬召开的几次新闻发布会上不得不承认，发生在伯明翰的事件严重损害了伯明翰与美国的名声。[⑤]

3. 肯尼迪政府对国际批评的应对

肯尼迪总统应对国际舆论的方式除了直接的外交公关活动，主要措施就是真正实施民权改革。其标志性的事件是1963年6月11日晚

①　Cull, "The Man Who Invented Truth: The Tenure of Edward R. Murrow As Director of U-nite States Information Agency During the Kennedy Years", *Cold War History*, Vol. 4, No. 1, October 2003, p. 37.

②　David J. Garrow, *Protest at Selma: Martin Luther King, Jr. , and the Voting Rights Act of 1965*, New Haven, Conn. : Yale University Press, 1978, pp. 168 – 69. 又参见于展《冷战早期美国应对种族危机的公共外交》，《首都师范大学学报》（社会科学版）2015年第4期。

③　Renee Romano, "No Diplomatic Immunity: African Diplomats, the State Department, and Civil Rights, 1961 – 1964", *The Journal of American History*, Vol. 87, No. 2 (Sep. , 2000) , p. 551.

④　Dudziak, *Cold War Civil Rights: Race and the Image of American Democracy*, p. 170.

⑤　Arth E. Pauley, *The Modern Presidency & Civil Rights: Rhetoric on Race from Roosevelt to Nixon*, College Station: Texas A&M University Press, 2001, p. 124.

肯尼迪总统发表民权演说，开始把民权看作道德问题，随后他又正式向国会提出《民权法案》，并设法游说国会，这一法案成为后来1964年《民权法案》的基础。

因为种族危机引起了国际舆论的尖锐批评，直接损害了美国的外交关系，国务院和新闻署首先出来应对局势。国务卿腊斯克给所有美国大使馆和领事馆发送了关于种族与外交关系的通告。他强调肯尼迪政府强烈意识到国内种族问题影响了美国的国际形象和外交成就，呼吁政府采取果断行动。1963年6月，美国新闻署副主任唐纳德·威尔逊在全国妇女民主党俱乐部的演讲中强调了腊斯克的观点。一位国务院的分析家称，"运动受到国外的广泛关注，警犬攻击黑人和警察殴打黑人妇女的画面强烈震撼了海外的人们。我们口口声声宣扬民主，但我们的行动却与民主背道而驰。政府很难管控这一问题。因为民权运动一直寻求利用国际关注来对肯尼迪政府的民权改革施加压力"[1]。

1963年6月11日晚，肯尼迪直接出面，在全国电视观众面前发表了热情洋溢的演讲，呼吁民权改革。肯尼迪总统呼吁全体美国人在种族歧视问题上拷问自己的良知，他指出，美国是建立在平等原则基础上的，"今天我们在全世界为了自由权利而斗争。当美国人被送去越南和西柏林时，我们不只是要求白人这样做。因此任何肤色的学生都可以在没有军队保护的情况下去上任何公立学校"。肯尼迪称："我们主要面临一个道德问题。它像圣经一样古老，像宪法一样清晰明了，问题的核心是，是否所有的美国人都被赋予平等的权利和平等的机会。"[2]在这次被誉为"第二次解放宣言"的重要演讲中，除了道德言辞，肯尼迪显然是以一种冷战话语来论证民权改革的必要性。两者结合，很有说服力。

总统在演说中描述了一个雄心勃勃的民权日程，呼吁每一个美国人都团结起来致力于平等的事业。他说到做到，第二个星期就出现在

---

① Dudziak, *Cold War Civil Rights: Race and the Image of American Democracy*, pp. 175 – 176.

② Peter B. Levy, *The Civil Rights Movement*, Westport, Conn.: Greenwood Press, 1998, p. 173.

国会面前，呼吁国会起来战斗。他指出，"如果国会不为民权做出努力，将会产生广泛的消极影响。立法上的不行动将导致持续的种族冲突，导致运动领导权从理智和负责任的人转到追求仇恨和暴力的人手中，从而危及国内的安宁，阻碍国家的经济、社会进步，削弱世界其他国家对我们的尊重"。肯尼迪的民权演讲标志着一个重要的转折，总统开始从应付危机的行政努力转向了给予黑人权利的民权立法，他不再远离民权而是拥抱民权。①

美国之音向全世界现场直播了肯尼迪的民权演说。演说稿被散发到所有的美国大使馆和领事馆，国务卿和总统亲自指导应如何利用这一演说，并强调民权问题的重要性。美国新闻署通过电报把信息传到了国外的 111 个下属部门。位于马尼拉、贝鲁特和墨西哥的三个地区印刷厂制作了经过翻译的演讲的传单，迅速散发。新闻署的视频部门制作了演讲有关的新闻短片，并空运到新闻署在世界各地的图书馆。②美国国务院和新闻署还在非洲等地发起一场民权公关运动，为在非洲的大使和主要官员提供总统和国务院的民权信息，主要材料包括肯尼迪总统的民权演说、国务院关于民权的信息以及联邦与地方民权行动和政策的总结等。③

总统的演说获得国际媒体和舆论的广泛赞同。西方盟友自然极力支持美国新的种族政策，而美国最为看重的第三世界尤其是非洲舆论的看法也发生了重大改变。美国驻埃塞俄比亚大使给肯尼迪总统写信称他的民权演说引起了埃塞俄比亚对美国态度的急速转变。埃塞俄比亚皇帝海尔·塞拉西赞扬演说是了不起的杰作。除了皇家人员，学生领导人、受过教育的中产阶级官僚和年轻的军队精英都很正面地评价了肯尼迪的行动，而没有像以前那样以批评为主。一家埃塞俄比亚报纸的社论称肯尼迪是"民主党的林肯"，赞扬他一直在捍卫美国宪

① Dudziak, *Cold War Civil Rights: Race and the Image of American Democracy*, p. 180.

② Gregory Michael Tomlin, *Hard Sell: Civil Rights and Edward R. Murrow's U. S. Information Agency, 1961 - 1963*, The George Washington University, M. A. , 2010, p. 70.

③ Gould, *The Documentary History of the John F. Kennedy Presidency*, Vol. 14, pp. 324 - 328.

法。①《尼日利亚晨报》赞扬肯尼迪总统"是有史以来最伟大的人权
捍卫者之一"。阿尔及利亚奥兰的《共和国报》称赞肯尼迪的勇气，
认为种族隔离一定会最终消失。马里的商业部长给美国大使打电报
说，演说触动了所有非洲人的心灵，并表达了对美国黑人争取自由斗
争的支持，他最后竟欢呼"肯尼迪万岁"②。加纳的媒体以前批评美
国的种族政策，现在也开始承认肯尼迪的领导正推动民权改革走向正
路。恩克鲁玛满怀热情地给予肯尼迪最真挚的感谢，批准美国新闻署
在首都阿克拉等地的图书馆布置展览，主题为"肯尼迪总统呼吁为美
国黑人争取平等的权利"。在美国的肯尼亚留学生写给国内的信中饱
含着对肯尼迪民权演说的赞扬。1963 年 7 月 6 日，国务院在关于非洲
对美国民权问题反应的报告中指出，非洲领导人非常理解和感谢总统
的言辞和行动。如塞内加尔和苏丹等国的外交官都盛赞肯尼迪总统在
民权问题上的卓越领导，一些非洲国家的领导人甚至把肯尼迪与林肯
相提并论。大部分非洲领导人承认并感激肯尼迪政府在废除种族隔离
方面付出的努力。③ 其他第三世界国家，如拉美的巴西、墨西哥和智
利对演说也做了广泛的支持性的评论。一份新加坡的报纸赞扬总统
"是林肯以来最开明的总统"④。

当然苏联和中国仍然对美国持批评态度。如莫斯科电台英语频道
继续广播说："几伙种族主义者正在加紧制造武装恐怖，他们杀死黑
人领导人，在大街上结成冲锋队横冲直撞。美国法西斯主义者和种族
主义者使用的很多方法与希特勒时期的方法很相似。使用警犬咬人就
借用了纳粹在集中营中的做法。在美国发生的事件是对美国宣扬的生
活方式、所谓的自由世界和整个资本主义体系的强烈谴责。这一体系
引发战争和奴役，制造压迫和欺骗，产生卑鄙和谋杀，这样的体系没
有将来。"美国新闻署的报告还批评北京的媒体断章取义，截取演讲
的一部分支持其论断，如"黑人遭到种族主义者的残酷迫害，肯尼迪

---

① Dudziak, *Cold War Civil Rights*: *Race and the Image of American Democracy*, p. 182.

② Gould, *The Documentary History of the John F. Kennedy Presidency*, Vol. 14, p. 343.

③ Philip Emil Muehlenbeck, *Betting on the Africans*: *John F. Kennedy's Courting of African Nationalist Leaders*, Oxford; New York: Oxford University Press, 2012, pp. 203 – 204.

④ Gould, *The Documentary History of the John F. Kennedy Presidency*, Vol. 14, p. 344.

政府承认美国黑人日益增长的不满"①。此外，非洲一些国家仍对肯尼迪总统有疑虑，怀疑其新政策能否真正实行。如美国新闻署在6月14日给总统的报告中指出，在收集到的6个非洲国家媒体的报道中，虽然有3个国家持支持的态度，但仍有3个国家有所保留。②

在这种情况下，肯尼迪总统继续给非洲一些国家做工作。如乌干达总统发表公开信谴责伯明翰暴力后，肯尼迪总统很快于1963年6月17日做出公开回应。他首先指出"对最近发生在亚拉巴马的种族暴力深表遗憾"，并重申"美国坚持所有人生而平等的原则"。他辩护说"我们在废除种族隔离方面已经取得很多进步，但因为没有抗议和暴力而没有引起关注"。他特别解释了联邦制，说明"联邦不能控制地方的警察力量，不能干预地方事务，这是宪法的规定，为了限制联邦的权力，防止暴政。但这在维护人民自由方面有局限性，使得国家在过去很难有效地处理种族歧视等问题"。为了解决这一顽疾，总统呼吁，这不仅是联邦政府需要承担的道德责任，也需要州、地方和全体公民的帮助。他自信将会得到这些帮助，并最终解决这个问题。③

美国继续加强对世界舆论的收集和研究工作。美国新闻署在6月19日给总统呈送了一份"近来世界对美国种族问题的看法"的报告，总结了自伯明翰事件以来非洲、近东和南亚、远东、拉美、西欧等国家对美国种族问题的报道和评价，认为"美国政府致力于解决民权问题得到了自由世界的广泛支持"，虽然伯明翰暴行发生后，国际上的反应基本以批评为主，但批评的论调在肯尼迪总统发表民权演说后基本上都消失了，出现了很多支持和赞扬的声音。这是因为美国政府给了国际社会一个清晰的印象："它致力于在美国取得种族平等"。但新闻署也清醒地认识到，"怀疑的声音仍然在非洲、近东和南亚等国家盛行。他们指出，美国政府在具体实施民权的计划中需要持续的压

---

① 新闻署引用的内容来自《人民日报》1963年6月14日第4版的社论，标题为《肯尼迪承认黑人不满浪潮高涨》。

② Gould, *The Documentary History of the John F. Kennedy Presidency*, Vol. 14, pp. 342 – 343.

③ Gould, *The Documentary History of the John F. Kennedy Presidency*, Vol. 14, pp. 356 – 358.

力和'真正进步'的证据。尽管增加了对美国的理解，但新的种族
冲突和肯尼迪总统提议的行动计划被拖延，可能不久会引发大量新的
严厉批评"。①

因此，肯尼迪总统一方面开展了大量的公关工作；另一方面，抓
紧时间促使国会通过新的《民权法案》。所有的注意力都转向了国会
和民权立法。许多想通过《民权法案》的国会议员意识到外交对立
法的重要性。美国新闻署一直在向总统汇报国外对伯明翰事件反应的
细节，国会的这些成员很了解国际上对美国民权危机的反响。②

当肯尼迪政府的《民权法案》上交到参议院商业委员会的时候，
总统请国务卿腊斯克向委员会说明种族歧视对美国外交事务的影响。
肯尼迪政府提出的 1963 年《民权法案》包含一系列问题，内容包括
司法部可以发起学校非隔离案的法律诉讼，创建公平就业机会委员
会，保护投票权，对建立在种族歧视基础上的项目撤回联邦资金。国
务卿尤其感兴趣的是法案的第二条款，它禁止公共设施中的种族歧
视。因为当美国自己的有色人种遭到种族隔离的时候，联邦政府必须
努力保护外国外交官免遭种族歧视，这给国务院带来很大的麻烦。

腊斯克相信伯明翰事件对美国的外交关系影响甚大。他告诉参议
员，"种族和族裔歧视也存在于世界的其他地方，但美国被广泛看作
是民主之乡和争取自由、人权斗争的领袖。我们被期望成为模范。因
此我们不能实践我们宣称的理想就被指出、被放大、被扭曲。国际形
势的发展也使这一问题的重要性日益明显"。腊斯克完全忽略了美国
绝大部分白人民众对种族平等的一贯抵制。如果不是冷战形势的需
要，连总统本人都不会向种族平等的呼声妥协。对腊斯克来说，"非
殖民化运动是我们当时划时代的发展之一。大部分新独立国家的人们
都不是白人，他们决定要铲除白人种族优越论的一切残余。与此同
时，美国正在开展追求自由、反对共产主义的世界斗争"。腊斯克警
告，"在这一世界斗争中，我们被美国的种族或宗教歧视严重阻碍了。

---

① Gould, *The Documentary History of the John F. Kennedy Presidency*, Vol. 14, pp. 384 – 402.

② Dudziak, *Cold War Civil Rights: Race and the Image of American Democracy*, p. 183.

共产党正努力增强他们在非白人中的影响，并离间我们与非白人之间的关系，他们把美国的种族歧视作为他们最有价值的资产之一"。腊斯克认为，"如果美国不对克服种族歧视的进步改革加以支持，联邦政府不在保护民权上发挥作用，国家面临的问题将会更加恶化"。为了证明联邦行动的重要性，腊斯克举了一个例子，"近来非洲领导人在亚的斯亚贝巴开会，尤其谴责美国的种族歧视，但是赞同联邦政府在反对种族歧视中的作用"。他接着说，"如今进一步的行动是关键的，如果进步的改革停止了，如果国会不能通过铲除种族歧视的立法，世界将怀疑美国人民的真正信念。敌对的宣传可能会伤害我们更多"①。

腊斯克的证词遭到种族主义者的批评。当他在听证会上发言时，南卡的隔离主义者瑟蒙德一直攻击腊斯克支持共产主义，并想让腊斯克说民权示威损害了国家的海外形象，但腊斯克坚决否认支持共产主义的指控，并回应说："如果我像被黑人公民一样被剥夺了权利，我也会示威。"②

在腊斯克的证词中，他罗列了国务院特别关注的两个事实，一是苏联在冷战宣传中利用了美国的种族事件；二是因为法律上的种族隔离而导致非白人的外交官在美国遇到许多问题。国务卿的证词证明国内种族主义阻碍了美国实施冷战外交政策。冷战暴露并聚焦了美国的种族主义，损害了美国的国家形象。③ 这是肯尼迪总统非常关注的问题，反过来也促进了他加快民权改革的实施。

但由于国会中顽固保守的议员的阻挠，民权积极分子们决定发动一次向华盛顿进军运动，以争取舆论支持，向国会施加压力，争取肯尼迪提出的《民权法案》尽快通过。1963 年 7 月 9 日，助理国务卿

①　Dudziak, *Cold War Civil Rights*: *Race and the Image of American Democracy*, pp. 184 – 186.

②　Romano, "No Diplomatic Immunity: African Diplomats, the State Department, and Civil Rights, 1961 – 1964", *The Journal of American History*, Vol. 87, No. 2 (Sep. , 2000), p. 577.

③　Romano, "No Diplomatic Immunity: African Diplomats, the State Department, and Civil Rights, 1961 – 1964", *The Journal of American History*, Vol. 87, No. 2 (Sep. , 2000), pp. 546 – 547.

威廉斯从非洲旅行回国。他报告说，"一方面，因为我们过去的政策和肯尼迪总统的形象，国家在非洲的地位是很强大的；另一方面，因为需要实现总统的民权计划，它也是不稳定的"①。在这样的背景下，肯尼迪政府对进军运动的态度是矛盾的。一方面肯尼迪总统担心一场大的游行将引发暴力，或者传达批评肯尼迪民权政策的信息；但另一方面，他认为如果游行是和平的，它可能被世界看作是在一个公开的民主的政治进程中民众有效参与的范例。而且如果游行支持肯尼迪的民权政策，海外民众也会相信美国政府支持民权改革。

政府意识到在国家首都的民权游行将吸引全世界的注意。国务院和美国新闻署携手工作，以确保正确的信息在游行中传播，即要传达美国政府一直宣扬的美国民主形象。② 在事件的前后，政府为国外的观众仔细准备了游行的故事。如果游行是和平的，演讲内容是温和的，游行的故事被合适地表达，这一事件就可能被看作进步的象征及美国黑人参与政治和自由民主的实现。美国新闻署努力确保1963年马丁·路德·金领导的向华盛顿进军获得最大的关注。大量记者用英语和斯瓦希里语（非洲使用最多的语言之一，是坦桑尼亚、肯尼亚、乌干达的官方语言）对进军情况进行现场报道，当天报道范围除了美国还包括整个东非地区。③

正是由于美国的民权危机在国际媒体上一直没有解除，到1963年，民权成了经常性的严肃话题。这意味着肯尼迪总统想把民权控制在自己议程中的能力是有限的。运动的道德力量、抵制的残暴以及一直存在的国际媒体意味着民权不能被忽视。如果总统想要被看作是一个有能力的政治家，那么国内外的环境都要求总统实施强有力的措施推进民权事业。④ 肯尼迪努力做了一部分，但不幸的是，11月22日，他在达拉斯遇刺身亡，其民权事业只能留待约翰逊总统完成了。

---

① Dudziak, *Cold War Civil Rights：Race and the Image of American Democracy*, p. 187.

② Dudziak, *Cold War Civil Rights：Race and the Image of American Democracy*, p. 188.

③ Cull, "The Man Who Invented Truth：The Tenure of Edward R. Murrow As Director of U-nite States Information Agency During the Kennedy Years", *Cold War History*, Vol. 4, No. 1, October 2003, p. 37.

④ Dudziak, *Cold War Civil Rights：Race and the Image of American Democracy*, p. 200.

4. 肯尼迪政府考虑民权改革的因素：压力、民意和利益

总之，伯明翰运动后的国际批评和压力是肯尼迪真正开始实行民权改革的重要原因。肯尼迪总统自上任以来实际上对黑人民权问题是不感兴趣的。当肯尼迪1961年上台时，民权不是肯尼迪优先考虑的问题。对外，他主要关心的是冷战外交政策，尤其是与苏联和非洲的关系问题，对内则认为教育、医疗、失业以及通过减税促进经济增长等问题更为重要。在总统选举中，肯尼迪意识到黑人选票对选举很重要。他因此采纳了其民权助理沃福德的建议，幻想自己"大笔一挥"就可废除联邦住房项目中的种族歧视问题，以为这一行动可以通过行政命令来实施。然而，他上台一年后，却没有发布任何相关的行政命令。肯尼迪为了不惹怒南方的民主党人，在民权问题上并无作为。民权领导人对肯尼迪非常不满。1962年，一些自由派的民主党参议员呼吁肯尼迪支持民权立法，但总统仍无动于衷。当然这并不是说政府没有关注民权。日益激进的民权运动对肯尼迪施加了压力，政府只是努力想管控运动，而不是推进民权改革。① 作为一个现实主义的政治家，肯尼迪起先在民权问题上非常谨慎，不想冒险失去南方议员的支持。他最重要的民权活动是被动地不断应付危机和避免暴力，并没有把民权作为优先考虑的大事。此外，联邦不能干涉地方的联邦主义观念在美国政治生活中根深蒂固，这也是联邦政府不得不考虑的问题。②

因此在1963年伯明翰危机前，肯尼迪总统并没有积极应对民权事件。如1961年奥尔巴尼运动时，由于白人警察采取大规模和平逮捕的方式，并未发生种族暴力，因此没有引起媒体和舆论的关注，肯尼迪政府因此没有干预。金和沃克等民权领导人对肯尼迪总统的表现很不满，批评他没有对奥尔巴尼地方官员施加足够的压力。③ 同年发

---

① Brenda Gayle Plummer ed., *Window on Freedom：Race，Civil Rights，and Foreign Affairs，1945－1988*，Chapel Hill：University of North Carolina Press，2003，pp. 183－184.

② James W. Riddlesperger，Jr. and Donald W. Jackson，ed.，*Presidential Leadership and Civil Rights Policy*，Westport，Conn.：Greenwood Press，1995，pp. 39，111，116.

③ Garrow，*Bearing the Cross：Martin Luther King，Jr.，and the Southern Christian Leadership Conference*，p. 217.

生的自由乘车运动确实令肯尼迪政府在国际上很难堪。美国新闻署后来报告说，"亚拉巴马的种族事件对美国海外名声的影响是巨大的"①。最终肯尼迪政府只是通过减少暴徒的暴力和负面新闻应付了危机。肯尼迪兄弟与密西西比参议院司法委员会主席伊斯兰德达成妥协：美国司法部同意不实施最高法院州际旅行非隔离的判决，反过来，密西西比当局保证不发生暴力。可见，当时肯尼迪政府一心只想避免发生暴力，担心它损害美国在国际上的声誉和形象。

那么，伯明翰运动后肯尼迪的表现为何发生如此大的变化？主要因为肯尼迪当时承受的国内外的压力空前巨大，而且两者结合起来已达到一个临界点，民权改革已在弦上，不能再拖延下去了。国际压力前已详述，国内压力如何呢？

肯尼迪入主白宫后的两年来，司法部长罗伯特·肯尼迪一直在毫无准备地处理每一次种族危机。伯明翰运动最终使他相信，如果联邦政府不采取更激进的政策，这样大的危机会不断发生，使联邦政府不胜其烦。埃德温·古斯曼回忆："伯明翰运动使总统和鲍勃确信，更强有力的联邦立法是必需的。马歇尔5月17日从伯明翰回来，又和鲍勃一起飞往北卡罗来纳州的阿什维尔。在飞机上，他们设计出《民权法案》的基本内容。"② 伯克·马歇尔也认为，伯明翰事件使肯尼迪总统"不得不处理显而易见、又无可回避的种族问题"③。事实的确如此，肯尼迪总统非常关心伯明翰日益恶化的形势，对警察使用消防水龙和警犬表示不安，他告诉记者，警犬撕咬示威者的照片让他"恶心"，他很能理解，"为什么伯明翰的黑人厌倦了等待"④。5月22日的新闻发布会上，一名记者询问是否需要新的立法，总统做了肯定的回答，并许诺几天后就会做出决定。他指出："我希望制定一些规

---

① Dudziak, *Cold War Civil Rights: Race and the Image of American Democracy*, p. 159.

② Adam Fairclough, *To Redeem the Soul of America: The Southern Christian Leadership Conference and Martin Luther King, Jr.*, Athens and London: The University of Georgia Press, 1987, p. 134.

③ Pauley, *The Modern Presidency & Civil Rights: Rhetoric on Race from Roosevelt to Nixon*, p. 126.

④ Brauer, *John F. Kennedy and the Second Reconstruction*, p. 238.

则，来弥补被剥夺了平等权利的人。近来发生的很多事件表明，黑人不过是因为没有法律上的补救措施，只好跑到大街上去示威。伯明翰运动就是这些事件的突出表现。因此，我们必须尽快设计出一种法律上的补救方法。"① 罗伯特·肯尼迪提议立即制定一项内容广泛的《民权法案》，但很多政府官员并不同意他的意见。到 5 月底，总统力排众议，决定实施他弟弟的策略。

在 6 月 11 日的电视讲话中，肯尼迪总统陈述了他的法案，指出："在伯明翰和其他地区发生的事件表达了黑人对平等的强烈渴求，这是任何城市、州或立法机关都不能忽视的。失意和不满的火焰在南北方很多城市燃烧着，却迟迟得不到法律上的补救。人们只好到大街上去，用示威、游行和抗议来要求解决，可是，这只会制造紧张气氛，只会让他们的人身安全受到威胁，却并不解决实际问题。"② 他意识到伯明翰事件唤起了国家的觉醒，相信公众的思想发生了改变。因为伯明翰运动之前，人们并不十分关心民权问题，但现在，美国人第一次开始对这个问题足够关心起来，并已产生足够的要求，因此不能再局限于黑人遇到威胁时给他们提供保护这类补救措施，而要更深层次地去处理民权问题。民权立法时机已经成熟。他认为伯明翰危机事件给他提供了提交立法提案的最佳时机。政府再也不能一个城市接一个城市地解决民权这个"全国性的难题"③。

伯明翰运动的确对政府的决策有深深的影响。伯明翰运动后，类似的抗议又不断爆发，遍布了整个南方。伯明翰抗议因其精心组织和高度的纪律性而广受称道，成为其他地方运动的楷模。到夏末，南方爆发了 1000 多次示威，有 2000 多人被捕。对直接行动的热情甚至扩展到全国有色人种协进会，其总部开始支持地方分支进行直接行动。对肯尼迪政府来说，不断发生的直接行动代表了一种日益显露的危险倾向和令人不安的发展局势。1963 年夏天，肯尼迪总统发出这样的警告：示威游行和抗议制造了暴力威胁和紧张局势，很可能导致骚乱

---

① Brauer, *John F. Kennedy and the Second Reconstruction*, p. 249.

② Levy, *Let Freedom Ring: A Documentary History of the Modern Civil Rights Movement*, pp. 117 – 19.

③ 王波:《肯尼迪总统的黑人民权政策研究》，上海人民出版社 2002 年版，第 110 页。

与流血，因此制定《民权法案》已经迫在眉睫，因为它会给黑人提供一个合法的补救途径，让黑人远离大街，避免直接行动的危险。①

肯尼迪兄弟非常担心黑人骚乱和种族战争。5月13日，路易斯·马丁警告罗伯特·肯尼迪，"最近几天在伯明翰发生的事件似乎引起了全国黑人对民权的关注。很多大城市都爆发了示威游行。这样的黑人抗议日益增多，越来越难以控制。而且，一些黑人领导人彼此激烈竞争，相互敌视。隔离主义分子采取各种措施，想方设法对抗议进行抵制。这一系列事件很可能形成自内战以来最严酷的种族形势"。5月14日，罗伯特·肯尼迪与鲍德温安排的一些代表进行了一次火药味儿十足的会见。鲍德温邀请的这些年轻的黑人积极分子们对肯尼迪进行了近3个小时的质询，肯尼迪无奈地离开了会议，并对美国的种族关系有了新的理解。② 他在5月15日告诉一批亚拉巴马的新闻记者："记住，正是金到每个房间去收集刀具，劝人们回家，才使得一些愤怒的黑人远离大街，不再用暴力。如果金失败了，还会有更坏的领导人接替他的位置。"③ 可见，非暴力直接行动迫使联邦政府不得不积极支持相对温和的黑人领导人。

金认为政府只会对压力做出反应，而不会理睬什么建议。伯明翰运动后，金感觉施加压力来取得决定性突破的时机到来了。他提出在华盛顿进行大众集会，以吸引全国注意，促使总统加速民权立法。果不其然，在南方基督教领导大会准备向华盛顿进军的时候，肯尼迪宣布了他加速立法的意图。金告诉他的工作人员："我们当初在伯明翰行动的时候，还一无所有。"但是，通过创造改革的压力，"我们得到了有10个条款的《民权法案》"④。

---

① Fairclough, *To Redeem the Soul of America*: *The Southern Christian Leadership Conference and Martin Luther King*, *Jr.*, pp. 134 – 135.

② Harris Wofford, *Of Kennedys and Kings*: *Making Sense of the Sixties*, Pittsburgh: University of Pittsburgh Press, 1992, pp. 171 –72; Brauer, *John F. Kennedy and the Second Reconstruction*, pp. 242 –44.

③ Fairclough, *To Redeem the Soul of America*: *The Southern Christian Leadership Conference and Martin Luther King*, *Jr.*, p. 136.

④ Fairclough, *To Redeem the Soul of America*: *The Southern Christian Leadership Conference and Martin Luther King*, *Jr.*, p. 137.

可见金和南方基督教领导大会引发白人暴力、制造"危机"的策略非常成功，它最终促成了联邦干预。新闻媒体尤其是电视的报道在其中起了重要的作用。肯尼迪总统认为，通过电视传播的影片对伯明翰暴行的报道非常具有震撼力，它比大量的文字报道更来得有力。①伯明翰震惊了整个南方，肯尼迪政府担心示威导致骚乱和流血，害怕不负责任的极端分子的暴力取代非暴力抗议，因此开始积极支持温和派的黑人领导人。伯明翰运动结束1个月后，亚拉巴马州州长华莱士公开反对州立大学的非隔离，拒不执行最高法院的判决，阻止黑人学生入学。最终在联邦司法警察和国民自卫队的护送下，两名黑人学生才顺利入学。当天晚上，肯尼迪总统向全国发表关于民权问题的电视讲话，首次承认黑人民权问题是一个道德问题。他许诺很快向国会提出民权立法。6月19日，肯尼迪向国会提交了一个新的《民权法案》，它覆盖了公共设施、学校、选举权和平等就业等各方面的问题，是一个非常强有力的法案。

总之，伯明翰事件以来，美国的种族关系进入一个危机时期，然而联邦政府缺少必要的工具来处理危机。成千上万的黑人走上街头要求自己的权利，但联邦政府却无能为力。当地方政府鲁莽地逮捕或拒绝了示威者的时候，危机的形势就出现了，一方面美国海外的名声受到损害；另一方面国内的黑人中孕育了暴力和极端主义②，美国的国内安全和国际安全都面临严峻的挑战。国内压力和国际压力结合在一起，形成强大的力量，迫使肯尼迪总统不得不加速推进民权改革的步伐。

在这一过程中，黑人民权积极分子也有意把国内的压力和国外的压力联系起来向政府施压。如著名黑人作家鲍德温曾说，"我们现在要求的不是让黑人自己适应美国严酷的种族压力，而是要美国适应目前世界的现实：即非洲都将自由了"③。关于这一点，马丁·路德·金说得最为形象："亚洲和非洲国家以喷气式飞机的速度迅速获得政

---

① Fairclough, *To Redeem the Soul of America*: *The Southern Christian Leadership Conference and Martin Luther King*, *Jr.*, p. 138.

② Dudziak, *Cold War Civil Rights*: *Race and the Image of American Democracy*, p. 180.

③ Dudziak, *Cold War Civil Rights*: *Race and the Image of American Democracy*, p. 178.

治独立，但是我们却为赢得与白人在同一咖啡店喝咖啡的权利，而仍以老牛拉破车的步伐缓慢前行。"① 美国黑人不能再等待了。另外根据亚的斯亚贝巴美国大使馆的报告，在召开非统组织会议时，一名美国黑人穆斯林代表批评美国政府，他积极游说参会的记者和代表来反对美国的种族歧视。这表明美国黑人正积极利用国际压力来促进国内的社会变革。② 马丁·路德·金 1963 年在伯明翰更是直接告诉大众："肯尼迪正竭力赢得亚非人民的心灵，但如果美国仅因为肤色就剥夺了人民的基本权利，那她将不会得到世界的尊重。肯尼迪很清楚这一点。"③

可见，民权积极分子给国家提供了一个机会。像每次危机发生时那样，它提供给联邦政府展示自己决心改善种族关系的机会。如果外交关系是促进政府民权改革的杠杆，那么压力实际上来自伯明翰的孩子、民权领导人和那些支持种族正义和面对暴徒抵制的人们。民权积极分子制造了世界新闻的头条，这令总统、国务卿和国会的议员很尴尬。非洲人和美国黑人携起手来，互相支持各自的自由运动。当成千上万的游行者来到华盛顿，民权运动的全球影响在 1963 年 8 月达到顶峰。运动的国际特色及外交事务在推动政府民权决策方面的作用有时看似与民权组织的策略无关，然而正是不断产生危机的运动才吸引了全世界的兴趣，从而为运动增添了国际力量。④ 国内外压力有机融合交织到一起，产生了巨大的威力。

我们也应该看到，虽然肯尼迪总统是在巨大的压力下被迫进行民权改革的，但他还是能顺应时势和民意，看清历史大势，努力推进民权改革，可谓"时势造英雄"。当时的民意确实已到了民权改革的临界点了。在国内舆论方面，伯明翰事件此时已经使全国上下达成了共

① Martin Luther King Jr. , *Why We Can't Wait*, New York: The New American Library, 1964, p. 81.

② Dudziak, *Cold War Civil Rights: Race and the Image of American Democracy*, pp. 172 - 173.

③ Muehlenbeck, *Betting on the Africans: John F. Kennedy's Courting of African Nationalist Leaders*, p. 202.

④ Dudziak, *Cold War Civil Rights: Race and the Image of American Democracy*, pp. 201 - 202.

识，他们强烈要求联邦政府在民权问题上采取更强有力的行动来保护黑人的权利。据当时的盖洛普民意测验，1963 年 7 月，北部的白人当中有 55% 的人赞成立法禁止公共场所实行种族隔离。另据哈里斯1963 年所做的民意测验，全国 63% 的白人支持肯尼迪提出的《民权法案》。① 这一点也可从稍后的向华盛顿进军运动得到印证。正如肯尼迪总统顾问、著名历史学家阿瑟·施莱辛格所说，"到这时候，民权立法不仅是必需的，而且也是可能的"。正是在这种情况下，政府决定实施新的民权立法，以保证"在美国人的生活或法律中消除种族问题"。随后向国会提交的《民权法案》为 1964 年《民权法案》奠定了基础。②

在种族和美国外交之间关系的认识方面，1948 年，在哈里斯民意测验中，仅仅 36% 的人相信美国的种族主义破坏了国家的海外声誉。但到 1963 年，大部分美国人都同意腊斯克的观点：种族歧视是一个外交关系问题。78% 的美国白人感到，美国的种族问题在世界舆论面前无法掩盖了，它伤害了美国的海外形象。23% 的回复者称种族歧视伤害美国海外形象的主要原因是它给了共产党有价值的宣传武器。③

很多普通白人民众甚至直接给总统写信表达自己的看法。如 1963年 5 月，加利福尼亚奥克兰有人写信给总统，表达出对"公牛"康纳残暴对待伯明翰示威者暴行的愤怒："联邦政府这么怯懦和谨慎，让我很厌恶，它不能保护伯明翰黑人市民的权利与安全，还到处插手世界其他地区的事务，真是可笑！"④ 在冷战的背景下，非暴力示威充分暴露出了美国所谓的民主在国内外的矛盾：一方面向世界宣称民主；一方面国内黑人却得不到真正的民主。1963 年 6 月，密歇根州迪尔伯恩的一位白人妇女写给总统的来信就表达了这样的观点："您能屈尊读一下一位 34 岁的白人家庭妇女关于非隔离的观点吗？……美国站

---

① William Brink and Louis Harris, *The Negro Revolution in America*, New York, Simon and Schuster, 1963, p. 142.

② 何章银：《试论美国黑人民权运动内部的合作》，《学海》2004 年第 4 期。

③ Romano, "No Diplomatic Immunity: African Diplomats, the State Department, and Civil Rights, 1961 – 1964", *The Journal of American History*, Vol. 87, No. 2 (Sep., 2000), p. 578; Dudziak, *Cold War Civil Rights: Race and the Image of American Democracy*, p. 187.

④ Taeku Lee, *Mobilizing Public Opinion: Black Insurgency and Racial Attitudes in the Civil Rights Era.*, Chicago: University of Chicago Press, 2002, p. 169.

起来对世界说：'嗨，世界，看看我！你们该按照我的模式改革你们的政府！我们是自由的国度，我们的制度是民治、民享、民有。'世界轻蔑地看着我们美国说：'是的，如果人们的皮肤碰巧是白色的，这一说法是事实。'……我们美国是一个伟大的国家，却让种族融合问题分裂了我们。我们有极好的制度和大多数情况下有良知的政府。这一制度和政府该为所有的人服务，不论他们的信仰和肤色。"①1963 年 6 月 15 日，一位被派往尼日利亚做交流生的白人给总统写信说："我们的国家形象因种族歧视而在国际上，尤其在那些非白人国家中，大受损害。因为它们在殖民地时期也曾经受同样的屈辱和伤害。当亚拉巴马和密西西比的种族暴行广受批评的时候，海外的美国人更能深刻理解'实行你宣扬的理想'的重要性。他可能会更迫切地要求快速有效地纠正黑人所遭受的不平等待遇。不幸的是，那些待在国内的一些人不了解这些观点，他们深受地方主义和保守主义观念的影响，仍然充满偏见，盲目无知。他们必须理解，种族主义不仅是天生的道德错误，而且也给我们的国际声誉带来严重破坏。一方面，我们从自己的税收中拿出大量外援来争取新独立国家对我们的支持；但另一方面，种族暴行却证明我们所宣扬的信条的空洞虚伪，又令他们离我们而去。今天的（美国）南方人必须意识到，他们的爱国责任不仅是谴责共产主义，而是要看到目前的种族形势正在为共产主义国家的宣传机器提供资源，从而威胁了我们国家的安全。"② 这些舆论和民意表明，民权改革势在必行了。

从更深层次的角度讲，伯明翰运动后，肯尼迪政府冷战外交新战略的实施及其国际安全利益的获得必须以国内民权改革的成功为基础，种族问题对国家外交利益的影响比以往更为重要。

二战后的国际关系格局推动了美国民权运动的兴起。在这一时期，美国与苏联正在进行激烈的冷战以决定谁将掌控世界力量的平

① Taeku Lee, *Mobilizing Public Opinion: Black Insurgency and Racial Attitudes in the Civil Rights Era.*, Chicago: University of Chicago Press, 2002, pp. 169 – 70.

② Carl M. Brauer ed., *Civil Rights during the Kennedy Administration*, *1961 – 1963*: a collection from the holdings of *the* John F. Kennedy Library, University Publications of America, 1986, Part 1, Reel 3 (2) of 19.

衡。到 20 世纪 50 年代,一股新的力量——"第三世界"崛起在世界舞台上。第三世界人民努力打破殖民枷锁,加快建立自由独立的国家。约翰·肯尼迪很早就意识到这一事实。他在 1960 年写道:"在亚洲、中东和非洲,人们在殖民主义统治下长期处于睡眠状态,现在却第一次急切地渴望新的国家认同和独立。"他担心新独立的国家投向苏联的怀抱,以至于美国和西方失去对世界力量平衡的把握,因此呼吁制定一个新的外交政策。他说:"我们美国人民应领导世界范围内革命的潮流,指导它,并帮助它取得健康的成果。" 1961 年就任总统后,肯尼迪立即开始修正美国的外交政策,把第三世界作为重点。他的策略首先是呼吁赢得非洲、亚洲、中东和拉美被压迫人民的心灵。他认为,通过外交联系、思想交流和经济援助,可以在这些地区反对共产主义,并使它们的人民相信,美国是站在整个全球平等、自由、独立和人类尊严这一边的,从而确保他对第三世界外交政策的成功。①

肯尼迪总统尤其重视与非洲国家的关系。他任参议员时就公开支持非洲的自由斗争,并资助非洲的学生来美交流。1957 年在参议院的一次演讲中,肯尼迪宣称要支持阿尔及利亚民族主义、反对法国殖民统治。1958 年,他成为参议院外交事务非洲委员会的主席,开始会见大量的非洲民族主义领导人,并不断向艾森豪威尔总统施加压力,让他成为自己的同盟。② 他在 1960 年"非洲年"当选总统,而总统选举的胜利也得益于他关注非洲问题从而赢得美国国内黑人的支持。③ 这一年的 1 月到 10 月间,17 个非洲国家取得独立,成为国际上重要的力量。肯尼迪的非洲政策不同于欧洲盟友及其前任④,具有

---

① Peter Albert and Ronald Hoffman ed. , *We Shall Overcome*:*Martin Luther King*,*Jr.* ,*and the Black Freedom Struggle*, New York:Pantheon Books, 1990, pp. 43 – 44.

② Philip Emil Muehlenbeck, "Africa", in Marc Selverstone Hoboken, *A Companion to John F. Kennedy*, John Wiley & Sons Inc. , 2014, pp 347 – 348.

③ 参见 James H. Meriwether, "Worth a Lot of Negro Votes:Black Voters, Africa, and the 1960 Presidential Campaign", *The Journal of American History*, Dec. 2008, Vol. 95, No. 3. 作者认为肯尼迪更加关注对非洲的外交政策问题,即对非外交优先于国内民权。

④ 杜鲁门和艾森豪威尔总统基本仍采取支持西方盟友维持殖民体系的旧政策,参见 G. Macharia Munene, *The Truman Administration and the Decolonization of Sub-Saharan Africa*, *1945 - 1952*, Ohio University, Ph. D. , 1985;Kenneth Alan Kresse, *Containing nationalism and communism on the "Dark Continent"*:*Eisenhower's policy toward Africa*, *1953 – 1961*, State University of New York at Albany, Ph. D. , 2003。

反殖民主义的倾向，如与联合国一起反对比利时对刚果的统治，批评葡萄牙在安哥拉的统治，对新独立的国家增加援助等。因为肯尼迪把非洲看作冷战的下一个主要战场。非洲对美国的决策者来说非常重要，不仅是因为经济原因，而且因为美国正在与苏联争夺非洲盟友，而新独立的非洲国家仍没有选择站在哪一边。① 而此时苏联已向非洲伸出橄榄枝。到 1960 年，苏联领导人正在对非洲施加更大的影响。他们计划招收更多的非洲留学生到苏联学习，从 1959—1960 年度的350 人增加到1960—1961 年度的 775 人。埃及派去了最多的学生，76人来自加纳，62 人来自几内亚，其他来自非洲其他国家。随着越来越多的非洲国家独立，到苏联的非洲学生的数量也在增长。1960 年 2月，苏联总理赫鲁晓夫宣布，他的国家希望成千上万的亚非拉学生能到新成立的莫斯科人民友谊大学学习。几个月后，刚果危机发生，刚果总统卢蒙巴呼吁苏联提供援助。苏联势力有机会进入刚果。② 这些都对美国构成了严重的挑战，促使美国政府更加关注非洲问题。

但是，一个严重的国内问题阻碍了肯尼迪的策略对第三世界尤其是非洲国家的影响，那就是美国黑人的苦难和他们日益兴起的自由斗争。肯尼迪承认，"种族隔离与暴力严重损害了美国在国际上的形象"③。种族歧视给国家安全带来了影响，国务院因此大受困扰。国务卿腊斯克指出，"种族主义和歧视在我担任国务卿期间给我很大的影响，美国国内的种族歧视和歧视新独立国家外交官的事件开始损害我们与这些国家的关系"④。他直言，"20 世纪 60 年代，我们外交关系的最大负担就是国内的种族歧视问题"⑤。美国黑人领导人、第三世界领导人和肯尼迪的一些民权建议者由此不断推动总统实行反对美国种族主义和压迫的政策。而且，民权运动正好出现在第三世界国家

---

① Romano, No Diplomatic Immunity, p. 550.

② Meriwether, "Worth a Lot of Negro Votes: Black Voters, Africa, and the 1960 Presidential Campaign", *The Journal of American History*, Dec. 2008, Vol. 95, No. 3, p. 749.

③ Albert and Hoffman ed., *We Shall Overcome: Martin Luther King, Jr., and the Black Freedom Struggle*, p. 45.

④ Dudziak, *Cold War Civil Rights: Race and the Image of American Democracy*, p. 153.

⑤ Michael J. Klarman, Brown, Racial Change, and the Civil Rights Movement, *Virginia Law Review*, Vol. 80, No. 1, (Feb., 1994), p. 29.

赢得独立的时代，这一事实也加剧了美苏对世界霸权的竞争。赫鲁晓夫 1961 年 1 月 6 日发表了"民族解放战争"的演说，认为帮助革命者推翻殖民统治是世界共产主义的历史使命。冷战的成败由此与美苏在第三世界的得失密切相关。苏联还常会利用美国国内存在的对黑人的歧视和隔离来攻击美国。这一困境给了日益兴起的民权运动一个有力的武器，因为大众游行、抗议活动和种族暴力会让全世界都来目睹这一令美国难堪的形势。在巨大的压力下，美国政府或者被迫答应黑人的要求，或者失去它对第三世界的影响。这成为民权运动在争取美国黑人自由斗争中可以利用的事实。因此肯尼迪政府别无选择，为了冷战外交利益和国家安全，不得不切实推进民权改革。归根到底，利益使然。

很多民权积极分子实际上也是这样的逻辑，如学生非暴力协调委员会的一名代表马里昂·巴里在民主党全国大会委员会开会时说，"美国肩负着让全世界自由的重任，我们必须强大。国防和经济力量不足以确保民主的延续……直到所有美国人，包括黑人和白人都享受着完全的民主，即一等公民的地位，我们才能迎接这一挑战"。肯尼迪也曾指出，"如果我们要赢得非洲黑人的尊重和友谊，我们必须铲除国内反对黑人的所有歧视和偏见。发生在美国的每一例种族歧视事件都会出现在非洲报纸的头条，并为共产主义国家的宣传提供素材。我们不能成为国外民主的榜样，除非我们在国内实施它"①。因此在推广美式自由民主和反对共产主义这一点上，美国政府与民权积极分子的利益是一致的，这也是他们能最终结盟的基础。

5. 小结

总之，伯明翰运动是推动肯尼迪政府民权改革的关键因素。其动力不仅来自我们传统研究强调的民权运动带来的国内压力，也来自因国际舆论所产生的国际压力。这些国际批评不仅来自苏中等共产主义

---

① Muehlenbeck, *Betting on the Africans: John F. Kennedy's Courting of African Nationalist Leaders*, p. 198.

国家，也来自非洲等第三世界国家和美国的西方盟友。它们交织融合在一起，产生了巨大的威力，使得美国的国内安全和国际安全都面临着沉重的压力，迫使肯尼迪政府切实推动民权改革，以顺应民意，缓解紧张的局势，最终解决危机。

另外，对冷战外交利益的追求是肯尼迪政府民权改革的深层次因素。因为20世纪五六十年代以来，亚非的民族解放运动日益高涨，尤其是60年代伊始，非洲的很多国家都摆脱了殖民主义的桎梏，赢得了国家的独立。这恰巧是肯尼迪上台执政的时期。此时，苏中等社会主义国家与美国为首的资本主义国家之间的冷战达到了高潮，双方的竞争不仅是政治、军事、经济等方面的对抗，也是人心之争和意识形态之争。苏中虽有分歧，但它们都以伯明翰运动这场严重的种族危机事件为契机，对美国进行了猛烈的抨击，其目标就是在支持美国黑人的正义斗争的同时，联合亚非等第三世界国家反对美国，从而在冷战中赢得盟友和优势。肯尼迪上台后，敏锐地看到了世界发展的新形势，因此逐渐放弃了杜鲁门和艾森豪威尔政府坚持的支持西方盟友对非洲实行殖民主义统治的旧政策，开始支持非洲的非殖民化运动，并同很多非洲国家的领导人建立了良好的关系。但伯明翰运动的爆发，向全世界暴露了美国的种族主义，严重损害了美国的国际形象，令肯尼迪政府尴尬万分。为了赢得亚非人民，争取在冷战斗争中的盟友，肯尼迪政府才不得不决定开展民权改革。

因此，伯明翰运动后，当肯尼迪开始把民权作为道德问题时，他提出《民权法案》的主要动机之一是为了在国际上塑造一个积极的美国形象。保守的国务院也从而不断卷入民权运动中来。之前由于种族歧视对美国国家安全带来很大影响，美国国务院深受困扰。因此，在它看来，联邦政府在解决伯明翰危机中的作用对于美国的外交关系有着具体而有益的影响。这一观点可以在亚的斯亚贝巴会议后美国总统与非洲领导人之间的通信中被证实。例如，坦桑尼亚的总统尼雷尔写信给肯尼迪，感谢他为美国黑人争取平等权利所做的努力。尼雷尔相信肯尼迪将会想方设法把正义赋予所有的美国公民，从而对全世界

废除种族主义的事业做出巨大的贡献。① 当《民权法案》提交参议院
商业委员会之前，肯尼迪要求国务卿腊斯克通过讨论种族歧视对美国
外交事务的影响来准备政府的证词。国务卿相信美国的种族歧视迫使
美国在与苏联的冷战竞赛中艰难前行。腊斯克告诉委员会，"美国的
种族和宗教歧视严重阻碍了美国在世界上与苏联的竞争，我们不能实
现独立宣言和宪法中提出的诺言，令朋友尴尬，让敌人高兴"②。肯
尼迪最初在领导国内的民权运动中犹豫不决，担心南方议员的阻碍，
只是在 1963 年伯明翰运动后才开始行动。这不仅是因为运动带来的
巨大的国内外压力和广泛的民意基础，而且也因为肯尼迪看到了改革
所带来的丰硕的冷战外交利益。他立即采取措施开展公关活动，进行
民权改革，缓解非洲对美国种族隔离的批评，减少非洲外交官遭受的
歧视，从而改善了国际形象，赢得了非洲等第三世界国家的赞扬和尊
重。可以说，肯尼迪在追求冷战外交政策目标和利益的过程中，同时
改善了美国黑人的民权。

① Dudziak, *Cold War Civil Rights: Race and the Image of American Democracy*, pp. 153,
174.

② Muehlenbeck, *Betting on the Africans: John F. Kennedy's Courting of African Nationalist
Leaders*, p. 205.

第四章　越战爆发与约翰逊时期
民权改革的高潮和衰落

约翰逊总统执政时期，美国先后通过了 1964 年《民权法案》和 1965 年《选举权法案》，这标志着民权改革达到顶峰和高潮，但高潮又意味着衰落的开始。一方面，在冷战的国际环境下，民权运动深受非洲等第三世界民族解放运动和中国等社会主义革命的影响，开始转向黑人权力运动，主张暴力革命，反对融合等，与白人自由派及美国联邦政府渐行渐远。另一方面，越南战争的爆发，引发了学生非暴力协调委员会等激进民权组织的反战运动，马丁·路德·金后来也参与其中，并引发了更大的反响。不仅美国政府与民权组织原来的联盟破裂，民权运动内部也产生了深深的裂痕，而且国内外舆论的焦点完全转向了越南战争，民权改革既失去了吸引力，又没有了凝聚力，衰落不可避免。

一　民权立法、民权改革的高潮与
国际形象的改善

肯尼迪总统遇刺身亡后，林登·约翰逊继承了他的遗志，决心积极努力推进民权立法。在肯尼迪被安葬两天后，约翰逊站在国会参众两院联席会议前，向全国和全世界发表了演讲。他认为，尽早通过《民权法案》比纪念演说或悼词更能表达对肯尼迪总统的缅怀之情。美国新闻署报道说，在近东和南亚，"总统对国会的演讲消除了该地区对美国国内或外交政策变化的怀疑"。南亚媒体尤其高兴地获悉，约翰逊总统决心执行肯尼迪总统的民权计划。印度的《马德拉斯邮报》写道，"没有什么能比最早通过肯尼迪总统为之奋斗的《民权法案》更能雄辩地纪念他了"。约翰逊政府很快认识到，仅仅执行肯尼迪的外交政策是不够的，必须维持与第三世界国家良好的关系，特别是与非洲国家的关系，也需要对肯尼迪的民权政策做出承诺。①

根据美国新闻署的调研，公民权利"对非洲人来说比美国其他外交或国内政策更重要"。该机构很高兴地报告说，约翰逊在国会的演讲让非洲人得到了"宽慰和满足"。非洲媒体把注意力集中在演讲的民权部分。《苏丹日报》指出，约翰逊在民权问题上"态度坚决"，而《埃塞俄比亚之声》表示，肯尼迪没有"白死"，因为新总统"决心为种族平等而战"。不过，后来的评论人士则较为保守。尼日利亚《每日电讯报》警告称，"评判新政府的标准是它在民权领域的成功"，而其他人则认为，"在民权方面，没人能取代已故总统"。根据美国驻拉各斯大使馆的说法，尼日利亚总统阿齐基韦和其他人担心"肯尼迪总统的死亡意味着民权斗争中的一次战略挫折，他们正在为自己的担忧寻找理由，认为这次暗杀的动机是种族主义因素"。出于这些担忧，尼日利亚驻拉各斯大使馆强调"保证恢复外交政策的连续性"，以便让尼日利亚人安心。美国大使馆"强烈建议尽早找到机会，明确重申政府的民权政策，并决心实施肯尼迪计划"。可见强调对民权改革的承诺对美尼关系至关重要。②

1964 年 1 月，美国新闻署进行了关于"美国海外人权形象"的调研，结果发现，一方面，国外对美国少数群体的关注主要集中在"美国黑人"身上，因为那是整个世界关注的焦点和人权的象征。另一方面，"正是受了最好的教育、得到了最好信息的那个群体，在美国黑人的地位问题上对美国做出了最严厉的评判"。其中，作为许多国家未来的中坚力量，大学生们对美国的评价最为负面。美国新闻署的报告还发现，在亚洲和非洲国家，85%受过教育的精英称自己了解美国最近的种族事件。拉丁美洲和西欧的这一比例为91%。1965 年 9

---

① Mary L. Dudziak, *Cold War Civil Rights*: *Race and the Image of American Democracy*, Princeton, N. J. : Princeton University Press, 2000, p. 205.

② Mary L. Dudziak, *Cold War Civil Rights*: *Race and the Image of American Democracy*, Princeton, N. J. : Princeton University Press, 2000, p. 207.

月对拉各斯、内罗毕和达喀尔的居民进行的一项研究发现，很高比例的有文化的人"对美国黑人的待遇有负面或非常负面的看法"，例如，在达喀尔，90%的人对美国种族关系持负面看法。在制定他的民权战略时，约翰逊总统敏锐地意识到这个问题的影响。美国新闻署署长爱德华·默罗在1964年1月对他说，"这个国家民权运动的进展在海外，尤其是在非洲受到极大关注"。1963年，在国务卿迪安·腊斯克的领导下，肯尼迪政府已经表明，制定强有力的《民权法案》将有助于改善种族歧视对美国海外形象的影响。这一遗愿留给了约翰逊总统，由他来推进该法案，并确保其通过。①

约翰逊在争取立法方面的丰富经验和娴熟的技巧意味着他特别适合执行这项任务。例如他在立法策略上向具体主持该法案辩论的休伯特·汉弗莱面授机宜，告诉他如何争取关键人物共和党少数派领袖弗里特·德克森的支持，建议他多花时间和德克森在一起，同他饮酒、聊天。汉弗莱依计而行，德克森终于愿意同民主党携手合作。约翰逊还暗中争取赞成票，一般认为，他对犹豫不决的亚利桑那州的参议员卡尔·海登、内华达州的霍华德·坎农、俄克拉荷马州的埃德蒙森、得克萨斯州的拉尔夫·亚巴勒等都做了说服工作，让这些人最后都投了赞成票。②

国际媒体非常关注该《民权法案》的进展，报道了委员会的投票和国会的活动。总统通过各种渠道及时了解其他国家的反应。当法案最初在众议院讨论时，美国新闻署报道称，法国媒体认为约翰逊是在"追随肯尼迪的脚步"。在参议院，对该法案的投票被冗长辩论所阻挠。因此，最重要的投票之一是1964年6月10日参议院的限制冗长辩论的投票。限制辩论的动议通过后，这一程序性的胜利在海外得到了庆祝。尼日利亚外交部长对美国驻尼日利亚大使说，他对参议院的投票结果"非常满意"。他认为，"法案的通过将大大减少非洲对美国种族关系的批评"。正如《菲律宾先驱报》所言，参议院的投票"雄辩地重申了'人人生而平等'的民主格言"。据《马尼拉时报》

---

① Mary L. Dudziak, *Cold War Civil Rights: Race and the Image of American Democracy*, Princeton, N. J.: Princeton University Press, 2000, p. 209.

② 张立平：《林登·约翰逊与民权法案》，《美国研究》1996年第2期。

报道，新法律"将是黑人事业的胜利，而且对美国人民和他们的联邦政府体系来说，同样如此"。一些评论员持保留意见。据法新社报道，该法案是"迈向平等的一大步"，但美国黑人成为真正的美国人还需要很长一段时间。①

经过一周多的辩论，《民权法案》最终于 6 月 19 日在参议院获得通过。6 月 23 日，当该法案即将在众议院进行最后投票时，爱德华·默罗的继任者卡尔·罗文写道："所有大洲都在为《民权法案》即将获得通过而欢呼。这是历史上的一个伟大时刻。"这一时刻将在全世界产生反响。根据罗文对总统的报告，《特立尼达和多巴哥卫报》认为，"美国的法案促进了世界各地人民的民权事业"。该法案的通过被国外誉为"历史性的进步"。根据美国新闻署的说法，评论家认为这是自《解放奴隶宣言》以来美国黑人争取平等的斗争中最重要的一步，是一场"塑造美国未来的胜利"，作为美国历史的"转折点"，将加强美国的国际影响力和美国的道德权威。正如罗文所宣称的，《民权法案》被视为"美国民主制度的证明"②。

7 月 2 日，约翰逊总统正式签署了 1964 年《民权法案》。法案的主要内容有：保护黑人的投票权，规定了有利于黑人选举的新条款；取消公共领域的种族隔离与歧视，授权美国的地方法院发布禁令，反对公共场合的歧视，以保证一切人平等地进入这些设施；授权司法部长对公立学校中存在的种族隔离和歧视行为提起诉讼；禁止联邦资助项目中的歧视，对那些在联邦计划中实行种族歧视的地方与学校停拨联邦经费；延长民权委员会的年限；设立平等就业机会委员会，禁止因为种族、肤色、宗教、性别和民族来源而采取就业上的歧视；在商业部建立社会关系服务处，帮助解决地方和州际贸易中存在的歧视与种族纠纷等。③ 这标志着民权运动在制度变革上取得重大突破。

① Mary L. Dudziak, *Cold War Civil Rights：Race and the Image of American Democracy*, p. 210.

② Mary L. Dudziak, *Cold War Civil Rights：Race and the Image of American Democracy*, p. 211.

③ Albert P. Blaustein and Robert L. Zangrando, ed., *Civil Rights and African Americans：A Documentary History*, Northwestern University Press, 1991, pp. 526 – 550.

约翰逊签署的《民权法案》成为美国对外宣传的重要工具。美国新闻署提前做好了准备。该机构已经向 72 个国家分发了一份由全国有色人种协进会的罗伊·威尔金斯等人参与的关于该法案的电视圆桌讨论。美国之音准备发布这一讨论的后续内容，《民权法案》的文本已分发给美国所有的使馆。约翰逊总统签署该法案的照片将被空运到国外，与此同时，有关约翰逊在法案通过过程中所起作用的"背景资料"已经分发出去了。签署仪式带来了"新一轮的祝贺"。一些外国观察家评论说："这次事件对美国在海外的形象产生了影响，美国的道德声望得到了提升。"几内亚共和国总统、尼日尔总统和其他国家领导人都发来了贺电。乌干达总理奥博特听到这个消息后"喜出望外"。他认为，"这一行动愉快地瓦解了对美国批评的基础"。一位尼日利亚领导人对美国驻该国大使说，该法案的通过"将加强目前尼日利亚和美国之间的密切联系"，根据美国大使馆的说法，尼日利亚人的总体反应是"压倒性的赞同"①。

美国外交部门很好地利用了这一消息。例如，在亚的斯亚贝巴，美国代表团"尽最大努力利用了《民权法案》的签署"。一位尼日利亚的官员对美国助理国务卿 G. 威廉斯说，"尼日利亚人非常关注美国的种族状况，很高兴看到《民权法案》获得通过"。虽然美国的民权问题在前一年的非洲统一组织会议上受到了批评，但 1964 年的非统组织会议与之形成了鲜明的对比。新闻署报告说，该法案的通过是 1964 年会议的"一个主要主题"。几内亚总统塞古·杜尔在大会上表示，该法案是美国争取平等斗争的"一场伟大胜利"，而埃及总统纳赛尔认为这是一个"有希望达成种族平等的迹象"②。

约翰逊政府对《民权法案》的成功以及该法案对美国海外形象的积极影响感到自豪。《民权法案》在美国的宣传中很受欢迎，因为这是社会变革的真实证据。美国领导人早就认识到，社会变革本身是使外国民众相信美国致力于其所宣称的自由和平等原则的唯一有效途

---

① Mary L. Dudziak, *Cold War Civil Rights: Race and the Image of American Democracy*, p. 212.

② Mary L. Dudziak, *Cold War Civil Rights: Race and the Image of American Democracy*, p. 213.

径。然而，约翰逊政府不能庆祝太久，也不能安于现状。美国新闻署
宣传该法案的材料虽然不断被运往海外，但对美国民主形象的新威胁
也接连出现。美国国内的事态发展破坏了《民权法案》本身的积极
影响。此后民权运动的激进化发展，以及遭遇的种族主义者强烈的反
弹，威胁到联邦政府的努力，使其无法将法案的通过描述为社会变革
的高潮。1964 年夏天发生在密西西比的事件，以及民权领袖们为使
民权斗争国际化而做出的越来越多的努力，意味着美国的种族公正在
国外继续受到质疑。美国的种族问题是不容易淡出人们的视线的。①

　　紧接着 1965 年美国黑人争取选举权的斗争在国内外引起强烈反
响，又给美国政府施加了极大的压力。在 1965 年 2 月，马丁·路
德·金因领导争取选举权运动被逮捕并囚禁在亚拉巴马州塞尔玛。安
哥拉的媒体报道称，逮捕金"损害了美国在安哥拉民众心中的形
象"。安哥拉政府领导人告诉美国大使馆的官员，"非洲人不能再相
信美国同情非洲的声明"。他们认为美国虚伪，民权改革没有任何实
质内容，因为与美国宣传的相反，"现实情况是美国政府对美国黑人
权利的持续漠视，尤其是逮捕金博士等赤裸裸的行为令人愤怒"②。

　　面对这些批评，很明显，美国种族歧视的外交恶果是无法迅速消
除的。林登·约翰逊希望将注意力转向民权以外的事情。他告诉马
丁·路德·金，1965 年不是制定《选举权法案》的正确时机，投票
权将使南方白人失去对他"伟大社会"计划的支持。在整个南方，
黑人被剥夺选举权的情况仍然普遍存在。在亚拉巴马州的达拉斯县，
半数适龄选民是美国黑人，但在 1961 年，15000 名适龄黑人中只有
156 名登记参加投票。塞尔玛市人口约为 28000 名，其中黑人人口
15100 名，占全市人口一半以上。但是为了维持种族统治，白人统治
当局蛮横剥夺了大量黑人人口最基本的政治权利。例如，由于种族歧
视的法律和种种阻挠黑人进行选民登记的手段，这个市进行了选民登
记的黑人，不到黑人居民总数的 1%。尽管司法部努力通过诉讼扩大

---

　　① Mary L. Dudziak, *Cold War Civil Rights: Race and the Image of American Democracy*,
p. 214.

　　② Mary L. Dudziak, *Cold War Civil Rights: Race and the Image of American Democracy*,
p. 230.

投票权，但到 1964 年，美国黑人的选民人数仍然很低。根据美国官方"公民权利委员会"的调查报告，在亚拉巴马、阿肯色、佛罗里达、佐治亚、路易斯安那、密西西比、北卡罗来纳、南卡罗来纳、田纳西、得克萨斯、弗吉尼亚这几个州里，黑人选民被剥夺选举权的情况最为严重。在这几个州里黑人居民人数超过白人的县共有 137 个。"公民权利委员会"随机对其中的 17 个进行了调查，发现 97% 的黑人选民被剥夺了选举权。① 民权领袖们决定在全国范围内引起对这个问题的关注。据历史学家大卫·加罗的说法，马丁·路德·金和南方基督教领导大会希望在亚拉巴马州塞尔玛发起一场运动，"挑战亚拉巴马州政治中种族隔离的整个结构，并迫使林登·约翰逊制定联邦《选举权法案》"②。

2 月 10 日，金与约翰逊总统等联邦官员会面讨论黑人选举权问题。会见结束后，金告诉记者，约翰逊总统清楚地表明，在他任内，他决定铲除所有阻挠黑人投票的障碍。约翰逊总统还告诉他，选举权立法的信息不久会传达给国会。③ 此后不久，约翰逊就对刚刚正式担任司法部长的卡岑巴赫发布新命令：放弃宪法修正案的缓慢程序，迅速准备选举权提案。④

塞尔玛运动以和平游行的方式开始，游行的方向是法院，那里的美国黑人无法登记投票。数百人被逮捕，随着时间的推移，警察对示威者的暴行越来越多。3 月 7 日星期日，塞尔玛运动达到高潮，民权积极分子开始从塞尔玛向蒙哥马利游行。他们只走到亚拉巴马河上的埃德蒙·佩图斯桥，亚拉巴马州的骑警和治安官封锁了另一边的道路。游行者因参与"非法集会"而被勒令解散。当他们拒绝这样做

---

① 转引自《人民日报》1965 年 3 月 21 日第 6 版，题目《美国黑人斗争的新风暴》，作者乐山。

② Mary L. Dudziak, *Cold War Civil Rights: Race and the Image of American Democracy*, p. 231.

③ David J. Garrow, *Protest at Selma: Martin Luther King, Jr., and the Voting Rights Act of 1965*, New Haven, Conn.: Yale University Press, 1978, p. 57; *Bearing the Cross: Martin Luther King, Jr., and the Southern Christian Leadership Conference*, New York: W. Morrow, 1986, p. 388.

④ 张立平：《林登·约翰逊与民权法案》，《美国研究》1996 年第 2 期。

的时候，骑警突然袭击人群，用警棍殴打他们。游行者开始尖叫四散，骑警们随即"奔向正在撤退的人群"，并释放了催泪瓦斯。在震惊全国的新闻报道中，"可以透过瓦斯看到警棍，朝游行者的头部猛击"①。这就是著名的"血腥的星期天"。

"血腥的星期天"发生后，约翰逊总统立即对此做出反应，他先后两次召见司法部长询问塞尔玛事件的最新进展以及金可能采取的行动。不久，约翰逊总统首次发表了公开评论，他诚恳地说："自从星期天塞尔玛流血事件发生以来，政府就一直密切关注形势的发展，并努力阻止同样的事情发生。我确信，所有美国人和我一样对发生在塞尔玛的暴行感到悲哀……联邦政府中最好的法律天才们正在从事立法的准备，这将确保每一个美国人的权利。这一工作大概在周末就会完成。只要这一法案的起草工作完成，我就会立即向国会发表一个特别咨文。联邦官员们已经派驻塞尔玛，正在提供最新形势的报告。"②

在此期间，一名白人牧师被暴徒打死又引起了强烈反响。司法部长与部分参议员加快讨论选举权草案，内容包括任命联邦登记员、废除文化测试和人头税等问题。这一法案很快起草完毕。和此前的类似法案相比，它有了可具体操作的条款，其中心内容是终止所有的文化测试，由司法部任命联邦登记官去南方腹地解决黑人选民的登记问题。

法案起草完毕后，约翰逊总统与华莱士州长举行了会谈，他极力劝说华莱士保护游行队伍，但华莱士非常顽固，最终没有谈出什么结果。此后他们一起召开新闻发布会。约翰逊总统在发言开头就提到了塞尔玛："上个星期天，塞尔玛的一些黑人努力进行和平示威，要求得到他们的基本政治权利——投票权。他们受到了攻击，一些人严重受伤。"然后他简述了行政部门6天来的努力，并继续说："上个星期

---

① Mary L. Dudziak, *Cold War Civil Rights: Race and the Image of American Democracy*, p. 232.

② Sanford Wexler, *The Civil Rights Movement: An Eyewitness History*, New York, NY: Facts on File, 1993, p. 235; Garrow, *Protest at Selma: Martin Luther King, Jr., and the Voting Rights Act of 1965*, p. 90; *Bearing the Cross: Martin Luther King, Jr., and the Southern Christian Leadership Conference*, p. 405.

天的事件不能也不会重演，但塞尔玛的示威有更大的意义。它是一个反对美国民主缺陷的抗议。95 年前，经过修订后的宪法规定，任何美国人不会因其种族或肤色而被剥夺投票的权利。近一个世纪后，许多美国人仍被禁止投票，仅仅因为他们是黑人。因此，这个星期一，我会向国会提出立法的要求以真正贯彻实施这一宪法修正案。"他接着介绍了政府起草的法案，并以坚定的语气宣布："在塞尔玛发生的事情是美国的悲剧。……我们都知道在民主社会中实现社会变革是多么的复杂和困难，但这种复杂性一定不能让道德问题变得模糊。对在大街上和平示威的居民施加暴力是错误的，剥夺美国人投票的权利是错误的，因肤色而否认其平等权利也是错误的。"① 星期天下午，约翰逊会见了国会领导人，讨论了如何将《选举权法案》提交国会的问题。

3 月 15 日，星期一，一些议员发言支持选举权立法，但南方一些议员坚决反对。在这种情况下，总统发表了电视特别演说，即著名的"我们一定会胜利"演说，对后来立法的成功起到了举足轻重的作用。他谴责了州和地方官员的暴行，回顾了南方黑人普选权的历史，认为剥夺黑人的投票权是绝对错误的，呼吁不要拖延、犹豫和妥协，并提醒国会中的立法者，全国民众已经觉醒。他特别赞扬塞尔玛的黑人居民："他们的行动和抗议，他们冒着各种风险，甚至是牺牲生命危险的勇气，唤醒了这个国家的良知。他们的示威旨在引起人们对种族不平等的关注，并激发变革。"他呼吁："平等不是依靠武器或催泪弹的力量，而是依靠道德权利的力量。"总统在这次演说中提到塞尔玛多达 12 次，引起很大反响，好评如潮。7000 万美国人通过三大电视网看到，19 年来美国总统第一次亲自到国会就国内事务直接呼吁立法。约翰逊的这篇演讲受到舆论的一致赞扬，民权评论家称之为"总统在民权方面所做的最激进的讲话"② 。演说之后，很多时评家一致预测《选举权法案》不会有很大修改，并且会很快通过。他们指

---

① Wexler, *The Civil Rights Movement: an Eyewitness History*, p. 236; Garrow, *Protest at Selma: Martin Luther King, Jr., and the Voting Rights Act of 1965*, pp. 100 – 101; *Bearing the Cross: Martin Luther King, Jr., and the Southern Christian Leadership Conference*, p. 407.

② 张立平:《林登·约翰逊与民权法案》,《美国研究》1996 年第 2 期。

出，许多南方参议员不再反对约翰逊的行动，一些人甚至私下里说他们可能支持这一法案。①

与此同时，国际媒体称赞总统的演讲是"向前迈出的坚实一步"。巴黎一家报纸称，法国全国都认为约翰逊对投票权法案的呼吁"表明了某些落后的种族主义者的过分行为根本不能代表美国人的官方或个人情感……事实上，负责任的美国人已经意识到种族冲突的严重性"。该报希望"理性最终战胜极端主义"。《伦敦每日镜报》认为这有助于改善美国在海外的形象，称赞约翰逊的演讲"用最令人印象深刻的话否定了种族主义者"，赞扬他的行动带来了希望，"对改善美国在全世界的形象来说将是一个了不起的成就"。在印度，《孟买自由新闻杂志》预测说："塞尔玛可能会作为美国文明和自由的最后一道障碍载入美国史册"，联邦政府的行动是"所有美国人以及人类尊严的伟大胜利"。印度另一家媒体也报道说，"美国总统现在将采取坚定的行动确保黑人得到公正对待。种族歧视并不是美国社会的一个特征。相反，这是激进分子的行动。它违反了整个国家的政策和价值观"。《埃塞俄比亚先驱报》认为，美国政府"正在尽最大努力使所有美国人在法律面前平等"。在西欧，人们对约翰逊总统的讲话做出了积极和"压倒性赞同的反应"②。

美国新闻署后来报道说，尽管塞尔玛发生了暴行，"国际媒体对塞尔玛的评论比美国早期的种族冲突（从 1957 年的小石城到 1963 年的伯明翰）更为冷静和克制"。国际上有关塞尔玛的新闻报道少之又少，几乎没有社论。尽管有关警察暴行的照片和描述被广泛传播，但多数的报道"表达了更多的理解……在他们看来，事态的发展已使人们毫不怀疑，在联邦政府和绝大多数美国人的大力支持下，美国黑人正在赢得自己的斗争"。即使是在苏联，对塞尔玛的报道虽然重要，但"远不如以前对此类骚乱的报道广泛"。最严厉的批评来自中国。

① 　Garrow, *Protest at Selma: Martin Luther King, Jr., and the Voting Rights Act of 1965*, pp. 106 – 108; *Bearing the Cross: Martin Luther King, Jr., and the Southern Christian Leadership Conference*, p. 408; Wexler, *The Civil Rights Movement: an Eyewitness History*, p. 236.

② 　Mary L. Dudziak, *Cold War Civil Rights: Race and the Image of American Democracy*, pp. 233, 235.

中国的宣传部门批评了《民权法案》，尤其是《人民日报》报道了大量有关塞尔玛运动的内容，主要是赞扬美国黑人的斗争精神，批判美国政府的镇压和虚伪。① 尽管中国发表了措辞严厉的声明，但总体而言，美国种族问题国际报道的基调似乎已经发生了变化，民权危机对美国的国际声誉的威胁不像以前那么大。

作为对塞尔玛运动的回应，国会迅速采取行动，《选举权法案》终于正式列入国会的议事日程。随着听证会的召开②，参议院领导人宣布，如果法案不能在 4 月 15 日之前通过，议员们在复活节期间就不能休息。众议院领导人说，他们要在 4 月 11 日这个星期结束之前正式进行讨论，每一个议员都可以陈述己见。③ 参议院经过辩论后，最终在废除人头税等关键问题上达成了妥协。

8 月 3 日，《选举权法案》在众议院以 328：74 通过。7 个南方州的代表一个月前还反对法案，现在也投票支持。第二天，法案在参议院以 79：18 通过。一个佛罗里达的民主党代表，5 月末还反对法案，现在也支持它。两天后，即 8 月 6 日，约翰逊总统正式签署了 1965 年《选举权法案》。其中心内容包括禁止文化测试和其他歧视方法，授权司法部长，派遣联邦检察官去那些设置障碍阻止黑人登记投票的南方腹地监督选民登记，以保障黑人的投票权等。《选举权法案》与以往《民权法案》中的选举条款的重大区别在于，以往的法律都是通过法院诉讼程序来处理南部腹地选举中的歧视问题，通常旷日持久，花费巨大，一般人承受不起。这一次的法律规

---

① 参见《人民日报》1965 年 1 月 29 日第 5 版，2 月 7 日第 4 版，3 月 6 日第 4 版，3 月 11 日第 4 版，3 月 13 日第 4 版，3 月 14 日第 4 版，3 月 15 日第 3 版，3 月 16 日第 5 版，3 月 17 日第 4 版，3 月 18 日第 4 版，3 月 21 日第 6 版，3 月 23 日第 5 版，3 月 27 日第 6 版，4 月 3 日第 4 版，8 月 8 日第 4 版等相关内容。

② 许多议员在听证会上以塞尔玛暴行为例，说明通过《选举权法案》的必要性。例如众议院司法委员会主席以马利·塞勒尔认为："近来发生在亚拉巴马的一系列暴行唤醒了国家，要求国会必须采取果断的行动……整个国家的公共舆论由于亚拉巴马的暴行而发生改变，法案的通过因此有了保证，这在 1 年前是不可想象的。"见 Arth E. Pauley, *The Modern Presidency & Civil Rights: Rhetoric on Race from Roosevelt to Nixon*, College Station: Texas A&M University Press, 2001, p. 182。

③ Garrow, *Protest at Selma: Martin Luther King, Jr., and the Voting Rights Act of* 1965, p. 115.

定，由联邦政府，尤其是司法部来负责未登记黑人选民的登记工作，这比由联邦法院负责效果要好得多。很快，黑人选民的登记投票率大幅上升。[①]

　　1965 年美国新闻署的宣传小册子《人的尊严》总结了这些民权进展。这本小册子认为，《民权法案》和《选举权法案》保障了美国开国者在《独立宣言》中宣布的"人人生而平等"的权利。根据小册子，新法律的通过代表了美国人民消除种族偏见和种族主义的决心。尽管美国的宣传描绘了一幅美好的图景，但随着民权运动转向激进的黑人权力运动，美国城市街道上的骚乱日益增多。约翰逊总统希望他的政府讲述的民权故事是一个胜利的故事。在通过了具有里程碑意义的《民权法案》后，约翰逊希望得到更大的支持，并可以将注意力转向其他事务。然而，在《选举权法案》签署后的 5 天内，洛杉矶的瓦茨社区爆发了一场重大骚乱。34 人丧生，瓦茨遭受了超过4000 万美元的财产损失。此后很多城市爆发了种族骚乱，此起彼伏。尽管种族问题对美国在海外的声望的影响大大减弱，但美国的种族问题却朝着一个新的、更棘手的方向发展。早年国际社会对种族平等的关注被对城市暴力的关注所取代。美国黑人的形象从牺牲受难的非暴力勇士变为无法无天的暴力流氓。美国媒体对国内正义的关注很快就被全世界对美国军国主义的广泛批评所取代。1965 年 6 月，美国新闻署署长卡尔·罗文告诉总统，"美国对越南的介入带来了越来越多的媒体关注和意见分歧，其中有一些强烈批评"[②]。

　　可见，民权的进步，尤其是 1964 年的《民权法案》和 1965 年的《选举权法案》将成为约翰逊政府的重要遗产。它们强调了联邦政府支持种族平等的观点，为多年来重塑种族和美国民主形象的努力画上了句号。虽然新的《民权法案》最终帮助结束了一些最明显的种族隔离和歧视，但种族不平等依然存在。这些法规和其他法律改革中的形式上的平等并没有触及贫民区的贫困和压迫。为了应对城市动荡，

①　Wexler, *The Civil Rights Movement: an Eyewitness History*, p. 241.

②　Mary L. Dudziak, *Cold War Civil Rights: Race and the Image of American Democracy*, pp. 239 – 241.

约翰逊总统专门设立了克纳委员会（以其主席、伊利诺伊州州长奥托·克纳的名字命名）进行调查，委员会发布了一份报告，呼吁国家对社会变革做出更坚定的承诺。[①] 然而，这种大规模、结构性改革的呼声与日益扩大的反民权反弹同时出现。对民权改革的抵制不再是南方的现象，而是遍及全国。此外，越南战争越来越成为国内外舆论关注的焦点，种族问题不再成为影响美国国家形象的重要内容，民权改革因此渐趋衰落。[②]

二 批评美国的国际环境与黑人权力运动的产生

1965 年后，民权运动逐渐转向黑人权力运动。国内原因主要是学生非暴力协调委员会等民权组织在实践过程中对非暴力的方法和美国政府失望至极，投身基层的草根组织传统衰落，[③] 日趋激进，开始主张暴力革命，反对融合等。在国际上，很多民权组织主要受到了第三世界民族解放运动和社会主义革命的影响。其中，非洲的非殖民化运动对美国民权运动的影响最为深刻，马尔科姆就深受其影响，他在游历非洲之后，尤其是得到很多批评美国的独立的非洲国家领袖的支持后，思想发生了很大的转变，对美国民权运动转向黑人权力运动起了重要的作用。此外中国强烈的反对美帝国主义的世界革命观对美国黑人转向激进化也起了关键的助推作用。本部分以这两个具体案例来证明冷战的国际环境促进了民权运动转向黑人权力运动，同时非洲和中国对美国政府的激烈批评导致了美国政府不得不支持温和的民权改革，激进的黑人民权组织和领袖则利用了国际舆论推动了自己事业的发展。

---

① 参见 Samuel Morris Abramson, *A Struggle Unfinished: Riots, Race in America, and the Failures of the 1968 Kerner Commission*, Rice University, Ph. D., 2017。

② Mary L. Dudziak, *Cold War Civil Rights: Race and the Image of American Democracy*, p. 248.

③ 参见 Charles Payne, *I've Got the Light of Freedom*, Berkeley: University of California Press, 1995。

1. 马尔科姆·X 的海外游历、国际主义及对黑人权力的影响

马尔科姆·X 是 20 世纪 60 年代美国民权运动时期与小马丁·路德·金齐名的著名黑人领袖。他早年命运悲惨，混迹街头，后被捕入狱，在狱中成为一名虔诚的黑人穆斯林教徒。出狱后马尔科姆以其聪明的才智和雄辩的才能，先后被任命为黑人穆斯林的教长和其导师穆罕默德的代言人，并推动黑人穆斯林运动成为全国性的运动。1964 年与黑人穆斯林决裂。这时，马尔科姆的思想开始发生重大转变。在随后的中东朝圣和非洲之行后，其视野得以拓宽，思想发生变化。马尔科姆回国后又仿效非洲统一组织，建立了非裔美国人统一组织，号召一切非洲裔的美国人，无论其宗教信仰如何，都努力团结起来，争取自由、平等、正义和尊严。他还建立了穆斯林清真寺，以作为与中东逊尼派伊斯兰教交流的宗教场所。此后，他又先后飞往非洲、英国和法国等地，呼吁把美国黑人的斗争国际化。此时，马尔科姆的生命正面临着严重的威胁，无论是黑人穆斯林还是美国政府当局都对他恨之入骨，他经常被跟踪，时刻面临着被刺杀的危险。1965 年 2 月 14 日，他的房子被炸掉。一周以后，即 2 月 21 日，马尔科姆在作演讲时，被三个枪手杀害。

综观马尔科姆的一生，可清晰看到，到后期，由于马尔科姆的海外游历，他的思想发生重大改变，已经意识到孤军奋战难以成功，因此抛弃了早先在黑人穆斯林期间孤立主义的做法，不断寻找国内外的联盟，最终形成了相对成熟的国际主义斗争策略，并对后来的黑人民权运动转向黑人权力运动产生了深远的影响。①

（1）海外游历

1964 年 3 月脱离黑人穆斯林后，马尔科姆开始越发对正统伊斯兰教感兴趣，建立了自己的宗教组织——穆斯林清真寺。在一位穆斯林阿訇沙瓦比的影响和帮助下，他决定去麦加朝圣，从而为自己的组织提供新的精神支持。1964 年 4 月 13 日，马尔科姆坐飞机前往开罗，

---

① 本部分内容参见于展《马尔科姆·X 晚年的海外游历、国际主义及影响》，《世界历史评论》2021 年第 2 期。

正式开始了第二次中东和非洲之行。在此前，马尔科姆曾于 1959 年第一次来过中东非洲，那是他为其导师伊莱贾·穆罕迈德的访问做准备的。他虽然开始意识到美国黑人穆斯林的教义和中东正统的伊斯兰教教义有所不同，但他并无思想上的改变。他仍穿着穆罕迈德的紧身衣，完全听命于他。但这次已经完全不同。

在开罗逗留了几天后，4 月 16 日，马尔科姆又启程前往沙特。马尔科姆知道，要进入圣城麦加，他必须在著名的"朝圣法庭"上确立自己作为正统穆斯林的宗教资格。周五晚些时候，也就是宗教法庭休庭的那天，马尔科姆来到这里。但第二天大部分时间里，他都无法确定朝觐出庭的确切时间。这次失败使他处于困难的境地。因为要被认定的是官方资格，朝觐出庭必须在规定的时间内完成。如果在吉达耽搁得太久，就意味着错过了开始的时间。这将使得他的朝圣成为私人而不是官方承认的仪式。在朋友的帮助下，马尔科姆结识了沙特的官员和王室成员。王室及其官员的支持使得马尔科姆的请求很快被批准。马尔科姆对"麦加朝圣"的信奉标志着他正式进入正统伊斯兰教社会。①

4 月 21 日周二，他在黎明前就起床，做完晨祷，吃完早饭后，他动身前往阿拉法特山，在路上，他被眼前的景象深深打动了。他看到成千上万的朝圣者，他们来自不同的种族，有的步行，有的挤公交车，有的骑骆驼或驴。他没想到他现在目睹的平等主义是可能的，所有参与者的共同信念似乎消除了阶级分歧。第二天两点钟，马尔科姆与其他朝圣者一早醒来，先来到迈纳，然后他们去了麦加。他再次被朝圣的人们的巨大多样性所震撼。在朝圣的最后一天，他加入一个由沙特王储带领的商队，其中包括来自世界各地的显要人物。看到成千上万的不同民族和族裔的人信仰同一上帝，令马尔科姆感动不已。马尔科姆很快把白人转变为非种族主义者的力量归功于伊斯兰教。马尔科姆于 4 月 25 日飞往沙特的麦地那，途中他继续在旅行日记中做着详细的记录。他深信在朝圣之旅中，每个人都忘记了自己，转向安

---

① Manning Marable, *Malcolm X: A Life of Reinvention*, New York: Viking, 2011, pp. 307 – 308.

拉，从对唯一真神的顺从中，产生了人人平等的兄弟情谊。①

马尔科姆从吉达机场起飞，于 4 月 29 日午夜抵达贝鲁特。他在贝鲁特的部分任务是结识黎巴嫩的穆斯林兄弟会，该组织致力于以伊斯兰教义实现政治目的。5 月 1 日，马尔科姆飞回了埃及开罗。在前往亚历山大游历了几天后，5 月 5 日，马尔科姆又搭上了飞往尼日利亚拉各斯的航班，5 月 6 日到达。由于有限的安排，只参观了两座城市。值得一提的是，马尔科姆在尼日利亚学生全国联盟赞助的伊巴丹大学发表了一篇很有影响力的演讲，吸引了大约 500 名热情的听众。②

除了麦加，加纳是马尔科姆此行最想去的地方。他于 5 月 10 日抵达加纳首都阿克拉。他是应著名的黑人左派作家朱利安·梅菲尔德③非正式领导的、位于首都阿克拉的美国黑人移民社区的邀请来到这里的。在梅菲尔德的安排下，他在加纳大学等地做了几场演讲，并会见了古巴驻加纳大使等人。据《加纳时报》报道，马尔科姆在演讲中呼吁第三世界团结起来："只有黑人、黄种人、红棕色人种联合起来发起攻击，数量超过白人，才能结束美国和世界的种族隔离。" 5月 15 日早上，马尔科姆本来计划在加纳的全国议会发表演讲，但由于交通延误，他在正式会议结束后才到。然而，国会议员们仍然聚集在那里，大多数人聚集在大厦的议员室，马尔科姆中午在那里向议员们发表讲话，并与议员们进行了热烈的讨论。此后马尔科姆被带到加纳政府的所在地克里斯汀堡，与恩克鲁玛总统进行了一个小时的私人会谈。这是杜波依斯的遗孀雪莉的功劳，她在丈夫于 1963 年逝世后

---

① Manning Marable, *Malcolm X: A Life of Reinvention*, New York: Viking, 2011, pp. 309 – 310.

② 马尔科姆与阿拉伯伊斯兰教的关系参见 Edward E. Curtis IV, "My Heart Is in Cairo: Malcolm X, The Arab Cold War, and the Making of Islamic Liberation Ethics", *The Journal of American History*, Vol. 102, Issue 3, December 2015, pp. 775 – 798。

③ 梅菲尔德曾是哈莱姆非常活跃的左派作家，后来支持古巴革命，和罗伯特·威廉、杜波依斯等左派黑人领导人、学者交往密切，因激烈批评美国政府而受到监控和压制。他曾移居波多黎各，最终效仿杜波依斯，流亡到加纳。在他身边聚集了一批志同道合的美国左派黑人，他们都为加纳政府工作，对外为宣扬加纳的成就不遗余力，同时努力为完成在美国不能实现的泛非主义和社会主义实验而奋斗。他们热烈欢迎马尔科姆的来访，为他的到来做了很多准备工作。参见 Kevin K. Gaines, *American Africans in Ghana: Black Expatriates and the Civil Rights Era.*, Chapel Hill: University of North Carolina Press, 2006, pp. 136 – 178。

继续与恩克鲁玛保持联系，担任了加纳电视台的负责人，说服总统给马尔科姆一个会见的机会。① 马尔科姆后来又找时间与其他美国侨民在中国大使馆吃饭，他们在那里看了三个中国纪录片，其中包括毛泽东支持美国黑人解放的宣传片。② 这次访问非常成功，马尔科姆的名字日益被加纳人所熟知了。马尔科姆在加纳的经历加强了他对泛非主义的承诺。在写给美国国内清真寺的信中，他赞扬"加纳是泛非主义的领头羊，就像美国犹太人与世界的犹太人和谐相处一样，现在是时候让所有的美国黑人成为世界泛非主义不可或缺的一部分了"。他呼吁哲学上和文化上回归非洲。③

5月17日，他到达摩洛哥卡萨布兰卡，他在那里度过两天。1964年5月19日，马尔科姆迎来了他的最后一个生日——39 岁生日。那天的一部分时间是在从卡萨布兰卡飞往阿尔及尔的飞机上度过的。下午，他抵达阿尔及尔，之后徒步游览了这座城市，并吃了一顿很晚的晚餐。然而，作为他非洲之行的最后一座城市，这座城市并没有带来多大的收获。马尔科姆失望地发现几乎没有人会说英语，他无法和任何人交流。

5月21日，马尔科姆在阿尔及尔达夫机场被警方短暂拘留，警方认为他拍摄的照片存在安全风险。只有当他提供了作为穆斯林身份的证据，他才被释放。下午晚些时候，马尔科姆回到美国，第二次非洲

---

① 恩克鲁玛虽然也批评美国，但对马尔科姆并没有表示出应有的热情，反而保持一定的距离，可能因为当时他为获得美国的投资来修建水坝，有意疏远激烈反美的马尔科姆，甚至后来放任官方的《加纳时报》发表尖锐批评马尔科姆的文章。但马尔科姆并未放在心上，即使他听说过一些加纳政府的腐败丑闻和恩克鲁玛的独裁行径，仍然很尊重恩克鲁玛，对他满是赞美之词，因为在泛非主义和社会主义等思想方面，他们是有很多共同之处的，更为重要的是马尔科姆需要恩克鲁玛和加纳的支持。这次会面对消除误解还是起了一定作用的。参见 Manning Marable，*Malcolm X：A Life of Reinvention*，pp. 316 – 317。

② 马尔科姆对中国非常友好，在加纳访问期间，他曾接受新华社的采访，欢迎毛泽东主席在 1964 年 8 月 8 日为支持美国黑人反对种族歧视斗争而发表的声明，赞扬"毛主席是世界上第一个发表正式声明支持我们的斗争的领袖"。见新华社《美国黑人穆斯林组织领导人爱克斯发表谈话》，《人民日报》1964 年 5 月 19 日，第 4 版。

③ Manning Marable，*Malcolm X：A Life of Reinvention*，pp. 317 – 318. 马尔科姆在加纳的经历另参见 Kevin K. Gaines，*American Africans in Ghana：Black Expatriates and the Civil Rights Era.*，Chapel Hill：University of North Carolina Press，2006，pp. 179 – 209。

中东之行结束。

第二次中东非洲之行历经一个多月时间，从 1964 年 4 月 13 日到 5 月 21 日。这次麦加朝圣对他的精神改造和种族观具有重要影响。在麦加，他遇见很多不同种族的人们共同祷告。环游非洲时，他与许多非洲领导人进行过会谈，包括加纳领导人恩克鲁玛和埃及总统纳赛尔。第二次非洲之行十分重要，因为马尔科姆尝试为非洲人民和美国黑人建立紧密的联系，同时他为美国的人权运动向非洲各国领袖寻求支持。因此，在加纳和尼日利亚的会谈中，他主张在非洲人民和美国黑人之间建立联系并公开反对美国政府。他将南非的反种族主义斗争与美国的斗争联系起来，并且呼吁非洲人民共同帮助美国黑人，将他们的诉讼提交联合国。马尔科姆开始意识到将非洲人民与飘零在世界各地的黑人联合起来的重要性。如果这样的联合能够实现，那么组织一场强有力的运动的潜力无限。

1964 年 5 月从非洲回来后不久，马尔科姆宣布要组织自己的黑人民族主义运动以集中各种民权组织的力量，以便在联合国获得非洲国家的支持。同时，他还宣布同他会谈的非洲各国领袖将会援助美国的民权运动。1964 年 6 月 28 日，马尔科姆宣布"非裔美国人统一组织"成立，这个新组织原预期于 1964 年 7 月在开罗召开非洲统一组织峰会时成立。在新组织成立的记者招待会上，马尔科姆表明他的目标是团结美国黑人为"人权"斗争，并将这些努力汇报给联合国从而使得美国的民权运动进入国际视野。

1964 年 7 月 9 日至 11 月 24 日，马尔科姆第三次造访非洲，这也是他最后一次非洲之行。他计划参加开罗的非统峰会，并向非洲国家首脑会议介绍情况；马尔科姆在 7 月 12 日抵达开罗，入住塞米勒米斯酒店。他与许多领导会面，包括肯尼亚政治家汤姆·姆博亚，同时还有 W. E. B 杜波依斯夫人。马尔科姆设法拿到参加会议的通行证，因为他是美国公民，而没有非洲公民身份，所以不能参加此次会议。[①]

① Azaria Mbughuni, "Malcolm X, the OAU Resolution of 1964, and Tanzania: Pan-African Connections in the Struggle Against Racial Discrimination", *The Journal of Pan African Studies*, Vol. 7, No. 3, September 2014, pp. 180 – 181.

马尔科姆游说官员们同意给予他观察员身份，最终他被允许参会，没有其他非洲以外的公民获得这种待遇。马尔科姆参会的主要目的是说服非洲各国领袖同意通过一项解决美国黑人困境的决议，谴责美国的种族主义，为美国实现预期变革提出方案。1964 年 7 月 17 日，马尔科姆将一份备忘录分发给非统峰会上的代表们，这份备忘录说明了马尔科姆意识到介绍美国的反种族主义斗争历史以及它们与非洲的联系的重要性。他谴责"美国的种族主义和南非的一样"，呼吁"独立的非洲国家将我们的境况上诉联合国，因为美国政府的确无法保证2200 万美国黑人的生命和财产的安全"。他敦促非洲领导人支持美国黑人的斗争，从而拥抱泛非主义政治。马尔科姆强调，非洲国家不要沦为"美国美元主义"的牺牲品。①

但是一些非洲领导人认为非洲自身的问题已经够多了，并且美国又提供了很多援助，因此他们并不想干预美国黑人的问题。在这困难时刻，坦桑尼亚总统尼雷尔决定主动站出来，并与其他非洲领导人就通过一项关于美国黑人在美国所面临的困境的决议进行磋商，马尔科姆前进道路受阻的状况开始改变。同样站出来对马尔科姆表示支持的还有坦桑尼亚政治家阿卜杜拉赫曼·巴布，他和马尔科姆在会议上一见如故。②

最终，尼雷尔向参加会议的同事们提出一份关于美国黑人反对种族主义斗争的决议。马尔科姆在非洲各城市与许多非洲领导人讨论时提出的论点显然对尼雷尔产生了共鸣。尼雷尔清楚为美国黑人的权利斗争就是为人权做斗争。正如马尔科姆所说，如果不谴责美国的种族主义，你就无法反对南非的种族主义。马尔科姆的努力在尼雷尔的支持下取得成果，他们说服了非洲各国领袖通过一项解决美国黑人困境的决议。决议通过的消息直到 1964 年 7 月 21 日才传到马尔科姆那里。半夜两点半，巴布前往马尔科姆那儿并告诉他决议通过的消息。

决议指出，虽然旨在保护美国黑人的基本人权的《民权法案》颁

---

① Manning Marable, *Malcolm X: A Life of Reinvention*, p. 361.

② 马尔科姆与巴布的友情参见 Seth M. Markle, "Brother Malcolm, Comrade Babu: Black Internationalism and the Politics of Friendship", *Biography*, Vol. 36, No. 3, Summer 2013, pp. 540 – 567。

布，但美国的种族歧视和种族压迫仍在继续，因此非洲统一组织成员国仍深切关注美国的种族歧视问题，并呼吁美国当局努力加强工作，保证基于种族、肤色或民族根源的一切形式的歧视完全消除。决议对美国无力打击种族主义的现状表示谴责，它承认《民权法案》的颁布踏出了新的一步，但最后指出自《解放宣言》颁布以来反种族主义斗争只取得微弱成果。决议进一步表明，对美国黑人的种族歧视和种族压迫仍在继续，非洲统一组织对此深感不安。决议重申非统组织对美国持续存在的种族歧视表示深切关注，并敦促美国政府采取措施加强工作以消除种族主义。如果非洲统一组织认为《民权法案》的颁布足以抑制种族主义，那么它就不会敦促美国政府加强工作以消除种族歧视了。这是第一次一个来自非洲以外的黑人领导人设法让非洲统一组织发表谴责美国的声明，马尔科姆成功地保证了决议的通过，这是一个重大成就。①

开罗峰会结束后，马尔科姆在埃及又待了一段时间，其间还去过科威特和黎巴嫩等中东国家访问。由于马尔科姆在峰会上的成就遭到很多人的贬低，尤其美国政府采取一切措施来诋毁马尔科姆，并离间他和非洲各国之间的关系。因此在开罗峰会结束后不久，马尔科姆决定前往非洲与各国领导人进行交流，以加强他们的友谊。这次行程十分重要，它加强了马尔科姆将反种族主义斗争国际化的决心。这次他决定先去一趟东非，包括埃塞俄比亚、肯尼亚等国，坦桑尼亚是其中最重要的国家之一。坦桑尼亚代表们给予马尔科姆的支持以及他与巴布之间的友谊促成了这次拜访。马尔科姆在坦桑尼亚度过了一周时间，他于1964年10月10日抵达累斯萨拉姆，17日离开。

马尔科姆在达累斯萨拉姆与那儿的人们处得都很好。他参观了古巴大使馆，与古巴大使进行会话；在一场由阿尔及利亚大使举办的派对上，他还与泛非主义者、和平主义者美国黑人比尔·萨瑟兰德见面，后者当时居住在坦桑尼亚。在达累斯萨拉姆时，萨瑟兰德开车载

---

① Azaria Mbughuni, "Malcolm X, the OAU Resolution of 1964, and Tanzania: Pan-African Connections in the Struggle Against Racial Discrimination", *The Journal of Pan African Studies*, Vol. 7, No. 3, September 2014, pp. 183 – 184.

着马尔科姆去会见了许多坦桑尼亚以及其他国家的领导人。在马尔科姆旅居坦桑尼亚期间，巴布作为东道主接待了他，所以他与巴布及其家人在达累斯萨拉姆共同度过了一段时间。巴布还安排马尔科姆与尼雷尔进行一次会面。尼雷尔邀请巴布前往他的住宅，他们谈了三个小时。在谈话期间，马尔科姆送给尼雷尔一份礼物，那是他的演讲之一——"致草根的话"，尼雷尔谈到中国原子弹研发成功。马尔科姆告诉尼雷尔，他也一直在思考这件事情。[①] 他在日记中描述尼雷尔"十分机警、聪明，平易近人"，这使他印象深刻。马尔科姆拓展了事业的定位，不再仅仅关注美国的斗争事业，同时还开始着眼于国际的反种族主义斗争。如此一来，巴布、尼雷尔和其他非洲领导人帮助改变了马尔科姆的观点，从而使他认识到非洲人民以及离散的非洲后裔的斗争事业是一种国际事业。[②]

马尔科姆于 1964 年 10 月 18 日离开坦桑尼亚前往肯尼亚，他与肯尼亚的领导人肯雅塔和乌干达的领导人奥博特搭乘的是同一架飞机。肯雅塔是肯尼亚争取"茅茅运动"（反对英国殖民统治的武装斗争）和肯尼亚独立运动的领袖，马尔科姆在美国的演讲中频繁地提到肯雅塔和茅茅运动的斗争事业。肯雅塔要求马尔科姆移步至飞机前排，然后他坐在肯雅塔和奥博特的中间。肯尼亚的另一位领导人汤姆·姆博亚在机场等待马尔科姆的到来，马尔科姆就住在姆博亚的家中。随后几天，马尔科姆出席了很多活动，在每次活动中，马尔科姆被当作一位来访的显要人物对待。其中马尔科姆最大的成就是在肯尼亚议会上发表演讲，演讲后议会很快通过了一份支持美国黑人的强硬的决议。对于一个非洲主权国家来说，支持马尔科姆的人权构想是一个巨大的政治突破。[③] 马尔科姆的观点被肯尼亚所接受，他为其联系

---

① 马尔科姆后来在加纳接受新华社采访时说中国第一个原子弹爆炸成功是"20 世纪里对黑色人类最大的一件事"，赞扬"中国的核试验不仅帮助了美国黑人的事业，而且帮助了全世界人民的反帝斗争事业"。见新华社《美黑人领导人爱克斯说这是二十世纪里对黑色人类最大的事件》，《人民日报》1964 年 11 月 8 日，第 2 版。

② Azaria Mbughuni, "Malcolm X, the OAU Resolution of 1964, and Tanzania: Pan-African Connections in the Struggle Against Racial Discrimination", *The Journal of Pan African Studies*, Vol. 7, No. 3, September 2014, pp. 186 – 187.

③ Manning Marable, *Malcolm X: A Life of Reinvention*, pp. 372 – 373.

非洲人民与美国黑人的反种族歧视斗争的努力在东非再次获得支持。

马尔科姆离开东非又先后去了尼日利亚、加纳等西非各国、利比里亚、阿尔及利亚等北非各国以及英法等欧洲国家，① 最后于 1964 年 11 月回到美国，第三次非洲之行结束。

总之，在 1964 年的大部分时间，马尔科姆在中东和非洲来回穿梭，纵横捭阖，频繁会见各国的国家领导人和宗教领袖，不断在各种场合发表演说。虽然中东和非洲国家宗教和民族矛盾很深，国家治理也面临很多问题，但马尔科姆求同存异，总是能说服这些国家的领导人支持美国黑人的斗争事业，其情商之高，能力之强，魅力之大，令人叹服。

（2）国际主义

在长期的海外游历过程中，马尔科姆终于在亚非拉那些新独立的国家那里，尤其是非洲国家找到了最理想的同盟，这就是马尔科姆晚期著名的国际主义战略，即把美国国内的黑人问题、黑人斗争国际化。马尔科姆坚信美国本身不会道德觉醒、良心发现，它只是害怕外来的压力，害怕它在国际上的形象受损，是世界压力和国际形势迫使美国政府让步，从而使美国黑人处境有一点改善。所谓使美国黑人的斗争国际化，即"号召我们在非洲、亚洲、拉美甚至欧洲一些国家的兄弟姐妹向美国政府施加压力，以使我们的问题得到解决"②。

马尔科姆国际主义的基础是正统伊斯兰教。马尔科姆与黑人穆斯林分离后，就开始转向了正统的伊斯兰教，而麦加朝圣成为马尔科姆新的宗教观建立的标志。麦加朝圣使马尔科姆深切地感受到美国需要

---

① 马尔科姆在英国的经历尤其是他在牛津发表演讲的跨国意义参见 Stephen Tuck, *The Night Malcolm X Spoke at the Oxford Union: A Transatlantic Story of Antiracist Protest*, University of California Press, 2014; Saladin Ambar, *Malcolm X at Oxford Union Racial Politics in a Global Era*, Oxford University Press, 2014。

② George Breitman, ed., *Malcolm X Speaks: Selected Speeches and Statements*, New York: Pathfinder, 1989, pp. 80 - 81, 141 - 143; John Clarke, *Malcolm X: The Man and His Times*, New York: Macmillan, 1969, p. 319; Bruce Perry, ed., *Malcolm X: The Last Speeches*, New York: Pathfinder, 1989, pp. 176 - 178; Steve Clark, ed., *Malcolm X Talks to Young People: Speeches in the U. S., Britain, and Africa*, New York: Pathfinder, 1991, pp. 54 - 57; George Breitman, ed., *By Any Means Necessary*, Pathfinder, 1970, pp. 85 - 86.

伊斯兰教，因为这个宗教从它的社会里排除了种族问题：一个上帝的信念从穆斯林的思想中移去了"白"，从他们的行动中移去了"白"，从他们的态度中移去了"白"。他相信如果白人美国能接受上帝的一元性，也许他们也能接受人的一元性——停止按照肤色的不同来衡量、打扰和伤害其他人。① 马尔科姆本身对伊斯兰教及安拉有一种感性的认识，确信安拉是所有人、所有地方、所有肤色的人的上帝，接受伊斯兰教真神一元论意味着接受人的一元论，即在安拉面前，无论何种肤色的人都是兄弟，是平等的，从而拒绝了白人是魔鬼的神话。② 他相信无论白人还是黑人，只要服从于伊斯兰教，服从于安拉，都能达到自己期望的目标，"真正的伊斯兰教排除了种族主义，因为接受它的宗教原则并服从于一个真神——安拉的所有肤色和种族的人，会自动地把彼此作为兄弟姐妹来接受，而不管肤色的差别"③。马尔科姆认为，只要美国白人和黑人接受伊斯兰教，那么他们之间达成友好亲密的关系是真实和可行的。马尔科姆在朝圣过程中也觉察并完全理解了伊斯兰教思想中的"共产主义思想"，即重集体而非个人："安拉在《古兰经》中说他的手总与社会而不是个人连在一起。"当他在中东第一次遇见穆斯林时，马尔科姆立即感受到温暖和友好的气氛，人们爱他，把他作为兄弟来接受，提供他食物甚至他们的床。④ 马尔科姆还把伊斯兰教与人性、人权紧密联系在一起，认为"伊斯兰教是一种把自己与所有人的人权联系在一起的宗教，而不管种族、肤色和信念的差异，它承认每个人都是同一人类大家庭的一部分"。因此，"从伊斯兰教信条中的道德观点来看，穆斯林正努力把自己与我们黑

① Malcolm X, with the assistance of Alex Haley, *The Autobiography of Malcolm X*, New York：Grove Press, 1965，p. 340.

② John Clarke, *Malcolm X：The Man and His Times*, pp. 69 – 78.

③ George Breitman, ed.，*Malcolm X Speaks：Selected Speeches And Statements*, p. 60. 马尔科姆反复强调伊斯兰教对美国的重要性，"如果伊斯兰教能把真正的兄弟精神置于白人心中……那么确信它能从白人美国的心中除去种族主义之癌，并可能及时把美国从即将到来的种族灾难中拯救出来。""在种族关系被破坏的美国，我相信伊斯兰教绝对需要，尤其被美国黑人所需要。"参见 *The Autobiography of Malcolm X*, pp. 368 – 369。

④ John Clarke, *Malcolm X：The Man and His Times*, p. 77.

人在美国被违背了人权的困境紧密联系起来"①。这成为马尔科姆把美国黑人斗争国际化的重要的宗教基础。②

在具体宗教实践过程中，马尔科姆一方面在国内建立自己的宗教组织穆斯林清真寺，和原来的伊斯兰民族划清界限；另一方面以此为中介积极与埃及和沙特阿拉伯的政府、大学和宗教团体取得联系，获得了他们的认可，并竭力为美国黑人学生从两国争取了总计35个奖学金的名额，③ 从而使自己的穆斯林清真寺成为与中东正统逊尼派伊斯兰教交流的强有力国际组织。

马尔科姆对中东阿拉伯的伊斯兰教也不是完全无保留地赞同。他认为阿拉伯人对宗教教条的看法阻碍了伊斯兰教的传播，因为"阿拉伯人比较保守，他们说真主保佑，然后等待；他们在等待的时候，世界已经把他们远远抛在后面"。马尔科姆希望有一天穆斯林能理解现代化和伊斯兰教融合的必要性。④

马尔科姆国际主义的核心仍是泛非主义。他在1964年5月的非洲之行中就热情地宣扬："正像美国犹太人在政治、经济和文化上与世界犹太主义联系在一起一样，非裔美国人成为世界泛非主义一部分的时刻来到了，即使我们的身体可以留在美国，然而，在我们为宪法赋予我们的权益而斗争的同时，我们又必须从哲学和文化上回归非洲，并且在一个泛非主义的框架内发展紧密团结的合作关系。……如果我们从文化、哲学和心理上移回非洲，然而身在美国，那么，在我们和非洲之间通过文化和哲学移民发展起来的精神纽带，将加强我们在这里（美国）的地位……你从来不能把基础建在美国。"⑤ 换言之，即身在美国，心在非洲。他强调，非洲大陆强大、统一了，非裔美国人也就会在美国得到尊重。⑥ 他在演讲中从独立、资源、市场、工业

---

① George Breitman, ed., *Malcolm X Speaks: Selected Speeches and Statements*, p. 61.

② 参见于展《论马尔科姆·X 的宗教思想》，《世界宗教研究》2009 年第 4 期。

③ Manning Marable, *Malcolm X: A Life of Reinvention*, p. 370.

④ Manning Marable, *Malcolm X: A Life of Reinvention*, p. 310.

⑤ George Breitman, ed., *Malcolm X Speaks: Selected Speeches and Statements*, pp. 62 – 63, 210.

⑥ George Breitman, ed., *Malcolm X Speaks: Selected Speeches and Statements*, p. 211.

化等方面多次论述非洲的重要性，极力赞美非洲，强调非洲的血统、非洲的起源、非洲的文化和非洲的纽带，① 来提高西半球——尤其是美国——黑人的尊严，并为实行泛非主义提供依据。② 因为他很明白："什么使我们分裂？我们缺少骄傲。我们缺少种族认同，我们缺少种族骄傲，我们缺少文化根基。我们没有共同之处。然而，当非洲国家获得独立、并且改变形象后，我们就以他们为骄傲，我们开始在那种程度上有了共同之处，今天黑人团结起来变得容易多了。"③

马尔科姆不仅大力宣扬泛非主义的主张，而且还身体力行，在1964 年 7 月以观察员身份参加非统组织的大会时，反复强调"我们的问题就是你们的问题"，寻求非洲国家的支持和帮助，以便把美国黑人的问题带到联合国。在大会上，他大声疾呼："你们的问题从来不能完全解决，除非我们的问题被解决，你们将从来不能被完全尊重，除非我们也被尊重。你们将从来不能被作为自由的人被承认，除非我们被作为人来承认和对待。我们的问题就是你们的问题，它不是一个黑人问题，也不是一个美国问题，它是一个世界问题，一个人性问题，它不是一个民权问题，而是一个人权问题。我们的非洲兄弟应该毫不犹豫地把美国政府带到联合国面前，控告它违背了 2200 万非裔美国人的人权……我们请求独立的非洲国家帮助我们把我们的问题带到联合国，因为美国政府道义上不能保护 2200 万非裔美国人的生命和财产，因为我们日益恶化的处境一定会成为世界和平的一大威胁。"他也提醒、告诫非洲国家："我祈祷我们的非洲兄弟不要刚刚从欧洲殖民主义的桎梏中摆脱出来，又掉入美国美元主义的枷锁中。

---

① George Breitman, ed., *Malcolm X Speaks: Selected Speeches and Statements*, pp. 168 – 172, John Clarke, *Malcolm X: The Man and His Times*, pp. 314 – 316; Archie Epps, ed., *Malcolm X: Speeches at Harvard*, New York: Paragon House, 1991, pp. 167 – 168; Bruce Perry, ed., *Malcolm X: The Last Speeches*, pp. 91 – 107, 165 – 171; *Malcolm X Talks to Young People: Speeches in the U. S., Britain, and Africa*, pp. 36 – 38; George Breitman, *By Any Means Necessary*, p. 136.

② George Breitman, ed., *Malcolm X Speaks: Selected Speeches and Statements*, pp. 122 – 129.

③ Bruce Perry, ed., *Malcolm X: The Last Speeches*, p. 128.

不要让美国的种族主义通过美元主义合法化。"①

马尔科姆国际主义另一个重要方面就是把美国国内黑人争取民权的斗争提高到人权的水平。在 1964 年 4 月 "选票还是子弹"、1964年 7 月 "向非洲国家首脑的呼吁" 等演讲中，马尔科姆对民权和人权的区别、人权斗争和国际斗争的联系做了阐释："当你进行民权斗争时，你把你自己局限在山姆大叔的权限范围之内。只要你的斗争是民权斗争，外部世界就没有人站出来为你的利益说话。民权是这个国家的内部事务。我们的非洲兄弟、亚洲兄弟和拉美兄弟不能开口干涉美国的国内事务。当你把民权（Civil rights）斗争扩展到人权（Human rights）水平，你能把美国黑人在这个国家的处境带到联合国面前，你能把它带入联合国大会，你能把山姆大叔带到世界法庭上。民权意味着你乞求山姆大叔赐予你权利。人权是你天生就有的东西，人权是上帝赋予你的权利，人权是地球上所有民族都承认的权利。任何时候、任何人违背了你的人权，你能把它带到世界法庭上。"② 所以，当黑人在人权问题上进行斗争时，情况就不同了。这样就打开了把山姆叔叔带到世界法庭去的大门。应当把山姆大叔带到法庭上，让它说出为什么黑人在所谓自由的社会里是不自由的，也应当把山姆大叔带到联合国去，并指控它违反联合国的人权宪章。马尔科姆还把美国的黑人问题与南非的种族隔离制做了比较："倘若说南非犯有侵犯黑人人权的罪，那么美国就犯有更加严重的侵犯美洲大陆的 2200 万黑人人权的罪。如果南非种族主义问题不是一个国内问题，那么美国的种族主义也不是一个国内问题。"③ 这就使马尔科姆的人权斗争更有说服力。

马尔科姆的国际主义尤其是泛非主义思想其实是与其黑人民族主

①　George Breitman, ed., *Malcolm X Speaks: Selected Speeches and Statements*, pp. 75 - 77.

②　George Breitman, ed., *Malcolm X Speaks: Selected Speeches and Statements*, pp. 34 - 35, 83; Bruce Perry, ed., *Malcolm X Talks to Young People: Speeches in the U. S., Britain, and Africa*, pp. 58 - 59; George Breitman, *By Any Means Necessary*, p. 57.

③　George Breitman, ed., *Malcolm X Speaks: Selected Speeches and Statements*, pp. 53 - 54, 75 - 76.

义思想一脉相承。他在 20 世纪 60 年代重点构筑了自己的黑人民族主义的哲学："我们的政治哲学将是黑人民族主义，我们的经济和社会哲学将是黑人民族主义，我们的文化哲学将是黑人民族主义。黑人民族主义的政治哲学意味着我们必须控制我们社会的政治和政治家。"①换言之，黑人要控制自己社会的政治、经济和文化等，其斗争目标逐步从独立国家转向自治社会、从身体移民转向心理移民。所谓心理移民，即精神上回归非洲："如果我们的人民尽量先从文化、哲学和心理上回归非洲，即使身在美国，这种心理、文化和哲学上的移民将提供我们与母国紧密联系的纽带，从而加强我们在美国的地位，而且我们由此也能有效地影响政府的对内、对外政策。"② 正如马尔科姆于 1964 年 11 月 29 日在从非洲和中东回来后召开的第一次非裔美国人统一组织集会上所言："我们在美国的 2200 万人民正考虑把自己与非洲紧密联系起来，因为我们的起源是相同的，我们的命运是相同的，我们已经被分开太久了。但这并不意味着我们要准备好行囊，驾着小船回到非洲，这是不真实的，也是不必要的。必要的是我们从思想上、文化上、精神上、哲学上和心理上回归非洲。当我们在那种意义上回归时，被创造出来的这种精神纽带使我们不可分离，他们能看到我们的问题是他们的问题，他们的问题是我们的问题……我们必须互相帮助、彼此合作，才能使问题得到解决。"③ 可见，马尔科姆意识到回到非洲、分离主义是不现实的，越来越少地把非洲看作一个美国黑人创造一个分离国家的地方，非洲对于被压迫黑人的人格重建以及他转变为一个非裔美国人此时变得更是一种观念上的需要。④

　　马尔科姆的国际主义中还包含着一种反对资本主义、支持社会主义（尤其是中国的社会主义）的思想。在几次非洲之行中，马尔科姆都注意到："在亚洲和非洲独立的国家中用来解决他们问题的方法

---

① George Breitman, ed., *Malcolm X Speaks: Selected Speeches and Statements*, p. 21.

② George Breitman, *By Any Means Necessary*, p. 120.

③ George Breitman, *By Any Means Necessary*, pp. 145 – 146.

④ 参见于展《超越黑人民族主义——马尔科姆·X 晚期思想探析》，《浙江学刊》2007 年第 6 期。

不是资本主义。"① 马尔科姆与杜波依斯夫人等人交往甚密，而他们都是著名的信仰社会主义和共产主义的左派人士。他们又把马尔科姆介绍给中国驻加纳大使黄华等人，马尔科姆从而对中国革命、中国的社会主义建设以及中国人民对美国黑人斗争的支持有了深刻的了解。在加纳和英国的时候，他多次接受新华社的采访，如 1964 年 5 月 16 日，他向新华社记者发表谈话说，美国黑人欢迎毛泽东主席在 1963 年 8 月 8 日为支持美国黑人反对种族歧视斗争而发表的声明，认为："毛主席的声明正是我们美国黑人所需要的。我们欢迎他的声明和他代表六亿五千万中国人民对我们斗争的支持。我们美国黑人还对中国人民在毛主席的英明领导下在他们的革命和国家建设事业中所取得的成就表示钦佩。"② 在此影响下，马尔科姆对资本主义制度进行了猛烈的抨击。③ 他意识到美国黑人问题是国内、国际体系的一部分。在这个体系中，资本主义、殖民主义和种族主义之间有密切的联系。马尔科姆确信资本主义体系培育了种族主义，并把它作为经济剥削和政治压迫的一种工具，这种体系在占优势和附属的群体间通过暴力确立了殖民关系，美国的黑人贫民窟就属于这种模式。④ 马尔科姆遇刺后，《人民日报》发表了多篇悼念文章，其中最为著名的是郭沫若为他所写的一首悼念诗，不仅讴歌了马尔科姆在黑人斗争方面的巨大功绩，还赞扬了马尔科姆与中国人民之间的深厚友情，其标题及第一句和最

① George Breitman, ed., *Malcolm X Speaks*：*Selected Speeches and Statements*, p. 122. 加纳、几内亚、坦桑尼亚等国建国伊始都走上了"非洲社会主义"的道路。

② 新华社：《美国黑人穆斯林组织领导人爱克斯发表谈话》，《人民日报》1964 年 5 月 19 日第 4 版。此外他还对中国爆炸第一颗原子弹、联合国改组等问题接受了新华社的采访，表达了对中国的坚定支持。参见《人民日报》1965 年 2 月 8 日，第 4 版相关内容。

③ 他预言资本主义迟早要灭亡："资本主义不可能生存，主要是因为资本主义体系需要一些鲜血来吮吸。资本主义过去像只苍鹰，但现在它更像只秃鹰。过去它是足够强大地去吮吸任何身体的鲜血，而无论受害者强大与否。但现在它变得越来越怯懦，像只秃鹰，仅仅能吮吸无助者的鲜血。随着越来越多的国家获得独立和自由，资本主义变得越来越虚弱。在我看来，它的完全崩溃仅仅是个时间的问题。" George Breitman, ed., *Malcolm X Speaks*：*Selected Speeches and Statements*, p. 199；John Clarke, *Malcolm X*：*The Man and His Times*, p. 265；Bruce Perry, ed., *Malcolm X Talks to Young People*：*Speeches in the U. S.*, *Britain*, *and Africa*, p. 91；George Breitman, *By Any Means Necessary*, pp. 165 – 166.

④ George Breitman, ed., *Malcolm X Speaks*：*Selected Speeches and Statements*, p. 69.

后一句都高呼"马尔科姆·X 万岁"。这有力证明了马尔科姆与中国之间的亲密关系。①

　　通过使美国黑人斗争国际化，马尔科姆发现了把少数变成多数的方法，"当这些不同地区（亚非拉）的人们开始看到问题是同样的问题（种族主义压迫），当 2200 万美国黑人看到我们的问题与在南越、刚果和拉美被压迫人民的问题是同样问题的时候，那么地球上被压迫的人民构成了大多数——那么我们作为大多数人解决问题的方法是要求而不是作为少数人的乞求"②。他指出，"当我说黑人，我指的是非白人——黑种人、棕种人、红种人和黄种人"③。并满怀信心地宣称，从国际水平和世界背景来看，"我们在地球上不是少数"。④ "今天西半球黑人斗争和过去斗争之间的基本区别是，他有了一种新的认同感、尊严感和迫切感，他看到现在他有了同盟。"因此，他号召全世界被压迫的大多数人们（包括美国黑人在内）团结起来，行动起来，反对共同的少数的压迫者。⑤ 这就大大提升了美国黑人开展争取自由斗争的自信。

　　马尔科姆的泛非主义最终演变为反对西方帝国主义的世界革命思想。他旗帜鲜明地指出，"我相信被压迫者和压迫者之间最终会发生冲突。我相信，那些希望人人享有自由、公正和平等的人与那些希望继续维持剥削制度的人之间将会发生冲突。把黑人的反抗仅仅看作是黑人对白人的种族冲突，或者纯粹是美国的问题，都是不正确的。相反，我们今天看到的是一场全球的被压迫人民反抗压迫者、被剥削人

---

　　① 郭沫若：《马尔科姆·爱克斯万岁》，《人民日报》1965 年 2 月 24 日，第 6 版。其中有关中国与马尔科姆之间关系的内容如下："你欢迎过毛主席支持美国黑人斗争的庄严声明，你以为毛主席的声明正是美国黑人所需要的，你以得到毛主席和中国人民的支持而欢欣鼓舞。你欢迎过中国所爆炸成功的第一颗原子弹，你认为是对全世界被压迫人民斗争的重大贡献。你还痛骂过美国政府所操纵着的联合国，你认为联合国专为某些大国服务，必须改组，你认为没有六亿五千万中国人民的代表，联合国就没有资格代表全世界的人民。你的这些正义的呼声，中国人民也铭刻在心里了。"可谓情真意切。

　　② George Breitman, ed., *Malcolm X Speaks: Selected Speeches and Statements*, p. 218.

　　③ George Breitman, ed., *Malcolm X Speaks: Selected Speeches and Statements*, p. 50.

　　④ Bruce Perry, ed., *Malcolm X: The Last Speeches*, pp. 152 – 153.

　　⑤ Bruce Perry, ed., *Malcolm X Talks to Young People: Speeches in the U. S., Britain, and Africa*, p. 46.

民反抗剥削者的革命"①。他也深刻意识到革命的目标："一场全球性的革命正在进行……它反对什么？权力结构。美国的权力结构？不。法国的权力结构？不。英国的权力结构？不。那么，什么权力结构呢？一个国际化的西方权力结构。一个由美国利益、法国利益、英国利益、比利时利益、欧洲利益组成的国际权力结构。这些曾经殖民有色人种的国家形成了一个巨大的国际联盟。这是一种统治世界的结构。直到最近，在亚洲和非洲发生的革命，才摧毁了权力结构的基础和力量。"② 这样就使马尔科姆的国际主义有了更大的普遍性和更激进的色彩，有力促进了后来的黑人权力运动的发生和演变。

（3）影响

马尔科姆的中东、非洲之行，一直受到美国政府的监视。为了抵消其影响，美国联邦调查局、中央情报局对他进行监控和压制，一些媒体也对他进行诋毁。例如，马尔科姆公开出席非洲统一组织会议在美国引起批判性的回响。其中一个例子是维克多·里塞尔在《洛杉矶时报》的一篇专栏文章，标题为"马尔科姆·X 的非洲阴谋"，颇具煽动性。他在文章中使用了只有中情局才会有的马尔科姆的资料，谴责马尔科姆与中国和国际左派人士关系密切，对美国国家安全构成很大威胁。当时的美国代理司法部长尼古拉斯·卡岑巴赫写信给埃德加·胡佛，建议联邦调查局调查马尔科姆在开罗的逗留是否违反了《洛根法案》。《洛根法案》规定，公民未经授权与外国政府签订协议是非法的。卡岑巴赫在信中证实，联邦调查局和中情局都在监视马尔科姆的非洲之行。在马尔科姆离开开罗后，联邦调查局和中央情报局并没有减少跟踪他的努力，而且在他出国的大部分时间里，联邦调查局一直都在密切关注着他。在访非期间的每次活动中，马尔科姆被当作一位来访的显要人物对待，他在社交和公共活动中引人注目的表现，令中央情报局和联邦调查局震惊。联邦调查局之前曾花了数年时间试图挑拨伊斯兰民族领导人穆罕默德和马尔科姆的关系，希望能搅

---

① George Breitman, ed., *Malcolm X Speaks: Selected Speeches and Statements*, pp. 232 – 233.

② Bruce Perry, ed., *Malcolm X: The Last Speeches*, p. 127.

乱该组织，败坏其领导人的声誉。马尔科姆在非洲广受欢迎令美国政府必须加大努力诋毁他。马尔科姆访问肯尼亚时，美国大使馆联系了住在内罗毕的几名美国黑人，警告他们离马尔科姆远点。原计划的一次聚会不得不取消，因为有人向他施加压力，企图败坏他的名誉。当肯尼亚议会通过了支持马尔科姆提出的人权斗争决议后，美国驻肯尼亚大使和几名助手立即约见了马尔科姆，他们询问了马尔科姆与肯尼亚官员的关系，并要求提供他最近所有活动的细节。大使甚至当着马尔科姆的面谴责他是个种族主义者。①

最终美国政府的企图失败了。很多时候，马尔科姆都做了有理有据的回应。例如针对他参加开罗非统会议的负面评价，8 月 21 日，他以非裔美国人统一组织的名义发表了一份新闻公报，该声明最有趣的特点是马尔科姆对自己出席会议的公正评价。他说："我来参加这次首脑会议并没有像美国新闻界某些人士所说的那样是徒劳的，相反，我来参加这次首脑会议的结果证明是很有成效的。"他强调了非洲代表对他表示的政治支持，"我没有发现我失去了任何机会"②。面对美国驻肯尼亚大使的诘问，马尔科姆保持冷静，他精力充沛地陈述了自己的立场和目标，要求当局提供他做过任何违法行为的证明。③非洲各国政府也不相信美国政府的诋毁，都给予马尔科姆很高的礼遇。事实上，正是由于美国政府意识到马尔科姆的巨大影响和能量，所以才对他进行百般诋毁和压制。一个著名的例子是，美国官员检查了马尔科姆提交给非统组织的长达 8 页的备忘录后，他们表示，哪怕马尔科姆只是成功说服一个非洲国家的政府把指控带到联合国，美国政府也将面对一个棘手的问题。④

更为重要的是，马尔科姆的海外游历和国际主义思想对美国国内的民权运动向激进化方向发展产生了很大的影响，对民权组织学生非暴力协调委员会的影响很大。"自由夏天"后，学生非暴力协调委员会派出一个代表团去非洲参观旅行，在那里他们遇到了马尔科姆。刘

---

① Manning Marable, *Malcolm X: A Life of Reinvention*, pp. 363 – 373.
② Manning Marable, *Malcolm X: A Life of Reinvention*, p. 365.
③ Manning Marable, *Malcolm X: A Life of Reinvention*, p. 373.
④ Manning Marable, *Malcolm X: A Life of Reinvention*, p. 362.

易斯回忆说："我们意外地遇见了马尔科姆，跟他讨论了很长时间。我们不仅讨论了非洲的问题，也谈论了美国的问题，例如参与民主进程的权利问题。他反复警告我们要谨慎。我感觉马尔科姆正在发生改变，因为他一直说想帮助和支持民权运动，想参观南方，而且鼓励我们坚持斗争。"①

1964 年 12 月，鲁哈默等学生非暴力协调委员会和密西西比自由民主党的代表在哈莱姆开展了一次北方城市之行，马尔科姆应邀在他们的集会上发表了演讲。返回时，哈默女士与学生非暴力协调委员会的自由歌手们参加了马尔科姆发起的非裔美国人统一组织的会议。后来，学生非暴力协调委员会组织青少年开展了一次从密西西比麦考姆到纽约进行参观的活动，马尔科姆对这些来自南方的青少年说："1964 年斗争最伟大的成就是成功地把我们的问题与非洲的问题联系在一起，或者说使我们的问题成为一个世界问题。意识到你们虽然身在密西西比，但并不孤单是很重要的。"②

1965 年塞尔玛运动期间，马尔科姆的影响在年轻激进的学生非暴力协调委员会中已经很大了。学生非暴力协调委员会邀请马尔科姆于 2 月 4 日在布朗礼堂召开的大众会议上演讲。马尔科姆激动人心的演讲推动了学生非暴力协调委员会内部黑人民族主义倾向的发展。克利夫兰·塞勒斯认为这次邀请"加强了马尔科姆与我们的斗争和年轻人的联系"③。就连对学生非暴力协调委员会的激进成员日益不满的刘易斯也评论说："马尔科姆比其他任何人都能更清楚地表达出美国黑人的渴望、痛苦与挫折。"④

1965 年 2 月 21 日，马尔科姆在哈莱姆遇刺身亡。但他对学生非暴力协调委员会的影响却保留了下来，并越来越大。克利夫兰·塞勒

---

① Henry Hampton and Steve Fayer with Sarah Flynn, *Voices of Freedom*：*an Oral History of the Civil Rights Movement*, New York：Bantam Books, 1990, p. 206.

② Henry Hampton and Steve Fayer with Sarah Flynn, *Voices of Freedom*：*an Oral History of the Civil Rights Movement*, New York：Bantam Books, 1990, p. 207.

③ Henry Hampton and Steve Fayer with Sarah Flynn, *Voices of Freedom*：*an Oral History of the Civil Rights Movement*, New York：Bantam Books, 1990, p. 220.

④ Manning Marable, *Race*, *Reform and Rebellion*：*The Second Reconstruction in Black America*, *1945 – 1982*, Jackson：University Press of Mississippi, 1984, p. 100.

斯说："马尔科姆唤起了我们的觉醒。他鼓励和激发我们继续斗争。我们从整体上来看，事实上马尔科姆已经发生了转变。起先，他是一个有缺陷的人，但他能改变自己，约束自己，教育自己，努力向前。学生非暴力协调委员会派我和刘易斯来参加马尔科姆的葬礼。我们带来了一个信息给马尔科姆，那就是，我们听到你说的话了，我们正在聆听，事实上，我们已经接受了你提供的最好的东西，我们将继续用你的思想来指导我们的运动和斗争。"①

到 1966 年，学生非暴力协调委员会的领导人呼吁建立第三世界联盟，将美国黑人与被殖民的非洲人、亚洲人和拉丁美洲人联合起来，在他们自己的民权运动和国际解放斗争之间建立联系。在整个20 世纪60 年代末和70 年代，学生非暴力协调委员会的积极分子加强了他们对整个第三世界尤其是非洲解放斗争和独立运动的认同，认识到反对种族主义和殖民主义的全球斗争的"不可分割的性质"②。他们确实继承了马尔科姆在国际斗争方面的遗志。

马尔科姆死后，他的国际主义思想对"黑人权力"等激进运动产生了至关重要的影响，尤其对斯托利·卡迈克尔和黑豹党影响最大。卡迈克尔是黑人权力运动的代表性人物，曾在一次游行中首先提出"黑人权力"的口号，后来先后担任过学生非暴力协调委员会和黑豹党的领导人。他继承了马尔科姆把黑人的自由运动同全世界正在兴起的反殖革命运动联系在一起的主张，并认为黑人社会构成了美国的一个国内殖民地。他在与人合著的第一本解释黑人权力的书中提道，"黑人权力意味着黑人把自己看作第三世界的一部分，我们把我们自己的斗争与世界其他地方的斗争紧密联系在一起"③。1967 年在古巴举行的一次拉丁美洲革命者会议上，卡迈克尔又专门讨论了这个主

---

① Henry Hampton and Steve Fayer with Sarah Flynn, *Voices of Freedom*: *an Oral History of the Civil Rights Movement*, p. 225.

② 参见 Julia Erin Wood, *Freedom is Indivisible*: *The Student Nonviolent Coordinating Committee*（*SNCC*）, *Cold War Politics*, *and International Liberation Movements*, Yale University, 2011。

③ Stokely Carmichael and Charles Hamilton, *Black Power*: *The Politics of Liberation in America*, New York: Random House, Vintage Books, 1967, pp. x – xi.

题,"我们越来越清楚地看到:我们同你们在共同斗争中是共命运的,我们有着共同的敌人。我们的敌人就是西方白人的帝国主义社会。我们的斗争就是要推翻这个通过对非白人的和非西方人民的第三世界进行经济剥削和文化侵略而养肥自己和扩张自己的制度"①。卡迈克尔最终像马尔科姆一样信奉泛非主义思想,与加纳领导人克瓦米·恩克鲁玛、几内亚领导人塞古·杜尔等非洲国家首脑联系密切,甚至改名为克瓦米·杜尔,并移民到几内亚。②

黑豹党的思想主张,前期侧重于自卫、黑人自决等黑人民族主义,后期则转向革命、社会主义和国际主义等激进思想,和马尔科姆的一些国际斗争思想也基本一致。而且它并未止步于思想,不断在非洲等全球各地建立支部,推动了黑人争取自由的国际化斗争的全球发展。③黑豹党领导人牛顿在1970年写道:"黑豹党从黑人权力运动中成长起来,但是这个党已经从黑人权力的意识形态转向社会主义的意识形态、马列主义的意识形态……我们已经不像以前的黑人权力那样,是民族主义者,我们变成了国际主义者。"④ 或者说,"我们的党不再是一个革命的民族主义政党,我们成为一个革命的国际主义政党。我们是一个革命的国际主义政党,因为我们正在与国际资产阶级作斗争,因此自然的我们的方法和策略必须建立在国际主义的基础上"⑤。黑豹党与马尔科姆一样与社会主义的中国关系友好,视中国为支持美国黑人自由斗争和解放事业的重要国际力量和盟友。

总之,马尔科姆晚年的海外游历,开阔了他的视野,改变了他20

---

① [美] 罗伯特·L. 艾伦:《美国黑人在觉醒中》,上海市五·七干校六连翻译组译,上海人民出版社1976年版,第7页。

② 参见 Donald J. McCormack, Stokely Carmichael and Pan-Africanism: Back to Black Power, *The Journal of Politics*, Vol. 35, No. 2 (May, 1973); Stokely Carmichael, *Ready for Revolution: The Life and Struggles of Stokely Carmichae*, New York: Scribner, 2003。

③ 参见 Nico Slate eds. , *Black Power Beyond Borders: The Global Dimensions of the Black Power Movement*, Palgrave Macmillan US, 2012; Sean L. Malloy, *Out of Oakland: Black Panther Party Internationalism during the Cold War*, Cornell University Press, 2017。

④ G. Louis Heath, ed. , *Off the Pigs! The History and Literature of the Black Panther Party*, Metuchen, N. J. : Scarecrow Pr. , Inc. , 1976, p. 148.

⑤ G. Louis Heath, ed. , *Off the Pigs! The History and Literature of the Black Panther Party*, Metuchen, N. J. : Scarecrow Pr. , Inc. , 1976, p. 219.

世纪 50 年代孤立的、远离一切民权组织的封闭方法，开始特别强调黑人团结和建立强大的同盟。在其黑人民族主义的框架内，马尔科姆提出了包括泛非主义和人权斗争等在内的国际主义战略，以解决美国黑人的命运问题。虽然受到美国政府的压制，但马尔科姆的这些思想仍推动了民权运动向激进化的黑人权力运动方向发展。学生非暴力协调委员会、卡迈克尔和黑豹党等组织和个人都继承了马尔科姆关于黑人世界革命的一整套话语体系，并努力付诸实践，成了激进的黑人权力运动的一个显著特征。

总之，马尔科姆的海外游历尤其是非洲之行的经历促进了其国际主义策略的形成。他的策略经历了从寻找国内盟友到开展国际斗争的转变。起初他希望黑人自己能团结起来，因此积极寻求与金等温和派黑人领导人的合作，但遭到他们的拒绝，他不得不另寻新路，开始筹划有条件的黑白同盟，但由于马尔科姆一贯对白人心存疑虑，这样的黑白同盟很难建立。最终，他在亚非拉，尤其是非洲和中国找到了最好的盟友，形成了著名的国际主义斗争策略。其主要内容包括以正统伊斯兰教为基础，以泛非主义为核心，以向联合国申诉和人权斗争及赢得中国等社会主义国家的支持为手段，竭力争取美国黑人的自由和权利，最终演变为反对西方帝国主义的世界革命思想。这种国际化策略，产生了很大的影响，虽然遭到美国政府的压制，但促进了后来黑人民权运动的激进化发展。美国政府为了消除激进黑人的影响，不得不支持比较温和的改革，这样反过来也就有助于美国黑人困境的改善。① 例如美国国务院对马尔科姆·X 在非洲的影响感到担忧。一名国务院的官员强调："不可否认，他的极端言论所产生的宣传可能对美国的形象造成了一些损害。"但他认为，"解决这种损害的最好办法是民权改革。整个事件表明继续走我们已经选择的道路的重要性——使我们的国家在任何时候、任何地方都能保证每个公民的所有权利"②。可见，马尔科姆的观点是正确的，没有压力就没有进步，

---

① George Breitman, ed., *Malcolm X Speaks: Selected Speeches and Statements*, p. 86.

② Mary L. Dudziak, *Cold War Civil Rights: Race and the Image of American Democracy*, Princeton University Press, 2000, p. 223.

自由从来就不是通过赐予得来的，而是要经过艰苦的斗争。后来联邦政府不得不实施各种《民权法案》及肯定性行动计划来保护黑人的平等权利，马尔科姆激进的国际斗争策略还是从中起了积极作用的。但另外也要看到，马尔科姆主张的激进化、国际化的黑人自由斗争的路线是美国政府不能容忍的，因此一旦民权改革涉及根本性的经济和社会结构的重整和美国的国家安全等问题，美国政府就不会继续推进下去，很多难题就一直遗留到现在，成为当今美国社会种族问题时常爆发的根源之一。

2. 美国民权运动转向黑人权力运动的中国因素

20世纪60年代，在美国民权运动从非暴力直接行动转向黑人权力运动等激进运动的过程中，来自中国的因素起了重要的作用。中国式的革命道路迥异于西方白人的思想，对于自认为受到白人内部殖民统治的黑人激进分子很有吸引力。尤其是毛泽东主席有关世界革命、游击战、严明的革命伦理道德等方面的思想言论对黑人领袖罗伯特·威廉和黑人激进组织革命行动运动组织、黑豹党等产生了直接的影响。[1]

（1）中国对罗伯特·威廉的影响

罗伯特·威廉1925年出生于门罗一个普通家庭里，在富于斗争传统的家庭环境中长大。他参加过二战和朝鲜战争，1956年退役。退役后不久他加入门罗的全国有色人种协进会，被选为主席。他们招募了很多工人、农民，一年内形成了200人的规模。1957年，三K党袭击了门罗全国有色人种协进会分支开会的地方，威廉和其他人立即开枪还击，三K党最终被迫撤退。[2]

1958年10月28日，在门罗发生了一件更加轰动的事件。两个黑人小男孩，一个8岁，一个10岁，在与一些白人孩子的亲吻游戏中，分别亲吻了一个8岁的白人小女孩。两个黑人小男孩被判进入黑人培

---

① 本部分内容参见于展《美国民权运动中的中国因素》，《全球史评论》第7辑，中国社会科学出版社2014年版。

② Robert F. Williams, *Negroes With Guns*, Detroit：Wayne State University Press, 1998, pp. xviii – xix.

训学校进行改造，法官告诉他们，只有他们表现良好，才会在 21 岁之前被放出来。① 威廉始终关注这一事件，并对此进行了猛烈抨击，以至于在审判此案时，法官竟不允许威廉进入法庭。

1959 年，门罗发生了著名的马克·帕克被白人暴徒私刑致死事件。随后又发生 4 个黑人大学生被白人暴徒折磨的事件。很多黑人义愤填膺，准备报复。同年，一名白人技工强奸怀孕黑人妇女的案件更加激发了黑人的愤怒，一些黑人立即行动起来，想用武力进行报复。威廉告诉他们说，事情会通过法律来处理，全国有色人种协进会可以提供帮助，"如果我们转向暴力，我们就和白人一样坏了"。但经过法院审理，那位白人很快就被宣布无罪释放。听到这个消息，威廉怒不可遏地告诉记者，"以暴抗暴的时刻到来了"②。他主张，黑人公民如果不能得到法律支持，就必须以武力保卫自己。全国有色人种协会主席罗伊·威尔金斯在报纸上看到了威廉以暴抗暴的话，立即打电话给威廉，告以他被停职的决定。

1959 年庆祝全国有色人种协进会成立 50 周年大会成为一个高度公共化的事件，会议的一个中心议题是威廉是否应当被继续停职。大会领导人集体反对威廉，瑟古德·马歇尔、马丁·路德·金、戴西·贝茨、威尔金斯等都一致谴责他。威廉极力为自己辩护。③ 他坚持，南方社会中一直存在着对法律和秩序的蔑视，在这种地方，只有自卫才能阻止谋杀。他并不反对金的非暴力方法，只是主张斗争要有灵活性。

1961 年，"自由乘客"特意来到门罗，发起非暴力运动，以挑战威廉的武装自卫思想。自由乘客遭到白人暴徒的攻击，很多人受伤，这场非暴力运动迅速演变成一场暴徒的枪战。骚乱发生后不久，威廉就被指控绑架一对白人夫妇。他不相信美国的司法体制，开始了在国

---

① Timothy B. Tyson, "Robert F. Williams, Black Power, and the Roots of the African American Freedom Struggle", *The Journal of American History*, Vol. 85, No. 2 (September 1998), p. 552; Timothy B. Tyson, *Radio Free Dixie: Robert F. Williams and the Roots of Black Power*, Chapel Hill: University of North Carolina Press, 1999, pp. 95, 101.

② Robert F. Williams, *Negroes With Guns*, p. 26.

③ Robert F. Williams, *Negroes With Guns*, p. xxv.

外的流亡生涯。他和家人先飞到加拿大，然后去了古巴。威廉在古巴主持了自由南方电台（1961—1964），主要面向美国南方各州广播，但在纽约和洛杉矶也有听众，其节目的磁带后来在瓦茨和哈莱姆广泛传播。他还继续编辑印刷《十字军战士报》，大批寄到美国南方。非暴力学生协调委员会就订阅了这一报纸，并深受其影响。① 总之，通过这些电波和印刷品，威廉的思想在美国南方得到广泛传播，产生了很大影响。他后来又访问越南，并在北京定居。

虽然一直在国外流亡，威廉还是对学生非暴力协调委员会后期主张的变化产生了影响。1964 年，他们放弃了非暴力，很多成员在激烈的争论中引用威廉的观点作为证据，一些争取种族平等大会的成员这时也对威廉推崇备至。威廉的代表作《带枪的黑人》深深影响了黑豹党的创建者牛顿，他创建黑豹党之前曾参加了威廉任主席的"革命行动运动"组织。总之，威廉对民权运动后来转向"黑人权力"运动起了重要的推动作用。②

就是这样一个土生土长的对美国民权运动产生重大影响的黑人怎么会受到万里之外的中国的影响呢？这要从威廉请求毛泽东发表支持黑人斗争的声明说起。

在居留古巴期间，罗伯特·威廉两次致信毛泽东，要求毛泽东发表声明支援美国黑人反种族歧视斗争。1963 年 8 月 8 日，毛泽东主席接受威廉的要求，发表了《呼吁世界人民联合起来，反对美帝国主义的种族歧视、支持美国黑人反对种族歧视的斗争的声明》，在声明中，毛泽东简要回顾了美国黑人受奴役、受压迫、受歧视以及英勇斗争的历史，并深刻指出，"美国黑人斗争的迅速发展是美国国内阶级斗争和民族斗争日益尖锐化的表现"，"民族斗争说到底是一个阶级斗争

---

① Timothy B. Tyson，"Robert F. Williams，Black Power，and the Roots of the African American Freedom Struggle"，*The Journal of American History*，Vol. 85，No. 2（September 1998），pp. 564 – 565；Robert F. Williams，*Negroes With Guns*，p. xxviii.

② Timothy B. Tyson，*Radio Free Dixie*：*Robert F. Williams and the Roots of Black Power*，pp. 290 – 291；"Robert F. Williams，Black Power，and the Roots of the African American Freedom Struggle"，*The Journal of American History*，Vol. 85，No. 2（September 1998），p. 565；Robert F. Williams，*Negroes With Guns*，p. xv.

问题"。毛泽东最后满怀豪情地展望，"我深信，在全世界90%以上的人民的支持下，美国黑人的正义斗争是一定要胜利的。万恶的殖民主义、帝国主义制度是随着奴役和贩卖黑人而兴盛起来的，它必将随着黑色人种的彻底解放而告终"①。北京随即在人民大会堂乃至全国都举行了声势浩大的声援美国黑人斗争的群众集会。

罗伯特·威廉在接到声明后于8月14日在古巴发表长篇文章《毛泽东的美国黑人解放宣言》，将该声明同林肯的《解放宣言》相提并论。他在文章中对美国种族主义者提出了有力的揭发和控诉，指出"黑人群众开始用暴力对待暴力"，并批评了肯尼迪政府对美国黑人采取的两面手法。②威廉的这篇文章通过自由南方电台和《十字军战士报》传到了美国南方，对美国黑人斗争产生了很大的鼓舞。

1963年8月27日美国著名学者和黑人领袖杜波依斯去世，毛泽东、宋庆龄、周恩来、陈毅先后向杜波依斯夫人雪莉·格雷厄姆·杜波依斯发去唁电。罗伯特·威廉和夫人梅贝尔应邀于1963年9月至11月访问中华人民共和国北京、杭州、上海等地，受到毛泽东、刘少奇、周恩来、朱德等领导人的接见。威廉在接受中国记者采访时说："我为什么两次写信给毛主席，要求他发表声明，支援我们反对种族歧视的斗争？因为我感到他深刻了解美帝国主义的本质，是最了解美国佬压迫本质的一位世界领袖。因为我感到他是最可能为黑人说话的一位世界领袖。因为我还感觉到，中国是作为全世界被压迫人民的一个新兴领导力量而出现的。我感觉到，这样做将使被压迫的美国黑人和非洲人民同中国人民之间建立起一座团结的桥梁。"③

---

① 毛泽东：《呼吁世界人民联合起来，反对美帝国主义的种族歧视、支持美国黑人反对种族歧视的斗争的声明》，《人民日报》1963年8月9日，第1版；又见《世界知识》1963年第16期。英文版同时在中国对外宣传的英文报纸《北京周报》上刊出，见 *Peking Review*，Vol. 6，No. 33，August 16，1963。

② 新华社：《美国黑人领袖罗伯特·威廉发表长篇文章　毛主席声明把美国黑人斗争提到应有国际地位》，《人民日报》1963年8月27日，第4版；《美国黑人的觉醒（三十八）》，《参考消息》1968年7月13日，第2版；艾纳：《像火炬一样照亮了被压迫人民的心——综述全世界热烈拥护毛主席关于支持美国黑人斗争的声明的反应》，《世界知识》1963年第18期。

③ 于木：《"胜利的是我们！"——罗伯特·威廉夫妇访问记》，《世界知识》1963年第19期。

由于在古巴受到排挤和批评，1965 年，威廉全家搬到中国。他被奉为贵宾，受到热情招待。威廉一家曾和毛泽东主席共进晚餐，并有幸和毛泽东、周恩来等中国领导人长时间谈话，进入到中国政府高层的圈子中。1966 年国庆节，威廉带着一本英文版《毛主席语录》，当众在天安门城楼上请求毛主席为他签名，毛泽东愉快地为他签了名。中国政府还派人陪威廉一家到中国各地旅游，并制作了一部他们旅行的纪录片《罗伯特·威廉在中国》。①

1966 年 8 月 8 日，为纪念毛泽东《呼吁世界人民联合起来，反对美帝国主义的种族歧视、支持美国黑人反对种族歧视的斗争的声明》发表三周年，罗伯特·威廉在首都各界人民反对美帝国主义、支持美国黑人反对种族歧视斗争大会上讲话。他指出，"值此纪念毛泽东主席为号召全世界人民联合起来反对美帝国主义的种族歧视，支持美国黑人反对种族歧视的斗争发表声明三周年之际，对美国黑人当前斗争发展的情况作一番分析和估计，是对毛泽东主席这个不朽的声明的正确性最好的称颂。毛泽东主席 1963 年 8 月 8 日的声明，对一个长期遭受残暴压迫和被剥夺人格的民族，对当时深受新甘地主义那种类似受虐狂的哲学所毒害的民族，给予了鼓舞。毛主席的话，推动了当时正在挣扎前进的一个微弱的武装自卫运动"②。

马丁·路德·金被暗杀后，为支持美国黑人的斗争，毛泽东主席于 1968 年 4 月 16 日第二次公开发表了令全世界瞩目的 "中国共产党中央委员会主席毛泽东同志支持美国黑人抗暴斗争的声明"，在声明中，毛泽东愤怒谴责了美帝国主义者对马丁·路德·金的暗杀事件，高度赞扬了在两千多万美国黑人中蕴藏的极其强大的革命力量，最后信心十足地预言，"可以肯定，殖民主义、帝国主义和一切剥削制度

---

① Timothy B. Tyson, *Radio Free Dixie: Robert F. Williams and the Roots of Black Power*, pp. 295 - 296; "Robert F. Williams, Black Power, and the Roots of the African American Freedom Struggle", *The Journal of American History*, Vol. 85, No. 2 (September 1998), p. 568.

② "Speech by U. S. Negro Leader Robert Williams", *Peking Review*, Vol. 9, No. 33, Aug. 12, 1966, pp. 24 - 27. 此次集会规模很大，有 1 万多人参加，廖承志和郭沫若先后致辞，一些国际友人也应邀发言，周恩来总理和陈毅副总理也参加了集会，并同威廉等人亲切握手交谈。见 *Peking Review*, Vol. 9, No. 33, Aug. 12, 1966, pp. 19 - 23。

的彻底崩溃，世界上一切被压迫人民、被压迫民族的彻底解放，已经为时不远了"①。并随后在全国范围内举行了声势浩大的大规模的群众示威游行，更进一步推动了美国黑人的解放运动。

1968 年 4 月 17 日即声明见报的同一天，罗伯特·威廉在北京接受新华社采访，热烈支持新声明的发表。威廉说："毛主席在美国黑人斗争的关键时刻……发表支持美国黑人抗暴斗争的声明，是非常及时、非常重要的。毛主席的声明将鼓舞美国黑人进行更大规模的抗暴斗争……毛主席在声明中把美国黑人斗争放在世界人民争取解放斗争的地位，这给我们的斗争赋予了新的意义。毛主席的声明一定能够促进全世界一切有正义感的人民起来支持美国黑人的斗争。毛主席在 1963 年发表《支持美国黑人反对美帝国主义种族歧视的正义斗争的声明》以后，美国黑人的斗争进入了一个新的阶段。现在越来越多的美国黑人认识到自己的斗争，同全世界被压迫人民的斗争是一致的。"②

马丁·路德·金去世后，美国黑人民权运动逐渐走入低谷。但中国共产党和一些美国黑人领袖仍然在此前后彼此保持并加强联系。1969 年 5 月 1 日，罗伯特·威廉和夫人应邀登上北京天安门城楼，同毛泽东主席等中国共产党领袖共同参加了"五一"国际劳动节晚会。之后他结束了流亡生涯，回到了美国。③

总之，中国和毛泽东对威廉的影响是巨大的，正如威廉在 1967 年编辑的《十字军战士报》中所写的那样："这是一个毛泽东的时代，是一个世界革命的时代，美国黑人的自由斗争是不可阻挡的世界运动的一部分。毛泽东是第一位把我们人民的斗争提高到世界革命同盟高度的世界领导人。"④事实上，如上所述，在 20 世纪 60 年代，威

---

① 毛泽东：《中国共产党中央委员会主席毛泽东同志支持美国黑人抗暴斗争的声明》，《人民日报》1968 年 4 月 17 日，第 1 版。英文版见 *Peking Review*, No. 16, April 16, 1968, pp. 5 - 6。

② 新华社：《毛主席的声明有力地鼓舞美国黑人斗争　美国黑人必须拿起武器把斗争推向前进　罗伯特·威廉和杜波依斯夫人热烈欢呼毛主席支持美国黑人抗暴斗争的声明》，《人民日报》1968 年 4 月 18 日，第 1 版。

③ 新华社：《伟大的领袖毛主席和他的亲密战友林副主席同"九大"代表和首都五万军民欢庆"五一"》，《人民日报》1969 年 5 月 2 日，第 1 版。

④ Robin D. G. Kelley and Betsey Esch, "Black Like Mao: Red China and Black Revolution", *Souls*, No. 3 (Fall 1999), p. 6.

廉也确实亦步亦趋地跟随着毛泽东思想行事。为什么会这样呢？我们需要结合中国当时外交的情况和威廉自身的处境及思想发展来解释。20 世纪 50 年代末，中国外交日趋激进，开始主张世界革命。20 世纪 60 年代兴起的亚非拉民族解放运动（尤其是非洲），为毛泽东的"世界革命"观念提供了一个可以大胆试验的广阔舞台。毛泽东认为，中国作为正统的社会主义国家支持亚非拉国家的民族民主革命是理所当然的，是中国国际主义精神的表现，也是中国进行反帝反修"世界革命"的直接形式。① 在这一思想指引下，中国对亚非拉的民族解放运动进行了大量物质和道义上的援助和支持，而美国黑人作为世界黑人的一部分在美国国内直接对美国帝国主义发起了冲击就自然引起了中国更多的关注。1959 年，毛泽东邀请已在加纳定居的著名美国黑人杜波依斯到中国来度过他的 91 岁生日，杜波依斯对中国人的变化，尤其是中国妇女的解放感到震惊，这使他确信中国将领导发展中国家走向社会主义。② 作为一名世界闻名的黑人领导人，杜波依斯由此成为中国在国际舞台上的重要盟友。但 1963 年杜波依斯去世后，中国迫切需要找到一名新的黑人领导人来支持中国的国际斗争。就在这个时候，威廉出现在中国的视野中。早在流亡古巴期间，威廉就写信邀请毛主席发表支持黑人斗争的声明，得到了毛主席的热情回应，他还利用自创的广播和报纸不断向美国黑人宣扬暴力革命。此时古巴内部的保守派因为国家安全问题对威廉进行了压制，不允许他再发表过激的言论。③ 同时，由于中苏决裂后，古巴跟随苏联反中，而威廉却日益与中国关系密切，他在古巴的处境不断恶化。威廉由此对古巴心灰意冷，而此时中国的外交正日益激进，宣扬世界革命，与威廉的思想主张异曲同工。这样到 1965 年，双方一拍即合，威廉很快就携全家来到北京，成为中国主张的世界革命的黑人代言人，并对美国黑人产生了较大的影响。例如很多美国黑人和组织给威廉写信来表达他们对

---

　① 吴立斌：《简论毛泽东的"世界革命"战略》，《福建党史月刊》2010 年第 12 期。

　② Robin D. G. Kelley and Betsey Esch，"Black Like Mao：Red China and Black Revolution"，*Souls*，No. 3（Fall 1999），p. 8.

　③ 具体参见 Ruth Reitan，"Cuba, the Black Panther Party and the US Black Movement in the 1960s：Issues of Security"，*New Political Science*；Jun 99，Vol. 21，Issue 2。

威廉、中国的支持。这样，威廉就在中国和美国黑人之间建立了跨国的联系，有助于美国黑人激进分子把自己看作一个全球运动的一部分。①

但在北京期间，由于威廉已远离自己美国南方的根基，脱离了地方组织，还陷入了革命的狂热中，认为美国黑人的罢工和游击战将颠覆美国政府，所以他对美国黑人斗争的影响有所减弱。尽管如此，他仍是黑人自由运动最好的组织者之一，很多黑人还把其作为自己的偶像和领袖。② 例如，1968 年 3 月底特律召开一个黑人会议，宣布在美国南部五个州建立一个独立的 "新非洲共和国"，在北京流亡的罗伯特·威廉被推选为首任总统。同期的激进的 "革命行动运动" 组织也推举威廉为主席。激进的黑人组织黑豹党的成立更是受到他的直接影响。③ 可见威廉虽然远在中国，但他对美国黑人激进运动的影响还是很大的，而通过他这一中介，中国的影响在美国黑人尤其是城市贫民窟中的黑人中不断扩大了。

（2）中国对革命行动运动组织的影响

革命行动运动组织（Revolutionary Actwn Movement）是受到威廉的影响而建立的，而这一组织又促进了黑豹党的创建。因为后来休伊·牛顿和博比·西尔等黑豹党的创立者都是革命行动运动组织的成员，在组织中受到很多激进思想的训练和熏陶，为他们后来建立黑豹党奠定了基础。所以说革命行动运动在 20 世纪六七十年代的黑人激进运动中起了承上启下的重要作用。

威廉流亡到古巴激发了革命行动运动组织的建立。1961 年，学生民主社会组织的黑人成员和学生非暴力协调委员会及种族平等大会

---

① 参见 Robeson Taj P. Frazier, "Thunder in the East: China, Exiled Crusaders, and the Unevenness of Black Internationalism", *American Quarterly*, Vol. 63, No. 4, December 2011, pp. 929–953。

② Timothy B. Tyson, "Robert F. Williams, Black Power, and the Roots of the African American Freedom Struggle", *The Journal of American History*, Vol. 85, No. 2 (September 1998), p. 568.

③ Timothy B. Tyson, *Radio Free Dixie: Robert F. Williams and the Roots of Black Power*, p. 297; "Robert F. Williams, Black Power, and the Roots of the African American Freedom Struggle", *The Journal of American History*, Vol. 85, No. 2 (September 1998), p. 567.

的一些积极分子在俄亥俄会面讨论了威廉在门罗的著作以及他后来流亡的情况。在唐纳德·弗里曼的领导下，他们组成了一个叫"挑战"的组织。后来在 1962 年春他们解散了挑战组织，又建立了革命行动委员会。几个月后他们把基地搬到费城，开始刊印杂志和报纸，其目标是建立一个以革命民族主义、年轻人组织和武装自卫为核心的全国性运动。革命行动运动代表了战后第一次把马克思主义、黑人民族主义、第三世界国际主义融合进一个连贯的革命计划中的严肃而持续的努力。在该组织的一名领导人马克斯·斯坦福看来，"革命行动运动努力把马列主义毛泽东思想运用到黑人的环境当中去"，并宣扬"美国的黑人解放运动是世界社会主义革命的先锋"①。

威廉虽然流亡海外，但是对革命行动运动组织仍有很大的影响，他在很多方面都可以被看作革命行动运动组织之父。组织主要从威廉和以前的一些共产主义者那里寻求政治指导。1963 年组织的重要成员建立了非洲裔美国人民族解放党，选举流亡中的威廉为主席。他们鼓吹武装起义，还直接利用了威廉提出的在美国城市开展游击战的理论。② 一些领导人，如斯坦福去古巴会见了威廉。一些组织成员利用威廉的《十字军战士报》和相关材料把组织扩大到美国其他地区。③

主要通过威廉的间接影响，④ 中国对革命行动运动组织也产生了很大的影响。斯坦福这样的领导人认同中国农民的起义，认为农民起义帮助共产党取得胜利。他们宣扬的游击战利用了毛泽东的名言："敌进我退，敌驻我扰，敌疲我打，敌退我追。"组织的领导人相信城市中的游击战不仅可能，而且能在 90 天内获胜，认为把大众和革命纪律结合起来是胜利的关键。斯坦福的文章《黑人游击战：战略与

---

① Robin D. G. Kelley and Betsey Esch, "Black Like Mao: Red China and Black Revolution", *Souls*, No. 3 (Fall 1999), p. 14.

② Max Standford, "Black Guerrilla Warfare: Strategy And Tactics", *The Black Scholar*, Vol. 2, No. 3, (November 1970), pp. 31 – 32.

③ Robin D. G. Kelley and Betsey Esch, "Black Like Mao: Red China and Black Revolution", *Souls*, No. 3 (Fall 1999), p. 16.

④ 革命行动运动领导人主要通过阅读威廉的《十字军战士报》来间接接受到中国的影响，例如下文所讲的斯坦福的很多文章都直接引用了《十字军战士报》上的论述，但直接引用毛主席著作的内容很少。

策略》很多地方充斥着毛泽东式的语言，如："美国黑人将成为黑人世界革命中'可以燎原的星星之火'"，城市骚乱"是美国黑人人民战争的序幕，人民战争不可避免会遇到很多困难，在它发展的过程中会有起伏和后退，但没有力量能改变它最终走向胜利的趋势"，"战略上藐视敌人是革命的基本需要"，"对革命者来说策略上重视敌人也是很重要的"①。可见他已经熟知毛泽东的游击战理论，并希望把其用来指导美国黑人的斗争实践。同时，他也认为，不考察具体的条件，不在每个地方的具体革命实践中采纳合适的斗争形式，人民战争不可能获胜。因此从美国的具体情况出发，他主要采纳了威廉的城市游击战的理论，与毛泽东强调的农村包围城市的农村游击战有所不同。

　　组织领导人还把自己城市中的黑人游击队和中国的红军相对比，深信毛主席对党和人民军队制定的革命伦理道德。他们制定了自己的行为规范。例如"革命民族主义者要对党内的所有权威保持最高的敬意，不能被金钱、荣誉或任何个人所得腐化，要毫不犹豫地让个人利益服从于党的领导利益，将保持最高水准的道德，不从大众中带走一根针或一片面包那样小的东西。兄弟姐妹们将对彼此保持最大的尊敬，将从不会为个人所得而误用或利用彼此，将从不会为任何理由而误解革命的信条"②。这些规范与毛主席语录非常相似，最后的例子甚至直接来自毛的三大纪律中的"不拿群众一针一线"③。毛泽东思想强调革命伦理和道德改造至少在理论上可以与黑人宗教的传统产生共鸣。信奉毛泽东思想的黑人宣扬自我克制、秩序和纪律。威廉从中国回美国后，要求所有的年轻黑人积极分子进行个人的道德改造。对黑人革命者来说，毛泽东思想的道德和伦理维度集中在个人的改造方面。这与黑人穆斯林领袖马尔科姆·X 的人生经历非常相似。毛泽东思想的伦理道德最终加强了马尔科姆作为革命者典范在美国黑人中的

---

① Max Standford, "Black Guerrilla Warfare: Strategy And Tactics", *The Black Scholar*, Vol. 2, No. 3, (November 1970), p. 31.

② Robin D. G. Kelley and Betsey Esch, "Black Like Mao: Red China and Black Revolution", *Souls*, No. 3 (Fall 1999), p. 18.

③ 后来黑豹党更是直接把中国红军的"三大纪律八项注意"稍加改造变成了自己的道德规范，后文将具体论述。

地位。①

　　革命行动运动组织制定了 12 点计划，呼吁发展免费学校、全国黑人学生组织、步枪俱乐部、黑人农民合作社等，不仅是为了经济发展，也是为了维持黑人社会和游击队力量。组织特别强调国际主义，承诺支持亚非拉的民族解放运动，也采纳了泛非的社会主义。② 其成员把自己看作殖民压迫的对象，要在国内发起反殖民的斗争。正如斯坦福在一篇内部报告中写的那样，"革命行动运动组织的立场是，美国黑人不是美国的公民，他被剥夺了权利，只是殖民主义压迫奴役的对象。这一立场说明美国黑人是一个被压迫的族群，他们战斗的目标不是为了整合进白人社会，而是为了争取民族解放"。因为殖民地有自决的权利，革命行动运动组织把黑人美国看作是不结盟国家中的一员。一些成员甚至把自己认同为"万隆世界"的一部分。斯坦福就曾说，"我们的斗争是世界革命的一部分，必须与'万隆力量'团结起来"③。他们把美国黑人的自由斗争与中国、赞比亚、古巴、越南、印尼和阿尔及利亚发生的事情联系在一起，把他们的工作看作是应对西方资本主义国家、挑战帝国主义战略的一部分。为了解释黑人国际主义，组织在 1966 年印刷了题为"黑人世界革命"的小册子。小册子强烈认同中国既反对西方资本主义，又反对苏联帝国主义。认为革命的中国加速了殖民地人民和西方的矛盾。革命行动运动组织不相信社会主义革命将在西方发达国家中发生，坚持认为唯一真正的解决方法是通过黑人世界革命建立黑人底层阶级的世界统治。这里的黑人底层阶级指的是亚非拉等殖民地世界的人们。他们还要求其他黑人世界

---

　　①　很多美国学者认为马尔科姆的思想对其死后的黑人权力、黑豹党和城市骚乱等激进运动产生了至关重要的影响，他们确信，马尔科姆是黑人权力的思想之父，黑人权力派是马尔科姆遗嘱的执行者。具体参见 Peter J. Paris, *Black Religious Leaders*: *Conflict in Unity*, Louisville, Ky.: Westminster John Knox Press, 1991, pp. 213 – 215; George Breitman, ed., *Malcolm X*: *The Man and His Ideas*, New York: Pathfinder Press, 1965. p. 265; Theodore Draper, *The Rediscovery of Black Nationalism*, New Yoke: The Viking Press, 1970, pp. 101, 117。

　　②　关于泛非的社会主义参见 Max Stanford, "The Pan-African Party", *The Black Scholar*, Vol. 2, No. 6, (February 1971), pp. 26 – 30。

　　③　Max Standford, "Black Guerrilla Warfare: Strategy And Tactics", *The Black Scholar*, Vol. 2, No. 3, (November 1970), p. 30。

的人们必须效仿中国努力争取自己自由的模式。为了联合发动革命，革命行动运动组织呼吁创建一个黑人国际主义组织和世界范围的人民解放军。[①]

与黑豹党不同，革命行动运动组织多年来一直作为一个地下组织秘密活动，因而被美国主流媒体看作是一个阴谋对白人发动战争的首要的极端主义组织。这个所谓北京支持的组织被认为不仅拥有武装、极其危险，而且还广泛阅读一些革命著作，包括马克思、列宁、毛泽东、格瓦拉和法农的著作等，思想极其激进。该组织曾遭到警察的攻击。1967 年，一些组织成员被指控阴谋发起骚乱。1968 年，在联邦调查局的镇压下，组织被迫改名为黑人解放党。1969 年，组织基本解体。一些成员转到其他组织，如新非洲共和国和黑豹党。[②]

虽然在实践上并不成功，但在理论上，革命行动运动组织有自己的贡献。他们在毛泽东思想中发现了革命黑人民族主义的理论根据，并把毛泽东思想和黑人世界革命结合起来，尤其是培养了牛顿和西尔等一批骨干力量，为后来黑人的激进运动尤其是黑豹党的活动提供了思想和组织基础。

（3）中国对黑豹党的影响

黑豹党是 20 世纪 60 年代美国一个活跃的黑人左翼激进政党，也是一个典型的毛泽东思想政党，于 1966 年 10 月 15 日由休伊·牛顿和博比·西尔在加利福尼亚的奥克兰创立。1967 年，黑豹党召开了党的第一次首脑会议。这时，贫民窟的骚乱、街头枪战、纵火、抢劫等就在好几个城市爆发，牛顿由此强调黑人美国不能通过传统的政治渠道，而只有直接通过黑豹党的破坏能力来行使权力。牛顿从奥克兰的黑人社会中招收很多心怀不满、处于犯罪边缘的黑人成员以发展革命的骨干力量。1968 年，黑豹党开始引起全国范围内的注意并迅速发展。它与学生非暴力协调委员会合并，但旋即分裂。4 月 4 日，小马丁·路德·金被刺后，骚乱在 80 多个城市爆发。三个奥克兰的警

---

① Robin D. G. Kelley and Betsey Esch, "Black Like Mao: Red China and Black Revolution", *Souls*, No. 3 (Fall 1999), p. 19.

② Robin D. G. Kelley and Betsey Esch, "Black Like Mao: Red China and Black Revolution", *Souls*, No. 3 (Fall 1999), p. 20.

察受伤，黑豹党的财政部部长鲍贝·胡顿被杀，宣传部部长埃尔德瑞·克利弗等领导人因街头枪战入狱。黑豹党开始训练游击战的战术，并提出"让这些猪滚开！"的极端口号。1969 年，黑豹党的组织更为严密，纪律性也加强了。它又提出了"为人民服务"的口号，除了继续重视军事上的推进，开始更强调政治斡旋。他们还建立了"自由学校"和"共产主义政治教育课程"。党的高级领导人公开鼓吹准备革命斗争，颠覆美国政府，把社会主义推广到全美国。1970 年，在很多成员被捕后，黑豹党迅速走向衰落。1971 年，黑豹党的两位重要领导人牛顿和克利弗发生了公开分裂，黑豹党逐渐失去了在美国公共生活中的影响。①

黑豹党无论从形式上还是从思想上都受到了毛泽东思想的直接影响。首先从外在形式上，黑豹党无论是口号还是行动都有很多毛泽东思想的表现。毛泽东思想中耳熟能详的"为人民服务""所有权力归人民""三大纪律八项注意"等口号都被黑豹党所借鉴，毛主席语录成为黑豹党的必读书目。例如，牛顿在回答"黑豹党如何让无权的美国黑人在美国的政治、经济和文化制度下获得一种革命的和民族主义的重新安排"的问题时，其答案就是毛泽东的口号"枪杆子里出政权"②。可见黑豹党强调武装夺取政权的必要性的座右铭主要来自毛泽东。1969—1971 年，黑豹党又提出新的"为人民服务"计划，内容包括儿童免费早餐、免费学校、免费诊所等。其思想基础就是毛泽东所倡导的"革命者为了革命成功要表达对大众需要的关注以赢得大众必要的支持"③。黑豹党还努力学习毛泽东的政治教育、政治工作和大众宣传。认为击败敌人不仅依靠军事行动，也依赖于政治工作，后者包括在大众中进行政治宣传。④ 在对黑豹党党员的政治教育

---

① G. Louis Heath, ed. , *Off the Pigs! The History and Literature of the Black Panther Party*, Metuchen, N. J. : Scarecrow Pr. , Inc. , 1976, pp. 2 – 6.

② G. Louis Heath, ed. , *Off the Pigs! The History and Literature of the Black Panther Party*, Metuchen, N. J. : Scarecrow Pr. , Inc. , 1976, p. 23.

③ G. Louis Heath, ed. , *Off the Pigs! The History and Literature of the Black Panther Party*, Metuchen, N. J. : Scarecrow Pr. , Inc. , 1976, p. 85.

④ G. Louis Heath, ed. , *Off the Pigs! The History and Literature of the Black Panther Party*, Metuchen, N. J. : Scarecrow Pr. , Inc. , 1976, p. 149.

中，毛主席语录是地方分支机构的主要教学工具。在黑豹党重组过程中，尤其是 1969 年 1 月 4 日黑豹党首先公布自己的 26 条规则时，他们整个借用毛泽东思想的纪律原则是显而易见的。他们后来又添加了三大纪律八项注意，看上去与中国共产党是一样的。党员们因此被要求礼貌讲话，公平买卖，借了东西要还，损坏了东西要赔，不拿穷人一针一线，一切行动听指挥。毛泽东的不破坏庄稼的禁令被黑豹党改成不破坏财产。这些调整使得原来对中国农民士兵的指示变得更适应美国城市中心的黑人市民。①

黑豹党的多位重要领导人都非常崇拜毛泽东，如克利弗家中的墙上挂着巨幅的毛泽东画像，当有人好奇地问他为什么这样做的时候，他回答说"毛主席是地球上最伟大的领袖"②。在建立黑豹党之前，牛顿已经沉浸在毛泽东思想当中了。毛泽东的著作尤其给他留下了深刻而持久的印象，他写道："当我读了四卷本的《毛泽东选集》，获悉了更多中国革命的事情时，我的转变就完成了。"③原学生非暴力协调委员会主席后成为黑豹党领导人的斯托克利·卡迈克尔在底特律事件后指出：许多参加斗争的美国黑人手上拿着红彤彤的《毛主席语录》。他说，毛主席的许多教导正在帮助美国黑人觉醒起来。④ 1969年后，卡迈克尔、克利弗、牛顿等黑人领袖也相继访问了中华人民共和国。1970 年克利弗访问中国时，他感谢毛主席支持美国黑人的斗争，他的发言发表在 1970 年 6 月 12 日的《北京周报》上，极大地提高了他在中国的声望。⑤ 1970 年，当黑豹党的领导人伊莱恩·布朗访问中国时，她被中国革命在改善人民生活方面所取得的成就大大震惊

---

① G. Louis Heath, ed., *Off the Pigs! The History and Literature of the Black Panther Party*, Metuchen, N. J.: Scarecrow Pr., Inc., 1976, p. 150. 黑豹党三大纪律直接从英文版毛主席语录第 266 页采用了这些规则，但稍有改变，黑豹党八项注意直接来自英文版毛主席语录第 256 页，具体见 Ibid., pp. 150, 387 - 388。

② Herb Boyd, "Malcolm X, Mao and a Radical's Memoir", *New York Amsterdam News*, 2006. 5. 25, Vol. 97, Issue 22, p. 22.

③ Robin D. G. Kelley and Betsey Esch, "Black Like Mao: Red China and Black Revolution", *New York Amsterdam News*, 2006. 5. 25, Vol. 97, Issue 22, p. 13.

④ 《美国黑人的觉醒（四十三）》，《参考消息》1968 年 7 月 19 日，第 6 版。

⑤ G. Louis Heath, ed., *Off the Pigs, The History and Literature of the Black Panther Party*, p. 169.

了。1971 年，牛顿应邀在尼克松总统访华前率黑豹党代表团访华，受到周恩来总理的亲切接见，回国后受到美国媒体的广泛关注。他描述自己在中国的经历是"一种自由的感觉，好像千斤重担从我灵魂中被卸下了，我真正能成为我自己……我第一次在生命中感到绝对自由了"①。

在思想方面，毛泽东的暴力革命和国际共产主义等思想也深深影响了黑豹党的意识形态。因为中国的例子可以赋予黑豹党成员发展自己独特计划的力量，使他们抛弃了马列主义中不适合黑人现实的一些理论观点。克利弗清楚地阐释了毛泽东思想和金日成思想在为民族解放斗争或第三世界人民利益而重塑马列主义方面的作用。在 1968 年题为"论黑豹党的意识形态"的小册子中，克利弗清楚地表明，黑豹党是一个马列主义政党，但马克思、恩格斯和列宁等人及其信徒都没有提供太多有关对种族主义的理解和斗争的思想。他写道："随着 1948 年朝鲜人民民主共和国和 1949 年中华人民共和国的建立，一些新的东西融入马列主义……金日成和毛泽东同志把马列主义的经典理论运用到他们自己国家的环境当中，因此使意识形态有益于他们自己的人民。但他们拒绝吸收无益于他们自己而仅仅与欧洲有关的部分。"②

该党的思想主张，前期侧重于自卫、黑人自决等黑人民族主义，后期则转向革命、社会主义和国际主义等激进思想。1971 年后，党的领导人牛顿为此设计出新的计划："建立一个社会联合的框架，在不同社会间，提供成比例的代表和进行世界财富的平均分配。"他希望："在那样的社会里，人们快乐幸福，战争被废弃，国家本身不复存在，我们将拥有共产主义。"他甚至异想天开，要领导世界人民进入国际共产主义革命的时代。③ 可见牛顿完全放弃了黑人自决，认为唯一可行的战略是全球革命。在很多方面，牛顿关于民族问题的立场

---

① Robin D. G. Kelley and Betsey Esch, "Black Like Mao: Red China and Black Revolution", *Souls*, No. 3 (Fall 1999), pp. 7 – 8.

② Robin D. G. Kelley and Betsey Esch, "Black Like Mao: Red China and Black Revolution", *Souls*, No. 3 (Fall 1999), p. 23.

③ G. Louis Heath, ed., *Off the Pigs*, *The History and Literature of the Black Panther Party*, pp. 156 – 158.

比所有自封的毛泽东思想的组织都更接近毛泽东的本意。毛泽东认为美国的黑人大众与统治阶级的矛盾是阶级矛盾,黑人斗争一定要与工人阶级运动和推翻资本主义结合在一起。[1]

在斗争手段上,黑豹党的领导人大都强调暴力、革命和战争等。克利弗在 1968 年就预测了白人警察对城市种族骚乱的暴力镇压:"我毫不怀疑,大屠杀即将到来。黑人解放的暴力阶段来临了,它将广泛传播。在射击与鲜血中,美国将被染红。死尸将散堆在大街上。"[2]他公开宣称,"为了改变美国的社会秩序,我们必须破坏美国现存的权力结构,我们必须颠覆政府……唯一可能的方法就是以暴力颠覆压迫人民的统治阶级的国家机器"[3]。牛顿也指出:"我们鼓吹废止战争;我们不想要战争;但是战争仅仅能通过战争来废除;为了废除枪就有必要举起枪。"[4] 在斗争的具体方法和策略上,牛顿主张以游击战术取代街头骚乱。克利弗也号召在美国开展游击战,他甚至支持恐怖主义行动,为恐怖组织"气象员"的策略辩护。他鼓吹,为了革命的利益可以做一些恐怖主义的行动,如刺杀总统和官员、绑架和放炸弹等。[5]

黑豹党合并后成为主席的卡迈克尔此时也日益激进,主张推翻资本主义,鼓吹暴力革命。他说:"美国资本主义已经建立了一个国内殖民主义的制度,因此在这个国家里争取黑人权力的斗争就是把这些殖民地从外来的统治者中解放出来的斗争……我们企图在黑人中建立的社会不是一个压迫人的资本主义社会……我们是为争取在美国国内进行财富再分配和结束私有财产而斗争的……为了在我们的社会内拥

---

① Robin D. G. Kelley and Betsey Esch, "Black Like Mao: Red China and Black Revolution", *Souls*, No. 3 (Fall 1999), p. 26.

② G. Louis Heath, ed., *Off the Pigs, The History and Literature of the Black Panther Party*, p. 61.

③ G. Louis Heath, ed., *Off the Pigs, The History and Literature of the Black Panther Party*, pp. 13, 160.

④ G. Louis Heath, ed., *Off the Pigs, The History and Literature of the Black Panther Party*, p. 48.

⑤ G. Louis Heath, ed., *Off the Pigs, The History and Literature of the Black Panther Party*, pp. 159 – 163.

有土地、房屋和商店并控制那些社会里的政治活动，我们只能使用攻击性的暴力而没有别的选择。"①

　　但值得注意的是，牛顿与激进的克利弗决裂后，开始变得日益温和，甚至主张选举政治和社会改革。这与中国的影响也有一些关系。1971 年尼克松访华后，中国在世界左派心目中的形象一落千丈，甚至遭到他们的严厉批评。然而，牛顿和黑豹党宣传部新任部长布朗不仅在尼克松访华前访问了中国，而且宣称他们参加选举政治是受到中国加入联合国的鼓舞。牛顿认为黑豹党转向改革主义和选举政治并不与中国推翻美国资本主义的目标相矛盾，也不违背革命的原则。它只是社会主义革命的策略。②

　　此外，在思想的一些具体细节方面，黑豹党也受到毛泽东的影响。如毛泽东"妇女能撑半边天"的名言以及他对妇女平等和参与革命运动的论述赋予了妇女解放运动以革命的合法性。毛泽东关于妇女平等的阐释在黑豹党中为即将到来的黑人女权主义提供了空间。布朗 1971 年从中国回去不久召开新闻发布会宣布："黑豹党承认我们的中国同志在革命的所有领域的积极领导。尤其是我们赞成中国有关妇女与男人有同等权利和地位的立场。"一些黑豹党的女党员在组织内开辟了争取自由的空间。例如，通过设计运作免费早餐和教育计划，黑人女性党员挑战了资本主义、种族主义和父权制。一些黑人女性激进分子还上升到领导地位，这有助于发展一种激进的黑人女权主义。③

　　如果把黑豹党领导人牛顿、克利弗、卡迈克尔和布朗等人的这些主张同毛主席语录和毛主席两次支持黑人斗争的声明中的话语做比较，就可以看到很多相似之处，这主要是因为他们都熟读毛泽东的著作，并十分崇拜毛主席，所以毛泽东才对他们的思想产生这样深刻的影响。那么，美国黑人激进组织及贫民窟中的黑人为什么会对中国及

---

　　①　［美］罗伯特·L. 艾伦：《美国黑人在觉醒中》，上海市五·七干校六连翻译组译，上海人民出版社 1976 年版，第 261—267 页。

　　②　Robin D. G. Kelley and Betsey Esch, "Black Like Mao: Red China and Black Revolution", *Souls*, No. 3 (Fall 1999), p. 25.

　　③　Robin D. G. Kelley and Betsey Esch, "Black Like Mao: Red China and Black Revolution", *Souls*, No. 3 (Fall 1999), p. 24.

毛泽东思想如此感兴趣并深受其影响呢？原因很简单，美国城市贫民
窟中的黑人大多失业、贫穷，境遇悲惨，他们甚至自称住在"美国国
内的殖民地"①，认为黑人一直受到美国政府和白人的剥削和压迫，
是被压迫的民族，因此要起来"革命"，改善自己的处境。而"红色
中国"原来也属于半殖民地的落后国家，如今通过革命成为"红色
巨人"，这就提供了被压迫人民革命成功的一个榜样，让黑人感同身
受，于是欣然接受。毛主席语录更将深奥的理论和思想变成脍炙人口
的、简短的、易于理解的口号与短语，更易于被黑人接受，成为他们
口中的"革命话语"。因此毛泽东思想在美国黑人中大受欢迎就不难
理解了。

（4）余论

总之，中国尤其是毛泽东对黑人领袖罗伯特·威廉、黑人激进组
织革命行动运动以及黑豹党产生了很大的影响，也促进了美国黑人民
权运动向激进方向发展。为什么有这样大的影响呢？我们需要把中国
对美国黑人的影响放在当时亚非拉民族解放运动风起云涌的国际背景
下考察，中国在这样大的潮流和背景下为美国黑人提供了一条不同于
西方白人的独特的道路，因而才受到他们的欢迎。这条道路提供了有
色人种的或者说第三世界的马克思主义模型，使之能够挑战白人和西
方的阶级斗争观点，以适应他们自己的文化和政治现实。虽然中国的
作用在很多方面都是矛盾或者有问题的，但事实确实是中国的农民而
非欧洲的工人阶级制造了一场社会主义革命，开辟出一条不同于苏联
和美国阵营的道路，这赋予了黑人激进分子对革命和权力的深切渴

---

① 这方面代表性的论述见 Kenneth B. Clark, *Dark Ghetto: Dilemmas of Social Power*, New
York: Harper & Row, 1965; Stokely Carmichael & Charles V. Hamilton, *Black Power: The Poli-
tics of Liberation in America*, Penguin Books Ltd., 1967; Robert L. Allen, *Black Awakening in
Capitalist America.*, New York: Doubleday, 1969 等。他们认为黑人社会在政治、经济和军事
上都附属于白人美国，就像欧洲列强直接控制下的亚非殖民地。殖民地不必是外部的，也
可以是内部的，关键看这种殖民关系和统治与附属的结构。艾伦后来在《重评内部殖民主
义理论》一文中，又把经民权立法废除种族隔离制后的黑人境况看作新殖民主义统治，认
为白人权力机构通过黑人中产阶级对美国底层黑人进行间接的新殖民主义控制。见 Robert
L. Allen, "Reassessing the Internal (Neo) Colonialism Theory", *The Black Scholar*, Vol. 35,
No. 1, (Spring2005)。

望。毛泽东向黑人证明不需要等到客观条件成熟再起来革命，他坚持中国农民的革命能力不依赖于城市工人阶级的观点以及实践，尤其对那些怀疑必须等到客观条件成熟才能发动革命的黑人激进分子具有很大的吸引力。[①] 而且很多美国激进黑人认为自己是一个被压迫的民族，处于国内的殖民主义的压迫中，与历史上深受异族统治及近代殖民主义、帝国主义压迫的苦难的中国有相似的经历和相似的感受[②]，而毛泽东开出的这种迥异于西方白人的药方正好可解他们的困境，可谓对症下药，容易引起共鸣。由此黑人激进分子把中国看作了第三世界革命的象征，把毛泽东思想作为行动的指南。[③]

事实上，大部分黑人激进分子通过非洲的反殖民斗争和古巴革命发现了中国。[④] 正如理查德·沃林所言："毛泽东成功地为世界提供了一套全新的以农民阶级为核心的革命模式——一个似乎很好地适应了这个全球反殖民斗争时期的模式。很快中国式农民共产主义的模式通过卡斯特罗在古巴的夺权，以及越南人民摆脱美国帝国主义束缚的英勇努力而被放大了。"很多黑人激进分子不仅公开支持古巴革命，而且还实地去参观古巴。其中有一个人叫哈罗德·克鲁斯，他曾是一个相信马克思主义的共产主义者。他认为古巴、中国和非洲的革命将复活激进的思想，因为他们证明了民族主义的革命潜能。在 1962 年的一篇论文中，克鲁斯写道，"新一代美国黑人正在向以前的殖民地

①　例如深受毛泽东影响的斯坦福就说："不管什么客观条件，我们美国黑人必须发动自己的革命"。见 Max Standford，"Black Guerrilla Warfare: Strategy And Tactics"，*The Black Scholar*，Vol. 2，No. 3，（November 1970），p. 30。

②　参见 Jodi Melamed，"W. E. B. Du Bois's UnAmerican End"，*African American Review*，Vol. 40，No. 3（Fall, 2006），p. 542。

③　Robin D. G. Kelley and Betsey Esch，"Black Like Mao: Red China and Black Revolution"，*Souls*，No. 3（Fall 1999），p. 8.

④　古巴革命对美国黑人的影响见 Ruth Reitan，"Cuba, the Black Panther Party and the US Black Movement in the 1960s: Issues of Security"，*New Political Science*；Jun99，Vol. 21 Issue 2；John A. Gronbeck-Tedesco，The Left in Transition: The Cuban Revolution in US Third World Politics，*Journal of Latin American Studies*，Vol. 40，No. 4（Nov.，2008），pp. 651 – 673 等；非洲民族解放运动对美国黑人的影响见 James Hunter Meriwether，*Proudly We can be Africans: Black Americans and Africa，1935 – 1961*，Chapel Hill: University of North Carolina Press，2002 等。

世界寻找领导人和洞见，其中的一位英雄正是毛泽东"。这些英雄还包括非洲的卢蒙巴、恩克鲁玛，拉美的卡斯特罗、美国的马尔科姆、威廉等。在 1962 年的另一篇论文中，克鲁斯更加清楚地表达了他的革命民族主义的全球特点。他认为美国黑人处在国内殖民主义的统治之下，他们的斗争必须被看作全球反殖民主义斗争的一部分。以前的殖民地是革命的先锋，而古巴和中国正处在这种新型社会主义革命的前沿。古巴、非洲和中国的革命对美国黑人领袖阿米里·巴拉卡有同样的影响，他后来建立了深受毛泽东思想影响的革命共产主义联盟。他在为阿尔及利亚革命领导人编辑的杂志《非洲革命》投的一篇文章中写道，"当中国人爆炸了他们的第一颗原子弹时，我写了一首诗说，殖民地人民的时代重新开始了"①。

毛泽东对文化斗争的强调还深深塑造了围绕着黑人艺术和政治的争论，引发了美国黑人的"文化革命"②。1967 年 5 月，威廉在《十字军战士报》上发表了一篇题为"重建美国黑人艺术以重塑黑人灵魂"的文章，像毛泽东呼吁要打破旧秩序的枷锁一样，强调消除黑人文化的奴性。他呼吁黑人艺术家打破旧传统的束缚，让艺术为革命服务。他写道："黑人艺术必须为黑人的利益服务，它必须成为黑人革命中最强大的武器。"③ 革命行动运动组织同时响应这一号召。在其 1967 年发布的题为"关于当前的一些问题"的内部小册子中，它呼吁发动一场全面的美国黑人"文化革命"，其目的是要破坏白人压迫者强加的态度、方式、风俗、哲学和习惯等。这意味着一场新的革命文化。有意识地把艺术作为黑人解放的武器并不新鲜，至少可以追溯到哈莱姆文艺复兴中的左翼。法属殖民地的革命家弗朗兹·法农在其著作《全世界受苦的人》中也有大量论述。因为大部分美国黑人民

---

① Robin D. G. Kelley and Betsey Esch, "Black Like Mao: Red China and Black Revolution", *Souls*, No. 3 (Fall 1999), p. 12.

② 关于美国黑人文化革命的论述参见 Akbar Muhammad Ahmed and Max Stanford, "The Roots Of the Pan-African Revolution", *The Black Scholar*, Vol. 3, No. 9, (May 1972), p. 51 和 Cynthia Young, "Havana up in Harlem: LeRoi Jones, Harold Cruse and the Making of a Cultural Revolution", *Science & Society*, Vol. 65, No. 1, (Spring, 2001) 等。

③ Robin D. G. Kelley and Betsey Esch, "Black Like Mao: Red China and Black Revolution", *Souls*, No. 3 (Fall 1999), p. 31.

族主义者熟悉中国，读过毛泽东的著作。例如罗恩·卡伦加1968年在《黑人文摘》上发表了《黑人文化民族主义》一文，其中许多思想都来自毛泽东的《在延安文艺座谈会上的讲话》。像毛泽东一样，卡伦加坚持所有的艺术必须有两个标准，分别是艺术的和社会（政治）的标准，革命的艺术必须为大众服务，不能接受为艺术而艺术的错误教条。从中可以清楚地看到毛泽东思想对卡伦加努力创建革命文化的影响。另外一个典型例子是他发明了宽扎节，这是一个美国黑人庆祝自身文明和历史的节日，1967年开始庆祝，节日有7个原则，即团结、自决、集体工作和责任、集体经济（社会主义）、创造、目的、信仰，这些与毛的思想及传统非洲文化大致一致。①

此外，在美国民权运动尤其是城市种族骚乱期间，中国的媒体和学术界对美国政府进行了激烈的抨击。② 其中尤以《人民日报》的报道最为详尽。由于《人民日报》是中国最官方、最权威的媒体，因此它的报道也被看作是中国政府对美国黑人问题的官方政策。当时中美两国政府正处在激烈斗争的彼此隔绝的时期，美国黑人问题自然成为中国政府集中批评美国的靶子。其原因主要有中国当时自身外交政策的考虑，其结果又影响了美国的内政外交。

---

① Robin D. G. Kelley and Betsey Esch, "Black Like Mao: Red China and Black Revolution", *Souls*, No. 3 (Fall 1999), p. 32.

② 如《人民日报》《参考消息》《世界知识》《北京周报》等中国主流媒体和杂志在这期间发表了大量相关文章，梅逸：《美国黑人运动在高涨中》，《世界知识》1964年第12期；李朝增：《美国黑人反对种族歧视的斗争》，《世界知识》1963年第21期；朱育莲：《备受种族歧视的美国黑人》，《世界知识》1963年第16期等，《参考消息》在1968年连载了以"美国黑人的觉醒"为题的46篇文章。尤为重要的是，作为中国对外宣传的英文报纸《北京周报》（*Peking Review*）也刊载了大量中国政府的声明和报道（见文中有关注释，值得指出的是，《北京周报》的英文编辑是一名美国黑人。她叫维基·加尔文，出生于纽约一个黑人工人阶级家庭，一直积极参加劳工运动。后来她去了加纳，与杜波依斯交往密切。通过杜波依斯，加尔文得到了一个为《北京周报》的英文翻译做校对和修改的工作，并且在上海外国语学院获得一个教职。她从1964年到1970年一直留在中国，在美国黑人自由斗争、非洲独立运动和中国革命之间搭建了桥梁）。这些形成了批评美国、迫使美国进行民权改革的中国舆论。美国新闻署收集的中国媒体的报道也说明了这一点，如塞尔玛运动后，美国新闻署认为，"最严厉的批评来自中国，来自北京的宣传批评民权法，认为约翰逊呼吁选举权立法的目的是麻痹黑人的斗志。社会变革只有通过反对美帝国主义的斗争才能发生。法律和法院都只是统治阶级压迫美国人民的工具"。见 Mary L. Dudziak, *Cold War Civil Rights: Race and the Image of American Democracy*, p. 235。

《人民日报》对黑人民权问题的报道十分丰富，包罗万象，相关内容达数千条之多，但择其要者主要有三方面的内容。

第一，对民权运动重要人物的重点报道。报道主要集中在 4 个人物上：（1）黑人"歌王"保罗·罗伯逊：著名的左派黑人，一向支持苏联、中国和社会主义，遭到美国政府的嫉恨和种族主义暴徒的侵扰，被剥夺了护照，无法到中国等国家访问，也无法在国内外演出，陷入政治和经济上双重窘迫的境地，但他仍坚持自己的立场，毫不屈服；（2）享有国际盛誉的黑人领袖杜波依斯：晚年他开始转向马克思主义和社会主义，1959 年和 1962 年先后来中国访问，对中国人人平等、妇女解放的情况赞誉有加，受到中国政府最高规格的礼遇；（3）流亡海外的激进黑人领袖罗伯特·威廉：主张暴力自卫，先流亡古巴，其间两次来中国访问，后又定居中国，1969 年才回美国，是中国最坚定的黑人盟友；（4）美国黑人穆斯林领袖马尔科姆·X：对中国友好，主张暴力斗争，反对非暴力和融合，最后遇刺身亡。报道的内容包括他们的个人经历、思想主张、支持中国的言行、批评美国的言行、在中国的活动等。报道形式多样：除了社论和评论等直接的赞扬和支持，还有诗歌、歌曲、故事、访谈、读者来信、祝寿纪念活动等形式，生动活泼。

《人民日报》之所以选择这四个黑人来重点报道，因为他们有其共同的特点：他们都支持中国的国内外政策，批评美国的帝国主义，在一定程度上成为中国对外政策和对外宣传的喉舌。尤其他们是以外来的美国黑人身份发声，比较有说服力。威廉的作用尤为突出，因此对他的报道最为详细。他们对中国社会主义建设成就的赞扬、对中国支持黑人斗争的感激、对美国种族主义和民主自由制度的批判、对中国研制核武器成功的喜悦以及反帝反殖外交政策的支持，甚至对毛主席的崇拜，都成为最佳的对外宣传的范例，取得了良好的效果。

比较而言，《人民日报》对著名黑人领袖马丁·路德·金的报道相对较少。后来激进的黑豹党的报道也不多，因为 20 世纪 60 年代末、70 年代初中美关系开始缓和。这些报道体现了当时中国现实主义外交特色。

第二，对民权运动重大事件和问题的全面报道。报道紧跟民权运动形势的发展，对一些重要事件和运动几乎一网打尽，没有遗漏。如蒙哥马利公车抵制运动、小石城危机、静坐运动、自由乘车、伯明翰运动、民权领袖梅加·埃弗斯被杀事件、密西西比大学融合事件、向华盛顿进军、圣奥古斯丁运动、塞尔玛运动、城市黑人的抗暴斗争等，甚至很多小的事件和运动也不放过。主要是赞扬美国黑人的斗争，批评美国政府的残酷镇压，其中利用了很多美国媒体的照片，可谓以子之矛攻子之盾，起到了很好的效果。还收集了国外媒体（主要是第三世界，尤其是非洲）的大量批评报道，极力造声势，扩大影响。

有的重要事件被长篇累牍地报道，如伯明翰运动和黑人暴力斗争。伯明翰运动的具体细节、过程和中国政府的严厉谴责以及加纳、乌干达、尼日利亚等非洲国家和非洲统一组织的集中批评都在报道中有详细的介绍，重点论述了 1964 年的纽约哈莱姆、1965 年的洛杉矶瓦茨、1967 年的底特律和新泽西纽瓦克、1968 年的华盛顿等地的黑人抗暴斗争；也有些并不广为人知的事件，如民权领袖埃弗斯被杀事件也有很大篇幅的报道；一些不太重要的事件也有简单介绍。可谓既重点突出，又面面俱到。可见当时中国对美国黑人民权运动的熟悉程度是令人震惊的，《人民日报》一方面密切关注美国媒体的报道；另一方面以驻世界各地的新华社为信息来源，随时跟踪最新信息。

比较而言，《人民日报》对民权运动中的法院判决、民权立法报道较少，并以批评为主，认为它们是麻痹黑人斗争意志的工具。报道也描写了美国黑人在就业、收入、住房等各方面的悲惨状况，谴责美国政府的虚伪。还利用国际知名人物（如著名哲学家罗素等）来批评美国的种族和外交问题。同时以普通少数民族个人或美国黑人的视角来宣扬中国的新疆、西藏和东北的少数民族问题解决得好，以此来肯定中国的民族政策和批评美国的种族主义。

第三，对毛泽东主席关于美国黑人的两大重要声明的集中报道。毛主席两大声明分别是 1963 年 8 月 8 日应威廉邀请而写的"呼吁世界人民联合起来，反对美帝国主义的种族歧视、支持美国黑人反对种族歧视的斗争的声明"和1968年4月16日的"中国共产党中央委员会主席毛泽东同志支持美国黑人抗暴斗争的声明"。当时《人民日报》的报道铺天盖地,非常密集。除了报道国内人民如何支持外(国内的集会、演说和学习),还报道了大量的国际友人、国外政府、政党(主要还是非洲等第三世界)的支持性内容。并且据《人民日报》的报道,这两个声明已成为重要的标志被反复纪念,声明发表以后每逢周年都会举办各种活动纪念,深入人心。中国政府还利用国内的总工会、妇联、青联、和平大会等组织和国际上的亚非作家会议执委会等积极发声,广为宣传。

《人民日报》如此广泛地报道黑人民权运动,其原因主要有中国当时自身外交政策的考虑。当时中国外交政策目标的核心是反对美帝国主义,因此利用美国的种族问题这个缺陷来批评美国是非常自然的行为。而且当时中苏同盟又分裂,中国外交日益激进化,既反"美帝",又要反"苏修",国际安全形势空前严峻。因此毛泽东主席提出开展世界革命,利用第三世界的盟友,来改变极其孤立的不利局面。美国黑人作为非洲黑人的一部分成了中国重要的同盟军,所以中国想方设法支持美国黑人,反对美国政府,由此也可以赢得非洲等第三世界的支持。《人民日报》是最重要的舆论工具,成为中国宣传战的重要武器。《人民日报》关于美国黑人的报道内容主要是"扬黑""反美",与美国冷战公共外交的"扬美""反共"正好针锋相对,其目的就是为了争取国内国际舆论的支持,有利于自己对外政策目标的实现。可以说,《人民日报》有关黑人民权运动的报道堪称中国当时公共外交成功的典范,取得了良好的效果,中国在1971年能重返联合国,很大程度上得益于非洲黑人兄弟们的帮助。

当然中国的影响也不能过于夸大。首先虽然毛泽东和中国革命在黑人激进政治中留下了不可磨灭的印记,但中国和毛泽东的影响是和非洲民族解放运动、古巴革命及其他著名的革命家、思想家一起发挥作用的,不能单独强调中国的影响。如牛顿在建立黑豹党之前除了读毛泽东的著作,同时也阅读了格瓦拉和法农的著作。他认为"毛泽东、法农和格瓦拉都清楚地看到,人们不是仅仅被什么哲学和话语而是被枪口剥夺了他们天生的权利和尊严……对他们来说唯一获得自由的方法是以暴抗暴"①。而对克利弗最有吸引力的是毛泽东、金日成、格瓦拉尤其是法农论述革命暴力和人民战争的著作。② 此外西方的马克思、列宁，古巴的卡斯特罗、加纳的恩克鲁玛、刚果的卢蒙巴、越南的胡志明，以及美国国内的杜波依斯、马尔科姆、克鲁斯等人都对黑人激进分子施加了很大的思想影响。可见毛泽东的中国是与古巴革命、非洲民族主义等一起把黑人革命深深地国际化了，并促使其向激进化方向发展，这是一种合力的作用，而非单一的作用，不能过分强调中国的影响。

其次，中国和毛泽东的影响主要集中在少数黑人精英身上，大部分黑人对毛泽东的思想和著作还是一知半解，他们大都只是选取毛泽东著作中自己感兴趣的或者对自己有利的部分进行阅读和利用。虽然在 20 世纪 60 年代末期和 70 年代早期的哈莱姆，似乎每个人手里都有一本《毛主席语录》，一些在大街上闲逛的黑人激进分子甚至穿着打扮像中国农民的样子。但这主要是表面形式，很多自封的黑豹党的理论家其实并没有读过毛泽东大量的著作。牛顿后来希望把党对游击战和暴力的强调转向更深入更广泛地讨论党将来的目标。1970 年他提议创立一所意识形态学院，在那里参加者能读到或聆听一些经典著作的讲座，既包括马克思、毛泽东、列宁，也包括亚里士多德、柏拉图、尼采等人的著作。但意识形态学院并未成功。很少有党员看这些抽象的理论著作。他们从法农的著作中也只是选择有关暴力的章节来阅读。黑豹党成员不愿意读马克思、列宁和毛泽东著作中与武装斗争无关的内容。一些激进的黑豹党人参加了加利福尼亚共产主义联盟发起的学习小组。阅读的材料包括毛泽东有关哲学的四篇论文和列宁选集中比较长的章节，但内容对这些人来说太多了，他们最终在激烈的争吵中离开了这个小组。黑

---

① Robin D. G. Kelley and Betsey Esch, "Black Like Mao: Red China and Black Revolution", *Souls*, No. 3（Fall 1999）, p. 13.

② 法农对美国黑人的影响见 Richard H. King, *Civil Rights and the Idea of Freedom*, New York: Oxford University Press, 1992, pp. 172 – 200 等。

豹党的男性成员也很少读毛主席语录中论述妇女的部分。很长一段时间里，黑豹党不仅忽视了妇女解放斗争，甚至在组织中还产生了对女性的压迫。① 而且随着世界局势和中国外交的变化（从革命外交到务实外交），尤其是 20 世纪 70 年代中美关系日益改善以来，一些主要的激进派的黑人领导人的思想和行为也因中国的变化而发生很大改变。如威廉回到美国后，专心从事研究中国的工作，再无过于激进的言辞和行动。黑豹党也把其重心转为免费早餐、免费学校和免费诊所等社会改革活动，暴力激进行为日益减少。

除了学习毛泽东思想手段方法上的实用主义，其目标上的理想主义也是重要的特征。当时美国黑人所接触到的毛泽东思想是以高度理想化的面貌出现的，显然与真正的毛泽东思想是两回事。他们想追求的是一个光辉灿烂的乌托邦的未来和一种实现这一理想快速而实用的方式。很多美国黑人（如杜波依斯、威廉、牛顿、克利弗、布朗等黑人领导人）带着自己理想中的中国来到中国，他们看到了理想中的东西：妇女解放、废除官僚体制等。中国革命的试验终于为人类创造了一个人人平等的社会典范。中国对他们来说是一个遥远的、神秘的、具有吸引力的国度，社会主义中国人人平等、集体至上、团结友爱、勤俭节约，② 而中国的贫穷、落后他们根本看不到。即使在中国住了三年多的威廉也是如此。他由于语言不通，无法阅读中文报刊书籍，也不能全面深入了解中国社会，只能从有限的资料中了解中国。可见思想文化的跨国转介由于语言不通、文化隔膜以及政治等因素会出现很多遗漏、错误和误解，这也是一种不可避免的客观现实。

---

① Robin D. G. Kelley and Betsey Esch, "Black Like Mao: Red China and Black Revolution", *Souls*, No. 3 (Fall 1999), p. 24.

② 如杜波依斯 1959 年、1962 年两次访华时，对中国满是赞美之词："我从来没看到过一个像中国这样的国家令我如此震撼和感动……从来没看到过像中国这样伟大而光辉的奇迹"。"在那里，他看到了真理和诚实，知识和理性，无私和牺牲，思想开放，批评和自我批评以及勇气等，所有这些优良品质在无数的中国人的生活中熠熠生辉"。见 Andrew G. Paschal, "The Spirit of W. E. B. Du Bois (Concluded)", *The Black Scholar*, Vol. 2, No. 6, pp. 40 – 42。其他后来访华的黑人领导人对中国的印象也大致如此，前文已有论述，不再赘述。

三　越战、国内外批评的转移与民权改革的衰落

美国是逐渐扩大越南战争的。肯尼迪时期，美国只是派特种部队进入越南。约翰逊时期战争规模则不断扩大，导火线是东京湾事件。1964 年 7 月 30 日，南越海军突袭队乘美国炮艇袭击了东京湾内两个越南民主共和国岛屿。8 月 2 日，越南民主共和国的报复行动是攻击美国驱逐舰"马克多斯"号。8 月 4 日，"马克多斯"号突然报告受到鱼雷快艇的攻击，但后来又说不能确定是否遭到了袭击。当日约翰逊下令对越南民主共和国发动报复性轰炸，并向国会提出给总统以广泛战争授权的决议案。本来对越南并不太关心的国会和民众被煽起"爱国"和报复的狂热。8 月 7 日，参众两院仅以两票反对通过了"东京湾决议案"，为美国大规模向越南派兵找到了借口，越南战争越来越成为与美国人的战争而非内战。南越军队士气低落，濒临解体。美国判断其在越南的军事和政治目标必须通过美国的地面战争才能达成。1965 年 3 月，海军陆战队两个营在岘港登陆，此后一再派兵。4 月 20 日，国防部长麦克纳马拉等高官在檀香山举行会议，决定派美军 8.2 万人，外加韩国和澳大利亚合计 7 千多人。这次会议的意义在于，不仅人数大为增加，而且战争的重点由对越南民主共和国的空中轰炸转为在南越进行地面战争。到这时为止，美国已真正搬起石头，砸自己的脚，身陷泥潭而无法自拔。约翰逊在不断进行思想斗争，在戴维营经过数日的闭门思考后，7 月 26 日他决定再增派 5 万，年底前再加 5 万。这个决定意味着，美国决心在亚洲大陆再打一次地面战争。由此，特种战争已完全为常规战争取代。驻越美军司令威斯特摩兰上将不断地要求增兵，华盛顿一次次地予以部分满足。1966年底，驻越美军达到 38.5 万人，1967 年底达到 48.5 万人，1969 年初达到 54.2 万人。而西贡军队也越来越不能收拾：避战和逃兵盛行。美国的所有战争行动都没有取得预期的成果。尽管在 1967 年前美国公众对战争的支持仍然很醒目，但原来支持战争的许多官员开始感到美国不可能取得战争的胜利，政府内部发生了严重的分歧。1967 年 5

月和 11 月，国防部长麦克纳马拉两次向总统提交备忘录，要求如果南越不能"自助"美国就应撤军，对其在越南的责任，与总统的分歧公开化。1968 年 1 月 31 日，以越南解放武装为主的 10 万大军发动了春节攻势。越南人以军事上伤亡惨重（越军与美军的死之比为30：1）的代价换取了政治上的胜利。1001 名美军在此战中丧命，让美国人心痛不已，加重了反战情绪。内外交困之下，约翰逊开始寻求战争降级。从某种意义上说，是公众把美国推向越南战争的泥潭中的。只是在美国士兵开始大量阵亡，而在越南的美国记者开始向国内传回关于越南的真实情况的大量报道后，反战的声音才占了上风。著名记者戴维·哈尔伯斯坦是最早对越南战争进行批评和反思的美国人之一，他对越南实际情况的报道对美国国内反战运动的兴起发挥了先导和推动作用。①

　　1966 年 1 月 6 日，学生非暴力协调委员会成为第一个公开反对这场战争的民权组织。早在 1964 年"自由之夏"发生时，民权运动的激进派首次表达了对越南战争的反对。就在约翰逊宣布"东京湾决议"的同一天，密西西比州发现了三名遇害民权工作者的尸体。学生非暴力协调委员会的积极分子注意到，联邦政府在面对南方针对民权工作者的暴力时表现出的被动态度与向数千里外的东南亚派兵时的迅速反应之间存在着显著差异。研究学生非暴力协调委员会的历史学家克莱伯恩·卡森指出："大多数学生非暴力协调委员会的工作人员一意识到美国插足越南战争就提出反对。"1964 年 8 月，在纪念被杀的三个民权工作者的追悼会上，历史学家霍华德·津恩回忆说，委员会领导人罗伯特·摩西拿着一份标题为"约翰逊说在北部湾开枪击毙敌人"的早报，谴责政府拒绝保护民权工作者却准备绕过大半个地球派遣军队去越南。摩西后来受学生争取民主社会组织的海登邀请，于1965 年 4 月 17 日在华盛顿举行的反战抗议活动上发言，将南越的杀戮与密西西比州的杀戮进行了比较，控诉"战争的发起者"是"拒

---

① 参见时殷弘《美国在越南的干涉和战争（1954—1968）》，世界知识出版社 1993 年版；［美］罗伯特·S. 麦克纳马拉：《回顾：越战的悲剧与教训》，陈丕西等译，作家出版社 1996 年版。

绝保护南方公民权利的同一批人"。5 月 21 日至 22 日在伯克利举行的反对越南战争活动中，他向 1 万名听众（主要是白人）发表了演讲，称自己是第三世界国家的一员，将他在民权与和平运动中的角色连为一体。他告诉听众，如果他们想在越南问题上有所作为，他们必须向南方学习。[1] 学生非暴力协调委员会对民主党未能在亚特兰大市为密西西比自由民主党的代表团安排席位也感到不满，这加剧了他们对自由主义价值的怀疑。当约翰逊在 1964 年末和 1965 年初做出将战争升级的决定时，学生非暴力协调委员会的许多领导人将迈克尔·施维尔纳、安德鲁·古德曼和詹姆斯·钱尼被谋杀与美军扔汽油弹轰炸越南，杀害越南平民相提并论。[2]

　　整个 1965 年，学生非暴力协调委员会在内部就是否应该站出来反对越南战争展开了一系列有争议的辩论。越南战争正在取代民权，成为美国当时最重要的政治议题。1965 年 7 月，年轻的密西西比人约翰·肖在越南被杀。1961 年，他曾参与麦库姆的示威活动。他的死讯在密西西比州引发了美国黑人社区的抗议。密西西比自由民主党散发了一份传单，列出了美国黑人不应该在越南作战的五个令人信服的理由，并提倡征兵抵制，这引发了美国社会对它的强烈谴责。南方国会议员谴责这篇文章是密西西比自由民主党缺乏爱国主义的表现。[3] 学生非暴力协调委员会的大多数成员个人都反对战争，但委员会的领导人约翰·刘易斯、多娜·理查兹和米切尔·齐默尔曼等人对委员会公开反对战争持保留意见，因为这将导致更多的批评，并大大削弱他们的筹款能力。事实也确实如此，当时委员会的银行账户已经无钱可用，还欠了 5 万多美元的债。他们拖欠房租、电话费、电费和汽车修

---

[1]　Laura Visser - Maessen, *Robert Parris Moses: a Life in Civil Rights and Leadership at the Grassroots*, The University of North Carolina Press, 2016, pp. 282 - 296; John Lewis, *Walking with the Wind : A Memoir of the Movement*, New York: Simon & Schuster, 1998, p. 354.

[2]　Daniel S. Lucks, "Martin Luther King, Jr.'s Riverside Speech and Cold War Civil Rights", *Peace & Change*, Vol. 40, No. 3, July 2015, p. 410.

[3]　五条理由包括黑人尚未得到自由，黑人青年不要把应征入伍看成是光荣的事，政府应保证黑人民权优先，黑人不能为了白人的利益去杀害有色人种人民以及美国的自由和民主是虚伪的，见乔安尼·格兰特编《美国黑人斗争史：1619 年至今的历史文献与分析》，郭瀛等译，中国社会科学出版社 1987 年版，第 460 页。

理费等，而且再也无法支付职员的薪水了。① 美国社会中弥漫的顽固不化的反共产主义是委员会在 1965 年决定不站出来反对战争的一个主要因素。这个陷入困境的组织已经自顾不暇。它不排斥共产主义者的政策引起了主流媒体大量煽风点火式的批评。《华盛顿邮报》专栏作家罗兰·埃文斯和罗伯特·诺瓦克写了一系列文章，用莫须有的共产主义渗透指控攻击委员会。1965 年 3 月，在塞尔玛到蒙哥马利的游行开始几天后，埃文斯和诺瓦克谎称："毫无疑问，学生非暴力协调委员会已经被垮掉的左翼革命者大量渗透，最糟糕的是，被共产主义者渗透。"他们接着强调，"委员会及其领导人并不是真的对投票权或任何其他可实现的目标感兴趣，而只是要求把不可实现的目标作为挑起社会动荡的手段。"几周后，他们声称全国律师公会介入了密西西比自由民主党的法律事务，再加上委员会与埃拉·贝克这个著名"左派"的长期合作关系，证明了"如果共产党人没有加入委员会，那将是一个奇迹"②。

摩西和委员会其他职员的反战观点，让种族隔离主义者把他们认定为叛徒。来自路易斯安那州的美国国会议员乔·瓦格纳抓住这个机会谴责他们"只是一群激进的、被共产主义渗透的煽动者"。美国联邦调查局认为这是一种颠覆性的活动。在约翰逊总统和司法部的同意下，胡佛于 6 月 15 日下令窃听委员会的办公室电话，因为调查局把它看成"共产党渗透的主要目标"。越南战争显然使美国政府和民权工作者之间的分歧进一步扩大。③

1966 年 1 月 3 日，学生非暴力协调委员会工作人员、退伍军人小萨米·杨格在亚拉巴马州的塔斯基吉因使用白人专用洗手间而被谋杀。这激起了委员会的怒火，它不再犹豫，成为第一个公开反对越南战争的民权组织。谋杀发生三天后，委员会执行董事约翰·刘易斯宣读了一份声明，谴责美国卷入越南是"种族主义和帝国主义"行径，

① John Lewis, *Walking with the Wind*: *A Memoir of the Movement*, p. 356.

② Daniel S. Lucks, "Martin Luther King, Jr.'s Riverside Speech and Cold War Civil Rights", *Peace & Change*, Vol. 40, No. 3, July 2015, p. 411.

③ Thomas Borstelmann, *The Cold War and the Cold Line*: *American Race Relations in the Global Arena*, Cambridge: Harvard University Press, 2002, p. 192.

认为"萨米·杨格在亚拉巴马州塔斯基吉被谋杀，与越南农民被谋杀没有什么不同，因为杨格和越南人都在寻求获得法律保障的权利"。刘易斯接着强调，委员会的作用不是在越南作战，而是在这个国家为美国黑人在国内被剥夺的自由而战，并重申了对征兵抵制者的支持。[①]可见，声明明确地将民权和反战运动联系在一起，谴责美国的压迫性和相互关联的内外政策，包括无视法律，悍然对边缘群体使用暴力，以及剥夺自由选举和投票权。声明还为逃避兵役提供了支持，鼓励人们转而加入争取民权的斗争。[②] 委员会对战争的猛烈抨击引发了广泛的敌意，人们的反应如此激烈，以至于亚拉巴马州负责征兵的官员宣布，他正在考虑对约翰·刘易斯的征兵状况进行审查。委员会对越南战争的控诉成了全国的头条新闻，美国黑人普遍不赞同委员会在公开反对战争方面的鲁莽，全国有色人种协进会立即与学生非暴力协调委员会对战争的攻击拉开了距离。全国有色人种协进会的领导人罗伊·威尔金斯在他的全国性报纸专栏中对此明确表达了蔑视。他指出，学生非暴力协调委员会只是民权运动中的一个小组织，因为发表声明正在迅速失去影响力。[③] 大多数美国人，无论是黑人还是白人，都认为外交事务超出了民权领袖的能力范围。长期以来，美国公众一致认为有必要遏制共产主义的蔓延，冷战自由主义占据了主导地位。此外，美国黑人对约翰逊总统通过《民权法案》深表感激，他们渴望证明自己配得上新获得的民权——即使是在战场上。因此，美国黑人报刊严厉批评了委员会对战争的诽谤。[④] 美国黑人的报纸《亚特兰大世界日报》谴责刘易斯的声明是"最可悲、最误导、最不正确的"。温和的《亚特兰大日报》对委员会也展开了全面的攻击，指出"委员会的政策远远超越了对政策的异议和怀疑"，

① Daniel S. Lucks, *Selma to Saigon*: *The Civil Rights Movement and the Vietnam War*, University Press of Kentucky, 2014, p. 3.

② John A. Kirk, *The Civil Rights Movement*: *a Documentary Reader*, John Wiley & Sons, Inc., 2020, P. 234.

③ Simon Hall, "The Response of the Moderate Wing of the Civil Rights Movement to the War in Vietnam", *The Historical Journal*, Vol. 46, No. 3 (Sep., 2003), p. 672.

④ Daniel S. Lucks, *Selma to Saigon*: *The Civil Rights Movement and the Vietnam War*, University Press of Kentucky, 2014, p. 4.

暗示委员会的政策是叛国的。委员会前宣传主管朱利安·邦德同意委员会的观点，认为民权活动是对征兵的一个可行的替代方案，但却被剥夺了佐治亚州议会的席位。政界人士对邦德大加嘲讽，副州长彼得·扎克·吉尔代表佐治亚州的大多数白人发表了讲话，他称邦德的声明"是对美利坚合众国完全缺乏爱国主义的一个刺眼和悲哀的例子……这一立场完全适合克里姆林宫"①。

斯托克利·卡迈克尔在 1966 年 5 月学生非暴力协调委员会主席选举中击败约翰·刘易斯，成为该组织的一个分水岭，此后委员会越来越激进，其思想主张逐渐从非暴力转向暴力，从融合转向分离。卡迈克尔在一次游行中公开喊出"黑人权力"（Black Power）的口号，标志着民权运动转向了黑人权力运动。学生非暴力协调委员会成了约翰逊政府最不能接受的民权组织。1966 年仲夏，组织成员称约翰逊是杀害越南平民的凶手，并认为在人类平等问题上，白人自由主义者并不比南方种族主义者好多少。对约翰逊来说，这种指控令人震惊。卡迈克尔激烈批评"越南战争只不过是白人派黑人去杀棕色人种来保卫他们从红种人那里偷来的国家"。因此美国就是种族主义国家，但"从来没有越共叫过我黑鬼"。而且美国是以反共为名来侵占越南等东南亚有色人种国家的资源，黑人不能再做白人的炮灰了。他由此宣称"我们不会再逃跑了，不能在河内打仗，在哈莱姆逃跑"②。卡迈克尔计划在 8 月 6 日约翰逊的女儿露西的婚礼上抗议越南战争，这使得他们之间的冲突更加激烈。③

正是在这种动荡的环境下，马丁·路德·金被迫正视越南战争，这场战争对政府的"伟大社会"改革造成了严重破坏，并危及进一

① Lucks, "Martin Luther King, Jr.'s Riverside Speech and Cold War Civil Rights", *Peace & Change*, Vol. 40, No. 3, July 2015, p. 412. 邦德后来经过上诉，又重新赢得席位。详情参见 Michael G. Long, *Race Man: Julian Bond Selected Works, 1960 - 2015*, the City Lights Bookstore, 2020.

② Stokely Carmichael, *Ready for Revolution: The Life and Struggles of Stokely Carmichael*, New York: Scribner, 2003, p. 547; *Stokely Speaks: Black Power Back to Pan-Africanism*, Vintage Books, 1971, p. 85.

③ Borstelmann, *The Cold War and the Cold Line: American Race Relations in the Global Arena*, p. 205.

步的民权立法。历史学家大卫·加罗记录了联邦调查局对马丁·路德·金进行的调查，以及一些内部备忘录的线索，这些备忘录警告称，马丁·路德·金是共产党渗透的目标。从 1963 年到马丁·路德·金遇刺身亡，他一直处于联邦调查局的监视之下，而埃德加·胡佛致力于摧毁这位民权领袖。早在 1965 年 3 月，在马丁·路德·金对越南日益严重的危机表达了最初的担忧之后，胡佛就向白宫助理马文·沃森递交了一份报告，这份报告最终转交给了总统。这份报告包括了金的两名顾问之间的一段遭窃听的谈话细节，其中一人说："在一个捍卫塞尔玛自由的人处于危险中时，谈论南越的自由是一种嘲弄。"这份备忘录和其他有关金早期反对美国在越南实行军国主义的声明，特别是他打算给相关国家领导人写信，呼吁停火的意图，助长了约翰逊对金的偏见。8 月瓦茨骚乱发生后，总统在一次电话交谈中警告金说"最好不要给人留下你在越南方面反对我的印象"①。为了平息可能发生的危机，约翰逊建议金与联合国大使阿瑟·戈德堡会面讨论相关事宜，以便在越南战争问题上达成和解。1965 年 9 月 10 日，金在联合国会见戈德堡大使后，再次呼吁美国政府与越共进行谈判。然后，他提出联合国是时候承认"红色中国"了。金关于"红色中国"的声明引发了轩然大波。康涅狄格州参议员托马斯·多德是总统的坚定盟友，也是埃德加·胡佛在参议院最坚定的支持者之一。他表示，马丁·路德·金提议的事情违反了《洛根法案》②。小惠特尼·扬代表民权机构指责马丁·路德·金将民权运动与越南联系在一起，"损害"了民权运动。这些攻击的猛烈程度震惊了马丁·路德·金，他与助手之间的对话被窃听，录音中记录下了马丁·路德·金悲哀的话，他承认"必须忘记和平问题，回到民权上来"③。

---

① 参见 David J. Garrow, *The FBI and Martin Luther King*, *Jr. From Solo to Memphis*, New York: W. W. Norton & Company, 1981, pp. 101 – 150.

② 它规定任何美国公民在没有得到美国行政部门明确授权情况下，试图与外国政府谈判或试图影响外交政策而是重罪。金只是提议，并没有影响政府的外交决策，因此并不违反《洛根法案》。

③ Lucks, "Martin Luther King, Jr.'s Riverside Speech and Cold War Civil Rights", *Peace & Change*, Vol. 40, No. 3, July 2015, pp. 413 – 414.

1966 年 1 月，学生非暴力协调委员会公开反对战争，朱利安·邦德引发争议，引起一片哗然，之后金在战争问题上继续保持沉默，但他对一个将异见等同于叛国的社会感到愤怒。在对埃比尼泽浸礼会会众的一次布道中，他宣扬不一致和不同意见代表了基督教的本质。马丁·路德·金对战争的沉默令人好奇，这在迅速发展的和平运动中激起了许多惊愕之声，该运动渴望有一位像马丁·路德·金这样的领导人来增强其可信度，并消除人们认为反战运动主要由共产党和"垮掉派"组成的看法。金有充分的理由保持谨慎。在 1965 年底和 1966 年，和平运动仍然被视为反美运动。《新闻周刊》委托哈里斯公司进行的民意调查显示，只有 18% 的黑人支持单方面从越南撤军。1966 年 4 月，哈里斯公司进行的另一项民意调查发现，40% 的美国人对反对越南战争的民权组织持负面态度。①

到 1967 年，金忍无可忍，对越战不再保持沉默，发出了强有力的反战的声音。尤其是当金阅读《壁垒》杂志，看到越南孩子的惨境时，大受触动，更加坚定了反战的立场。当时杂志上刊登了一篇题为《越南的孩子们》的文章，并附有 24 张越南儿童被美国凝固汽油弹炸伤的照片。这些照片让他感到恶心，经过几个月的犹豫，这些照片还是让金心碎。金充分意识到这一立场会给他造成政治上的损失，而且可能断绝南方基督教领导大会的经济来源，但他不能容忍战争的罪恶。他解释说："美国参加越战是如此邪恶，我不能再对此表示谨慎。在我心灵深处，我感到我们是错误的。真正发出预言的时候到来了，我愿意走那条路。"②

1967 年 4 月 4 日晚，在经历了两年的越南战争的痛苦之后，马丁·路德·金终于在纽约市滨河教堂向 3000 人发表了一场令人瞩目的演讲。金的演讲题为《打破沉默的时刻》，抨击了越南战争和美国的冷战政策。他指责美国政府是"当今世界上最大的暴力传播者"和"战争的最大承办商"，认为美国在越南的战争是"穷人的敌人"，

---

① Lucks, "Martin Luther King, Jr.'s Riverside Speech and Cold War Civil Rights", *Peace & Change*, Vol. 40, No. 3, July 2015, p. 414.

② Peter B. Levy, *Let Freedom Ring: A Documentary History of the Modern Civil Rights Movement*, New York: Praeger, 1992, pp. 207 – 209.

因为正如战争正在从贫困的美国人那里榨取资源一样，美国站在了"富人和安全的西贡政权一边，却为越南的穷人制造了一个地狱"①。他还批评越南战争耗费掉了本来用于国内扶贫项目的资金，谴责政府派军队去保卫南越的自由，却不能保护本国的民权工作者和确保黑人的自由等。② 马丁·路德·金之所以打破长久以来的沉默，原因之一是他认为美国在世界范围内反对帝国主义的斗争中站错了队。他呼吁进行"价值革命"，使美国能够"站在世界革命的正确一边"，这场革命已席卷亚洲、非洲和拉丁美洲。马丁·路德·金批评美国因"对共产主义的病态恐惧"而未能支持越南寻求独立。他进一步呼吁进行一场反对过度物质主义和资本主义的"价值革命"，并谴责西方将巨额资金投资于第三世界的做法，"只是为了榨取利润，而不关心这些国家的社会进步"。金选择公开批评越战，因为他相信世界和平和民权问题是不可分割的，它集中体现了马丁·路德·金长期以来对经济剥削、种族主义和军国主义三重罪恶的深刻洞察。③

"河畔演讲"遭到了几乎所有人的谴责，很多自由派报纸，包括《华盛顿邮报》《纽约时报》以及很多黑人报纸等都批评金的言论，甚至金的一些朋友也指责他。例如《华盛顿邮报》谴责他对"他的天然盟友"白人自由主义者造成了"严重伤害"④。但很多批评人士对马丁·路德·金的详细分析不屑一顾，而是诉诸人身攻击，指责他在一些问题上发表的言论超出了他作为民权领袖的权限。《新闻周刊》指控他钻牛角尖，而最大的美国黑人报纸《匹兹堡信使报》的编辑委员会则指责金在"过于复杂而无法进行简单辩论"的问题上"可悲地宣扬了错误的教义"。他对美国在东南亚政策的直率批评导致许多人质疑他的爱国主义。例如，《生活》杂志称金的演讲是"蛊

---

① James Melvin Washington, A Testament of Hope: The Essential Writings of Martn Lather King, Jr., San Francisco: Harper and Row, 1986, pp. 232 - 234.

② 转引自 Levy, *Let Freedom Ring: A Documentary History of the Modern Civil Rights Movement*, p. 210。

③ 转引自 Borstelmann, *The Cold War and the Cold Line: American Race Relations in the Global Arena*, pp. 239 - 243。

④ 转引自 Borstelmann, *The Cold War and the Cold Line: American Race Relations in the Global Arena*, p. 210。

惑人心的诽谤，听起来像是河内电台的剧本"。非裔美国记者卡尔·罗文指责马丁·路德·金是"一个受共产主义支配的自大狂"，白宫顾问罗奇发表了一番发人深思的评论，他把金的讲话斥为一个"失败者"的喃喃自语。河畔演说导致联邦调查局加强对马丁·路德·金的监视和骚扰，约翰逊政府认为马丁·路德·金对美国政府的威胁比以往任何时候都大。①

马丁·路德·金对美国外交政策的谴责也在民权组织中掀起了轩然大波。虽然他对越南战争的批评让学生非暴力协调委员会和种族平等大会兴奋不已，他们在 1966 年就站出来反对越南战争，但却招致了自由派人士的大量批评。这包括民权运动的"温和派"，主要由全国有色人种协进会、全国城市同盟和其他组织组成。全国有色人种协进会立即与马丁·路德·金的演讲划清界限。一位著名记者说，金是一位民权领袖，他应该继续保持这一身份。全国有色人种协进会董事会同意了这一观点，称河畔教堂的演讲是"一个严重的战术错误"。罗伊·威尔金斯认为，"你不能把民权运动卷入国外的斗争，从而为国内的民权运动服务"，批评"金虽然有权表达他对战争的看法，但他并不能代表整个民权运动"②。马丁·路德·金针锋相对地指出，政府在国外与共产主义作战的努力，正在榨干它在国内与贫困作斗争的资源，而全国有色人种协进会和全国城市同盟则继续坚持这两场斗争可以同时进行。③ 双方的矛盾不断加深。这其实不难理解，因为很多温和派的民权领导人认为约翰逊总统为美国黑人和民权所做的贡献，是自林肯以来最多的。全国有色人种协进会主席罗伊·威尔金斯曾惊叹道："多少总统加起来也不如约翰逊为黑人所做的那样多。"全国有色人种协进会在民权立法方面游说国会的首席说客克拉伦斯·米切尔甚至认为约翰逊在历史上的

---

① 转引自 Lucks, "Martin Luther King, Jr.'s Riverside Speech and Cold War Civil Rights", *Peace & Change*, Vol. 40, No. 3, July 2015, p. 397。

② Simon Hall, "The Response of the Moderate Wing of the Civil Rights Movement to the War in Vietnam", *The Historical Journal*, Vol. 46, No. 3 (Sep., 2003), p. 673.

③ Borstelmann, *The Cold War and the Cold Line: American Race Relations in the Global Arena*, p. 210.

地位高于亚伯拉罕·林肯和富兰克林·罗斯福。他们与约翰逊总统建立了密切关系，不可能反对总统的外交政策。而且约翰逊很快就对反战活动人士和其他反对他的人进行了报复，把他们赶出了"权力走廊"。对温和派民权领导人来说，他们很庆幸能在白宫有一个强大的盟友，因此才取得民权立法的胜利，而反对这场战争意味着结束他们与约翰逊的关系。全国城市同盟主席、总统的坚定支持者小惠特尼·扬总结得最好："如果我们在越南问题上不支持林登·约翰逊，那么他就不会在民权问题上支持我们。"①

虽然遭到舆论潮水般的批评，但金坚持自己的观点，他说："我政治上不明智，但我道德上是明智的……我真的感到，必须有人来说美国是错误的，但每个人都害怕说它。"关于社会舆论的民意调查告诉金，73%的美国人不同意他反对越南战争的立场，60%的人认为这会给民权运动带来消极影响。即使在美国黑人调查者中，仅仅25%的人支持他对战争的批评；48%的人说他是错误的。② 在这样的形势下，当有人问金为何不改变反战的立场时，他这样回答："我不是一个'一致派'的领导人，我不会看南方基督教领导大会的预算来决定什么是对错，我也不受所谓民意的摆布。一个真正的领导人最终不是一个寻求一致的人，而是一个持异议者。"③

就在马丁·路德·金发表演讲几周后，穆罕默德·阿里拒绝入伍的决定同样引起了全国的轰动。作为世界上最著名的非裔美国运动员，他有句名言："我不会和越共争吵"，因为"他们被认为是亚洲黑人，我不会和黑人斗争"。阿里与征兵委员会之间的矛盾凸显了黑人对战争日益增长的厌恶，以及黑人自由斗争与20世纪60年代更大潮流之间的联系。作为"伊斯兰民族"的成员，阿里与马尔科姆·X相处了数月，深受其影响。但他在肯塔基州路易斯维尔的当地征兵委员会拒绝了他以宗教为由的豁免请求。1967年4月阿里

---

① Lucks, *Selma to Saigon*: *The Civil Rights Movement and the Vietnam War*, p. 5.

② Peter Albert and Ronald Hoffman ed., *We Shall Overcome*: *Martin Luther King*, *Jr.*, *and the Black Freedom Struggle*, New York: Pantheon Books, 1990, p. 27.

③ James Melvin Washington, *A Testament of Hope*: *The Essential Writings of Martin Luther King*, *Jr.*, San Francisco: Harper & Row, 1986, p. 276.

逾期未能报到，拳击协会的官员立即剥夺了这位 25 岁拳王的重量级冠军头衔。惩罚并没有结束，得克萨斯州休斯敦一个全是白人的陪审团裁定他逃避兵役，联邦地区法院法官判他五年监禁。阿里成了众矢之的。尽管许多著名的美国黑人，如棒球传奇人物杰基·罗宾逊，反对阿里的行为，并将其行为描述为"不爱国"，但全国成千上万的年轻黑人都认同阿里。阿里在国内外广受赞誉，他鼓舞了美国黑人，并推动了反战运动。①

到 1967 年，面对不断增加的伤亡，国内反战之声甚嚣尘上。当年 10 月，一场日益壮大的反战运动在华盛顿引发了 20 多万人的抗议游行。到 11 月，民调显示 57% 的美国人反对约翰逊的越南政策。②

越南战争的不断升级也促进了民权运动的激进化和"黑人权力"的兴起。学生非暴力协调委员会是最早提出反对越战的民权组织，他们的大标语上写道："我们充满恐惧地认识到，一个所谓自由社会的言行不一致。在这样的社会中，对自由的责任竟然与全力以赴地支持军事侵略的责任相互等同。"在很大程度上，学生非暴力协调委员会对比例失调的大量黑人青年被征入伍参加越战的事实所抱有的极度愤怒，是它全面接受"黑人权力"思想的原因。③

由于与原有的白人自由派的关系破裂，学生非暴力协调委员会开始寻找新的联盟。它继续强烈反对越南战争，其成员广泛到"第三世界"旅行，认同激进的革命组织，并宣扬泛非主义和马克思主义思想。他们主张改变、颠覆美国资本主义，认为美国黑人城市反叛是国际社会主义运动的一部分。激进分子们将自己的处境与第三世界革命相提并论的最重要方式之一是，越来越多地使用殖民主义的类比。卡迈克尔就宣称："美国黑人与整个美国社会之间存在着一种殖民关系。"委员会在亚特兰大的工作人员公开谈论白人民权工作者，把他们比作"殖民地国家的白人公务员和传教士，他们与殖民地人民一起

---

① Lucks, *Selma to Saigon*: *The Civil Rights Movement and the Vietnam War*, p. 8.

② Mary L. Dudziak, *Cold War Civil Rights*: *Race and the Image of American Democracy*, Princeton, N. J.: Princeton University Press, 2000, p. 242.

③ ［美］埃里克·方纳：《美国自由的故事》，王希译，商务印书馆 2002 年版，第 406 页。

工作了很长一段时间，很自然地形成了一种家长式的态度"。卡迈克尔在与人合著的第一本解释黑人权力的书中提到团结第三世界反对殖民主义，① 并主张以革命的暴力反对政府和白人的暴力。② 委员会的领导人詹姆斯·福尔曼以华盛顿为例，展示了美国黑人和白人之间的殖民关系：华盛顿的大多数黑人公民直接由白人联邦政府统治，没有选举代表等民主权利。他激烈批评"美国政府是建立在对美洲印第安人的灭绝、对非洲人民的血腥奴役、对奇卡诺人和波多黎各人的殖民统治之上的。它为所欲为，只要有助于维持资本主义权力结构对国内和世界的控制"，并明确表示"鼓励和支持反对殖民主义、种族主义和经济剥削的解放斗争"。他不仅批评白人自由派，对温和的黑人保守派也嗤之以鼻。例如他批评全国城市同盟的惠特尼·杨在美国政府及其士兵的保护下，去观看和支持南越所谓的自由选举，认为"惠特尼同意让自己被政府利用，对所有黑人来说都是一种耻辱"，指责城市同盟背后有洛克菲勒家族等资本家的支持。③ 另一位委员会激进的领导人拉普·布朗也批评美国一直把黑人当作对付黑人的政治工具，认为在很多以黑人为主的地区，美国政府正在实行一种与统治越南、非洲等第三世界国家相似的新殖民主义统治，即"当白人的结构和制度受到威胁时，白人会利用被压迫人民的成员作为他们的代言人建立傀儡政府来保护他们的经济和政治利益，并维持控制"④。这些都体现了委员会领导人对白人与黑人之间殖民主义关系的理解。对许多年轻的非裔美国激进分子来说，这种殖民主义的类比是很有吸引力的，他们对推翻殖民统治的暴力越来越感兴趣，或者至少对暴力的言辞越来越感兴趣。⑤ 卡迈克尔在此期间进行了 4 个月的"第三世界"旅

① Stokely Carmichael and Charles Hamilton, *Black Power: The Politics of Liberation in America*, New York: Random House, Vintage Books, 1967, pp. x – xi.

② Stokely Carmichael, *Stokely Speaks: Black Power Back to Pan-Africanism*, pp. 157 – 168.

③ James Forman, *The Making of Black Revolutionaries: A Personal Account*, New York : Macmillan, 1997, pp. 474, 487, 500.

④ H. Rap Brown, *Die Nigger Die: A Political Autobiography of Jamil Abdullah al-Amin* (*H. Rap Brown*), Independent Pub Group, 1969, p. 130.

⑤ Borstelmann, *The Cold War and the Cold Line: American Race Relations in the Global Arena*, p. 206.

行。他公开反美，号召革命暴力与泛非主义，主张与第三世界领袖团结在一起。① 各地城市骚乱爆发后，卡迈克尔等人认为这是美国革命的开始，呼吁美国黑人推翻"帝国主义、资本主义和种族主义结合起来的美国政府"②。不久，学生非暴力协调委员会就与更激进的组织黑豹党合并，卡迈克尔成为其主席。但由于卡迈克尔支持种族团结而不是阶级团结，谴责黑豹党与白人激进分子的联盟，很快二者关系就破裂了。学生非暴力协调委员会日益走向脱离现实的乌托邦，孤立无援，解体已经不可避免。

越南问题也导致了金对美国政治与社会的批判日益激烈。他批评美国社会"一直并将继续是一个种族主义社会"，因此，"运动必须转向重建整个美国社会。除非有一个经济与政治权力的重新分配，否则我们正在处理的问题是不会得到解决的"。他在1967年对南方基督教领导大会的职员说："我们必须意识到，我们现在不能解决我们的问题，除非有一个美国经济与政治权力的重新分配……这个国家需要一个价值观的革命……我们必须看到，种族主义、经济剥削和军国主义的邪恶全部交织在一起，你真的不能铲除一个而不破坏另一个。"总之，"美国社会的整个结构必须改变"。他强调："我们必须制定新的项目，采取新的策略，不去依赖政府的好意。""南方基督教领导大会必须从早期和现在不充分的抗议阶段提高到对现代制度的邪恶进行大规模、积极的非暴力抵抗阶段。"因此，"不要将运动想成是一个把黑人整合进美国社会现存的所有价值观体系中的运动，而是一个要改变那些价值观的运动"③。总之，在金看来，美国是一个病态社会，

① 关于部分激进黑人和组织受第三世界非殖民化运动的影响参见 Ruth Reitan，"Cuba, the Black Panther Party and the US Black Movement in the 1960s: Issues of Security"，*New Political Science*；Jun 99，Vol. 21 Issue 2.；Fanon Che Wilkins，"The Making of Black Internationalists: SNCC and Africa Before the Launching of Black Power, 1960 – 1965"，*Journal of African American History*，Fall 2007，Vol. 92 Issue 4 等。

② Borstelmann，*The Cold War and the Cold Line: American Race Relations in the Global Arena*，p. 211.

③ David J. Garrow，*Bearing the Cross: Martin Luther King, Jr. , And the Southern Christian Leadership Conference*，New York：W. Morrow，1986，pp. 581 – 582；Peter Albert and Ronald Hoffman ed. ，*We Shall Overcome: Martin Luther King, Jr. , And the Black Freedom Struggle*，pp. 28 – 31.

它不能通过和平改革得以重生，从而开始把民权、财富分配和战争联系起来。他不情愿地意识到，通过进行深刻的社会重组（包括经济、政治权力的分配）而引发的价值观革命，对恢复国家的灵魂是必要的。①

金开始制定新的策略，但他不能得到老的民权联盟的支持，因此他开始努力在一个更激进原则的基础上争取创立一个新的联盟，他把更多重点放在了阶级斗争上。他指出："事实上有更多的贫穷白人……当我们谈论我们将往哪里去的问题时，我们要坦诚地面对这个事实：这场运动必须转向重建整个美国社会的问题。为什么美国有4000万穷人？当你开始问这个问题时，你正在提出一个关于经济制度的问题，一个更广的财富分配的问题。当你问这个问题时，你开始怀疑资本主义经济。共产主义忘记生活是个人的，资本主义忘记生活是社会的，友爱的王国是建立在两者更高的综合之上的。"② 金日益成为一名西方资本主义的反对者，或者用他的话来说，变成一名民主社会主义的宣扬者。③ 这种呼吁财富与权力的重新分配以及社会经济结构重新改造的要求就像一场"革命"，对黑人运动的联盟来说是不可接受的，因为他们不愿意削弱他们自己的权力和利益。

在此"革命"思想指导下，1967年秋，金宣布在第二年春开展"穷人运动"计划。④ 针对当时此起彼伏的城市骚乱，他认为它们发生的真正原因是白人社会的巨大罪恶的结果——白人的激烈抵制、严重的黑人失业、种族歧视和越南战争，而非暴力直接行动提供了一个针对骚乱的建设性选择："使一个城市的运作混乱而不破坏它，比骚

---

① Gerald D. McKnight, *The Last Crusade*：*Martin Luther King*，*Jr.*，*The FBI*，*and the Poor People's Campaign*, Colo.：Westview Press, 1998, p. 3.

② Philip S. Foner, ed.，*The Voice of Black America*：*Major Speeches by Negroes in the United States*，*1797 – 1973*, New York：Capricorn Books, 1975, pp. 461 – 462；Martin luther King, Jr.，*Where Do We Go from Here*：*Choas or Community*, Boston：Beacon Press, 1968, p. 187.

③ C．Eric · Lncoln, *Martin luther King*，*Jr.*：*A Profile*, New York：Hill and Wang, 1984, p. 230.

④ 关于穷人运动参见 Gordon Keith Mantler, *Black*，*Brown and Poor*：*Martin Luther King Jr.*，*The Poor People's Campaign and Its Legacies*, Duke University, Ph. D.，2008；Amy Nathan Wright, *Civil Rights "Unfinished Business"*：*Poverty*，*Race*，*and the* 1968 *Poor People's Campaign*, The University of Texas at Austin, Ph. D.，2007。

乱更有效，因为它能持续更长的时间，可以耗费更大的社会资金，却并不会导致严重的灾难。"① 他警告，"要么是激进的大规模非暴力，要么是骚乱"②。当记者们问金抗议计划的情况时，他回答说，南方基督教领导大会计划通过把成千上万的贫穷居民带到华盛顿，在那里搭建帐篷，等待联邦行动，从而把非暴力提升到公民不服从的水平。具体来说，"穷人运动"计划从全国的 10 个城市和 5 个农村社会招募 3000 名贫穷的黑人、白人、波多黎各人、墨西哥裔美国人和印第安人，集中进行非暴力训练，然后去华盛顿进行游行。运动也包括遍及全国、在一些重要工业和商业城市进行的支持性示威和抵制活动。运动的直接目的是推动国会通过金提议的照顾弱势群体的权利法案（需要 120 亿美元拨款），内容包括结束住房歧视、确保穷人就业以及贫民窟重建等。运动还计划在首都搭建帐篷，建立据点，然后从城中出发，不断向立法者进行游说，开展大规模游行，把全国的注意力集中在弱势群体的困境上。金强调，虽然运动的性质和目标仍将保持非暴力和融合，但抗议者将开展大规模的公民不服从运动，通过在国会和政府大楼前进行静坐和中断交通等措施，使国家首都停止运作。由于运动现在挑战了整个美国的体制，要求财富与收入的重新分配，因此金甚至直接对《纽约时报》的一个记者说："在某种意义上说，我们正在从事的是阶级斗争。"他相信，大规模的非暴力直接行动一定会迫使美国政府和大多数的美国白人做出让步，带给穷人所需要的经济正义。③ 正当金开始努力开展他的"穷人运动"计划时，不幸遇刺身亡，其梦想最终没有实现。民权运动也从此走向衰亡。④

---

① David R. Weber, *Civil Disobedience in America*: *A Documentary History*, Ithaca, N. Y. : Cornell University Press, 1978, p. 222; David J. Garrow, *Bearing the Cross*: *Martin Luther King, Jr. , and the Southern Christian Leadership Conference*, New York: W. Morrow, 1986, p. 574.

② James Melvin Washington, *A Testament of Hope*: *The Essential Writings of Martin Luther King, Jr. ,* San Francisco: Harper & Row, 1986, p. 69.

③ James A. Colaiaco, *Martin Luther King, Jr. *: *Apostle of Militant Nonviolence*, Houndmills, Basingstoke, Hampshire: Macmillan Press, 1988, pp. 189 – 190.

④ 参见于展《论小马丁·路德·金非暴力策略的演变》，《武汉大学学报》（人文科学版）2017 年第 3 期。

越南战争给约翰逊政府带来致命的打击，国内"伟大的社会"的改革无法进行，国际上因民权改革带来的良好形象也被破坏了。媒体对战争的报道，从约翰逊执政初期就开始不断增加，最终淹没了所有其他话题。这场战争决定了美国在国外的形象，所有其他问题的重要性都相形见绌。例如，1966 年 3 月，一份关于塞内加尔舆论的报告指出，"美国人在越南的行动被认为是特别不受欢迎的，种族关系的观点反而起了较小的作用"。到 1966 年，越南已经取代美国的种族关系，成为国际关注的重要问题。美国海外形象重心的转移与国内民权战线的变化同步。就在两年前，这个国家还团结在一起支持《民权法案》的通过。1968 年美国总统大选前，在政治趋于保守的寒意中，民权运动取得胜利的那些令人兴奋的日子已经一去不复返。① 这种环境孕育了新的压迫形式。当民权领袖加入反战运动，批评约翰逊的越南政策时，联邦调查局从民权领袖的反战姿态中看到了颠覆的新元素。胡佛向总统报道称，共产党正在"努力建立一个反对美国在越南驻军的统一战线"，以及组织其他旨在"利用种族问题，制造混乱，让共产主义在那里蓬勃发展"的活动。胡佛设立了一个特殊的反间谍计划，名为"反谍计划"，专门负责对国内民权、反战和其他进步组织的监控工作。它的目的是"揭露、破坏、误导、抹黑或以其他方式消除黑人民族主义、仇恨型组织及其领导人、发言人、成员和支持者的活动"。"反谍计划"不局限于激进的组织——比如"黑豹党"，也以倡导非暴力的领导人为目标，包括马丁·路德·金在内。②

在国际社会对美国领导人遭暗杀和国内动乱的报道中，越南仍然是国际媒体的一贯主题。反美抗议活动已成为一种常态。1968 年 3 月 27 日，美国新闻署署长伦纳德·马克斯报道说："世界各大报纸的头条都报道了反对美国在越南政策的抗议活动。"四天后，约翰逊总统就越南战争及他对和平的希望发表演说。他不得不无奈地宣布："我不会寻求也不会接受本党连任总统的提名。"美国新闻署立即将

---

① Mary L. Dudziak, *Cold War Civil Rights: Race and the Image of American Democracy*, p. 242.

② Mary L. Dudziak, *Cold War Civil Rights: Race and the Image of American Democracy*, p. 247.

这篇演讲以精美的小册子形式转载，并配以引人注目的总统照片。小册子的结尾是这样写的："结束这场漫长而血腥的战争。"作为美国的宣传信函，这是一个不同寻常的声明，它既表达了绝望，也含蓄地承认了美国实力的局限性。但血腥的战争不会很快结束，无论是在越南还是在美国城市的街道上，林登·约翰逊的总统任期都会以遗憾告终。①

　　总之，民权运动和关于越南战争的辩论是 20 世纪 60 年代动荡的中心。从 60 年代中期到 70 年代初，它们加快了分裂美国社会的速度。虽然民权运动早于反战运动，但它们在 1965 年有过短暂的重叠。1965 年初，就在林登·约翰逊签署《选举权法案》的几个月前，他决定将越南战争升级，引发了反战运动。民权运动和羽翼未丰的反战运动中的积极分子曾一度抱有结成联盟的希望。然而，到 1966 年初，随着东南亚地区愈演愈烈的冲突吞噬了总统和国会，进一步的民权立法受到阻碍。在国内，反战的骚动导致了骚乱、流血和政治动荡，在美国人的生活中制造了深深的裂痕。越南战争很快使包括民权在内的所有其他问题黯然失色。民权问题虽然仍是一个重要问题，但重要性大大下降。战争主导了公众的政治讨论。也许最具破坏性的是，这场战争的争议性加剧了民权联盟中已经存在的代际和意识形态方面的紧张关系，使民权运动内部和美国黑人之间的分歧进一步扩大，让人们的注意力从争取种族公正的斗争转向反对战争。国内外舆论的焦点既已转移，美国政府和民权组织原有的利益共识也逐渐丧失，甚至矛盾日益尖锐，民权改革的衰落不可避免。②

---

① Mary L. Dudziak, *Cold War Civil Rights: Race and the Image of American Democracy*, p. 247.

② Lucks, *Selma to Saigon: The Civil Rights Movement and the Vietnam War*, pp. 1, 3.

结　　语

二战以来，美国走上了资本主义世界领袖的地位，然而同时它也遭到不断增加的国际批评。美国的种族主义被看作是国家的致命缺陷。美国的盟友和批评者都质疑压制民权是否破坏了国家的国际形象，动摇了它自由世界的领导地位。当美国国内的有色人种正在遭受私刑、在学校和公共设施被迫隔离并被剥夺了公民权利的时候，美国的民主不可能成为他国尤其是亚非新独立国家追随的榜样。苏联在 20 世纪 40 年代末期把美国的种族主义作为主要的反美宣传的主题，美国的民权由此成为冷战意识形态斗争的重要考量。杜鲁门政府被迫开启了民权改革，如创建总统民权委员会和公平就业实施委员会、废除武装部队中的隔离，支持非隔离的诉讼案件等。但改革有很大的局限性。政府对民权的支持很有限，它反对大规模的结构性变化，避免把种族和阶级联系在一起的民权改革。冷战初期的反共狂热消除了南方更激进的种族和经济变革的可能。南方的麦卡锡分子通过镇压共产党、独立的左翼人士、民权积极分子和工会组织者，拖延了改革的时机。因此在冷战政治的框架内，对种族压迫的广泛的国际批评没有立足之地，甚至殖民主义也不能批评。民权积极分子转向了联合国，认为这个致力于保护人权的国际论坛可以迫使美国政府保护美国黑人的权利。但在国际观众面前批评国家会加强美国种族主义损害美国世界领导者的消极影响，美国政府不能容忍。因此联邦调查局、众议院非美委员会的活动和政府的忠诚调查计划扼杀了国内的进步声音。国务院通过护照限制和国际谈判，阻止杜波依斯、罗伯逊等激进的黑人出国旅行，让海外对美国种族主义的批评沉寂无声,①同时资助赞美美国种族关系的美国黑人到海外旅行进行宣传。杜波依斯、罗伯逊等杰出的美国左派黑人领袖和其他民权积极分子受到压制和迫害,成了冷战的牺牲品。原来蓬勃发展的民权工会联盟主义也逐渐衰落消亡。

艾森豪威尔总统对民权毫不关心。他并不支持布朗判决,布朗判决本质上是一个冷战案例。当时反共主义意识形态盛行,设定了所有民权争论问题的主题。司法部和国务院认为废除隔离属于国家利益,尤其对反对苏联宣传的冷战外交的利益至关重要。大量的媒体报道指出,布朗判决是对共产主义的打击和美国民主原则的体现。它进一步强化了美国宣传机关已经讲述的种族与民主的故事,即美国民主能促进社会变革,它是建立在正义和平等的原则基础上的。因此从某种程度上讲,布朗判决主要是服务于美国的外交利益的一个判决。小石城危机发生后,国际社会批评不断,这严重威胁到美国的海外形象,艾森豪威尔总统不得不派出军队进行干预,其出发点也主要是受到外交政策目标的影响。但因为联邦政府对民权改革并不很热心,所以很多民权改革只是取得象征性的胜利。很多进步只是法律上宣称的,更多实质性的进步还有待来日。艾森豪威尔政府把精力主要用于应付国际批评的对外公共外交和文化外交。美国政府专门设立新闻署来主管公共外交宣传,他们通过各种方式揭示了美国历史上种族关系的失败和取得的进步,宣扬民主而非集权体制为和解和救赎提供了条件。国务院还支持黑人"爵士乐大使"出访世界各国,宣扬美国的种族进步和文化成就。美国种族的故事被用来比较民主和共产主义,成为一种重要的冷战话语。

肯尼迪政府执政早期,民权也不是总统优先考虑的问题。当自由乘车运动、奥尔巴尼运动等事件发生时,他总是压制运动,管控危机,小心翼翼地避免疏远仍在南方控制着民主党的白人种族隔离主义者。结果,他几乎没有真正支持民权运动。尽管在竞选期间,为了赢得黑人选票,他曾多次承诺尽快进行民权改革。肯尼迪总统希望能延

---

① Mary L. Dudziak, *Cold War Civil Rights: Race and the Image of American Democracy*, Princeton, N. J.: Princeton University Press, 2000, pp. 11 – 12.

迟民权问题，以不妨碍他提出其他的国内问题的提议以及外交事务议程。20 世纪 60 年代早期发生的事件使肯尼迪控制民权议程的努力饱受挫折。新独立的非洲国家的驻美大使来到美国，马上面临着种族隔离的侮辱。每一次种族歧视事件都加强了种族问题在美非关系中的重要性。国务院不得不想方设法，积极应对，帮助外交官排忧解难，但由于国内的种族歧视和隔离制度没有废除，非洲外交官受歧视问题也无法从根本上解决。伯明翰运动的发生成为重要的转折点。运动中种族主义警察"公牛"康纳残酷地对待非暴力的抗议者成为非洲国家领导人讨论的话题，其他国内外舆论潮水般的批评也不断到来，美国政府面临的国内外压力空前巨大。更为重要的是，联邦政府和美国黑人在民权上的利益开始日趋一致。这一时期美苏在非洲的争夺日趋激烈，肯尼迪实施了比前任总统更加积极的对非外交政策，以争取非洲的人心，占据对苏冷战战略上的优势。但非洲国家一直抨击美国的种族主义，伯明翰运动发生时，批评达到了顶点，肯尼迪不得不进行全面的实质性的民权改革才能实现其冷战外交的战略。由此解决民权问题为联邦政府带来的冷战外交利益超越了南方种族主义者带来的政治利益，歧视的外交影响以及民权变革的重要性不言而喻。肯尼迪政府开始采取积极措施支持民权改革。它先用州际商业法来挑战私人企业中的歧视，后来发表了标志性的民权演说，提出了全面的《民权法案》。这标志着美国政府支持实质性的民权改革的开始。

肯尼迪支持 1963 年《民权法案》得到国际赞誉。他的被刺身亡导致很多国家质疑联邦政府是否还能继续支持民权改革。美国外交官们希望约翰逊总统继续肯尼迪的政策——不仅在外交领域，也包括民权政策方面。约翰逊继承了肯尼迪的遗志，在他的努力推动下，国会先后通过了 1964 年《民权法案》和 1965 年《选举权法案》，标志着美国政府的民权改革达到顶峰。但通过 1964 年、1965 年民权法这样标志性的成就取得后，关于社会变革的共识不再存在了。在冷战的国际环境影响下，民权运动转向了激进的黑人权力运动，城市中的种族骚乱不断发生，民权运动分裂了。美国国际关注的焦点也改变了。随着美国日益卷入越战，越南战争取代国内的种族主义成为美国海外形象的焦点。① 改革在某种程度上是安抚外交批评，捍卫国家的形象。
如果表面的种族平等能保护美国民主的国际形象，联邦政府可能不会
施行有实质意义的改革。20 世纪 60 年代后期运动深入发展时，需要
更广泛的变革。但是当国际关注后来转向越南和城市骚乱，促进民权
改革的国际影响就衰退了。在依靠联邦政府作为联盟来确保民权立法
改革时，金和其他主流民权组织的领导人对美国的外交政策和日益陷
入的越战保持谨慎的沉默。到 1967 年，在已经艰难取得《民权法案》
和《选举权法案》的立法胜利后，金不能在批评越战上保持克制了，
因为北方城市和全国反贫穷改革及反对就业和住房歧视所需的资源都
被越战浪费掉了。越战及其全球范围内的反战促使金从改革者转变为
革命者，② 他不再依赖于政府的好意，而是要求美国社会和经济的彻
底变革。但建立在阶级基础上的不平等是资本主义的一个特点。政府
推动的改革有很大局限，只关注美国民主的形象和表面的法律平等。
一旦美国的国家形象看起来安全了，冷战作为激励民权改革的因素就
消退了。③

　　总之，冷战在积极和消极两个方面影响着国内的民权改革和种族
斗争。一方面，反共主义的狂热导致所有进步主义政治的倒退。共产
主义的标签被用来诋毁积极分子和进步组织。民权组织被迫把其斗争
的目标限定为争取选举权之类的民权，而不是取得经济平等的人权运
动。另一方面，当冷战及其伴随而来的反共狂热缩小了政治抗议要争
取的目标时，它同时也为挑战种族隔离和争取宪法赋予的基本的民权
提供了空间。随着美国卷入与苏联的意识形态对抗（目的是想成为自
由世界的领导人），国内的种族主义和南方州坚持的种族隔离成为联
邦政府面对的严重问题。对美国黑人法律上的歧视和隔离削弱了国家
关于自由和民主的意识形态上的言辞，成为苏联和中国反对美国宣传

---

① Mary L. Dudziak, *Cold War Civil Rights*: *Race and the Image of American Democracy*,
pp. 16 – 17.

② Kevin Gaines, "The Civil Rights Movement in World Perspective", *OAH Magazine of History*, January 2007, p. 59.

③ Mary L. Dudziak, *Cold War Civil Rights*: *Race and the Image of American Democracy*,
pp. 251 – 252.

运动的主要武器。美国决策者希望赢得亚非新独立国家的认同，但新暴露出来的国内种族主义的缺陷使之无法实现。美国的外交决策精英公开承认国内的种族主义影响了美国的外交决策。

冷战的国际背景在两个方面有利于成功的民权改革和抗议。政府对种族主义影响美国全球名声的关注给黑人积极分子以重要的新工具来争取种族正义。在 20 世纪四五十年代，黑人积极分子寻求让美国在联合国等全球机构前蒙羞来迫使国内种族政策变革。20 世纪 60 年代，学生非暴力协调委员会和种族平等大会等民权组织利用非洲外交官在首都和马里兰 40 号公路上受歧视的事件举行抗议活动。更为重要的是，冷战背景使联邦政府多少更愿意接受民权的要求。虽然联邦官员对促进民权改革没有太多热情，但对美国国际声誉的关注促使他们站在黑人抗议者一边进行干涉。艾森豪威尔派军队支持小石城中央高中废除隔离至少部分因为他看到危机正破坏美国的国际形象。肯尼迪密切监控全球媒体对 1961 年自由乘车运动、1962 年密西西比大学的种族骚乱、1963 年伯明翰的抗议的报道，他也积极解决非洲外交官在美国遭遇的歧视事件，因为他担心美国喧嚣的种族主义可能导致新独立的亚非民族国家成为苏联的盟友。虽然肯尼迪想要安静地控制种族冲突，使其不要引起国际的关注，但黑人激进主义和白人的暴力抵制迫使他采取措施保护黑人抗议者和公开支持反对隔离。在世界的关注下，美国需要至少努力实践其民主和平等的言辞。伯明翰运动成为关键事件，它表明，最终推动联邦政府干预，进行民权改革的真正原因，并非非暴力的理想道德和美国对外宣传的自由民主的美国信条，而是由非暴力直接行动引发的种族主义者的暴力危机和美国冷战外交带来的压力和利益。理想主义因素最终让位于现实主义因素。

事实上，对冷战的关注有时导致政府采取主动的步骤去挑战隔离和歧视。联邦政府在 20 世纪 40 年代末期开始支持寻求废除教育隔离的诉讼。杜鲁门政府支持全国有色人种协进会在布朗案中的立场，因为这一最高法院的判决表明南方州支持的隔离不是全国性的政策。在 20 世纪 60 年代，对于歧视非白人外交官的关注促使国务院游说废除首都华盛顿的住房歧视和马里兰的隔离法以及支持 1964 年《民权法案》。国务院发现如果不直接攻击否认美国黑人平等权利的法律就不能保护非白人的外国人免遭种族隔离带来的耻辱。正如美国国务卿腊斯克在一封对司法部长的信中所宣称的那样，"60 年代，我们在外交关系中背上的最大负担是国内的种族歧视问题"①。冷战带来的外交政策的动力推动了联邦行政机关自重建后第一次支持美国黑人争取民权。

可见美苏的意识形态竞争塑造了黑人自由斗争的轨迹，迫使积极分子限制了他们追求广泛的经济正义和普世人权的目标，只局限在争取选举权和废除法律上的隔离。但它也导致联邦政府更关注美国在世界的名声。黑人积极分子利用国家在应对共产主义宣传中的弱点来争取民权，受此推动，联邦政府变得更愿意支持目标在于取得基本的法律平等的改革。②

此外需要注意的是，美国政府对种族危机的反应表明政府对民权问题没有持续和连贯的积极的联邦政策，只是危机管理和形象维护。总统和国务卿关心的主要问题不是种族正义，而是美国海外声誉遭到的伤害和美国外交政策目标受到的局限。一旦联邦政府的主要利益得到满足，美国黑人取得实质性平等的机会将被拖延。只有当与白人的利益一致时，黑人取得种族平等的利益才能实现。如果白人中上阶层的利益与美国黑人的利益不一致，他们将不会愿意继续进行改革。因此美国黑人需要唤起白人精英的觉醒使其利益与自己一致，甚至需要采取行动来创造这样的条件。

到民权运动后期，冷战外交对国内民权的影响衰落了。约翰逊总统在民权立法上的巨大成就反而使得民权问题不再成为美国冷战外交关注的焦点，而越南战争又转移了外交政策争论的主题。首先，美国政府和精英们认为种族歧视不再对美国的外交政策目标有很大的消极影响，种族问题对美国的国际形象和声誉也不会再造成之前那么大的破坏。其次，越南战争把国际关注的视线从美国国内的种族关系转移

---

① Michael J. Klarman, "Brown, Racial Change, and the Civil Rights Movement", *Virginia Law Review*, Vol. 80, No. 1, (Feb., 1994), p. 29.

② Renee Romano, "Moving Beyond 'The Movement that Changed the World': Bringing the History of the Cold War into Civil Rights Museums", *The Public Historian*, Vol. 31, No. 2 (Spring 2009), pp. 32 – 51.

到海外的军事行动上。种族问题在很大程度上对美国政府来说首先是一个宣传问题而非事实根据。如果宣扬美国国内的种族改革被认为不再对外交事务有利或对其影响很小，那么利益就会分离。越南战争成为一个焦点和利益转移的例子，它把国际视线转移到海外美国的军事行动上，也把国内抗议群体的能量转移到和平运动中了。① 而且由于反战运动，民权组织与美国政府和白人自由派之间的联盟破裂了，民权组织内部也四分五裂了，利益共识丧失，民权改革由此逐渐衰落。

---

① Robert S. Chang and Peter Kwan, "When Interests Diverge", *Michigan Law Review*, Vol. 100, No. 6, 2002, pp. 1532 – 1540.

参考文献

中文著作（含译著）

顾兴斌：《二战后美国黑人的社会地位研究》，江西人民出版社 2003 年版。

李剑鸣：《历史学家的修养和技艺》，上海三联书店 2007 年版。

林玲：《当代美国黑人穆斯林运动研究》，世界知识出版社 2016 年版。

时殷弘：《美国在越南的干涉和战争（1954—1968）》，世界知识出版社 1993 年版。

王波：《肯尼迪总统的黑人民权政策研究》，上海人民出版社 2002 年版。

王恩铭：《美国黑人领袖及其政治思想研究》，上海外语教育出版社 2006 年版。

王桂莲：《"圣徒"还是"恶魔"：马尔科姆·X 思想研究》，科学出版社 2016 年版。

吴新云：《身份的疆界：当代美国黑人女权主义思想透视》，中国社会科学出版社 2007 年版。

谢国荣：《民权运动的前奏：杜鲁门当政时期美国黑人民权问题研究》，人民出版社 2010 年版。

赵云利：《美国黑人文艺运动研究》，中国水利水电出版社 2018 年版。

［美］埃里克·方纳：《美国自由的故事》，王希译，商务印书馆 2002 年版。

［美］保罗·罗伯逊：《保罗·罗伯逊：我就站在这儿》，赵泽隆译，

世界知识出版社 1958 年版。

［美］罗伯特·L. 艾伦：《美国黑人在觉醒中》，上海市五·七干校六连翻译组译，上海人民出版社 1976 年版。

［美］罗伯特·S. 麦克纳马拉：《回顾：越战的悲剧与教训》，陈丕西等译，作家出版社 1996 年版。

［美］乔安妮·格兰特：《美国黑人斗争史：1619 至今的历史文献和分析》，郭瀛等译，中国社会科学出版社 1987 年版。

［美］杜波依斯：《威·爱·伯·杜波依斯自传——九旬老人回首往事的自述》，邹得真等译，中国大百科全书出版社 1996 年版。

［美］约翰·霍普·富兰克林：《美国黑人史》，张冰姿等译，商务印书馆 1988 年版。

［挪］文安立：《全球冷战：美苏对第三世界的干涉与当代世界的形成》，牛可等译，世界图书出版公司 2012 年版。

中文论文

安然、陈至清：《激进主义的突围与挫败——斯托克利·卡迈克尔的"黑人权力"思想探析》，《学习与探索》2018 年第 9 期。

巩大松：《"黑人权力"运动之社区济贫：黑豹党"生存计划"探析》，《四川大学学报》（哲学社会科学版）2020 年第 3 期。

巩大松、谢国荣：《20 世纪 60 年代中后期美国黑豹党的武装自卫及其影响》，《求是学刊》2018 年第 5 期。

何章银：《肯尼迪政府民权政策成因探析》，《学海》2002 年第 3 期。

何章银：《试论美国黑人民权运动内部的合作》，《学海》2004 年第 4 期。

何章银：《种族集团与艾森豪威尔政府的民权政策》，《世界历史》1994 年第 3 期。

胡锦山：《美国城市种族居住隔离与黑人贫困化》，《史学月刊》2004 年第 1 期。

黄友义：《从美国新闻署的兴衰看美国公共外交的演变：评〈冷战和美国新闻署：1945 年至 1989 年的美国宣传和公共外交〉》，《公共外交季刊》2010 年第 3 期。

李朝增：《美国黑人反对种族歧视的斗争》，《世界知识》1963 年第
　21 期。

梁茂信、聂万举：《60 年代以来美国城市种族暴力冲突的特征及其根
　源》，《哈尔滨工业大学学报》（社会科学版）2000 年第 4 期。

刘雅军：《20 世纪美国的黑人史书写及其对美国史的影响》，《史学月
　刊》2019 年第 11 期。

梅逸：《美国黑人运动在高涨中》，《世界知识》1964 年第 12 期。

梅祖蓉：《美国"黑人权力"运动：公民权运动中的极端主义》，《世
　界民族》2014 年第 3 期。

梅祖蓉：《未完成的转折：马尔科姆·X 黑人民族主义思想流变》，
　《史学月刊》2016 年第 1 期。

孙岳：《"美国史全球化运动"评述》，《首都师范大学学报》（社会
　科学版）2007 年第 3 期。

王恩铭：《马尔科姆·爱克斯与"黑人力量"》，《世界民族》2011 年
　第 5 期。

谢国荣：《1960 年代中后期的美国"黑人权力"运动及其影响》，
　《世界历史》2010 年第 1 期。

谢国荣：《跨国史视野下的美国民权运动研究》，《社会科学战线》
　2019 年第 3 期。

谢国荣：《冷战与黑人民权改革：国际史视野下的布朗案判决》，《历
　史研究》2018 年第 1 期。

谢国荣：《美国联邦调查局对民权组织的监控——以学生非暴力协调
　委员会为中心》，《历史研究》2014 年第 3 期。

谢国荣：《民权运动之前奏：杜鲁门当政时期的黑人民权问题》《历
　史研究》2005 年第 2 期。

谢国荣：《种族问题与冷战初期美国的对外宣传》，《世界历史》2021
　年第 3 期。

谢国荣：《小石城事件国际影响下的美国民权运动》，《历史研究》
　2021 年第 4 期。

于木：《"胜利的是我们！"——罗伯特·威廉夫妇访问记》，《世界知
　识》1963 年第 19 期。

张津瑞：《论美国民权运动时期的黑人街头犯罪问题》，《历史教学问题》2019 年第 6 期。

张立平：《林登·约翰逊与民权法案》，《美国研究》1996 年第 2 期。

朱育莲：《备受种族歧视的美国黑人》，《世界知识》1963 年第 16 期。

中文学位论文

毕元辉：《将冷战与非殖民化相连接：美国对南部非洲政策的演变（1961—1991）》，博士学位论文，东北师范大学，2014 年。

冯志伟：《美国外交的悲剧：美国对南非种族隔离制度的政策演变（1948—1991 年）》，博士学位论文，南开大学，2009 年。

韩玲：《20 世纪 60 年代美国住房种族融合政策评析》，硕士学位论文，东北师范大学，2004 年。

李炳贤：《二十世纪六十年代美国黑人民权运动中的暴力冲突原因研究》，硕士学位论文，西北师范大学，2015 年。

蔺晓林：《非美活动委员会的缘起与变迁（1938—1975）：基于新解密美国档案的研究》，博士学位论文，华东师范大学，2016 年。

卢春梅：《麦卡锡主义的兴衰》，硕士学位论文，吉林大学，2008 年。

卢友芬：《和平队与 20 世纪 60 年代美国黑人民权运动：和平队服务非洲的案例研究》，硕士学位论文，厦门大学，2009 年。

欧阳旭：《斯考兹博罗事件和 30 年代的美国共产党》，硕士学位论文，复旦大学，2008 年。

王淑洁：《美国 1965 年〈选举权法〉研究》，硕士学位论文，山东大学，2016 年。

王肖红：《试论乔治·科利·华莱士的政治活动及其历史影响》，硕士学位论文，山东师范大学，2019 年。

杨婵：《杜波依斯晚年社会活动与身份认同研究》，硕士学位论文，东北师范大学，2017 年。

叶志伟：《1964—1968 年美国城市种族暴力冲突及其原因》，硕士学位论文，东北师范大学，2002 年。

岳丛啸：《20 世纪 60 年代的美国民权立法》，硕士学位论文，华东政法大学，2008 年。

英文文献

Albert P. Blaustein and Robert L. Zangrando, eds. , *Civil Rights and African Americans*: *A Documentary History*, Northwestern University Press, 1991.

Archie Epps, ed. , *Malcolm X*: *Speeches at Harvard*, New York: Paragon House, 1991.

Bruce Perry, ed. , *Malcolm X*: *The Last Speeches*, New York: Pathfinder, 1989.

Catherine M. Lewisand J. Richard Lewis, *Race*, *Politics*, *and Memory*: *A Documentary History of the Little Rock School Crisis*, Fayetteville: The University of Arkansas Press, 2007.

Clayborne Carson et al. , eds. , *The Eyes on the Prize*: *Civil Rights Reader*: *Documents*, *Speeches*, *and Firsthand Accounts from the Black Freedom Struggle*, *1954 – 1990*, New York: Penguin Books, 1991.

Daisy Bates, *The Long Shadow of Little Rock*: *A Memoir*, New York: David McKay, 1986.

David R. Weber, *Civil Disobedience in America*: *A Documentary History*, Ithaca, N. Y. : Cornell University Press, 1978.

Dennis Merrill ed. , *Documentary History of the Truman Presidency*, *Vol. 11*, *The Truman Administration's Civil Rights Program*: *The Report of the Committee on Civil Rights and President Truman's Message to Congress of February 2*, *1948*; *Vol. 12*, *The Truman Administration's Civil Rights Program*: *President Truman's Attempt to Put the Principle of Racial Justice into Law*, *1948 – 1950*, University Publication of America, 1996.

Foner Philip. ed. , *W. E. B. Du Bois Speaks*: *Speeches and Addresses*, New York: Pathfinder Press, 1970; *Off the Pigs! The History and Literature of the Black Panther Party*, Metuchen, N. J. : Scarecrow Pr. , Inc. , 1976.

George Breitman, ed. , *By Any Means Necessary*, Pathfinder, 1970;

Malcolm X Speaks: *Selected Speeches and Statements*, New York: Pathfinder, 1989.

Henry Hampton and Steve Fayer with Sarah Flynn, *Voices of Freedom*: *An Oral History of the Civil Rights Movement*, New York: Bantam Books, 1990.

Herbert Aptheker, ed. , *The Correspondence of W. E. B. Du Bois*, *Vol. III*, *Selections*, *1944 – 1963*, Amherst: University of Massachusetts Press, 1978.

Howell Raines, *My Soul Is Rested*: *The Story of The Civil Rights Movement In the Deep South*, New York: Penguin, 1977.

H. Rap Brown, *Die Nigger Die*: *A Political Autobiography of Jamil Abdullah al-Amin* (*H. Rap Brown*), Independent Pub Group, 1969.

James Farmer, *Lay Bare the Heart*: *An Autobiography of the Civil Rights Movement*, New York: Arbor House, 1985.

James Forman, *The Making of Black Revolutionaries*: *A Personal Account*, New York: Macmillan, 1997.

James Melvin Washington, *A Testament of Hope*: *The Essential Writings of Martin Luther King*, *Jr.* , San Francisco: Harper & Row, 1986.

John A. Kirk, *The Civil Rights Movement*: *a Documentary Reader*, John Wiley & Sons, Inc. , 2020.

John Lewis, *Walking with the Wind*: *A Memoir of the Movement*, New York: Simon & Schuster, 1998.

Juan Williams, ed. , *Eyes on the Prize*: *America's Civil Rights Years*, *1954 – 1965*, New York, NY: Penguin Books, 1988.

Lewis Gould, *The Documentary History of the John F. Kennedy Presidency*, *Vol. 14*: *John F. Kennedy*, *Martin Luther King Jr.* , *And the Struggle for Civil Rights*, Bethesda, MD: LexisNexis, 2005.

Malcolm X. , with the assistance of Alex Haley, *The Autobiography of Malcolm X*, New York: Grove Press, 1965.

Martin Luther King Jr. , *Why We Can't Wait*, New York: The New American Library, 1964; *Where Do We Go from Here*: *Choas or Community*,

Boston: Beacon Press, 1968; *In a Single Garment of Destiny: A Global Vision of Justice*, Beacon Press, 2014.

Nancy Beck Young, ed. , *Documentary History of the Dwight D. Eisenhower Presidency*, *Vol. 1: The Eisenhower Administration and the Brown v. Board of Education Decision*, *1954 – 1955*, Bethesda, MD: Lexis-Nexis, 2005.

Michael G. Long, *Race Man: Julian Bond Selected Works*, *1960 – 2015*, the City Lights Bookstore, 2020.

Peter B. Levy, *Let Freedom Ring: A Documentary History of the Modern Civil Rights Movement*, New York: Praeger, 1992.

Philip S. Foner, ed. , *The Voice of Black America: Major Speeches by Negroes in the United States*, *1797 – 1973*, New York: Capricorn Books, 1975.

Raymond D'Angelo, *The American Civil Rights Movement: Readings & Interpretations*, McGraw-Hill/Dushkin, 2001.

Robert F. Williams, *Negroes With Guns*, Detroit: Wayne State University Press, 1998.

Sanford Wexler, *The Civil Rights Movement: an Eyewitness History*, New York, NY: Facts on File, 1993.

Sondra Kathryn Wilson, *In Search of Democracy: The NAACP Writings of James Weldon Johnson*, *Walter White*, *and Roy Wilkins*, Oxford University Press, 1999.

Steve Clark, ed. , *Malcolm X Talks to Young People: Speeches in the U. S. , Britain, and Africa*, New York: Pathfinder, 1991.

Stokely Carmichael and Charles Hamilton, *Black Power: The Politics of Liberation in America*, New York: Random House, Vintage Books, 1967.

Stokely Carmichael, *Ready for Revolution: The Life and Struggles of Stokely Carmichae*, New York: Scribner, 2003; *Stokely Speaks: Black Power Back to Pan-Africanism*, Vintage Books, 1971.

William Brink and Louis Harris, *The Negro Revolution in America*, New

York，Simon and Schuster，1963.

缩微胶卷

Carl M. Brauer ed. ，*Civil Rights during the Kennedy Administration*，*1961 –
1963*：A collection from the holdings of the John F. Kennedy Library，U-
niversity Publications of America，1986.

Robert E. Lester ed. ，*Civil Rights During the Eisenhower Administration*：A
collection from the Papers of Dwight D. Eisenhower in the custody of the
Dwight D. Eisenhower Library，University Publications of America，
2006.

Steven F. Lawson ed. ，*Civil Rights during the Johnson Administration*：A
collection from the holdings of the Lyndon Baines Johnson Library，Uni-
versity Publications of America，1984 – 1987.

数据库和网上资料

ProQuest History Vault 数据库中的"冷战早期的美国政治：杜鲁门与
艾森豪威尔政府"（History Vault：American Politics in the Early Cold
War—Truman and Eisenhower Administrations，1945 – 1961），网址：
https：//hv. proquest. com。

美国历史文档系列数据库中的美国国会文献集（*US Congressional Seri-
al Set*，简称 *USCSS*），网址：http：//infoweb. newsbank. com/？ db =
AOFA。

艾森豪威尔总统图书馆有关注小石城事件的部分在线档案，网址：ht-
tps：//www. eisenhowerlibrary. gov/research/online-documents/civil-
rights-little-rock-school-integration-crisis。

报纸

《人民日报》
《参考消息》
Peking Review（《北京周报》）
New York Amsterdam News

英文著作

A. B. Assensoh and Yvette M. Alex-Assensoh, *Malcolm X and Africa*, Cambria Press, 2016.

Adam Fairclough, *To Redeem the Soul of America*: *The Southern Christian Leadership Conference and Martin Luther King*, *Jr.*, Athens and London: The University of Georgia Press, 1987; *Race and Democracy*: *The Civil Rights Struggle in Louisiana*, *1915 - 1972*, Athens: University of Georgia Press, 1995.

Adolph L. Reed, *W. E. B. Du Bois and American Political Thought*: *Fabianism and the Color Line*, Oxford University Press, 1999.

Aldon D. Morris, *The Origins of the Civil Rights Movement*: *Black Communities Organizing for Change*, New York: Free Press; London: Collier Macmillan, 1984.

Alex Lubin, *Geographies of Liberation the Making of an Afro-Arab Political Imaginary*, University of North Carolina Press, 2014.

Ann K. Johnson, *Urban Ghetto Riots*, *1965 - 1968*: *A Comparison of Soviet and American Press Coverage*, Boulder: East European Monographs; New York: Distributed by Columbia University Press, 1996.

Anne Garland Mahler, *From the Tricontinental to the Global South*: *Race*, *Radicalism*, *and Transnational Solidarity*, Duke University Press, 2018.

Arth E. Pauley, *The Modern Presidency & Civil Rights*: *Rhetoric on Race from Roosevelt to Nixon*, College Station: Texas A&M University Press, 2001.

Azza Salama Layton, *International Politics and Civil Rights Policies in the United States*, *1941 - 1960*, Cambridge; New York: Cambridge University Press, 2000.

Bill V. Mullen, *W. E. B. Du Bois*: *Revolutionary Across the Color Line*, Pluto Press, 2016; *W. E. B. Du Bois on Asia*: *Crossing the World Color Line*, University Press of Mississippi, 2005.

Brando Simeo Starkey, *In Defense of Uncle Tom: Why Blacks Must Police Racial Loyalty*, Cambridge University Press, 2015.

Brenda Gayle Plummer ed. , *Window on Freedom: Race, Civil Rights, and Foreign Affairs, 1945 - 1988*, Chapel Hill: University of North Carolina Press, 2003.

Brenda Gayle Plummer, *Rising Wind: Black Americans and U. S. Foreign Affairs, 1935 - 1960*, Chapel Hill: University of North Carolina Press, 1996; *In Search of Power: African Americans in the Era of Decolonization, 1956 - 1974*, New York: Cambridge University Press, 2013.

C. Eric Lncoln, *Martin luther King, Jr. : A Profile*, New York: Hill and Wang, 1984.

Carl M. Brauer, *John F. Kennedy and the Second Reconstruction*, New York: Columbia University Press, 1977.

Carol Anderson, *Eyes Off the Prize: The United Nations and the African American Struggle for Human Rights, 1944 - 1955*, New York: Cambridge University Press, 2003; *Bourgeois Radicals: The NAACP and the Struggle for Colonial Liberation, 1941 - 1960*, New York: Cambridge University Press, 2015.

Carole Boyce Davies, *Left of Karl Marx: The Political Life of Black Communist Claudia Jones*, Duke University Press Books, 2007.

Catherine Fosl, *Subversive Southerner: Anne Braden and the Struggle for Racial Justice in the Cold War South*, New York: Palgrave Macmillan, 2002.

Cedric J. Robinson, Robin D. G. Kelley, *Black Marxism: The Making of the Black Radical Tradition*, University of North Carolina Press, 2000.

Charles Payne, *I've Got the Light of Freedom*, Berkeley: University of California Press, 1995.

Cheryl Higashida, *Black Internationalist Feminism: Women Writers of the Black Left, 1945 - 1995*, University of Illinois Press, 2013.

Daniel S. Lucks, *Selma to Saigon: The Civil Rights Movement and the Vietnam War*, University Press of Kentucky, 2014.

David J. Garrow, *Protest at Selma: Martin Luther King, Jr. , and the Voting Rights Act of 1965*, New Haven, Conn. : Yale University Press, 1978; *Bearing the Cross: Martin Luther King, Jr. , and the Southern Christian Leadership Conference*, New York: W. Morrow, 1986; *The FBI and Martin Luther King, Jr. From Solo to Memphis*, New York: W. W. Norton & Company, 1981.

David Levering Lewis ed. , *The Civil Rights Movement in America: Essays*, Jackson: University Press of Mississippi, 1986.

David Levering Lewis, *W. E. B. Du Bois: The Fight for Equality and the American Century, 1919 – 1963*, Henry Holt & Company, 2000.

Derrick Bell, *Silent Covenants: Brown v. Board of Education and the Unfulfilled Hopes for Racial Reform*, Oxford University Press, 2004.

Dizzy Gillespie with Al Fraser: *To Be or Not to Bop*, Garden City, N. Y. : Doubleday, 1979.

Doug McAdam, *Political Process and the Development of Black Insurgency, 1930 – 1970*, Chicago: University of Chicago Press, 1982.

Erik S. McDuffie, *Sojourning for Freedom: Black Women, American Communism, and the Making of Black Left Feminism*, Duke University Press Books, 2011.

George Breitman, ed. , *Malcolm X: The Man and His Ideas*, New York: Pathfinder Press, 1965; *Last Year of Malcolm X: The Evolution of a Revolutionary*, New York: Schocken Press, 1969.

George Lewis, *The White South and The Red Menace: Segregationists, Anticommunism, and Massive Resistance, 1945 – 1965*, Gainesville: University Press of Florida, 2004.

Gerald D. McKnight, *The Last Crusade: Martin Luther King, Jr. , the FBI, and the Poor People's Campaign*, Colo. : Westview Press, 1998.

Gerald Horne, *Black and Red: W. E. B. Du Bois and the Afro-American Response to the Cold War, 1944 – 1963*, Albany, N. Y. : State University of New York Press, 1986; *Communist Front? The Civil Rights Congress, 1946 – 1956*, Fairleigh Dickinson University Press, 1988; *Black Revolu-*

tionary: *William Patterson & the Globalization of the African American Freedom Struggle*, University of Illinois Press, 2013; *Race Woman*: *The Lives of Shirley Graham Du Bois*, NYU Press, 2002; *Red Seas*: *Ferdinand Smith and Radical Black Sailors in the United States and Jamaica*, NYU Press, 2009; *Paul Robeson*: *The Artist as Revolutionary*, Pluto Press, 2016; *Black Liberation/Red Scare*: *Ben Davis and the Communist Party*, University of Delaware Press, 1994; *From the Barrel of a Gun*: *The United States and the War against Zimbabwe*, *1965 - 1980*, University of North Carolina Press, 2000.

Gerald N. Rosenberg, *The Hollow Hope*: *Can Courts Bring About Social Change?* Chicago: University of Chicago, 1991.

Harris Wofford, *Of Kennedys and Kings*: *Making Sense of the Sixties*, Pittsburgh: University of Pittsburgh Press, 1992.

Henry T. Gallagher & Gene Roberts, *James Meredith and the Ole Miss Riot*: *A Soldier's Story*, University Press of Mississippi, 2012.

James A. Colaiaco, *Martin Luther King*, *Jr.*: *Apostle of Militant Nonviolence*, Houndmills, Basingstoke, Hampshire: Macmillan Press, 1988.

James Hunter Meriwether, *Proudly We Can be Africans*: *Black Americans and Africa*, *1935 - 1961*, Chapel Hill: University of North Carolina Press, 2002.

James W. Riddlesperger, Jr. and Donald W. Jackson, ed. , *Presidential Leadership and Civil Rights Policy*, Westport, Conn. : Greenwood Press, 1995.

Jason C. Parker, *Brother's Keeper*: *The United States*, *Race*, *and Empire in the British Caribbean*, *1937 - 1962*, Oxford University Press, USA, 2008.

Jeanne Theoharis, Komozi Woodard, Dayo F. Gore, *Want to Start a Revolution*: *Radical Women in the Black Freedom Struggle*, NYU Press, 2009.

Jeff Woods, *Black Struggle*, *Red Scare*: *Segregation and Anti-Communism in the South*, *1948 - 1968*, Baton Rouge: Louisiana State University,

2004.

John Clarke, *Malcolm X: The Man and His Times*, New York: Macmillan, 1969.

John Dittmer, *Local People: The Struggle for Civil Rights in Mississippi*, Urbana: University of Illinois Press, 1994.

John Munro, *The Anticolonial Front: The African American Freedom Struggle and Global Decolonisation, 1945 – 1960*, Cambridge University Press, 2017.

Jonathan Rosenberg, *How Far the Promised Land?: World Affairs and the American Civil Rights Movement from the First World War to Vietnam*, Princeton: Princeton University Press, 2006.

Jordan Goodman, *Paul Robeson: A Watched Man*, Verso, 2013.

Keith M. Finley, *Delaying the Dream: Southern Senators And The Fight Against Civil Rights, 1938 – 1965*, Baton Rouge: Louisiana State University Press, 2008.

Kenneth B. Clark, *Dark Ghetto: Dilemmas of Social Power*, New York: Harper & Row, 1965.

Kenneth Robert Janken, *White: The Biography of Walter White, Mr. NAACP*, New York: The New Press, 2003.

Kevin K. Gaines, *American Africans in Ghana: Black Expatriates and the Civil Rights Era*, Chapel Hill: University of North Carolina Press, 2006.

Komozi Woodard, Charles Payne, Jeanne Theoharis, *Groundwork: Local Black Freedom Movements in America*, NYU Press, 2005.

Laura Visser-Maessen, *Robert Parris Moses: a Life in Civil Rights and Leadership at the Grassroots*, The University of North Carolina Press, 2016.

Laura A. Belmonte, *Selling the American Way: U. S. Propaganda and the Cold War*, University of Pennsylvania Press, 2010.

Lindsey R. Swindall, *Paul Robeson: A Life of Activism and Art*, Rowman & Littlefield Publishers, 2013; *The Path to the Greater, Freer, Truer*

World：*Southern Civil Rights and Anticolonialism*，*1937 – 1955*，University Press of Florida，2014.

Lisa E. Davenport，*Jazz Diplomacy*：*Promoting America in the Cold War Era*，Jackson：University Press of Mississippi，2009.

Manfred Berg，*The Ticket to Freedom*：*The NAACP and the Struggle for Black Political Integration*，University Press of Florida，2005.

Manning Marable，Elizabeth Kai Hinton eds.，*The New Black History*：*Revisiting the Second Reconstruction*，Palgrave Macmillan US，2011.

Manning Marable，*Race*，*Reform and Rebellion*：*The Second Reconstruction in Black American*，*1945 – 1982*，the Macmillan Press，1984；*W. E. B. Du Bois*：*Black Radical Democrat*，Boston：Twayne Publishers，1986；*Malcolm X*：*A Life of Reinvention*，New York：Viking，2011.

Manning Marable，Vanessa Agard-Jones ed.，*Transnational Blackness*：*Navigating the Global Color Line*，Palgrave Macmillan，2008.

Marc Selverstone Hoboken，*A companion to John F. Kennedy*，John Wiley & Sons Inc.，2014.

Marika Sherwood，*Malcolm X*：*Visits Abroad*，Tsehai Publishers，2011.

Mary L. Dudziak，*Cold War Civil Rights*：*Race and the Image of American Democracy*，Princeton，N. J.：Princeton University Press，2000；*Exporting American Dreams*：*Thurgood Marshall's African Journey*，New York：Oxford University Press，2008.

Michael K. Honey，*To the Promised Land*：*Martin Luther King and the Fight for Economic Justice*，W. W. Norton & Company，2018.

Michael L. Krenn，*Black Diplomacy*：*African Americans and the State Department*，*1945 – 1969*，Armonk，N. Y.：M. E. Sharpe，1999.

Minkah Makalani，*In the Cause of Freedom*：*Radical Black Internationalism from Harlem to London*，*1917 – 1939*，University of North Carolina Press，2011.

Nico Slate eds.，*Black Power Beyond Borders*：*The Global Dimensions of the Black Power Movement*，Palgrave Macmillan US，2012.

Nikhil Pal Singh，*Black is a Country*：*Race and the Unfinished Struggle for*

Democracy, Harvard University Press, 2004.

Paul Gordon Lauren, *Power and Prejudice: The Politics and Diplomacy of Racial Discrimination*, Westview Press, 1996.

Paula F. Pfeffer, *Philip Randolph, Pioneer of the Civil Rights Movement*, Baton Rouge: Louisiana State University Press, 1990.

Peniel E. Joseph, *Stokely A Life*, Basic Civitas Books, 2014.

Penny Von Eschen, *Race against Empire: Black Americans and Anticolonialism*, Ithaca, NY: Cornell University Press, 1997; *Satchmo Blows up the World: Jazz Ambassadors Play the Cold War*, Cambridge, Mass. : Harvard University Press, 2004.

Peter Albert and Ronald Hoffman ed. , *We Shall Overcome: Martin Luther King, Jr. , and the Black Freedom Struggle*, New York: Pantheon Books, 1990.

Peter B. Levy, *The Civil Rights Movement*, Westport, Conn. : Greenwood Press, 1998.

Peter J. Paris, *Black Religious Leaders: Conflict in Unity*, Louisville, Ky. : Westminster John Knox Press, 1991.

Philip Emil Muehlenbeck, *Betting on the Africans: John F. Kennedy's Courting of African Nationalist Leaders*, Oxford; New York: Oxford University Press, 2012.

Richard H. King, *Civil Rights and the Idea of Freedom*, New York: Oxford University Press, 1992.

Richard Kluger, *Simple Justice: The History of Brown v. Board of Education and Black America's Struggle for Equality*, New York: Vintage Books, 1977.

Robbie Lieberman, Clarence Lang, *Anticommunism and the African American Freedom Movement: Another Side of the Story*, Palgrave Macmillan, 2009.

Robert L. Allen, *Black Awakening in Capitalist America*, New York: Doubleday, 1969.

Robert O. Self, *American Babylon: Race and the Struggle for Postwar Oakland*, Princeton University Press, 2003.

Robert Rodgers Korstad, *Civil Rights Unionism: Tobacco Workers and the Struggle for Democracy in the Mid-Twentieth-Century South*, the University of North Carolina Press, 2003.

Robert Weisbrot, *Freedom Bound: A History of America's Civil Rights Movement*, New York: Norton, 1990.

Robeson Taj Frazier, *The East is Black: Cold War China in the Black Radical Imagination*, Durham: Duke University Press, 2015.

Robin D. G. Kelley, *Hammer and Hoe: Alabama Communists During the Great Depression*, University of North Carolina Press, 1990; *Freedom Dreams: The Black Radical Imagination*, Beacon Press, 2003.

Rod Bush, *The End of White World Supremacy: Black Internationalism and the Problem of the Color Line*, Temple University Press, 2009.

Saladin Ambar, *Malcolm X at Oxford Union Racial Politics in a Global Era*, Oxford University Press, 2014.

Sarah Azaransky, *This Worldwide Struggle: Religion and the International Roots of the Civil Rights Movement*, Oxford University Press, 2017.

Sean Chabot, *Transnational Roots of the Civil Rights Movement: African American Explorations of the Gandhian Repertoire*, Lanham, Md. : Lexington Books, 2012.

Sean L. Malloy, *Out of Oakland: Black Panther Party Internationalism during the Cold War*, Cornell University Press, 2017.

Sohail Daulatzai, *Black Star, Crescent Moon: The Muslim International and Black Freedom beyond America*, University Of Minnesota Press, 2012.

Stephen Tuck, *The Night Malcolm X Spoke at the Oxford Union A Transatlantic Story of Antiracist Protest*, University of California Press, 2014; *The Other Special Relationship: Race, Rights, and Riots in Britain and the United States*, Palgrave Macmillan US, 2015.

Taeku Lee, *Mobilizing Public Opinion: Black Insurgency and Racial Attitudes in the Civil Rights Era*, Chicago: University of Chicago Press, 2002.

Theodore Draper, *The Rediscovery of Black Nationalism*, New York: The Viking Press, 1970.

Thomas Borstelmann, *Apartheid's Reluctant Uncle: The United States and Southern Africa in the Early Cold War*, Oxford University Press, USA, 1993; *The Cold War and the Cold Line: American Race Relations in the Global Arena*, Cambridge: Harvard University Press, 2002.

Thomas F. Jackson, *From Civil Rights to Human Rights: Martin Luther King, Jr., And the Struggle for Economic Justice*, University of Pennsylvania Press, 2006.

Thomas J. Noer, *Cold War and Black Liberation: The United States and White Rule in Africa, 1948 - 1968*, University of Missouri Press, 1985.

Timothy B. Tyson, *Radio Free Dixie: Robert F. Williams and the Roots of Black Power*, Chapel Hill: University of North Carolina Press, 1999; *The Blood of Emmett Till*, Simon & Schuster, 2017.

Tony Perucci, *Paul Robeson and the Cold War Performance Complex: Race, Madness, Activism*, University of Michigan Press, 2012.

Uta G. Poiger, *Jazz, Rock, and Rebels: Cold War Politics and American Culture in a Divided Germany*, Berkeley: University of California Press, 2000.

英文期刊论文

Akbar Muhammad Ahmed and Max Stanford, "The Roots Of the Pan-African Revolution", *The Black Scholar*, Vol. 3, No. 9, (May 1972).

Andor Skotnes, "The Communist Party, Anti-Racism, and the Freedom Movement: Baltimore, 1930 - 1934", *Science & Society*, Vol. 60, No. 2 (Summer, 1996).

Andrew G. Paschal, "The Spirit of W. E. B. Du Bois (Concluded)", *The Black Scholar*, Vol. 2, No. 6.

Ann K. Ziker, "Segregationists Confront American Empire: The Conservative White South and the Question of Hawaiian Statehood, 1947 - 1959", *Pacific Historical Review*, Vol. 76, No. 3 (August 2007).

Azaria Mbughuni, "Malcolm X, the OAU Resolution of 1964, and Tanzania: Pan-African Connections in the Struggle Against Racial Discrimination", *The Journal of Pan African Studies*, Vol. 7, No. 3, September 2014.

Azza Salama Layton, "International Pressure and the U. S. Government's Response to Little Rock", *The Arkansas Historical Quarterly*, Vol. 66, No. 2 (Summer, 2007).

Barbara J. Beeching, "Paul Robeson and the Black Press: the 1950 Passport Controversy", *The Journal of African American History*, Vol. 87 (Summer, 2002).

Brenda Gayle Plummer, "The Changing Face of Diplomatic History: A Literature Review", *The History Teacher*, Vol. 38, No. 3 (May, 2005).

Burke Marshall, "Theories of Federalism and Civil Rights", *The Yale Law Journal*, Vol. 75, No. 6 (May, 1966).

Calvin B. Holder, "Racism Toward Black African Diplomats During the Kennedy Administration", *Journal of Black Studies*, Vol. 14, No. 1 (Sep. , 1983).

Carol Anderson, "From Hope to Disillusion: African American, the United Nations and the Struggle for Human Rights, 1944 – 1947", *Diplomatic History*, Vol. 20, No. 4 (Fall 1996); "International Conscience, the Cold War, and Apartheid: The NAACP's Alliance with the Reverend Michael Scott for South West Africa's Liberation, 1946 – 1951", *Journal of World History*, Vol. 19, No. 3 (Sep. , 2008); "Rethinking Radicalism: African Americans and the Liberation Struggles in Somalia, Libya, and Eritrea, 1945 – 1949", *Journal of the Historical Society*, Dec 2011, Vol. 11, Issue 4.

CaryFraser, "Crossing the Color Line in Little Rock: The Eisenhower Administration and the Dilemma of Race", *Diplomatic History*, Spring 2000, Vol. 24, Issue 2.

Charles H. Martin, Internationalizing "The American Dilemma": The Civil Rights Congress and the 1951 Genocide Petition to the United Nations,

Journal of American Ethnic History, Vol. 16, No. 4 (Summer, 1997); "The Civil Rights Congress and Southern Black Defendants", *The Georgia Historical Quarterly*, Vol. 71, No. 1 (Spring, 1987); "Communists and Blacks: The ILD and The Angelo Herndon Case", *The Journal of Negro History*, Vol. 64, No. 2 (Spring, 1979).

Curtis A. Bradley, "The United States and Human Rights Treaties: Race Relations, the Cold War, and Constitutionalism", *Chinese Journal of International Law* (2010).

Cynthia Young, "Havana up in Harlem: LeRoi Jones, Harold Cruse and the Making of a Cultural Revolution", *Science & Society*, Vol. 65, No. 1, (Spring, 2001).

Daniel S. Lucks, "Martin Luther King, Jr.'s Riverside Speech and Cold War Civil Rights", *Peace & Change*, Vol. 40, No. 3, July 2015.

Daniel Stevens, "Public Opinion and Public Policy: The Case of Kennedy and Civil Rights", *Presidential Studies Quarterly*, Vol. 32, No. 1 (Mar., 2002).

David A. Dickson, "U. S. Foreign Policy toward Southern and Central Africa: The Kennedy and Johnson Years", *Presidential Studies Quarterly*, Vol. 23, No. 2, (Spring, 1993).

David Carletta, "Those White Guys Are Working For Me: Dizzy Gillespie, Jazz, And The Cultural Politics Of the Cold War During the Eisenhower Administration", *International Social Science Review*, Vol. 82, No. 3/4 (2007).

David Goldfield, "Border Men: Truman, Eisenhower, Johnson, and Civil Rights", *The Journal of Southern History*, Vol. Lxxx, No. 1, February 2014.

David Hostetter, "An International Alliance of People of All Nations Against Racism: Nonviolence and Solidarity in the Antiapartheid Activism of the American Committee on Africa, 1952 – 1965", *Peace & Change*, Apr 2007, Vol. 32, Issue 2.

Donald C. Lord, "JFK and Civil Rights", *Presidential Studies Quarterly*,

Vol. 8, No. 2, (Spring, 1978).

Donald J. McCormack, "Stokely Carmichael and Pan-Africanism: Back to Black Power", *The Journal of Politics*, Vol. 35, No. 2 (May, 1973).

Ebere Nwaubani and C. Nwaubani, "The United States and the Liquidation of European Colonial Rule in Tropical Africa, 1941 – 1963", *Cahiers d'Études Africaines*, Vol. 43, Cahier 171 (2003).

Edward E. Curtis IV, "My Heart Is in Cairo: Malcolm X, the Arab Cold War, and the Making of Islamic Liberation Ethics", *The Journal of A-merican History*, Vol. 102, Issue 3, December 2015.

Eric Arnesen, "Civil Rights and the Cold War at Home: Postwar Activism, Anticommunism, and the Decline of the Left", *American Communist History*, Vol. 11, No. 1, 2012.

Erik S. Mcduffie, "Black and Red: Black Liberation, the Cold War, and the Horne Thesis", *the Journal of African American History*, Vol. 96, No. 2 (Spring 2011).

Fanon Che Wilkins, "The Making of Black Internationalists: SNCC and Africa Before the Launching of Black Power, 1960 – 1965", *Journal of African American History*, Fall 2007, Vol. 92, Issue 4.

Garth E Pauley, "Presidential Rhetoric and Interest Group Politics: Lyndon B. Johnson and the Civil Rights Act of 1964", *The Southern Communication Journal*, Fall 1997.

H. Timothy Lovelace Jr. , "William Worthy's Passport: Travel Restrictions and the Cold War Struggle for Civil and Human Rights", *The Journal of American History*, June 2016.

Harvard Sitkoff, "Harry Truman and the Election of 1948: The Coming of Age of Civil Rights in American Politics", *The Journal of Southern History*, Vol. 37, No. 4 (Nov. , 1971).

HelenLaville, Scott Lucas, "The American way: Edith Sampson, the NAACP, and African American identity in the Cold War", *Diplomatic History*, Fall 96, Vol. 20 Issue 4.

Herb Boyd, "Malcolm X, Mao and a Radical's Memoir", *New York Am-*

sterdam News, 2006. 5. 25, Vol. 97, Issue 22.

Herbert Brownell, "Eisenhower's Civil Rights Program: A Personal Assessment", *Presidential Studies Quarterly*, Vol. 21, No. 2, (Spring, 1991).

Jacquelyn Dowd Hall, "The Long Civil Rights Movement and the Political Uses of the Past", *The Journal of American History*, Vol. 91, No. 4 (Mar., 2005).

James A. Miller, Susan D. Pennybacker and Eve Rosenhaft, "Mother Ada Wright and the International Campaign to Free the Scottsboro Boys, 1931 – 1934", *The American Historical Review*, Vol. 106, No. 2 (Apr., 2001).

James C. Clark, "Civil Rights Leader Harry T. Moore and the Ku Klux Klan in Florida", *The Florida Historical Quarterly*, Vol. 73, No. 2 (Oct., 1994).

James H. Cone, "Martin Luther King, Jr., and the Third World", *The Journal of American History*, Vol. 74, No. 2 (Sep., 1987).

James H. Meriwether, "Worth a Lot of Negro Votes: Black Voters, Africa, and the 1960 Presidential Campaign", *The Journal of American History*, Dec. 2008, Vol. 95, No. 3.

James L. Roark, "American Black Leaders: The Response to Colonialism and the Cold War, 1943 – 1953", *African Historical Studies*, Vol. 4, No. 2 (1971).

Jason C. Parker, "Made-in-America Revolutions? The Black University and the American Role in the Decolonization of the Black Atlantic", *The Journal of American History*, December 2009 (Vol. 96, No. 3).

Jeff Woods, "The Cold War and the Struggle for Civil Rights", *The OAH Magazine of History*, October 2010, Vol. 24, No 4.

Jodi Melamed, "W. E. B. Du Bois's UnAmerican End", *African American Review*, Vol. 40, No. 3 (Fall, 2006).

John A. Gronbeck-Tedesco, "The Left in Transition: The Cuban Revolution in US Third World Politics", *Journal of Latin American Studies*, Vol. 40, No. 4 (Nov., 2008).

John A. Kirk, "The Long and the Short of It: New Perspectives in Civil

Rights Studies", *Journal of Contemporary History*, Vol. 46, No. 2 (April 2011).

John David Skrentny, "The Effect of the Cold War on African-American Civil Rights: America and the World Audience, 1945 – 1968", *Theory and Society*, Vol. 27, No. 2 (Apr., 1998).

John Hart, "Kennedy, Congress and Civil Rights", *Journal of American Studies*, Vol. 13, No. 2 (Aug., 1979).

Jonathan Zimmerman, "Beyond Double Consciousness: Black Peace Corps Volunteers in Africa, 1961 – 1971", *The Journal of American History*, Vol. 82, No. 3 (Dec., 1995).

Joseph Walwik, "Paul Robeson, Peekskill, and the Red Menace", *Pennsylvania History*, Vol. 66, No. 1, (Winter 1999).

Josh Sides, "You Understand My Condition: The Civil Rights Congress in the Los Angeles African-American Community, 1946 – 1952", *Pacific Historical Review*, Vol. 67, No. 2 (May, 1998).

Joshua Bloom, "The Dynamics of Opportunity and Insurgent Practice: How Black Anti-colonialists Compelled Truman to Advocate Civil Rights", *American Sociological Review*, Apr 2015, Vol. 80, Issue 2.

Julius A. Amin, "The Peace Corps and the Struggle for African American Equality", *Journal of Black Studies*, Vol. 29, No. 6 (Jul., 1999).

Kari Frederickson, "The Slowest State and Most Backward Community: Racial Violence in South Carolina and Federal Civil-Rights Legislation, 1946 – 1948", *The South Carolina Historical Magazine*, Vol. 98, No. 2 (Apr., 1997).

Katherine Zien, "Race and Politics in Concert: Paul Robeson and William Warfield in Panama, 1947 – 1953", *The Global South*, Vol. 6, No. 2, (Fall 2012).

Kenneth B. Nunn, "The R-Word: A Tribute To Derrick Bell", *University of Florida Journal of Law and Public Policy*, Vol. 22, 2011.

Kenneth O'Reilly, "The FBI and the Civil Rights Movement during the Kennedy Years-from the Freedom Rides to Albany", *The Journal of*

Southern History, Vol. 54, No. 2 (May, 1988).

Kenneth R. Janken, "From colonial liberation to Cold War liberalism: Walter White, The NAACP, and Foreign Affairs, 1941 – 1955", *Ethnic & Racial Studies*, Nov98, Vol. 21, Issue 6.

Kevin Boyle, "Labour, the Left and the Long Civil Rights Movement", *Social History*, Vol. 30, No. 3 (Aug. , 2005).

Kevin Gaines, "The Civil Rights Movement in World Perspective", *OAH Magazine of History*, January 2007; "Locating the Transnational in Postwar African American History", *Small Axe*, No. 28 (Vol. 13, No. 1), March 2009; "A World to Win: The International Dimension of the Black Freedom Movement", *The OAH Magazine of History*, October 2006, Vol. 20, No. 5.

Kwame Nimako, "Nkrumah, African Awakening and Neo-colonialism: How Black America Awakened Nkrumah and Nkrumah Awakened Black America", *The Black Scholar*, Vol. 40, No. 2.

Lawrence S. Wittner, "The National Negro Congress: A Reassessment", *American Quarterly*, Vol. 22, No. 4 (Winter, 1970).

Leandra Zarnow, "Braving Jim Crow to Save Willie McGee: Bella Abzug, the Legal Left, and Civil Rights Innovation, 1948 – 1951", *Law & Social Inquiry*, Vol. 33, No. 4 (Fall, 2008).

Liada Childers Hon, "To Redeem The Soul of America: Public Relations and the Civil Rights Movement", *Journal of Public Relations Research*, Vol. 9, No. 3 (September 1997).

Lonneke Geerlings, "Performances in the theatre of the Cold War: the American Society of African Culture and the 1961 Lagos Festival", *Journal of Transatlantic Studies*, Mar 2018, Vol. 16 Issue 1.

M. J. Heale, "The Triumph of Liberalism? Red Scare Politics in Michigan, 1938 – 1954", *Proceedings of the American Philosophical Society*, Vol. 139, No. 1 (Mar. , 1995).

Manfred Berg, "Black Civil Rights and Liberal Anticommunism: The NAACP in the Early Cold War", *Journal of American History*; Jun

2007, Vol. 94 Issue 1.

Mark Stern, "Presidential Strategies and Civil Rights: Eisenhower, the Early Years, 1952 – 54", *Presidential Studies Quarterly*, Vol. 19, No. 4, (Fall, 1989); "John F. Kennedy and Civil Rights: From Congress to the Presidency", *Presidential Studies Quarterly*, Vol. 19, No. 4, (Fall, 1989); "Lyndon Johnson and Richard Russell: Institutions, Ambitions and Civil Rights", *Presidential Studies Quarterly*, Vol. 21, No. 4, (Fall, 1991).

Marshall W. Stearns, "Is Jazz Good Propaganda? The Dizzy Gillespie Tour", *Saturday Review*, July 14, 1956.

Martin Halpern, "I'm Fighting for Freedom: Coleman Young, HUAC, and the Detroit African American Community", *Journal of American Ethnic History*, Vol. 17, No. 1 (Fall, 1997).

Mary E. Cygan, "A Man of His Times: Paul Robeson and the Press, 1924 – 1976", *Pennsylvania History*, Vol. 66, No. 1, (Winter 1999).

Mary L. Dudziak, "Desegregation as a Cold War Imperative", *Stanford Law Review*, Vol. 41, No. 1 (Nov. , 1988); "Josephine Baker, Racial Protest, and the Cold War", *The Journal of American History*, Vol. 81, No. 2 (Sep. , 1994); "Brown as a Cold War Case", *The Journal of American History*, Vol. 91, No. 1 (Jun. , 2004); "The 1963 March on Washington: At Home and Abroad", *Revue française d'études américaines*, No. 107, (MARS 2006); "Working toward Democracy: Thurgood Marshall and the Constitution of Kenya", *Duke Law Journal*, Vol. 56, No. 3 (Dec. , 2006).

Mary Wubbena, "Have You No Ecency?: Shading The Civil Rights Movement Red", *North Louisiana History*, Spring/Summer 2009.

Max Standford, "Black Guerrilla Warfare: Strategy And Tactics", *The Black Scholar*, Vol. 2, No. 3, (November 1970).

Melinda M. Schwenk and Melinda M. Schwenck, "Negro Starsand the USIA's Portrait of Democracy", *Race, Gender & Class*, Vol. 8, No. 4, (2001).

Michael J. Klarman, "Brown, Racial Change, and the Civil Rights Movement", *Virginia Law Review*, Vol. 80, No. 1.

Michael L. Krenn, " ' Unfinished Business': Segregation and U. S. Diplomacy at the 1958 World's Fair", *Diplomatic History*, Fall 1996, Vol. 20, Issue 4.

Michael Pierce, "Odell Smith, Teamsters Local 878, and Civil Rights Unionism in Little Rock, 1943 – 1965", *Journal of Southern History*, Nov 2018, Vol. 84, Issue 4.

Monroe Billington, "Civil Rights, President Truman and the South", *The Journal of Negro History*, Vol. 58, No. 2 (Apr. , 1973); "Lyndon B. Johnson and Blacks: The Early Years", *The Journal of Negro History*, Vol. 62, No. 1 (Jan. , 1977) .

Neil R. McMillen, "Black Enfranchisement in Mississippi: Federal Enforcement and Black Protest in the 1960s", *The Journal of Southern History*, Vol. 43, No. 3 (August 1977) .

Nicholas Cull, "The Man Who Invented Truth: The Tenure of Edward R. Murrow As Director of Unite States Information Agency During the Kennedy Years", *Cold War History*, Vol. 4, No. 1, October 2003; "Auteurs of Ideology: USIA Documentary Film Propaganda in the Kennedy Era as Seen in BruceHerschensohn's The Five Cities of June (1963) and James Blue's The March (1964)", *Film History*, Vol. 10, No. 3, (1998) .

Penny M. Von Eschen, "Challenging Cold War Habits: African Americans, Race, and Foreign Policy", *Diplomatic History*, Fall 96, Vol. 20, Issue 4.

Philip F. Rubio, "Who Divided the Church?: African American Postal Workers Fight Segregation in the Postal Unions, 1939 – 1962", *The Journal of African American History*, Vol. 94, No. 2 (Spring, 2009) .

Pierangelo Castagneto, "Ambassador Dizzy: Jazz Diplomacy in the Cold War Era", *Americana: E-journal of American Studies in Hungary*, Vol. 10, 2014.

Randall B. Woods, "The Politics of Idealism: Lyndon Johnson, Civil Rights, and Vietnam", *Diplomatic History*, Vol. 31, No. 1 (January 2007).

Renee Romano, "No Diplomatic Immunity: African Diplomats, the State Department, and Civil Rights, 1961－1964", *The Journal of American History*, Vol. 87, No. 2 (Sep., 2000); "Moving Beyond The Movement that Changed the World: Bringing the History of the Cold War into Civil Rights Museums", *The Public Historian*, Vol. 31, No. 2 (Spring 2009).

Robert E. Gilbert, "John F. Kennedy and Civil Rights for Black Americans", *Presidential Studies Quarterly*, Vol. 12, No. 3, (Summer, 1982).

Robert Korstad and Nelson Lichtenstein, "Opportunities Found and Lost: Labor, Radicals, and the Early Civil Rights Movement", *The Journal of American History*, Vol. 75, No. 3 (Dec., 1988).

Robert Korstad, "Civil Rights Unionism and the Black Freedom Struggle", *American Communist History*, Dec 2008, Vol. 7 Issue 2.

Robert L. Allen, "Reassessing the Internal (Neo) Colonialism Theory", *The Black Scholar*, Vol. 35, No. 1, (Spring 2005).

Robert S. Chang and Peter Kwan, "When Interests Diverge", *Michigan Law Review*, Vol. 100, No. 6, 2002.

Robeson Taj Frazier, "Thunder in the East: China, Exiled Crusaders, and the Unevenness of Black Internationalism", *American Quarterly*, Vol. 63, No. 4, December 2011.

Robin D. G Kelley and Betsey Esch, "Black Like Mao: Red China and Black Revolution", *Souls*, No. 3 (Fall 1999).

Rupert Emerson and Martin Kilson, "The American Dilemma in a Changing World: The Rise of Africa and the Negro American", *Daedalus*, Vol. 94, No. 4, (Fall, 1965).

Ruth Reitan, "Cuba, the Black Panther Party and the US Black Movement in the 1960s: Issues of Security", *New Political Science*; Jun. 1999, Vol. 21, Issue 2.

S. A. Crist, "Jazz as Democracy? Dave Brubeck and Cold War Politics", *The Journal of Musicology*, Vol. 26, No. 2, 2009.

Seth M. Markle, "Brother Malcolm, Comrade Babu: Black Internationalism and the Politics of Friendship", *Biography*, Vol. 36, No. 3, Summer 2013.

Sheldon M. Stern, "John F. Kennedy and the Politics of Race and Civil Rights", *Reviews in American History*, Vol. 35, No. 1 (Mar. , 2007).

Simon Hall, "The Response of the Moderate Wing of the Civil Rights Movement to the War in Vietnam", *The Historical Journal*, Vol. 46, No. 3 (Sep. , 2003).

Steven A. Reich, "Organized Labor and the Civil Rights Movement: Lessons from a Troubled Past", *New Labor Forum*, Vol. 18, No. 3 (Fall, 2009).

Timothy B. Tyson, "Robert F. Williams, Black Power, and the Roots of the African American Freedom Struggle", *The Journal of American History*, Vol. 85, No. 2 (September 1998).

Timothy Johnson, "Death for Negro lynching! The Communist Party, USA's Position on the African American Question", *American Communist History*, Dec 2008, Vol. 7 Issue 2.

Tracy E. K'Meyer, "The Louisville Civil Rights Movement's Response to the Southern Red Scare", *The Register of the Kentucky Historical Society*, Vol. 104, No. 2 (Spring 2006).

Victor G. Devinatz, "We Had a Utopia in the Union: James Wright, the Farm Equipment Workers Union, and the Struggle for Civil Rights Unionism in Postwar Louisville, 1946 – 1952", *Nature, Society & Thought*, 2007, Vol. 20 Issue 3/4; "The Communist Party's Grassroots Labor and Political Activism Circa 1920 to 1960: Of North Carolina Tobacco Workers, Pennsylvania Anthracite Radicals and the Cold War", *American Communist History*, Vol. 4, No. 2, 2005.

Vijay Prashad, "Comrade Robeson: A Centennial Tribute to an American Communist", *Social Scientist*, Vol. 25, No. 7/8 (Jul. – Aug. , 1997).

William E. Juhnke, "President Truman's Committee on Civil Rights: The Interaction of Politics, Protest, and Presidential Advisory Commission", *Presidential Studies Quarterly*, Vol. 19, No. 3, (Summer 1989).

英文学位论文

Amanda Elaine Schlumpberger, "*Respecting the Separateness of Others*": *Segregationist Opposition to American Foreign Aid and the Formation of a Southern Internationalism, 1946 – 1973*, University of Kansas, Ph. D., 2015.

Amy Nathan Wright, *Civil Rights "Unfinished Business": Poverty, Race, and the 1968 Poor People's Campaign*, The University of Texas at Austin, Ph. D., 2007.

Andrea Georgia Marina Franzius, *Soul call: Music, Race and the Creation of American Cultural Policy*, Duke University, Ph. D., 2006.

Angela S. Krattiger, *Hawaii's Cold War: American Empire and the 50th State*, University of Hawaii at Manoa, Ph. D., 2013.

Ann Katherine Ziker, *Race, Conservative Politics, and U. S. Foreign Policy in the Postcolonial World, 1948 – 1968*, Rice University, Ph. D., 2008.

Benjamin Davis, *The United States and South Africa during the Kennedy Administration 1961 – 1963*, Clark University, M. A., 2017.

Brian E., Lee, *A Matter of National Concern: The Kennedy Administration' Campaign to Restore Public Education to Prince Edward County*, Ph. D., Virginia University, 2015.

Christopher T. Fisher, "*The Hopes of Man*": *The Cold War, Modernization Theory, and the Issue of Race in the 1960s*, The State University of New Jersey, Ph. D., 2002.

Colleen Patrice Doody, *Anticommunism in America: Detroit's Cold War, 1945 – 1960*, University of Virginia, Ph. D., 2005.

Dani Renee Newsum, *Cold War Colorado: Civil Rights Liberals and the Movement for Legislative Equality, 1945 – 1959*, University of Colorado,

M. A. , 2013.

David Morgan Lewis-Colman, *African Americans and the Politics of Race a-mong Detroit's Auto Workers*, *1941 – 1971*, The University of Iowa, Ph. D. , 2001.

Dennis Aaron Chandler, *The Truman Presidential Campaign of 1948: Money*, *Race*, *and the Role of Labor Unions*, Southern Illinois University at Carbondale, Ph. D. , 2002.

Frederick Olumide Kumolalo, *The Ghanaian and Nigerian Press and the Civil Rights Movement in the United States*, *1957 to 1968*, Morgan State University, M. A. , 2008.

G. Macharia Munene, *The Truman Administration and the Decolonization of Sub-Saharan Africa*, *1945 – 1952*, Ohio University, Ph. D. , 1985.

George Percy Barganier III, *Fanon's Children: The Black Panther Party and the Rise of the Crips and Bloods in Los Angeles*, University of California, Berkeley, Ph. D. , 2011.

Gordon Keith Mantler, *Black*, *Brown and Poor: Martin Luther King Jr.* , *The Poor People's Campaign and Its Legacies*, Duke University, Ph. D. , 2008.

Gregory Michael Tomlin, *Hard Sell: Civil Rights and Edward R. Murrow's U. S. Information Agency*, *1961 – 1963*, The George Washington University, B. A. , 2010.

Harilaos Stecopoulos, *The World Elsewhere: United States Propaganda and the Cultural Politics of Race And Nation*, *1945 – 1968*, University of Virginia, Ph. D. , 1999.

Ian Maxwel Rocksborough-Smith, *Contentious Cosmopolitans: Black Public History and Civil Rights in Cold War Chicago*, *1942 – 1972*, University of Toronto, Ph. D. , 2014.

James Thomas Jones III, *Creating Revolution as We Advance: The Revolutionary Years of the Black Panther Party for Self-Defense and Those Who Destroyed It*, The Ohio State University, Ph. D. , 2005.

Jeffrey D. Howison, *This Is Not A Cotton Picker's Dream: Race*, *Regions*, and Conservative Politics In The United States, 1954 – 1975, State University Of New York, Ph. D. , 2010.

Jennifer Wells, *The Black Freedom Struggle and Civil Rights Labor Organizing in the Piedmont and Eastern North Carolina Tobacco Industry*, University of South Florida, M. A, 2013.

John McWilliams, *Southern Fear*: *Civil Rights, the Cold War and the American South*, Dartmouth College, M. A. , 2012.

John J. Munro, *the Anticolonial Front*: *Cold War Imperialism and the Struggle Against Global White Supremacy*, 1945 – 1960, University of California, Santa Barbara, Ph. D. , 2009.

John J. Rosen, *Guardians of the Black Working Class*: *Labor and Racial Politics in Postwar San Francisco*, University of Illinois at Chicago, Ph. D. , 2014.

John Lawrence Bass, *Bolsheviks on the Bluff*: *A History of Memphis Communists and Their Labor and Civil Rights Contributions*, 1930 – 1957, Memphis State University, Ph. D, 2009.

Joshua Dougherty, *Left Out in the Cold*: *The Arrest of W. E. B. Du Bois and the Reaction of the African American Community to the Red Scare*, B. A. , Simon Fraser University, June 2003.

Julia Erin Wood, *Freedom is Indivisible*: *The Student Nonviolent Coordinating Committee (SNCC), Cold War Politics, and International Liberation Movements*, Yale University, Ph. D. , 2011.

Kenneth Alan Kresse, *Containing Nationalism and Communism on the "Dark Continent"*: *Eisenhower's Policy toward Africa, 1953 – 1961*, State University of New York at Albany, Ph. D. , 2003.

Kori A. Graves, *Domesticating Foreign Affairs*: *The African-American Family, Korean War Orphans, and Cold War Civil Rights*, The University of Wisconsin-Madison, Ph. D. , 2011.

Linda Gail Housch-Collins, *Selling Bread and Freedom*: *The Aircraft Organizing Drives of the United Automobile Workers in Birmingham, Ala-*

bama, *1943 to 1952*, University of Michigan, Ph. D, 1998.

Mark David Carson, *Beyond the Solid South*: *Southern Members of Congress and the Vietnam War*, Louisiana State University, Ph. D. , 2003.

Melinda M. Schwenk-Borrell, *Selling Democracy*: *The United States Information Agency's Portrayal of American Race Relations*, *1953 – 1976*, University of Pennsylvania, Ph. D. , 2004.

Meredith Grace Pascale, *Determining A Legacy*: *John. F. Kennedy' S Civil Rights Record*, M. A, Hartwick College, 2007.

Michael Keith Honey, *Labor and Civil Rights in the South*: *The Industrial Labor Movement and Black Workers in Memphis*, *1929 – 1945*, Northern Illinois University, Ph. D. , 1987.

Monica Lorine Belmonte, *Reining in Revolution*: *The United States Response to British Decolonization in Nigeria in an era of Civil Rights*, *1953 – 1960*, Georgetown University, Ph. D. , 2003.

Phyllis Slade Martin, *A Moral Imperative*: *The Role of American Black Churches in International Anti-Apartheid Activism*, George Mason University, Ph. D. , 2015.

Rebecca H. Schein, *Landscape For A Good Citizen*: *The Peace Corps And The Cultural Logics Of American Cosmopolitanism*, University Of California, Ph. D. , 2008.

Samuel Morris Abramson, *A Struggle Unfinished*: *Riots*, *Race in America*, *and the Failures of the* 1968 *Kerner Commission*, Rice University, Ph. D. , 2017.

Sara Elizabeth Rzeszutek, *Love And Activism*: *James and Esther Cooper Jackson and The Black Freedom Movement in The United States*, *1914 – 1968*, The State University of New Jersey, Ph. D. , 2009.

Shawn A. Fisher, *The Battle of Little Rock*, The University of Memphis, Ph. D. , 2013.

Treshani Perera, *The Real Ambassadors*: *A Musical on Jazz Diplomacy and Race Relations during the Early Cold War Years*, The University of Wisconsin-Milwaukee, M. A. , 2017.

Willie III. Williams, *World War II and the Cold War Era*: *A Catalyst for Civil Rights Activism and Xenophobia in America*, Southern University and Agricultural and Mechanical College, M. A. , 2013.

后　记

　　这是我的第二本专著，是在国家社科基金"冷战对美国民权改革的影响研究"的基础上修改而成的。回想走过来的路，不由感慨万千。在我的第一本书《非暴力直接行动与美国民权运动》（由博士学位论文修改而成）中已经提到，我博士毕业后并未直接从事教学科研工作，而是做了辅导员。在荒废了 6 年的宝贵时间后，我才终于又回归学术。但回归后马上就面临着激烈的学术竞争，年轻的新秀不断涌现出来，我感觉像是要被新时代淘汰了。但是没有办法，既然选择了学术之路，还是要咬紧牙关坚持。首先面临的难题就是如何选择新的方向。我原先研究的是纯粹的美国国内问题，主要是关于美国民权领袖和民权策略方面的。首都师范大学历史学院世界史的两个优势学科——全球史和国际关系史，为我提供了新的借鉴。我开始从跨国的视角重新研究美国的民权运动和民权改革，这为我打开了新的视野。2015 年我终于成功获批国家社科基金一般项目"冷战对美国民权改革的影响研究"，这成为本书的基础。与传统的美国国内史研究相比，跨国史研究的难度更大一些。不仅是视角的不同，主要是由此带来的搜集一手资料以及寻求跨国之间的联系和规律的巨大困难。我的研究只是一个初步的尝试，肯定还有很多的不足，恳请广大读者批评指正。

　　在本书的写作过程中，感谢导师李剑鸣教授、杨玉圣教授，同门谢国荣教授、周学军博士、杜华博士，本科生索骄、陈飞雨，研究生彭湖、郭子渊、苏学影等分别给予我程度不同的帮助。感谢我的老东家首都师范大学历史学院为我提供的良好的科研环境，它提供了此次的出版资助，使本书不至于胎死腹中。感谢《世界历史》《史学理论研究》《四川大学学报》《武汉大学学报》《首都师范大学学报》《史学月刊》《全球史评论》《近现代国际关系史研究》《中国社会科学报》《世界历史评论》等为我提供了发表园地。感谢国家社科基金匿名评审专家提出的宝贵批评意见。最后感谢我的家人的陪伴和支持，尤其值得一提的是，在写作过程中，我的第二个孩子出生了，姐姐有了弟弟，我们变成了幸福的一家四口！由衷感谢爱人的辛苦，一生有你，此生无憾！

2021 年 6 月于京北寒舍